# '슬픈' 일본과 '공생'의 상상력
### 「悲しき」日本と「共生」の想像力

#### 격차와 재난의 일상성과 역사성
#### 格差と災難の日常性と歴史性

국립중앙도서관 출판시도서목록(CIP)

'슬픈' 일본과 '공생'의 상상력:
격차와 재난의 일상성과 역사성/

정형, 한경자, 서동주 편저.
한국일어일문학회 기획.
－ 서울 : 논형, 2013
    p. ;   cm. － (논형일본학: 33)

ISBN  978-89-6357-416-5  94910: ₩26000

일본사[日本史]
일본 사회[日本社會]

913.08-KDC5
952.05-DDC21          CIP2013025439

# '슬픈' 일본과 '공생'의 상상력
## 「悲しき」日本と「共生」の想像力

### 격차와 재난의 일상성과 역사성
### 格差と災難の日常性と歴史性

한국일어일문학회 기획
정형 · 한경자 · 서동주 편저

논형

'슬픈' 일본과 '공생'의 상상력—격차와 재난의 일상성과 역사성
「悲しき」日本と「共生」の想像力—格差と災難の日常性と歴史性

초판 1쇄 인쇄 2013년 12월 1일
초판 1쇄 발행 2013년 12월 10일

편저자 정형·한경자·서동주
펴낸곳 논형
펴낸이 소재두
등록번호 제2003-000019호
등록일자 2003년 3월 5일
주소 서울시 관악구 성현동 7-77 한립토이프라자 6층
전화 02-887-3561
팩스 02-887-6690
ISBN 978-89-6357-416-5 94910
값 26,000원

# 서문
## '슬픈' 일본과 '공생'의 상상력

이 학술총서는 2011년도 한국일어일문학회의 학술활동의 주요한 성과를 담은 것이다. 한국일어일문학회는 2011년 학회사업의 주요과제로 기존의 분야별 개인연구발표와는 별도로, 일본어학 · 일본문학 · 일본학 등 제 분야를 아우르는 공통주제의 학술심포지엄을 기획하여, 학제 간 소통과 회원들 간의 학문적 교류의 장을 마련하고자 했다. 그리고 이런 취지에서 '인간과 자연의 공생─환경 · 언어 · 지역으로 본 일본문화'(춘계), '지배와 언어─조선총독부의 언어정책과 일상의 지배'(하계), '일본의 격차문제─신분차별, 계층차별, 지역차별'(추계), '〈폐허〉와 〈재건〉을 둘러싼 일본적 상상력의 계보'(동계)라는 테마로 총 4회의 심포지엄을 기획 · 개최한 바 있다. 이 책은 2011년도에 열린 네 차례의 심포지엄에서 발표된 원고를 기본으로 하여 학술총서의 기획 취지에 맞는 네 편의 논고가 더해져 지금과 같은 모습을 갖추게 되었다.

이 책이 다루고 있는 중심 주제의 하나는 2011년 3월 11일에 발생한 동일본대지진을 계기로 새삼 주목하게 된 '인간과 자연의 공생'에 관한 문제이다. 인간의 역사에서 보편적으로 확인되는 것처럼, 일본인들도 전란과 자연재해가 초래하는 삶의 〈폐허〉를 경험했다. 그런데 일본인들은 위협으로 다가온 자연과 대결하기보다는 자연과의 공생이라는 방식으로 〈재건〉을 시도해왔다. 그런 의미에서 동일본대지진은 우리에게 인간과 자연의 공생이라는 과제만이 아니라, 다양한 관점에서 일본, 일본인 그리고 일본문화를 되돌아보는 계기를 제공했다고 할 수 있다.

다른 한편으로 최근 일본은 2020년에 도쿄올림픽 유치의 성공을 계기로 일본의 재건에 자신감을 드러내고 있지만, 경제부흥이라는 미명하에 재난지인 후쿠시마의 현실은 외면받고 있으며 그곳의 재건은 뒷전이 되어버리고 있는 것은 아닌지 우려를 금할 수 없다. 또한 방사능유출문제로 인한 사회적 불안은 이미 일본 국내의 문제를 넘어 주변국 나아가 세계의 문제로 인식된 지 오래이다. 이렇게 일본에서 시작된 재난은 일본 밖의 사람들까지도 재난공동체 안으로 끌어들이는 초국가적 양상으로 전개되고 있다.

일찍이 가모노 조메이(鴨長明)는 수필 『호조키(方丈記)』(1212)에 "세상에서 가장 두려운 것이 지진"이라고 했다. 역사적으로 재해가 집중되었던 헤이안(平安)시대 말기에 살았던 그는 어떤 재해와도 비교가 되지 않는다는 말로 지진에 대한 공포와 불안을 기술했다. 이렇게 절대적 공포의 대상이었던 지진을 수없이 겪어온 일본이지만, 특히 지진의 여파로 발생한 후쿠시마원전의 방사능유출 사건은 그들에게 삶의 안정에 관한 큰 상실감과 위기감을 안겨주었고 여전히 그 상황은 진행 중에 있다. 일본인이 축적해온 재건의 상상력은 후쿠시마의 '비극' 앞에서 전례 없는 시련을 맞이하고 있는 것이다.


동일본대지진 이후 일본의 동향에 대한 이상과 같은 문제의식에서 이 책의 제1부에는 〈재난의 기억과 극복의 제상〉에서는 고래부터 일본인이 재해와 재난을 어떻게 인식하고 그 극복을 모색했는지 그리고 재해와 재난이 문학과 예능의 표현방식에 어떤 영향을 주었는지에 대한 문제를 다루고 있다.

제1장 이상훈의 「한신대지진과 동일본대지진의 재건 논리」는 동일본대지진이 일어나 1년 반이 지난 시점에서 여전히 부흥의 기미는 보이지 않고, 그에 따라 '희망', '부흥'이라는 말이 오히려 공허함을 초래하는 상황에 대한 비

관적 고찰을 시도하고 있다. 한신대지진과 동일본대지진을 비교 분석하면서, 이 두 지진은 천재이자 인재였다는 점에서 인재의 원인이 되었던 '안전신화'를 만든 세력과 정치를 해체하는 관점에서 재건논리가 나와야 한다는 결론을 내린다. 또한 일본이 원전 없는 사회와 사회적 연대를 기조로 하는 '지속가능한 사회'를 향해 재생의 길을 걷게 될 것을 기대하며 글을 맺고 있다.

제2장 나미가타 쓰요시(波潟剛)의 「진재와 쇼와(昭和)문학」은 2011년 3월에 일어난 동일본대진재가 현재 일본을 강하게 규정하고 있다는 인식 아래 관동대진재(関東大震災)가 쇼와문학에 어떻게 기억, 기록되고 있는지를 고찰한 논문이다. 진재 후의 쇼와시기에 다양한 문학운동이 일어났고 문학자가 대지진의 충격을 어떻게 기록으로 표현하려 했는지에 주목한다. 과거에 관한 기억이 정해진 것이 아니라 그 때마다의 현재의 불안정한 정신의 기록이라고 보고 쇼와문학을 다시 바라보고 있다.

제3장 히오키 다카유키(日置貴之)의 「메이지 산리쿠 지진 쓰나미(明治三陸地震津波)와 연극」은 청일전쟁을 소재로 한 전쟁극에서 신연극(新演劇)에 밀린 가부키(歌舞伎)가 고전화의 길을 걷게 되었다고 하는 종래의 인식과 달리 가부키가 그 이후에도 '메이지 산리쿠 지진 쓰나미'를 극화하는 등 동시대의 사건을 전하는 미디어의 역할을 하고 있었다는 것을 밝히고 있다. 진재를 소재로 한 가부키는 권선징악이라는 정해진 틀 안에서 작가가 목격한 재난현장의 점경을 삽입하며 극화한다. 단순한 신문기사의 재현에 그치지 않는 연극 특유의 재미를 추구하는 것이 재난지역의 실정을 전하는 가부키의 방법이었음을 강조하고 있다.

제4장 이시준의 「일본상대시대의 재난과 종교적 대응방법」은 야마토(大和)시대와 나라(奈良)시대에 발생한 수해, 지진, 역병에 대해 당시 일본인들은 어떻게 생각하고 어떻게 종교적으로 대응했는지를 살펴본 논문이다. 상대인들은 수해, 지진, 역병 등의 재난을 위정자의 부덕 혹은 국정문란이 이

유라 생각하는 재이사상(災異思想)을 가지고 있었다는 것을 조칙을 통해 확인하고 있다. 또한 『일본서기(日本書紀)』와 『속일본기(續日本紀)』를 통해 당시 국가는 재해에 대해 종교적 힘에 의지했는데 불교적으로는 독경으로, 재래신앙인 신기(神祇)로는 오하라에(大祓)를 하거나 제신으로 모시며 제를 지내 대응하였음을 밝히고 있다.

같은 시대 자연과 재해 그리고 극복방법에 대한 생각을 문학에서 살펴본 것이 제5장 최광준의 「『만요슈(萬葉集)』에 보이는 자연과 재해」이다. 자연재해에 대한 극복은 경험을 통해 얻은 지식이 바탕이 되는데 그것을 노래로 표현한 『만요슈』에서 살펴본 논문이다. 그 안에 수록된 노래를 통해 천황, 귀족, 서민들의 자연관을 엿볼 수 있을 뿐 아니라, 재해에 대해 읊은 노래에는 상대방을 배려하는 노래가 많다는 특징을 파악하고 있다. 자연이 주는 미지의 공포, 두려움을 일본 고대인들은 사랑하는 이들의 안전, 안녕을 염려하는 배려의 마음으로 표현하고 있다는 것이다.

이 책이 상정하고 있는 또 다른 주제는 1990년대 이후 장기불황과 신자유주의적 구조개혁이 맞물리면서 부상한 '격차사회 일본'을 둘러싼 논의이다. 주지하는 것처럼 자본과 인구의 글로벌화는 일본사회에 인구 구성의 민족적 다양화를 가져왔을 뿐만 아니라, 신자유주의의 도입과 그에 따른 구조개혁이라는 경제 체제 전반의 근본적인 변화를 가져왔다. 그 결과 '경쟁의 원리'가 사회의 제 영역으로 확산되었고, 구조개혁에 따라 사회적 안전망이 축소되면서 경쟁의 패배자들이 새로운 빈곤층을 구성하는 현실이 표면화됐다. 이른바 '격차사회' 일본의 출현이다. 전후 일본이 성취한 높은 수준의 '평등한 분배 체제'가 정말로 붕괴했는가를 둘러싸고 지금도 논쟁이 계속되고 있지만, 여러 사회경제적 지표들은 1980년대 이후 일본사회 내부의 경제적 불평등이 지속적으로 확대·심화되고 있음을 보여주고 있다. 그리고 심화되어가는 경제적 격차가 일본사회에서 '중류사회=평등사회'와 같은 기존의 자기표상에 대한 중대한 도전으로 간주되고 있음은 분명한 것처럼 보인다.

이런 문제의식에 따라 제2부 〈격차사회의 일상성〉은 격차사회의 출현이 가져온 일상적 의식의 변화를 다룬 논고들로 구성했다.

우선 제6장 이이범의 「일본사회의 '소득격차'와 일본인들의 생활 변화」는 1990년대 후반부터 현저해진 소득격차의 확대가 일본인의 사회의식과 사회생활의 패턴에 미친 영향을 경험적 데이터를 이용해 분석하고 있다. 이이범은 소득격차의 해결을 위해서는 강력한 소득재분배정책이 요청되지만, 정부의 재정적자와 증세에 대한 국민적 반감으로 인해 일종의 '딜레마'의 상황에 처해있다고 말한다. 또한 젊은 층의 결혼률이 하락하고, '일본사회의 균질성'에 대한 믿음이 '계급의식'으로 대체되는 현상을 거론하며 소득격차와 고용불안의 심화는 일본인들의 사회의식과 가치관에 근본적인 변화를 가져오고 있다고 진단하고 있다.

제7장 「일본어에서 마이너스 대우의 어휘와 표현」에서 기무라 요시유키(木村義之)는 격차의 문제가 일상의 언어생활에 변화를 가져올 것이라는 가정 위에서, 특히 마이너스의 표현효과를 나타내는 말을 사례로 어어를 운용상에 나타나는 격차사회의 일면을 보여주고 있다. 예컨대 '자기책임', '기대하고 있다' 등의 말은 본래 마이너스의 의미를 갖지 않았지만, 최근 격차사회의 진전 속에서 상대방에 대한 비난과 윗사람으로부터의 평가와 같은 의미가 두드러지고 있다고 기무라는 분석하고 있다. 특히 '위로부터의 시선'을 거론하며 이것이 최근에는 단지 윗사람의 입장에서 상대를 평가·판단하는 것만이 아니라, 아랫사람이 윗사람의 시선을 상상하여 마치 자신이 윗사람이 된 것처럼 행동하는 태도와 의식을 포함하게 되었다고 지적하고 있다.

앞의 두 논문이 격차사회라는 현상분석에 초점을 맞추고 있다면, 제8장은 일종의 '대안적 상상력'을 얻기 위한 지적 탐색의 의미를 띠고 있다. 즉, 제8장 「격차사회 일본과 프롤레타리아 문학의 현재적 의의」에서 다케우치 에미코 (竹内栄美子)는 빈곤이 사회문제로 부상하면서 개인적 동정에 근거한 후원 활동이 활발히 이루어지고 있으나, 이것은 자칫 빈곤의 공적 성격을 은폐할 수 있으며, 특히 동정은 그것을 '받는 쪽'이 '베푸는 쪽'의 호의를 무조건적으로 수용해야 하는 특성상, 관계와 시선의 '비대칭적' 관계를 전제로 한다고 말한다. 그런 의미에서 빈곤 문제를 대함에 있어서 어떤 위치에 있는 누가 그것을 말하며, 그런 발화의 대상은 어떻게 표상되고 있으며, 거기에 권력의 시선은 작동하지 않는지 주의할 필요가 있다고 강조한다. 그리고 1920~30년대 일본의 프롤레타리아 문학은 주체, 표상, 권력에 관한 이런 반성적인 상상력의 계기를 제공하고 있다는 점에서 현재적 의의를 갖는다고 덧붙이고 있다.

제9장 김용의의 「〈~족〉, 전후 일본사회 내부의 타자」는 새롭게 출현하는 하위집단에 대한 일본사회의 시선에 초점을 맞추고 있는데, 이를 통해 격차를 '정치적·경제적 문제'를 넘어 '사회문화적 이슈'로 생각할 수 있는 기회를 제공하고 있다. 그의 분석에 따르면 역사적으로 특정 문화를 공유하는 청년집단을 가리켰던 '~족'은 청년세대의 '자칭(自稱)'이 아니라, 기성세대가 자신들의 가치관에서 명명하고 범주화한 '타칭(他稱)'이라는 것이다. 김용의는 일본사회에는 '내부의 타자'를 양상하고 구조화하는 시스템이 존재하며, 이것은 청년세대를 지칭하는 '~족'에 한정되지 않고, 아이누족, 오키나와인, 제일코리언 등 '사회적 소수자'에 대한 주류 일본사회의 시선이라는 문제와도 관련되어 있다고 말한다.

이 책의 전반부가 '재난'과 '격차'라는 현재 일본사회를 관통하는 쟁점에 대한 탐색에 할애되고 있다면, 후반부는 이 쟁점과 관련된 학문적 논의의 확장 및 심화에 관련되는 논문으로 구성되어 있다.

제3부 〈인간과 자연의 공생〉은 일본이라는 일종의 '재난공동체'에서 일본인이 자연과의 공생이라는 발상 위에서 재난에 대한 새로운 의미부여를 통해 재난 극복의 방법을 모색하고 노력을 해온 원동력을 통사적으로 아우르는 내용을 중심으로 하고 있다. 달리 말하면 일본인들은 자연을 어떻게 인식하고 표현해왔고, 또한 어떻게 공생의 길을 찾아왔고, 나아가 앞으로 어떻게 공생해나갈 것인가에 대한 문제를 다루고 있다고 할 수 있다. 이는 일본과 일본인을 이해하는 데에 불가결 한 테마이며 고대부터 현대까지 지속되어 왔고 앞으로도 지속될 문제일 것이다.

　20세기 후반 지구환경의 파괴에 대해 고조된 위기의식을 배경으로 '에코크리티시즘(ecocriticism)'이라는 문학비평 장르가 형성된 바 있다. 윌리엄 레커트(William Rueckert)가 이를 자연공동체와 인간공동체가 공존하고 협력하고 번영할 방법을 모색하기 위한 실험적 비평이라 하고 있듯, 언어와 문학, 예술 등 다양한 분야에서 인간과 자연의 공생문제를 적극적으로 다루고 있다.

　이와 같은 흐름 안에서 제3부에서는 〈인간과 자연의 공생〉에서는 인간이 어떻게 자연과 공생할 것인가에 대한 문제를 언어, 애니메이션, 민속학, 문학의 측면에서 바라본 논문들로 구성했다.

　제10장 긴스이 사토시(金水敏)의 「언어의 생태학·생태학의 언어―국어·방언·글러벌리제이션」은 '언어자원론'이라는 시점을 도입하여 일본어 및 일본의 언어사정의 장래를 생각하고자 하는 점에서 출발한 논고이다. 제1언어라 할 수 있는 '어린이의 언어'와 지역사회에 동화해가는 과정에서 발달, 성장한 언어인 '지역언어'는 지역 특유의 환경에 적합한 생활의 기억을 내포하고 있는데 언어의 분석을 통해 환경문제에 크게 진전을 가져올 가능성이 크다고 주장한다. 근래 생물의 다양성처럼 언어의 다양성이 일종의 권리처럼 인식되기 시작하고 있는데 환경문제 진전을 위해서도 생물언어다양

성을 보전해야 함을 논하고 있다.

　제11장 요네무라 미유키(米村みゆき)의 「『벼랑 위의 포뇨』의 지정학」은 미야자키 하야오(宮崎駿)의 애니메이션 『벼랑 위의 포뇨』를 나쓰메 소세키(夏目漱石)의 소설의 영향관계에 초점을 맞추어 고찰하고 있다. 이 영화에 소세키의 영향이 있다는 미야자키 감독의 발언을 바탕으로 『문(門)』과 『그리고서』의 무대, 즉 벼랑 위와 벼랑 아래에 위치한 각 주인공의 집을 비교하며 그 공간적 의미와 영화 속 벼랑 위의 의미를 집어내고 있다.

　제12장 김용의는 「『도노 모노가타리(遠野物語)』를 통해 본 인간과 자연의 공생 관계」에서 『도노 모노가타리』를 생태주의적 관점에서 주목하며 일찍이 일본에서 인간과 자연의 관계가 어떠했는지를 고찰하고 있다. 일본에서는 인간, 신, 자연의 관계가 원환적이라고 보고, 그것이 잘 드러나 있는 텍스트인 『도노 모노가타리』를 통해 인간과 자연이 어떻게 공생해왔는지를 분석하고 있다.

　제13장 정형의 「사이카쿠(西鶴)의 우키요조시(浮世草子)에서 본 자연―『본조이십불효(本朝二十不孝)』의 '천(天)'의 용례를 중심으로」는 17세기 후반에 활약한 사이카쿠에게 자연이란 어떤 의미를 가지며 어떤 창작의도 아래 작품 내에 묘사되어 있는 지를 고찰하고 있다. 그의 작품 『본조이십불효』에는 '천(天)'에 대한 세 가지 세계관이 복안적으로 내재되어 있으며 그것을 해학적 상상력과 형상화를 통해 허구적으로 제시함으로써 터부적 주제를 다루는 불효담을 흥미로운 문학작품으로 탄생시키고 있다는 점을 밝히고 있다.

　제14장 황소연의 「조선통신사가 본 원림(園林)과 환경―신유한과 조엄을 중심으로」에서 조선통신사가 일본의 생태적 환경과 문화적 환경을 어떻게 인식했는지를 고찰하고 있다. 신유한과 조엄은 18세기에 통신사로서 일본을 방문했는데 전자는 일본의 자연환경을 이상향으로 높게 평가하는 한편 후자는 그에 부정적 견해를 피력한다. 이러한 두 사람의 대조적인 기술을 그

들이 사회적 입장과 개인적 체험을 통해 자신의 역할에 대한 충분한 인식을 가지고 있었기 때문으로 파악하고 있다.

제15장 한경자의 「정원도시 에도의 형성과 성장과정」은 현재 도쿄(東京)의 정원과 공원 등 녹지대가 많은 외관적 특징이 언제부터 형성된 것인지를 고찰한 논문이다. 에도시대에 일본을 방문한 서양인들은 에도를 다른 도시와 달리 '정원도시'와 같다고 그 외관적 아름다움을 평가하고 있다. 그러한 외관은 많은 부분 에도시대에 형성되었다는 점을 정책적 배경과 에도에 사는 사람들의 내면적 배경으로 나누어 통사적으로 살펴보고 있다.

한편, 오늘날 일본사회가 겪고 있는 '격차=차별'의 문제는 빈부의 확대라는 문제에 국한되지 않는다. 그것은 이를 테면 '정주자'와 '이주자' 사이의 차별과 같은 형태로도 표출되고 있다. 그리고 그것은 일본사회에 문화적 배경을 달리하는 '타자'와의 관계를 어떻게 설정할 것인가라는 어떤 의미에서 낯익은 과제를 제기하고 있다.

1990년대 이후 국경을 초월한 글로벌한 수준의 인구이동의 증가는 일본사회 내부의 민족 구성에 중대한 변화를 가져왔다. 여기에는 일본계 외국인 및 중국과 한국에서 유입된 '뉴커머'의 증가가 큰 영향을 미쳤다. 어쩐히 긴 게 인구에서 외국인이 차지하는 비중은 1%를 약간 상회하는 수준에 불과하지만, 대도시의 일상세계에서 어렵지 않게 접할 수 있는 뉴커머의 존재는 기존의 단일민족사회로서의 일본이라는 고정관념을 흔들기에 충분했다. 그리고 이렇게 새로 진입한 타자들과 어떻게 살아갈 것인가라는 문제를 둘러싸고 1990년대 중반부터 '다문화공생'이라는 사회통합 이념이 일본사회에서 확산되었음은 주지의 사실이다. 그리고 현재 다문화공생은 중앙정부와 지자체의 사회복지정책의 중요한 사항으로 간주되기에 이르고 있다. 이처럼 다문화공생에 관한 사회적 공감의 확대는 적어도 일본사회 안에서 민족적 · 문화적 '단일사회'에서 '혼성사회'로의 전환이 되돌릴 수 없는 변화로 인식되고 있음을 보여주는 지표라고 할 수 있다.

그런데 다문화사회=혼성사회에서 일어나는 사회적 차별은 흔히 현대적 문제로 보이지만, 일본은 과거 아시아 주변국을 식민지로 지배하면서 이민족을 어떻게 제국으로 통합할 것인가라는 방식으로, 즉 지배의 시각에서 다민족 · 다문화 상황을 체험한 바 있다. '서양'과 '아시아'로 대별되는 근대일본의 타자인식이 19세기 후반부터 20세기 전반기의 제국주의 경험에 그 기원을 두고 있는 만큼, 현대 일본의 민족적 혼성화가 제기하는 문제를 타자에 대한 집단적 (무)의식과 결부시켜 생각하는 것은 불가결하다고 할 수 있다. 이렇게 이 책은 현대 일본사회의 차별 문제를 '일상성'과 '역사성'이라는 관점에서 재조명하는 것을 목적으로 한다.


이런 문제의식 위에서 제4부 〈지배와 언어〉에서는 제국일본의 지배가 식민지의 일상을 살아가는 사람들에게 어떻게 경험되었는가를 '언어와 일상'이란 프리즘을 통해 다루고 있는 논고들로 구성했다.

제16장 이성환의 「식민지와 독립 사이―이토 통감의 한국지배와 교육」은 이토 히로부미의 교육론과 그가 입안했던 식민지 교육정책 사이의 '차이'에 주목하고 있다. 이토는 고등교육을 '국가의 문명화'를 위한 수단으로 중시했지만, 그런 고등교육관을 한국에는 적용하지 않았다. 왜냐하면 이토는 한국인에게는 '피치자'로서의 보통교육이면 충분하다는 입장을 취했기 때문이다. 아울러 교육에 대한 한국인들의 열망은 사립학교운동으로 표출되었는데, 통감부는 사립학교령을 통해 사립학교를 통감부의 지배체제 내로 포섭하는 정책을 취했음도 실증적으로 밝히고 있다.

제17장 「권리로서의 일본어 학습」에서 야마다 간토(山田寬人)는 식민지 조선은 조선인들의 모어인 '조선어'와 식민지사회의 공용어인 '일본어'가 공

존하는 일종의 '다언어사회'였으며, 일본어를 학습하지 않으면 불이익을 당한다는 사회구조 속에서 조선인들의 '자발적'인 일본어학습 현상이 나타났다는 점을 지적한다. 야마다는 이것이 '하나의 국가는 하나의 언어를 사용해야 한다'는 근대국가의 언어정책 상의 폭력성을 보여주는 사례라고 말하며, 식민지 시기 일본어보급을 민족문화 탄압의 관점만이 아니라, 근대국가가 내포한 고유한 폭력성의 측면에서도 살펴볼 것을 제안하고 있다.

제17장이 제국의 언어로서의 일본어에 대해 보급의 대상인 '조선인'의 입장에서 문제를 다루고 있다면, 이어지는 제18장은 언어정책 수립에 관여한 '일본인'의 관점에 초점을 맞추고 있다. 제18장 야스다 도시아키(安田敏朗)의 「언어정책은 어떻게 일상을 '지배'하는가」는 식민지조선에서 교편을 잡았던 무라카미 히로유키에 초점을 맞춰 그의 일본어 보급론을 살펴보고 있다. 야스다는 무라카미가 일상생활에서 일본어로 표현할 수 있는 경우는 철저히 일본어 사용을 고수함으로써 일본어가 공리적 차원에서 배타적으로 사용되는 환경을 통해 일본어에 대한 조선인의 '자발적 사용'을 확산시키고, 나아가 그것을 통한 일본문화의 수용을 역설했다고 분석하고 있다. 즉, 무라카미는 언어정책의 성공을 '이념'보다는 '공리적 목적'의 효율적 실천에서 찾았다고 할 수 있다.

제19장 「지배의 역설·광기의 식민지」에서 서동주는 수년기 식민지 조선 체험을 소재로 쓰인 나카지마 아쓰시의 소설 『순사가 있는 풍경』(1929)을 통해 차별을 부인하면서 동시에 차별을 유지하는 지배의 이중성이 피식민자의 민족의식을 자극하는 식민지의 역설적 풍경을 분석해 내고 있다. 즉 이 글에서 서동주는 나카지마가 조선인 순사의 독립운동으로의 전향이라는 이야기를 통해 식민지 출신의 '대리인'을 통해 '지배' 관계를 피식민자 사이의 대립으로 치환해 버리는 제국일본의 '기만적' 지배와 더불어 그것은 결국 식민체제를 그 내부로부터 파탄으로 귀결될 수밖에 없음을 보여주고 있다고 말하고 있다.

이상과 같이 이 책은 '격차'와 '재난'을 통해 일본사회가 안으로 겪고 있는 위기의 징후를 다양한 시각에서 조명하여 현대 일본에 대한 종합적이고 입체적인 이해의 심화를 목표로 설정했다. 그럼에도 불구하고 미진한 부분이 있었음을 또한 인정하지 않을 수 없다. 이번 공동연구에 인문학 연구자들이 대다수를 차지하고 있는 관계로 우선 격차 문제에 관한 사회과학적 접근이 충분히 이루어지지 못한 점은 이 책의 한계이자 아쉬운 대목이다. 또한 재해 이외의 역사적 사건들로 인한 폐허의 경험과 그 극복에 대한 문제도 심도 있게 다루지 못했다. 특히 전쟁에 의한 폐허와 재건에 관해서는 향후 한일 양국의 연구자가 공통주제의 연구과제로서 다루어야 할 것이다.

아울러 이 책의 제목에 대해 몇 마디 덧붙여 두고자 한다. 지금 일본은 '강한 일본'을 향한 욕망에 사로잡힌 듯이 보인다. 2012년 말 '강한' 일본을 표방하며 등장한 아베 정권의 일련의 정치적 추동력은 우경화 행보를 거듭하며 한일관계 악화의 한 흐름으로 정착되고 있음은 주지의 사실이다. 그런데 현실의 일본은 이렇게 '강한' 일본만이 아니다. 끝이 보이지 않는 장기불황 속에서 깊어져 가는 격차와 재난이 초래한 절망감 때문에 깊은 고민에 빠진 모습 또한 존재한다. 제목 속의 '슬픈' 일본이란, 일본의 이런 우울한 현실을 비유적으로 표현한 것이다. '강한' 일본을 욕망하는 일본에 대한 냉정한 시선이 중요함은 두말할 나위도 없겠지만, 그렇다고 그것이 '슬픈' 현실에 대한 관심을 대신할 수는 없다. 사실 아베 정권의 '강한' 일본이 우울한 현실에 대한 정치적 치유책으로 제기되었다는 점을 고려할 때, 오늘날의 일본에 대한 이해는 '강한' 일본과 '슬픈' 일본을 함께 고려하는 복안적(複眼的) 시선을 요청한다. '슬픈'이라는 메터포적 표현은 이웃나라 일본이 진정으로 치유되기를 바라는 위와 같은 문제의식에서 비롯된 것이다.

한편, '공생'의 상상력은 우선 일본적 사유에서 특징적인 '자연과의 공생'에 관한 상상력을 염두에 둔 것이다. 우리는 현대의 에콜로지의 사상과도 상통하는 이러한 상상력이 재해로부터 생활을 방어하고, 성장지상주의가 낳은 사회적 폐해를 극복하는 데 유의미한 참조점을 제공할 수 있으리라 기대한다. 그런데 '공생'에 대한 착목이 이런 긍정적 기대에 따른 것만은 아니다. 1990년대 이후 일본이 '다문화공생'이라는 이념을 통해 타자와의 공생을 위한 다양한 노력과 논의를 축적해 왔음은 주지의 사실이다. 하지만 동시에 과거 일본은 식민지를 지배하면서 '동화', 즉 식민지의 '일본화'를 시도한 바 있다. 특히 식민지 조선에 대한 동화정책은 철저한 것이었는데, 일제강점기를 통해 일본어와 일본문화의 '강제'가 지속되었다. 그리고 그것은 제국으로의 문화적 통합을 강화하기 위한 이데올로기에 불과했던 탓에 피식민자의 강한 저항을 불러왔다. 이 책의 제목 속의 '공생'의 상상력이란 말에는 타자와의 공생에 실패했던 이런 일본의 역사적 경험에 대한 재검토의 의미 또한 담겨져 있다. 이렇게 '공생'이란 말에는 미래에 대한 기대와 함께 실패한 역사의 성찰이라는, 그 시간의 방향을 서로 달리하지만 결코 분리할 수 없는 두 가지의 사상적 과제가 포함되어 있다고 할 수 있다.

끝으로 이 기회를 빌려 학술심포지엄에서 유익하고 흥미로운 발표를 맡아주었을 뿐만 아니라, 그 후 발표원고를 학술논문으로 만들어 이번 학술총서에 참여해 준 한일 양국의 연구자들에게 학회를 대표해서 감사의 뜻은 전하고 싶다. 아울러 2011년도 1년간의 국제적 학술·연구교류의 성과를 담아 출간된 이번 한국일어일문학회 학술기획총서가 향후 일본연구의 새로운 지평을 제시하고, 미래지향의 한일관계를 구축하면서 그 연구성과를 세계로 발신하는 새로운 계기가 될 수 있기를 기대한다.

2011년도 한국일어일문학회 회장 정 형<br>
학술기획이사 한경자·서동주

# はじめに
## 「悲しき」日本と「共生」の想像力

　この学術叢書は、2011年度韓国日語日文学会の学術活動の重要な成果を収めたものである。韓国日語日文学会は2011年の学会事業の重要課題として、既存の分野別の個人研究発表とは別に、日本語学・日本文学・日本学などの諸分野に共通するテーマで学術シンポジウムを企画し、学際的な疎通と会員間の学問的交流の場を設けようとした。そして、そのような趣旨から「人間と自然の共生－環境・言語・地域に見る日本文化」(春季)、「支配と言語－朝鮮総督府の言語政策と日常の支配」(夏季)、「日本の格差問題－身分差別、階層差別, 地域差別」(秋季)、「〈廃墟〉と〈再建〉をめぐる日本的想像力の系譜」(冬季)というテーマで、計4回のシンポジウムを企画・開催した。本書は2011年に開かれた4回のシンポジウムで発表された原稿をもとに、学術叢書の企画意図に沿った4編の論考が加えられ、このような形をとるようになった。

　本書が扱っている中心テーマの1つは、2011年3月11日に発生した東日本大震災を契機に改めて注目されるようになった、「人間と自然の共生」に関する問題である。人間の歴史において普遍的に確認されるように、日本人も戦乱と自然災害がもたらす生活の〈廃墟〉を経験した。日本人は脅威として迫って来る自然と対決するよりも、自然との「共生」という方法で「再建」を試みてきた。その意味で、東日本大震災は我々に人間と自然との共生という課題だけ

でなく、さまざまな観点から日本、日本人、そして日本文化を振り返るきっかけを提供したと言うことができる。

　一方で、最近日本は2020年の東京オリンピック招致の成功をきっかけに、日本の再建に自信を見せているが、経済復興という美名のもとに、被災地の福島の現状は無視されており、その再建は後回しにされてしまっているのではないかとの憂慮を禁じえない。また、放射能漏れの問題に起因する社会不安は、すでに日本国内の問題を越えて周辺国、さらには世界の問題として認識されて久しい。このように日本で起こった災害は、日本外の人々までも災害共同体の中に巻き込む超国家的な様相として展開している。

　かつて鴨長明は随筆『方丈記』(1212)で、「世の中で最も恐ろしいものは地震」だとした。歴史的に災害が集中した平安時代末期に生きた彼は、どんな災害とも比べられないという言葉で、地震への恐怖と不安を記述した。このように絶対的な恐怖の対象であった地震を数えきれないほど経験してきた日本人であるが、特に地震の余波で発生した福島原発の放射能流出事件は、彼らに生活の安定についての大きな喪失感と危機感を抱かせ、依然としてその状況は進行中である。日本人が積み重ねてきた再建への想像力は、福島の「悲劇」の前に前例のない試練を迎えているのである。


　東日本大震災以後の日本の動向に関する以上のような問題意識から、本書の第1部では、災害の記憶と、それを克服しようとするいくつかの動きに関する論考を集めてみた。第1部〈災害の記憶と克服の諸相〉では、古来日本人が災害と災難をどのように認識し、その克服を模索したか、そして災害と災難が文学と芸能の表現方式にどのような影響を与えたかについての問題を扱っている。

　第1章、李相薫の「阪神大震災と東日本大震災の復旧を通じて見た日本の

再建論理」は、東日本大震災が起きて1年半が過ぎた時点で、依然として復興の兆しは見えず、そのため「希望」「復興」という言葉がむしろ空しく響く状況への批判的考察を試みている。阪神大震災と東日本大震災を比較分析し、これら2つの地震は天災であると同時に人災だったという点から、人災の原因となった「安全神話」を作った勢力と政治を解体する観点から再建論理が出なければならないという結論を下す。また、日本が原発のない社会と、社会的連帯を基調とする「持続可能な社会」に向けて再生の道を歩むことになることを期待して文を結んでいる。

　第2章、波潟剛の「震災と昭和文学」は、2011年3月に起きた東日本大震災が現在、日本を強く規定しているとの認識の下、関東大震災が昭和文学にどのように記憶、記録されているかを考察した論文である。震災後の昭和期に多様な文学運動が起こり、文学者が大地震の衝撃をどのように記録として表現しようとしたかに注目する。過去に関する記憶が定められたものではなく、その都度の、現在の不安定な精神の記録だと見て、昭和文学を再び展望している。

　第3章、日置貴之の「明治三陸地震津波と演劇」は、日清戦争を題材にした戦争劇で新演劇に押された歌舞伎が古典化の道を歩み、メディアとしての役割は新演劇に譲ることになったという従来の認識とは異なり、歌舞伎がそれ以後にも明治三陸地震津波を劇化するなど、同時代の事件を伝えるメディアの役割を果たしていたことを明らかにしている。震災を題材にした歌舞伎は、勧善懲悪という決められた枠の中で、作家が目撃した災害現場の惨状を挿入して劇化する。単純な新聞記事の再現にとどまらない演劇ならではの楽しさを追求することが、被災地の実情を伝える歌舞伎の方法であったことを強調している。

　第4章、李市埈の「日本上代の災難と宗教的対応方法」は、大和時代と奈

良時代に発生した水害、地震、疫病について、当時の日本人はどのように考え、どのように宗教的に対応したかを考察した論文である。上代の人々は、水害、地震、疫病などの災害は為政者の不徳あるいは国政の乱れが理由だと考える災異思想を持っていたことを、詔勅を通して確認している。また、『日本書紀』と『續日本紀』を通して、当時国家は災害に対して宗教的な力に頼ったが、仏教的には読経で、在来信仰である神祇では大祓をしたり祭神として祭り祭祀を行ったりして対応したことを明らかにしている。

同じ時代の自然と災害、そして克服方法についての考えを文学で考察したのが、第5章、崔光準の「『万葉集』に見える自然と災害」である。自然災害の克服は経験を通して得た知識がもとになるが、それを歌で表現した『万葉集』で考察しようとした論文である。その中に収録された歌を通して、天皇、貴族、庶民の自然観をうかがい知ることができるだけでなく、災害について詠んだ歌には相手を思いやる歌が多いという特徴を把握している。自然が与える未知の恐怖、不安を日本の古代人は、愛する人の安全、安寧を心配する配慮の心で表現しているのである。


本書が想定しているもう1つのテーマは、1990年代以降の長期不況と新自由主義的構造改革かかみ合って浮上した「格差社会日本」をめぐる論議である。周知のように、資本と人口のグローバル化は、日本社会に人口構成の民族的多様化をもたらしただけでなく、新自由主義の導入とそれに伴う構造改革という、経済システム全般の根本的な変化をもたらした。その結果「競争の原理」が社会の諸領域に拡散され、構造改革により社会的セーフティネットが縮小されることで、競争の敗者が新しい貧困層を構成する現実が表面化した。いわゆる「格差社会」日本の出現である。戦後の日本が成し遂げた高いレベルの「平等な分配システム」が本当に崩壊したのかをめぐって今も論争が

続いているが、いくつかの社会経済的指標は、1980年代以降、日本社会内部の経済的不平等が継続的に拡大・深化していることを示している。そして、深化していく経済的格差が日本社会で「中流社会=平等社会」のような既存の自己表象への重要な挑戦とみなされていることは明らかなように見える。

このような問題意識に基づいて、第2部〈格差社会の日常性〉は、格差社会の出現がもたらした日常的意識の変化を扱った論考で構成されている。

まず、第6章、李利範の「日本社会の『所得格差』と日本人の生活変化」は、1990年代後半から顕著になった所得格差の拡大が、日本人の社会意識と社会生活のパターンにどのような変化をもたらしたのかを経験的データを利用して分析している。李利範は、所得格差の解決のためには強力な所得再分配政策が要求されるが、日本政府の財政赤字と増税に対する国民の反感のため、ある種の「ジレンマ」の状況に置かれていると言う。また、若年層の結婚率が低下しており、「日本社会の均質性」への信頼が「階級意識」に置き換えられる現象を取り上げ、所得格差と雇用不安の深刻化は、日本人の社会意識と価値観に根本的な変化をもたらしていると展望している。

第7章、「日本語におけるマイナス待遇の語彙と表現」で、木村義之は格差の問題が日常の言語生活に変化をもたらすという仮定の上で、特にマイナスの表現効果を表す言葉を例に、言語の運用上に表れる格差社会の一面を示している。例えば「自己責任」「期待している」などの言葉は、本来マイナスの意味を持っていなかったが、最近の格差社会の進展の中で、相手に対する非難と上位の人からの評価のような意味を示す場合が顕著になったと木村は分析している。ここでは「上からの視線」への強い意識が確認されるが、木村はこのような視線には、単に上位の人の立場で相手を評価・判断するだけでなく、下位の人が上位の人の視線を想像して、まるで自分が上位の人にな

ったかのように行動する態度や意識も含まれていると指摘している。

　以上の2つの論文が、格差社会という現象の分析に焦点を当てているとすれば、第8章は一種の「代案的想像力」を得るための知的探索の意味を帯びている。すなわち、第8章、「格差社会日本とプロレタリア文学の現在的意義」の竹内栄美子は、貧困が社会問題として浮上し、個人的同情に基づいた支援活動が活発に行われているが、これはややもすれば貧困の公的性格を隠蔽する恐れがあり、特に同情は、それを「受ける側」が「施す側」の好意を無条件に受け入れなければならない特性上、関係と視線の「非対称的」な関係を前提にすると言う。そのような意味で、貧困問題に向き合う際に、どのような位置にある誰がそれを語り、そのような発話の対象はどのように表象されており、そこに権力の視線は作動していないかを注意する必要があると強調する。そして、1920~30年代の日本のプロレタリア文学は、主体、表象、権力に関するこのような反省的な想像力の契機を提供しているという点で、現在的意義を持つと付け加えている。

　第9章、金容儀の「<˘族〉、戦後の日本社会における「内部の他者」」は、新たに出現する下位集団への日本社会の視線に焦点を当てているが、これを通して格差を「政治的・経済的問題」を越えて「社会文化的イシュー」と考えることができる機会を提供している。彼の分析によると、歴史的に特定の文化を共有する青年集団を指した「˘族」は、青年世代の「自称」ではなく、既成世代が自分たちの価値観で命名して範疇化した「他称」だということである。そのような意味で、逸脱的な性格を強く帯びる「˘族」は、既成世代が描き出した「社会的陰画」である。さらに金容儀はここで、日本社会には「内部の他者」を量産し構造化するシステムが存在し、それは青年世代を指す「˘族」に限定されず、アイヌ、沖縄人、在日コリアンら「社会的少数者」に対する主流日本社会の視線という問題とも関連していると言う。

本書の前半部分が「災害」と「格差」という、現在の日本社会を貫通する争点についての探索に割かれているとすれば、後半部はこの争点と関連する学問的論議の拡張および深化に関連する論文で構成されている。

　第3部〈人間と自然の共生〉は、日本という一種の「災害共同体」において、日本人が自然との共生という発想の上で、災害についての新しい意味づけを通して災害克服の方法を模索し努力してきた原動力を通史的にまとめた内容を中心にしている。言い換えれば、日本人は自然をどのように認識し表現してきたか、また、どのように共生の道を探ってきたのか、さらに今後どのように共生していくかについての問題を扱っているということができる。これは、日本と日本人を理解する上で不可欠なテーマであり、古代から現代まで続いてきており、今後も続く問題である。

　20世紀後半、地球環境の破壊について高まった危機意識を背景に、「エコクリティシズム(ecocriticism)」という文学批評のジャンルが形成された。ウィリアム・リュカート(William Rueckert)がこれを、自然共同体と人間社会が共存し協力して繁栄する方法を模索するための実験的な批評としているように、言語と文学、芸術など多様な分野で人間と自然との共生問題を積極的に扱っている。


　このような流れの中で、第3部〈人間と自然の共生〉では、このような人間がどのように自然と共生するかの問題を、言語、アニメーション、民俗学、文学の側面から見渡した論文で構成した。

　第10章、金水敏の「言語のecology/ecologyの言語－国語・方言・グローバリゼーション－」は、「言語資源論」という視点を導入して日本語および日本の言語事情の将来を考えようとする点から出発した論考である。第1言語ということができる「子どもの言語」と、地域社会に同化していく過程で発達・成長した言語である「地域言語」は、地域特有の環境に適合した生活の記憶を内包

しているが、言語の分析を通じて環境問題に大きく進展をもたらす可能性が高いと主張する。近年の生物の多様性のように、言語の多様性が一種の権利のように認識され始めているが、環境問題の進展のためにも生物言語多様性を保全しなければならないと論じている。

第11章、米村みゆきの「『崖の上のポニョ』の地政学」は、宮崎駿のアニメーション『崖の上のポニョ』を、夏目漱石の小説の影響関係に焦点を合わせて考察している。この映画に漱石の影響があるという宮崎監督の発言をもとに、『門』と『それから』の舞台、すなわち、崖の上と崖の下に位置する各主人公の家を比較し、その空間的意味と映画の中の崖の上の意味を明らかにしている。

第12章、金容儀は「『遠野物語』を通して見た人間と自然の共生関係」で『遠野物語』を生態主義的な観点から注目し、かつて日本では人間と自然の関係がどうであったかを考察している。日本では人間、神、自然の関係が円滑であると見て、それがよく表れているテキストである『遠野物語』を通して人間と自然がどのように共生してきたのかを分析している。

第13章、鄭澯の「西鶴の浮世草子から見た自然-『本朝二十不孝』の'天'の用例を中心に-」は、17世紀後半に活躍した西鶴にとって自然とはどのような意味を持ち、どのような創作意図の下で作品内に描写されているかを考察している。彼の作品『本朝二十不孝』には、「天」についての3つの世界観が複眼的に内在されており、それを諧謔的想像力と形象化を通して虚構的に提示することで、タブー的な主題を扱う親不孝談を興味深い文学作品として誕生させているという点を明らかにしている。

第14章、黄昭淵の「朝鮮通信使が見た園林と環境-申維翰と趙曮を中心に-」は、朝鮮通信使が日本の生態的環境と文化的環境をどのように認識したかを考察している。申維翰と趙曮は18世紀に通信使として日本を訪問した

が、前者は日本の自然環境を理想郷として高く評価する一方、後者はそれに否定的な見解を披瀝する。このような2人の対照的な記述を、彼らが社会的立場と個人的体験を通して自分の役割についての十分な認識を持っていたからだと把握している。

第15章、韓京子の「庭園都市江戸の形成と成長過程」は、現在の、東京に庭園や公園などの緑地が多い外観的特徴がいつから形成されたものかを考察した論文である。江戸時代に日本を訪れた西洋人は、江戸が他の都市とは異なり「庭園都市」のようであると、その外観的美しさを評価している。そのような外観の多くの部分が江戸時代に形成されたことを、政策的背景と江戸に住む人々の内面的背景に分けて考察している。


一方、今日の日本社会が直面している「格差=差別」の問題は、貧富の拡大という問題に限定されない。それは、例えば「定住者」と「移民」との間の差別のような形でも表れている。そしてそれは、日本社会で文化的背景を異にする「他者」との関係をどのように設定するかという、ある意味で見慣れた課題を提起している。

1990年代以降、国境を越えたグローバルなレベルでの人口移動の増加は、日本社会内部の民族構成に大きな変化をもたらした。この点には日系外国人および中国と韓国から流入した「ニューカマー」の増加が大きな影響を及ぼした。依然として全人口に外国人が占める割合は1 ％をわずかに上回る水準に過ぎないが、大都市の日常の世界でたやすく接することができるニューカマーの存在は、既存の、単一民族社会としての日本という固定観念を揺るがすのに十分であった。そして、このように新たに侵入した他者とどのように暮らしていくのかという問題をめぐって、1990年代半ばから「多文化共生」という社会統合の理念が日本社会に広がったことは周知の事実である。そして現

在、多文化共生は中央政府と地方自治体の社会福祉政策の重要な事項とみなされるに至っている。このように、多文化共生に関する社会的共感の拡大は、少なくとも日本の社会の中で民族的・文化的な「単一社会」から「混成社会」への転換が逆戻りできない変化として認識されていることを示す指標だと言える。

ところで、多文化社会＝混成社会で起こる社会的差別は、きわめて現代的な問題に見えるが、日本は過去にアジアの周辺国家を植民地として支配しながら、異民族をどのように帝国に統合するかという方式で、すなわち支配の視点から多民族・多文化の状況を体験したことがある。「西洋」と「アジア」に大別される近代日本の他者認識が、19世紀後半から20世紀前半の帝国主義の経験にその起源があるだけに、現代日本の民族的混成化が提起する問題を他者に対する集団的(無)意識と結びつけて考えることが不可欠だと言うことができる。このように、本書は現代日本社会の差別問題を「日常性」と「歴史性」という観点から再照明することを目的とする。

このような問題意識の上で、第4部〈支配と言語〉では、帝国日本の支配が植民地の日常を生きていく人々にどのように経験されたかを「言語と日常」というプリズムを通して扱っている論考で構成した。

第16章、李盛煥「植民地と独立の境界 ── 伊藤統監の韓国支配と教育」のは、伊藤博文統監の教育論と彼が立案した植民地教育政策との間の「違い」に注目している。李盛煥によると、伊藤は高等教育を「国家の文明化」のための手段として重視したが、そのような高等教育観を韓国には適用しなかった。なぜなら、伊藤は韓国人には「被治者」としての普通教育で十分だという立場をとったからである。あわせて、教育に対する韓国人の熱望は私立学校運動に表出されたが、統監府は私立学校令を通して私立学校を統監府の支配体制内に包摂する政策をとったことも実証的に明らかにしている。

第17章、「権利としての日本語学習」で山田寛人は、植民地朝鮮は、朝鮮人の母語である「朝鮮語」と植民地社会の公用語である「日本語」が共存する一種の「多言語社会」であり、日本語を学習しなければ不利益を被るという社会構造の中で、朝鮮人の「自発的」な日本語学習現象が現れたという点を指摘する。山田はこれが「1つの国家は1つの言語を使用しなければならない」という近代国家の言語政策上の暴力性を示す事例だと言い、植民地時代の日本語普及を民族文化弾圧の観点だけではなく、近代国家が内包した暴力性の側面でも考察してみることを提案している。

　第17章が帝国の言語としての日本語について、普及の対象である「朝鮮人」の立場から問題を扱っているとすれば、次の第18章は、言語政策の樹立に関与した「日本人」の観点に焦点を当てている。第18章、安田敏朗の「言語政策はどのように日常を「支配」するのか ─ 村上広之の議論を中心に」は、植民地朝鮮で教鞭をとった村上広之に焦点を当てているが、彼は朝鮮人学生の間で漢字が「日本語音」より「朝鮮語音」で読まれる現象に、言語政策の「混乱」と「失敗」を言及し、「本国の指導文化を中心とする愛と精神的功利性(文化享受)」を通した日本語普及を力説した人物である。安田は、村上が日常生活において日本語で表現できる場合は徹底的に日本語の使用を固守することにより、日本語が功利的次元で排他的に使われる環境を通して日本語に対する朝鮮人の「自発的使用」を拡散させ、さらにそれを通した日本文化の受容を力説したと分析している。すなわち、村上は言語政策の成功を「理念」よりは「功利的目的」の効率的実践に求めたと言うことができる。

　第19章、「支配の逆説・狂気の植民地」で徐東周は、少年期の植民地朝鮮の経験を素材として書かれた中島敦の小説「巡査の居る風景」( 1929 )を通して、差別を否定しながら同時に差別を維持する支配の二重性が被植民者の民族意識を刺激する、植民地の逆説的風景を分析している。すなわち、徐

東周の分析によれば、中島敦は、植民地の「朝鮮人巡査」は「同化政策」に基づいて被植民者を植民地体制の内部に編入しようとする試みの産物だったが、一方では、朝鮮人によって朝鮮人が弾圧される状況の中で「民族意識」を刺激する、当初の意図に反する逆説的な性格をさらけ出している。徐は、中島は植民地出身の「代理人」を通して「支配」関係を被植民者間の対立に置き換えてしまう帝国日本の「欺瞞的」支配を問題視しており、それは結局、植民地体制をその内部から破綻に帰結させるしかないことを示すものだと述べている。

　この本の書名について一言付け加えておきたい。いま日本は「強い日本」に向けた欲望に駆られているように見える。2012年末に「強い」日本を標榜して登場した安倍政権の一連の政治的推進力は右傾化の歩みを重ね、韓日関係悪化の1つの流れとして定着していることは周知の事実である。しかし、現実の日本はこのような「強い」日本だけではない。終わりの見えない長期不況の中で深まる格差や、災害が招いた絶望感のため、深い悩みに陥った姿も存在する。書名の中の「悲しき」日本とは、日本のこのような憂鬱な現実を比喩的に表現したのである。「強い」日本を熱望する日本への冷静な視線が重要であることは言うまでもないが、だからと言って、それが「悲しき」現実への関心に代わることはできない。実際、安倍政権の「強い」日本が憂鬱な現実への政治的治癒策として提起されたことを考慮すると、今日の日本を理解するには、「強い」日本と「悲しき」日本を同時に考慮する複眼的視線が求められる。「悲しき」というメタファー的表現は、隣国日本が真に治癒されることを望む上記のような問題意識によるものである。
　一方、「共生」の想像力は、まず、日本的な思惟に特徴的な「自然との共生」に関する想像力を念頭に置いたものである。我々は、現代のエコロジー

の思想とも通じるこのような想像力が、災害から生活を守り、成長至上主義が生み出した社会的弊害を克服するのに意味のある基準点を提供することができるだろうと期待する。ところで「共生」への着目は、このような肯定的期待によるものだけではない。1990年代以降、日本が「多文化共生」という理念を通して他者との共生のためのさまざまな努力と議論を積み重ねてきたことは周知の事実である。しかしながら、同時に過去の日本は植民地を支配しながら、「同化」すなわち植民地の「日本化」を試みたことがある。とくに植民地朝鮮への同化政策は徹底したものだったが、日帝強制占領期を通して日本語と日本文化の「強制」が続いた。そして、それが帝国での文化的統合を強化するためのイデオロギーに過ぎなかったため、被植民者の強い抵抗だけを招いた。本書の書名の中の「共生」の想像力という言葉には、他者との共生に失敗した、このような日本の歴史的経験の見直しの意味も込められている。このように「共生」という言葉には、未来への期待とともに、失敗した歴史の省察という、時間の方向は互いに異なるが、決して分離できない2つの思想的課題が含まれていると言える。

　以上のように、本書は「格差」と「災害」を通じて、日本社会がその中で経験している危機の兆候をさまざまな視角から照らし出し、現代日本についての総合的かつ立体的な理解を深めることを目標に設定した。それにもかかわらず不十分な部分があったことも認めざるを得ない。今回の共同研究では人文学研究者が大多数を占めている関係で、まず格差問題に関する社会科学的なアプローチが十分に行われなかったことは、この本の限界であり残念なところである。また、災害以外の歴史的な出来事による廃墟の経験とその克服の問題も、十分に扱うことができなかった。特に戦争による廃墟と再建に関しては、今後韓日両国の研究者が共通の研究課題として扱わなければならな

いだろう。

　最後に、学術シンポジウムで有益で興味深い発表を引き受けて下さっただけでなく、その後、発表原稿を学術論文としてまとめ、今回の学術叢書に参加して下さった韓日両国の研究者に、この場を借りて、学会を代表して感謝の意をお伝えしたい。あわせて、2011年度1年間の国際的学術·研究交流の成果を収めて出版された今回の韓国日語日文学会学術企画叢書が、今後の日本研究の新たな地平を提示し、未来志向の韓日関係を構築して、その研究成果を世界に発信する新しい契機になることを期待する。


2011年度韓国日語日文学会会長　鄭 濚

学術企画理事　韓京子、徐東周

# 목차

# 슬픈 일본과
# 공생의 상상력

1부
재난의 기억과 극복의 제상

# 슬픈 일본과
# 공생의 상상력

# 한신대지진과 동일본대지진의 재건논리

이상훈

## 1. 천재(天災)인가, 인재(人災)인가

이 장은 한신대지진과 동일본대지진의 부흥과정에 나타난 일본의 재건논리를 비교 검토한 것이다.[1] 여기에서 말하는 재건논리란 대지진을 경험함으로써 종래와는 다른 일본 혹은 일본사회를 구축하기 위한 다양한 의견이나 논의 등을 진행시켜 나가는 조리(條理)를 말한다. 또한 한신대지진과 동일본대지진을 비교하는 이유는 두 대지진의 피해가 심각했었고, 일본 국내외에 커다란 충격을 주었을 뿐만 아니라 대지진에 직면한 일본 내 현상을 둘러싸고 터져나온 논의, 즉 재건과정이나 재건 후의 일본에 관한 다양한 논리로부터 현재의 일본을 이해할 수 있기 때문이다.

동일본대지진을 계기로 "부흥을 통해 새로운 일본을 만들어야만 한다," "일본은 크게 변할 것이다"라고 많은 일본인 유식자들이 단언했다. 서점에는 부흥의 방향이나 일본의 미래상을 테마로 한 책이 흘러넘쳤고, 싱크탱크

---

1) 일반적으로 '재해부흥'이 민간시설의 재건 등 광범위한 재해로부터 다시 일어난다는 것을 말하는 것에 대해 '재해복구'는 공공시설의 기능 복원을 가리킨다. 따라서 기본적으로는 공공시설에 대해 이전의 기능을 회복시키는 것까지가 '재해복구'이고, 그 이상의 기능 향상은 '재해복구'의 범주를 벗어나는 것이라고 한다. 이러한 의미에서 여기에서는 '복구과정'이 아닌 '부흥과정'이라는 표현을 사용한다.

는 대지진 후의 일본의 비전을 연이어 발표했다.[2] 일본정부의 부흥구상회의도 2011년 6월말에 제언을 발표했다. 그러나 일본은 어느 정도 변했는가? 1년 반 만에 크게 변하는 것은 어렵겠지만, 부흥은 거의 진척되고 있지 않으며 현실은 냉혹하다고 말할 수밖에 없다.

왜 이러한 상황이 발생했는가? 이것이 이 장의 문제의식이며 그 원인의 일단을 명백히 하는 것이 연구의 목적이다. 재건논리는 대지진의 피해상황을 파악하고, 그것을 어떻게 부흥시켜, 어떠한 지역 혹은 사회를 구축할 것인가라고 하는 논의에서부터 나온다. 그 전제는 대지진이 '자연재해'라고 하는 것이다. 그러나 한신대지진에서도 그리고 동일본대지진에서도 우리들이 수도 없이 들었던 것은 '미증유' 혹은 '소테가이(想定外/상정외)[3]'라고 하는 말이었다. 그러나 '미증유'라고 하는 말에는 애매함 속에 사태의 본질을 감추어 버리는 위험성이 있다. "미증유의 일이 일어났기 때문에 방법이 없다," "생각해도 의미가 없다"라는 분위기가 지배할 수 있다는 것이다.[4] 그리고 경제적인 효율성을 생각한다면 확실히 '상정'은 필요하다. 문제는 '미증유'라고 하는 견해를 피력하는 사람들이나 '상정'이라고 하는 전제조건을 만든 사람

---

2) 예를 들면, 佐藤主光ほか(2011) 『震災復興』日本評論社, 石橋克彦 編(2011), 『原発を終わらせる』, 岩波書店, 畑村洋太郎(2011), 『未曾有と想定外—東日本大震災に学ぶ』, 講談社, 朝日新聞社取材班(2011), 『生かされなかった教訓—巨大地震が原発を襲った』, 朝日新聞出版, 宮台真司ほか(2011), 『原発社会からの離脱—自然エネルギーと共同体自治に向けて』, 講談社, マッキンゼ・アンド・カンパニー(2011), 『日本の未来について話そう—日本再生への提言』, 小学館, 御厨貴(2011), 『「戦後」が終わり, 「災後」が始まる』, 千倉書房 등이 있다.

3) '소테가이(想定外)'에 해당하는 한국어는 '예상외'가 되리라 생각한다. 다만, 여기에서는 '소테가이'를 '상정외'로 번역하여 사용하기로 한다. 왜냐하면 일본에서도 '예상외'와 '소테가이'가 혼용되어 사용되고 있지만, 책임을 명확히 하기 위해서는 이를 구분하여 사용해야만 한다는 논의가 있기 때문이다. 예를 들면, '예상외'는 "그와 같은 리스크를 예상할 수 없었다"는 의미로 그리고 '상정외'는 "예상은 하고 있었지만, 대책을 실시해야만 하는 문제로는 인식하지 않았다"로 구분해야만 한다는 의견 등이다. 여기에서는 정치의 책임을 묻는 관점에서 언어적인 위화감은 있지만 '상정외'를 사용하고자 한다. 樋口晴彦, 「危機管理の具体論—『想定外』と『予想外』を使い分けよ」(http://itpro.nikkeibpco.jp/article/Watcher/20111128/375115/) 참조.

4) 畑村洋太郎(2011), 『未曾有と想定外—東日本大震災に学ぶ』, 講談社, p. 15.

들에 의해 피해가 확대되었다는 점에 있다. 이러한 관점에서 본다면 한신대지진이나 동일본대지진도 자연재해라고 하는 '천재(天災)'만이 아니라 '인재(人災)'라고도 할 수 있다. 그렇다고 한다면, 재건할 '대상'도 바뀌어야 하고, 재건논리도 변해야만 할 것이다.


## 2. 한신대지진과 동일본대지진의 피해 비교

논의를 전개하기 전에 우선 한신대지진과 동일본대지진의 피해상황을 비교해보자.

한신대지진은, 1995년 1월 17일 오전 5시 46분, 아와지시마(淡路島) 북부 앞바다 아카시(明石)해협을 진원으로 하여 M7.3[5] 규모로 발생한 효고(兵庫)현 남부지진이다. 지진에 의한 흔들림은 오사카와 고베 사이 그리고 아와지시마 일부에 진도 7의 격진(激震)[6]이 적용되었다. 전후에 발생한 지진으로서는 1946년의 난카이(南海)지진이나 1948년의 후쿠이(福井)지진을 크게 능가하여 당시 지진재해로서는 전후 최대 규모의 피해를 가져왔다. 피해의 특징으로서는 도시 직하(直下)에서 일어난 지진에 의한 재해라는 점을 들 수 있다. 대도시를 직격했던 1944년 쇼와(昭和) 동남해 지진 이래 도시형 지진이다. 도로, 철도, 전기, 수도, 가스, 전화 등의 라이프라인이 파괴되어 광범위한 지역에서 완전히 기능이 정지되었다. 그 이후 도시형 재해 및 지진대책을 논의하는 데 있어서 라이프라인의 조기 복구, '활단층(活斷層)'에 대한 배려, 건축공법상의 유의점, 가설주택, '이재(罹災)인정' 등의 행정 대책이

---

5) 마그니튜드(magnitude/M)는 지진 그 자체의 크기를 나타내는 것에 비해 진도는 각 지점에서의 지진동(地震動)의 강도를 나타낸다.

6) 당시 일본에서는 지진의 강도를 7단계로 나누어 표시하고 있었는데, 격진(激震)은 목조가옥의 30% 이상이 도괴(倒壊)하고, 산사태나 단층이 생기는 등 가장 심한 지진으로 진도 7에 해당한다.

주목을 받게 되었다.

동일본대지진은 2011년 3월 11일 오후 2시 46분에 도호쿠(東北)지방 태평양 앞바다를 진원지로 해서 발생한 거대지진이다. 지진의 규모는 M9.0으로 일본 기상청 관측사상 최대지진으로 기록되었다.[7] 미야기(宮城)현 북부에서 진도 7을 기록한 외에 이와테(岩手), 미야기(宮城), 후쿠시마(福島), 이바라키(茨城), 도치기(栃木), 군마(群馬), 사이타마(埼玉), 지바(千葉) 각 현에서 진도 6강(強)에서 6약(弱)이 관측되었다. 이 지진에 의해 발생한 거대해일이 도호쿠지방에서 간토(関東)지방의 태평양 연안을 휩쓸어 동일본 태평양 연안에 위치한 마을이 괴멸상태가 되었고 한신대지진을 능가하는 전후 최대의 재해가 되었다. 수도권에서도 JR 각 선을 비롯하여 철도가 장시간 정지하는 사태에 빠졌다.

또한, 구소련(현 우크라이나)의 체르노빌 원전사고처럼 원자력사고의 국제평가척도(INES)에 있어서 최악의 레벨 7(심각한 사고)에 해당하는 후쿠시마(福島)제1원전 사고에 의해 비상용을 포함하여 모든 전원이 소실되었기 때문에 멜트다운(meltdown)[8] 및 수소폭발을 일으켜 대량의 방사능 누출이 발생했다. 그 결과 대기, 토양 그리고 해양(海洋)에 방사능 오염이 확산되어 광범위에 걸친 농축산물, 어패류에 피해를 입혔다. 그리고 언제 수습이 될지도 모르는 원전사고가 장기화되어 일본은 해일과 지진에 의한 재해뿐만 아니라 원전 재해가 겹쳐 복합적인 거대 재해, 대참사에 직면하고 있다고 말해

---

7) 동일본대지진의 진도는 한신대지진과 같이 최대 7이었지만, 지진의 규모는 M9.0으로 M7.3 이었던 한신대지진을 능가했다. 한신대지진의 몇 배의 에너지였는가라는 점에 있어서는 이론(異論)이 있지만, 순간적인 흔들림의 강도, 즉 지진의 파괴력을 나타내는 최대가속도 (gal)는 진원(震源)에서 가장 가까웠던 미야기(宮城)현에서 2,933gal을 기록, 800gal 정도였던 한신대지진의 3.6배의 수치를 나타냈다고 한다. 해저에서 일어난 파괴에너지의 크기가 전대미문이었다면 쓰나미의 규모도 과거에 볼 수 없었던 거대한 규모였다.

8) 원자로의 냉각장치가 정지되어 내부의 열이 이상 상승하여 연료인 우라늄을 용해함으로써 원자로의 노심부가 녹아버리는 일.

도 과언이 아니다.[9] 이상과 같은 피해상황을 수치로 나타내면 〈표 1〉과 같이 된다.

〈표-1〉 한신대지진과 동일본대지진의 인적 피해와 시설 등의 피해 비교[10]

| 피해 구분 | | | 한신대지진 | 동일본대지진 |
|---|---|---|---|---|
| 인적 피해 | 사망자 | | 6,434명 | **15,840명** |
| | 행방불명자 | | 3명 | **3,607명** |
| | 부상자 | | **43,792명** | 5,951명 |
| 시설 피해 | 주택 피해 | 전파(全破) | 104,906채 | **121,654채** |
| | | 반파(半破) | 144,274채 | **198,031채** |
| | | 일부파손 | 390,506채 | 613,835채 |
| | | 전소(全燒) | **7,036채** | 81채 |
| | | 반소(半燒) | 96채 | **200채** |
| | | 부분소(部分燒) | **333채** | |
| | | 마루 위 침수 | | **10,973채** |
| | | 마루 밑 침수 | | **13,683채** |
| | 주택이 아닌 시설 피해 | | 42,494채 | **48,092채** |

## 3. 한신대지진의 부흥과 재건논리

〈표 1〉에서 알 수 있는 것처럼 피해 상황은 대지진의 특징에 의해 다르다. 한신대지진은 도시직하형(都市直下型) 지진이었기 때문에 동일본대지진에 비해 건물의 붕괴나 가구의 전도(顚倒)에 의한 부상자의 수, 가스 누출에 의해 전소(全燒)한 주택의 수가 상당히 많다. 이러한 재해의 특징이 그 후의 부

---

9) 新田和宏(2011), 「東日本大震災における『新しい政治』—『脱原発をめぐる政治』と『サステイナブル・ポリティクス』—」, Memoirs of the Faculty of Biology-Oriented Science and Technology of Kinki University (28), p. 73.

10) 긴급재해대책본부가 작성한 『2011年東北地方太平洋沖地震(東日本大震災)について』를 참고하여 필자가 작성한 것이며, 진하게 표시한 수치는 한신대지진과 동일본대지진을 비교해서 피해가 많은 쪽을 의미한다.

흥과 재건논리에 반영되었던 것이다.

## 1) '안전신화'의 붕괴와 '안전한 도시 조성'

한신대지진의 경우, 왜 위와 같은 막대한 피해를 입게 되었는가? 그것은 고베(神戸)가 지진에 안전하다고 하는 신화가 만들어져 있었기 때문이다. 1992년 고베시 기본구상심의회가 승인한 '신(新)고베시 종합기본구상안'은 2025년을 목표로 고베 도시조성의 구상을 정리한 것이다. 거기에는 '함께 만들어가는 인간존중의 도시', '복지를 중시하여 생활이 만족스러운 도시' 등 격조 높은 캐치프레이즈가 흘러넘치고, 전편(全篇) 92항목의 요점별로 '시민참가', '참가와 대화', '정보공개', '시민자치'가 반복적으로 강조되고 있지만, 재해에 대해서 언급한 곳은 단 1곳이었다. "수해, 산사태, 고조(高潮) 등 고베의 지형적 특성에 의해 대규모 피해를 가져올 가능성이 있는 재해에 대해서 항시적인 방재대책을 진행시킴과 동시에 도시의 복잡화에 기인하는 재해에 대비하여 재해시에도 기능할 수 있는 도시 조성"이라는 구절뿐이다. '지진'은 어디를 넘겨보아도 찾을 수가 없다. 지진이 시(市)의 기본계획구상에서 터부시되어 '고베는 안전한 도시'라는 '신화'가 확산되었던 것이다.

왜 무엇 때문에 '고베안전신화'가 만들어졌는가? 한 마디로 말하면 야심적인 대형토목사업을 확대해가기 위함이었다. 행정이 대지진 발생의 위험이 있다는 것을 인정하면 당연히 그에 상응하는 방재기준이 요구된다. 그렇게 되면 "산과 바다로 향하는" 개발은 물론 고베시의 대형사업은 설계단계에서부터 수정이 필요해지고 안이하게 그 사업에 착수할 수 없게 된다. 사업량의 대폭 삭감은 피할 수 없을 것이다. 또한, 일반시민이 지진에 대해 강한 불안감을 가지고 있다면 대형프로젝트의 실시는 어렵다. 즉 토건(土建)국가를 지탱하는 제네콘[11]행정적 발상에 의한 '난개발(亂開發)'이 통용될 수 없게 된다. 시민의 염려를 봉쇄하고 여론의 반발을 두려워할 필요 없이 대형사업을 실행하기 위해서는 "롯코산[12] 주변에 대지진의 기록은 없다. 따라서 고베에 커다란 지진이 발생할 염려는 없다"고 하는 '고베안전신화'를 침투시킬 필요가 있었던 것이다.[13]

그러나 그 안전신화는 붕괴했다. 1989년 샌프란시스코에 그리고 1994년 로스앤젤레스에 지진이 발생했을 때 많은 고속도로와 다리가 붕괴했다. 그때 일본의 도로, 토목, 정치관계자는 입을 모아 "일본의 도로 등은 내진성이 있기 때문에 관동대지진 레벨의 지진이 일어나도 아무 일도 없을 것"이라고 호언(豪言)했다. 그 로스앤젤레스 지진 후 정확히 일 년이 지나 닥친 한신대지진에서 한신고속도로를 비롯하여 신칸센(新幹線)의 교각 등과 함께 근거 없던 안전신화는 일순간에 무너져버렸던 것이다. 한신대지진 후 그들의 코멘트는 "생각할 수 없는 재해였다"[14]는 것이었다. 동일본대지진에서 자주 들었던 '상정외'의 재해였다는 것이다. 그러나 본질은 생각할 수 없었던 것이 아니라 단지 생각하지 않았던 것으로 이러한 관점에서 본다면 한신대지진은 '천재(天災)'만이 아니라 '인재(人災)'이기도 했다. 이러한 반성 하에 한신대지진의 재건논리는 내진기준의 강화를 포함한 '안전한 도시 조성'이 되었으며, 대대적인 보강공사가 행해졌다.

---

11) 제네콘(ゼネコン)은 general contractor를 축약해서 부르는 일본식 영어로 토목과 건축공사까지 하는 종합건설회사를 말한다.

12) 롯코산(六甲山)은 고베 시가지 서쪽에서 북쪽에 걸쳐 위치하는 산이다.

13) 酒井道雄(1995. 4),「市民が町をつくる―復興計画に『情報公開』と『市民参加』を」『世界』607号, pp. 107-108.

14) 防災システム研究所ホームページの「阪神・淡路大震災(平成 7 年兵庫県南部地震)」項目参照. http://www.bo-sai.co.jp/sub6.html (検索日: 2012.10.23)

## 2) 초기대응의 지연과 '위기관리체제의 구축'

한신대지진의 피해를 심각하게 만든 또 하나의 이유는 위기관리체제의 결여에 있다. 한신대지진 발생 후 일본정부 및 지방자치체의 초기대응은 대단히 늦었으며, 그것이 피해 확대로 이어졌다. 초기대응이 지연된 최대 원인은 사태를 정확히 파악할 수 있을만한 정보가 수상관저에 전달되지 않았다는 점에 있다. 이에 대해 무라야마 도미이치(村山富市) 전 수상은 다음과 같이 말하고 있다. "가장 문제가 되었던 것은 관저(官邸)가 정확한 정보를 파악할 수 없었다는 점이다. 통신망·도로망이 차단된 경우 긴급한 사고나 재해에 바로 대응할 수 있는 시스템이 관저에는 전혀 없었다. 관저에는 24시간 근무체제가 확립되어 있지 않아 담당자는 한 사람도 없었고, 위기관리체제가 전혀 구축되어 있지 않았다."[15] 또 국가의 행정시스템이 제대로 기능하지 못하는 제도상의 불비(不備)도 있었다. 즉, 내각총리대신의 권한이 제약적이어서 긴급시의 기동적 대응에는 한계가 있었던 것이다. 그리하여 대재해가 발생했을 때 통일적인 지휘권을 확립함과 동시에 내각총리대신에 의한 톱다운(top-down)식의 직접적인 지휘권 확보가 요구되었다.[16]

이상과 같은 한신대지진의 경험에 기초하여 일본정부의 재건논리는 '위기관리체제의 구축'이 되었다. 일본정부는 일본 재해대책의 방향에 대해 제도의 수정을 포함한 전반적인 검토를 진행하여 ① 총리관저 등에의 정보연락체제의 확립, ② 관계기관과의 협력을 위한 사전방재체제의 확보, ③ 비상재

---

15) 金森和行(1996), 『村山富市が語る天命の561日』, KKベストセラーズ, pp. 78-79. 또한 "한신대지진은 아직도 내 마음 속에 무겁게 짓누르고 있다. 위기관리체제가 결여되어 있었던 것은 아닌가라고 책임을 추궁당해도 변명할 수 없다"고 무라야먀 전 수상은 나중에 인터뷰에서 술회하고 있다. 「明日を守る-防災立県めざして- 第5部 行政の役割 当時首相 村山氏に聞く」, 『大分合同新聞』, 2006年.

16) 宮脇みねを(2000), 「第6章村山内閣と危機管理」, 藤本一美ほか 編, 『村山政権とデモクラシーの危機─臨床政治学的分析』, 東信堂, p. 151.

해시의 정부의 체제나 응급조치에 관한 제도면에서의 충실 등이 결정되었다.[17] 그 결과, 위기관리를 총괄하는 임무를 담당시키기 위해 내각관방(內閣官房)에 내각위기관리감(內閣危機管理監)이라는 관직을 신설했으며, 365일 24시간 세계의 정보를 수집하기 위한 내각정보센터를 설치했다. 이것은 그 후 위기관리센터로서 재해에 대응하는 체제의 중심이 되었다.

그리고 한신대지진을 계기로 정부를 비롯하여 지방자치체, 민간기업, 학교 나아가 개인에 이르기까지 위기관리라고 하는 단어에 관심이 높아졌으며, 그 후의 일본에 있어서 전례가 없을 정도로 위기관리의 필요성이 중시되어 1995년은 '위기관리 원년(元年)'이라고 할 수 있는 해가 되었다.[18]

### 3) 이웃돕기의 실행과 '볼런티어 원년(元年)'

이상에서 알 수 있는 것처럼 한신대지진은 '천재(天災)'였지만, '인재(人災)'이기도 했다. 자연재해의 피해를 확대시킨 이유 중 하나는 세계 최악의 지진국(地震國)에 살고 있음에도 불구하고 '안전신화'를 만든 사람들, '위기관리체제'를 만들지 않았던 사람들에게 있다고 말할 수 있다.

그러나 한신대지진은 일본사회에 새로운 '사람'들을 창출했다. 지진 직후 현지에서 이재민지원 볼런티어 활동이 활발하게 행해졌던 것이다. 볼런티어 활동에 참가한 사람의 수는 1일 평균 1만 명 이상, 3개월간 총 11만 명이었다고 한다. 피해지에서의 볼런티어 활동(전문 볼런티어, 정보 볼런티어를 포함)의 중요성에 대한 일반인의 인식도 비약적으로 높아졌다. 현지에 가지 않고 피해부상자를 위한 헌혈, 의연금 모금, 물자 제공 등의 후방지원에 참

---

17) 宮脇みねを(2000), p. 152.

18) 宮脇みねを(2000), p. 135.

가했던 사람들도 포함시킨다면 참가 인원은 더 증가할 것으로 판단된다.[19]

〈그림 1〉 지진 발생 1개월별 볼런티어 총인원수의 추이

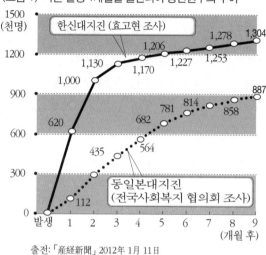

출전:「産経新聞」2012年 1月 11日

〈그림 1〉에서 알 수 있는 것처럼 한신대지진 후에 행해진 볼런티어 활동
은 동일본대지진 때보다 활발하게 행해졌던 것이다. 이 때문에 한신대지진
이 발생한 1995년은 일본에서 '볼런티어 원년'이라고도 불린다. 후에 내각은
1월 17일을 '방재와 볼런티어의 날', 17일을 중심으로 한 전후 3일 합7일간을
'방재와 볼런티어 주간'으로 정했다.

4. 동일본대지진의 부흥과 재건논리

전술(前述)한 〈표 1〉에서 볼 수 있는 것처럼 동일본대지진의 경우는 한신

---

19) 이 기운(機運)은 3년 후인 1998년, 활동단체에 법인격을 부여하여 지원하는 'NPO법(특정
비영리활동촉진법)'의 성립으로 이어진다. 이후 재해가 발생했을 때마다 전국에서 많은
볼런티어가 모여 피해지를 지원하고 있다.「産経新聞」2012年 1月 11日.

대지진과 비교해 지진에 의해 발생한 거대 쓰나미(津波)의 피해가 막대하여, 주택의 파괴나 침수 등의 피해가 상대적으로 많았다. 그러나 보다 심각한 재해는 현재도 진행 중인 원자력발전소 사고에 의한 피해일 것이다. 그리고 이 원전사고에 의한 피해가 그 후의 재건논리에 반영되었다.

## 1) '절대안전신화'의 붕괴와 '원전(原電) 없는 사회'

동일본대지진 이전, 일본에서는 원전이 '절대안전'하다는 신화가 존재했다. 왜 원전이 "싸고 안전하며 깨끗한 에너지"라고 하는 신화가 만들어졌는가? 거기에는 한신대지진과 마찬가지로 '안전신화'를 만든 '사람들'이 존재한다. 그 사람들이란 "자민당과 경제산업성, 전력회사"이다. 자민당은 전력회사로부터 자금을 받고, 입지(立地)자치체에 보조금을 내주기 쉬운 제도를 정비해왔다. 경제산업성은 전력회사에 자금을 지원하여 공익법인을 만들고 낙하산 인사를 해왔다. 도시바(東芝)나 히타치(日立) 등 메이커와 함께 건설업체를 포함한 산업계도 원전건설을 후원했다. 전력회사는 대학에 연구비를 제공하고, 상황에 좋은 말밖에 하지 않는 어용학자를 만들었다. 거액의 광고비를 받는 매스컴은 비판을 삼가고 거대한 '악의 세력'과 동심을 해왔다. 정·관·산·학·미디어의 5각형이 '절대안전신화'를 만들었던 것이다.[20] '절대안전신화'를 만든 이 5각형을 '원자력 촌(村)'이라고도 한다.[21]

---

20) 「朝日新聞」 2011年 5月 5日.

21) 일본에서 원자력정책을 담당하고 있는 내각부의 원자력안전위원회도 경제산업성의 원자력안전·보안원도 규제·감독 대상인 전력회사와 인맥을 통한 '원자력 촌(村)'의 구성원이라고 할 수 있다. 원전의 안전기준이나 건설을 둘러싼 인허가권은 정부가 쥐고 있지만, 사업면의 책임은 지지 않으며, 전력회사 측도 지역독점과 다양한 코스트를 전기요금에 전가할 수 있는 총괄원가방식을 인가받아 단물을 마셔왔던 것이다. 千葉香代子(2011.4.20), 「原発国有化で悲劇は防げるか」, 『Newsweek日本語版』, p. 27.

'절대안전신화'에 기초하여 '원자력입국(立國)의 꿈'을 품어 온 경제산업성의 종합에너지조사회 원자력부회는 2006년 8월 '원자력입국계획'을 발표했다. 이러한 흐름 속에서 원자력발전은 착실하게 확대하였으며, 총발전 전력량에서 커다란 비율을 차지하게 되었다. 그 비율은 제1차 석유위기가 엄습한 1973년에 3% 정도였지만, 2008년에는 26%까지 상승하였으며, 현재는 30%에 가까운 비율을 점하고 있다.(〈표 2〉 참조) 나아가 경제산업성은 2010년 작성한 '에너지 기본계획'에서 20년까지 원자력발전소 9기(基)를 새로 증설하고, 30년까지 14기 이상을 신설한다고 명기했다.[22] 한편, 기존 시설의 설비 이용률을 20년까지 85%, 30년까지 90%로 높인다고 했다. 거의 무한정으로 에너지를 공급할 수 있는 원자력은 몇 세대에 걸쳐 관료들의 상상력을 북돋우어 원자력연구개발계획에 수조원이 투입되었으며, 대규모 원자력 관련 시설을 건설하기 위해 더 많은 자금이 투입되어 왔던 것이다.[23]

〈표 2〉 원자력발전 전력량의 비율[24]

| 에너지 | 수력 | 석탄 | LNG | 석유 등 | 원자력 | 신(新)에너지 등 |
|---|---|---|---|---|---|---|
| 비율(%) | 8.1 | 24.7 | 29.4 | 7.6 | 29.2 | 1.1 |

출전: 資源エネルギー庁, 『エネルギー白書2010』.

그러나 '상정외'의 동일본대지진과 거대 쓰나미에 의한 후쿠시마(福島)원

---

22) 동일본대지진 후 간 나오토(管直人) 정권은 이 계획을 백지화한다고 선언했다.

23) ガバン・マコーマック(2011.7.27), 「揺らぐニッポン『原子力立国の夢』」, 『Newsweek日本語版』, pp. 33-34. 또 원전이 일본의 '국책(國策)'으로서 진행되어 왔던 이유를 정치적 관점에서 분석한 것으로 山岡淳一郎(2011), 『原発の権力―戦後から辿る支配者の系譜』, 筑摩書房 등이 있다.

24) 『エネルギー白書2010』에 의하면, 원자력발전 전력량은 일본의 총발전 전력량의 29.2%를 점하고 있다. 즉, 일본의 전력 약 3할은 원자력에 의한 것이다. 〈표 2〉는 발전 전력량의 구성(2009년도)에 기초한 것인데 항목별로 비율을 사사오입한 때문인지 합계가 101%로 되어 있다.

전 사고로 '절대안전신화'는 붕괴했다. 방사성 폐기물의 저장, 핵병기를 제조할 수 있는 물질의 관리 그리고 사고가 일어났을 때 심각한 피해를 입을 수밖에 없다는 등의 문제가 원전에 있다는 것은 확실하다. 이것이 일본인이 너무 값비싼 대가를 지불하고 배운 점이다. 앞으로 일본 국내의 신규 건설이나 증설은 거의 기대할 수 없을 것이다. 원전의 수명인 40년이 되어 차례로 원자로가 폐기된다면, 언젠가 일본에서 원전은 사라진다. 혹은 수십 년 후에 원전이 다시 살아난다하더라도 그 때까지의 기간은 다른 에너지 자원으로 견뎌내지 않으면 안 된다.

그렇게 되었을 때, 원전의 구멍을 모두 화석연료를 태워 얻은 에너지로 메우는 것은 불가능하다. 또 원자력을 대신할 에너지로 기대되고 있는 태양광이나 풍력, 수력 등 재생가능 에너지는 일본에서는 아직 보급이 미진하다.[25] 공급량이 기후에 의해 좌우될 뿐만 아니라 초기 투자비용도 들어가기 때문이다. 그리고 안전상의 불안 때문에 원전을 정지시키게 된다면 전력 부족은 심각하게 될 것이다. '원전 없는 사회'를 실현하기 위해서는 전력 수입이나 대체 에너지 개발이라고 하는 지금까지 미루어 온 과제에 직면하지 않을 수 없다. 동일본대지진 후의 재건논리의 하나인 '원전 없는 사회'로의 흐름은 변하기 시작했지만 그 길을 걸어가는 것은 그리 간단하지 않아 보인다.

## 2) '지속 가능한 사회'로의 과제

현재의 위기는 방사능이나 전력부족, 멜트다운(meltdown)의 공포, 2만 여명의 사망자, 인체와 환경에 미치는 위험뿐만 아니라 민주주의에 기초한 통치의 위험이기도 하다.[26] 이러한 논의가 나오는 이유는 한신대지진의 경험

---

25) 井口景子ほか(2011.4.6), 「日本を惑わす基準値パニック」, 『Newsweek日本語版』, p. 37.
26) ガバン・マコーマック(2011.7.27), 「揺らぐニッポン『原子力立国の夢』」, 『Newsweek日本語版』, p. 32.

이 활용되지 못했기 때문이다. 즉, 한신대지진의 피해경험으로부터 '위기관리체제'의 구축이 재건논리의 중심이 되었지만, 동일본대지진의 경우에 있어서도 구축되어있어야 할 '위기관리체제'는 기능하지 못했다. 도쿄전력 후쿠시마 제1원자력발전소 사고에 관한 정부의 '사고조사·검증위원회'의 중간보고 개요에 따르면, 관저(官邸) 내의 커뮤니케이션 부족이나 중요한 정보의 공표 지연 등 정부의 정보 수집, 전달, 발신에 문제가 있었다는 것이 지적되고 있는 것이다. 다시 말하면 도쿄전력의 초기대응에서 원자로 냉각 조작의 오인(誤認)이나 판단 미스가 있었고, 정부의 피난지시가 신속하게 전달되지 못하여 자치체가 충분한 정보를 얻지 못한 상황에서 피난방법을 결정할 수밖에 없었다는 것이다. 나아가 정부의 정보발신에서는 노심용융(爐心熔融)이나 방사선의 인체에 대한 영향 등 중요정보에 관한 공표의 지연 내지는 설명부족이 있었으며, 긴급시의 정보발신으로서는 부적절했다고 총괄하고 있다.[27] 도쿄전력의 정보 은폐, 내각의 대응 미숙에 의해 일본의 시민민주주의가 일본이라고 하는 국가를 움직이는 힘을 관료와 자본이 융합한 무책임한 독점체제로부터 탈취하지 않으면 안 된다고 하는 논의가 나오는 이유도 여기에 있다. 그리고 새로운 전력공급체제나 사회경제가 나아가야 할 방향을 모색하여 궁극적으로는 '지속 가능한 사회'라는 새로운 비전을 세워야 할 필요성이 요구되고 있다.

물론 미증유의 대지진 후 나눔과 상호부조(相互扶助)의 물결이 높아진 것은 사실이다. 이번에 피해를 입은 동일본 태평양 연안의 마을은 과소(過疎)고령화가 진행되고는 있지만, 원래 사람들 사이에 나눔과 상호부조의 관계성이 강한 지역이었다. 그러나 대지진을 계기로 서로 돕고 나누는 기운이 더욱 높아져 힘들 때에는 피차일반이라고 하는 '사회적 연대(social

---

27) 「読売新聞」 2011年 12月 22日.

inclusion)'[28]의 중요성에 대해 다시 한 번 인식하게 되었다. 한신대지진 때보다는 숫자가 줄었다고 하더라도 볼런티어 활동이 활발하게 행해졌다. 나눔과 상호부조는 지속 가능한 사회의 정신적 지주라고 말할 수 있다.

확실히 레베카 솔니트(Rebecca Solnit)가 지적하고 있는 것처럼 사람들은 재해에 직면하면 "모두가 이타적이 되며, 자신이나 가족뿐만 아니라 이웃이나 모르는 사람에게 조차 우선 동정심을 보이고", "모르는 사람들이 친구가 되어 힘을 모으고 아낌없이 물건을 나누며 자신에게 요구되는 새로운 역할을 추구한다"고 하는 파라다이스(Paradise) 즉 '재해(災害) 유토피아(Utopia)'가 출현하지만, 그것은 일과성에 그칠지도 모른다.[29] 그렇기 때문에 동일본대지진을 계기로 높아진 나눔과 상호부조의 흐름을 이어가면서 피해지에 있어서 경제와 환경, 사회보장 등이 서로 연동하여 '지속 가능한 사회'가 구축될 수 있도록 하는 것이 정치의 과제가 된다고 생각한다. 그런데 그 정치가 문제인 것이다. 즉 동일본대지진 후의 신에너지정책 결정과정도 '원자력촌(村)' 다시 말하면 계속해서 원전 추진을 목표로 하는 전력회사, 원자로(原子爐) 제조회사, 원자력 관료와 학자, 그 흐름에 편승하여 경제성장을 추구하는 산업계의 리더가 쥐고 있지만 정치가 그것을 통제하지 못하고 있는 것이다.[30]

---

28) 사회적 연대(social inclusion)는 "모든 사람들을 고독이나 고립, 배제나 마찰로부터 지원하여 보호하고, 건강하고 문화적인 생활을 실현할 수 있도록 사회 구성원으로서 서로 돕는다"고 하는 이념이다. EU나 그 가맹국에서는 최근 사회복지를 재편하는 데 있어서 이것이 사회적 배제(실업, 낮은 기술 및 소득, 허술한 주택, 높은 범죄율, 나쁜 건강상태 및 가정 붕괴 등 상호 관련된 복수의 문제를 안고 있는 개인 혹은 지역)에 대처하는 전략 중 중심적인 정책과제의 하나로 인식되고 있다. 新田和宏(2011), 「東日本大震災における『新しい政治』—『脱原発をめぐる政治』と『サステイナブル・ポリティクス』—」, Memoirs of the Faculty of Biology-Oriented Science and Technology of Kinki University (28), p. 90.

29) レベッカ・ソルニット(2010), 『災害のユートピア—なぜそのとき特別な共同体が立ち上がるのか—』, 亜紀書房 참조.

30) 山田孝男(2012.1.10), 「原発見直し, 根本は問わぬまま経済優先に草の根の拒絶感」, 『週刊エコノミスト』 참조.

지금까지 일본사회는 회복력이 강하고, 일본인은 인내에 익숙하며, 언제나 강력한 단결심을 보여 주었다. 그 경험이 동일본대지진 후 또 하나의 재건논리인 '지속 가능한 사회'의 구축으로 이끌 것이다. 그러나 90년대 후반 이후, 특히 최근 5년간, 일본정치는 혼란 상태이며 적절하게 기능해오지 못했다. 그리고 정치가와 정부 전반 그리고 대기업에 대한 국민의 환멸이 강해지고 있다. '지속 가능한 사회'의 구축이 실현될 것인가? 그 열쇠는 정치가 쥐고 있다고 해도 과언이 아니다.


## 5. 지속가능한 사회를 위해

동일본대지진 직후에는 '힘내자 일본', '단결력', '유대(紐帶)'라고 하는 단어가 흘러넘쳤다. 계획정전이 실시되고, 전동차의 운행 횟수가 줄고, 가게 상품진열대의 물건이 동나도 일본인은 차분하게 대응하였으며 그 침착함은 세계인을 경탄시켰다. 그리고 이재민에의 동정이라고 하는 가벼운 감정이 아니라 인간으로서 순수하게 손을 내밀고 싶다는 생각이 피해지역에 결집했다.[31] 그로부터 1년 반, 일본은 얼마나 변했는가? 국가가 불과 1년 반 만에 크게 변한다는 것은 대단히 어려울 것이다. 그럼에도 불구하고 지진의 잔해(殘骸)가 아직 남아있는 피해지를 보면 부흥 자체가 그다지 진척되고 있다고는 말할 수 없다. 방사능 문제도 진행 중이다. '희망', '부흥'이라고 하는 단어가 공허하게 들리는 현실이 있다.

왜 이러한 상황이 일어났는가? 이것이 이 장(章)의 문제의식이고 그 일단을 명백히 하는 것이 연구의 목적이었다. 재건논리는 대지진의 피해상황을 파악하여 그것을 어떻게 부흥시키고 어떠한 지역 혹은 사회를 구축할 것인

---

31) 横田孝·森田浩之(2011.9.14), p. 27.

가라는 논리에서 나온다. 그 전제는 대지진은 '자연재해'라고 하는 것이다. 그러나 한신대지진도 동일본대지진도 자연재해라고 하는 '천재(天災)'이었을 뿐만 아니라 '인재(人災)'이기도 했다. 동일본대지진의 경우 한신대지진의 교훈은 '안전신화'는 만들어진 것이고, 그것에 의해 피해가 확대되었다는 것이었다. 또 정부의 초기대응이 늦어져 많은 피해자가 발생했다는 것이었다. 그러나 동일본대지진의 경우 한신대지진의 경험은 활용되지 못했다. 즉, 두 번에 걸친 대지진은 '천재(天災)'였을 뿐만 아니라 '인재(人災)'이기도 했던 것이다. 그렇다고 한다면, 재건해야 할 대상도 바뀌어야 하며, 재건논리도 바뀌어야 한다. 한신대지진의 재건논리는 '안전한 도시 조성'과 '위기관리체제의 구축'이었으며, 동일본대지진의 재건논리는 '원전 없는 사회'와 '지속 가능한 사회'의 구축이었다. 그것은 두 번의 재해가 '자연재해'라고 하는 전제 하에 설계되었던 것이기 때문이다. 두 재해가 '인재(人災)'라고 한다면, 재건논리는 '인재(人災)'의 원인이 되었던 '상정외'라는 개념에 기초하여 '안전신화'를 만든 세력과 정치를 해체하는 관점에서 나오지 않으면 안 된다. 이것이 이 글의 분석에서 얻은 결론이다.

마지막으로 한 가지만 덧붙이고 싶다. 동일본대지진 및 그 지진과 쓰나미에 의해 발생한 도쿄전력 후쿠시마원자력발전소의 방사능 누출·용융이라고 하는 원전 재해에 대한 대응에 대해 후세 역사가의 평가는 다음의 둘 중 하나일 것이다. 하나는 동일본대지진을 계기로 일본은 급경사를 굴러 떨어지는 것처럼 쇠퇴의 길을 걷기 시작했다는 것이고, 또 다른 하나는 이 대지진을 계기로 일본이 탈(脫)원전으로 방향을 전환하여 자연·재생에너지에 의한 '원전 없는 사회'를 지향하면서 물결처럼 고조된 나눔과 상호부조의 연장선에서 사회적 연대를 기조(基調)로 하는 '지속 가능한 사회'를 향해 재생의 길을 걸었다는 것이다.[32] 물론, 재건논리의 실현에는 다양한 갭(gap)이 존

---

32) 新田和宏(2011), p. 73.

재하고 있지만, 일본의 단결력, 인내력, 침착성을 고려한다면 후자의 평가를
얻게 되리라 기대한다.

2장
진재와 쇼와문학

나미가타 쓰요시(波潟剛)

## 1. 〈방관자〉가 서는 위치

쉿, 여진이다. 몇 억의 말이 울면서 땅 밑을 달려 나간다.

2011년 3월 20일 22:02

이봐, 발굽의 소리가 들리지, 말의 울음소리가 들리지?
뭔가를 뒤따라가고 있는 몇 억의 말. 쉿, 여진이다.

2011년 3월 20일 22:05

이것은 와고 료이치[1]의 시집『시의 잔해(詩の礫)』(덕간서점, 2011.6, 67면)
의 일부이다. 원래는 트위터 상으로 전개되었던 즉흥시의 기록인데, 3월 11
일 이후 후쿠시마 제1원자력발전소의 제1, 2, 3호기가 폭발하고 제4호기도 화
재가 일어난 상황에서 후쿠시마시에 거주하는 시인이 엮었던 내용이다. 3월
16일부터 시작된『시의 잔해』에서는 여진에 위협받으면서 "방사능이 내리고
있다. 고요한 밤이다"고 기록하는 이상한 공간에 처해 있었던 당사자의 직접

---

1) 와고 료이치(和合亮一, 1968~)는 후쿠시마 출신의 시인으로 2011년 동일본대진재의 피해
체험을 담은 시를 발표하여 주목을 받았다.(역자주)

적인 호소에 반응하는 추종자가 순식간에 모이고 인터넷상으로 라이브 공간이 출현하였다. '예상외의 일'이라는 말밖에 하지 못하는 상황에서 이 시도에 공명하는 사람이 많이 있었던 것은 상상하기 어렵지 않다.

나 자신은 아주 나중에서야 알고 단행본을 사게 되었지만 이와 같은 시를 앞에 두고 생각한다. 왜 지금 여기에서 단상에 서 있는 것인가? 뭔가 말해야 하는 것이 있는 것일까? 여기에서 말할 자격이 있는 것인가라고.

3월 11일의 오후, 나는 후쿠오카현 기타큐슈시 고쿠라역의 신칸센 개찰구 옆에 설치된 모니터에서 지진이 일어난 것을 알았다. 알았다고 말해도 처음에는 어느 곳의, 무슨 영상인지 이해할 수 없었다. 그저 한 면에 흙탕물이 번질 뿐이었고 가까이 다가가서 자막을 확인하고서 비로소 거기가 수몰된 센다이공항인 것을 알았다. 그러나 상황이 잘 이해되지 않은 채 우선 집으로 돌아왔고 다시 텔레비전을 켰지만 아주 실감이 나지 않는 위치에 있었다.

그 후의 자신이 다시 생각나는 때 잡지『현대시수첩』(신조사, 2011년 6월)의 특집「응답, 3·11」에 기재되었던 다카하시 무쓰오[2]의 「지금 여기에 이러한 것들」의 일절을 인용해보게 된다.

텔레비전을 계속 켠 채로 본다
신문을 구석구석 되풀이하여 읽는다
안전한 야채를 인터넷에서 마구 찾는다
무해한 물을 구하려고 전화를 마구 건다
우리들은 마스크와 선글라스로 무장한 방관자인가[3]

---

2) 다카하시 무쓰오(高橋睦郎, 1937~)는 일본 기타큐슈시 출신의 시인이다.(역자주)
3) 다카하시 무쓰오,「응답, 3·11-지금여기에 이러한 것들(いまここにこれらのことを)」,『현대시수첩』, 신조사, 2011.6, p. 73.

나 자신도 여기에서 말하는 '무장한 방관자'의 한 사람이었다고 생각한다. 하지만 이러한 〈방관자〉의 상황이 처음으로 생겨났던 것은 아니다. 일본에서 일어났던 진재에서 생각하게 된다면 이미 1995년에 일어난 '한신대진재'에 대해서도 마찬가지였다. 현재 지도하고 있는 대학원생의 박사논문집필에 맞춰 무라카미 하루키의 『신의 아이들은 모두 춤춘다』(신조사, 2000년 2월)를 읽고 논고에 접하면서 '진재의 후에'라고 이름 지어진 연작의 의미를 다시 생각하고 있다.

그 때도 텔레비전을 켰던 순간에 화면 전체에 펼쳐지고 있는 불바다에 경악했다. 하지만 재해지에 대한 나의 관심이 그 후 오래 계속되었다고는 말하기 어렵다. 나의 그러한 모습은 수전 손택(Susan Sontag)의 『타인의 고통에의 시선』(호조 후미오(北條文緒) 역, 미스즈서방, 2003년 7월, 원저 2003년 2월)[4]의 문장에서 설명되는 '타자의 고통'에 대한 '정상적인 반응'일 것이다.

> 사진이 먼 곳에서의 고통에 대해 가져다주는 정보에 관해 무엇을 하게 될 것인가? 사람들은 자신들의 신변에 있는 사람들의 고통을 자주 받아들이지 못한다. (중략) 관음증적 유혹, 또는 이것은 나에게 일어나고 있는 것은 아니다, 나는 아프지 않다, 나는 죽지 않는다, 나는 전재이라는 한정에 빠지기 않는 나는 반복에도 불구하고 타자의 시련에 대해 용이하게 자신을 동일시할 수 있는 타자의 시련조차 그것에 대해 생각하는 것을 피하는 것이 사람들의 정상적인 반응이라고 생각한다.[5]

'용이하게 자신을 동일시 할 수 있는 타자의 시련'을 멀리하고 텔레비전의 채널뿐만 아니라 의식의 채널까지 바꿔버렸던 것을 '정상적인 반응'인 것으

---

4) 이 책은 한국에서 『타인의 고통』(이재원 옮김, 이후, 2004)이라는 제목으로 번역되어 있다.

5) 수전 손택, 『타인의 고통에의 시선』, 호조 후미오 역, 미스즈서방, 2003. 7, pp. 98~99.

로 정당화할 의도는 없다. 여기에서 자신에 대해 뒤돌아보는 것은 '정상적인 반응'에 안주하지 않고 이번의 진재에 대해 생각하려고 하는 한국의 일본문학연구자를 향해 어떠한 입장에서 말을 할 수 있을까, 발표를 수락하면서 그동안 줄곧 자신에게 묻고 지금까지 고민하고 있기 때문이다.

확실히 이바라키현 히타치시에 사는 부모님과 누이는 이재민이 되었지만 피난생활을 잘 견디고 있는 정도는 아니고 얼마 남지 않은 물자를 보냈던 것이 있을 뿐. 동북지방에 친척이나 지인이 많이 있기 때문에 안부를 확인했지만 그 이상의 행동은 취하고 있지 않다. 게다가 지진으로부터 이틀 후인 13일 나는 서울에 가고 있었다. 장인이 위독하다는 소식을 받아 한국에 왔고 장례가 끝나 일단락하기까지 한국에서 진재보도를 접하고 있었던 것인데, 그 사이 일본에서 어떤 식으로 보도되었는지도 알지 못했다.

하지만 이러한 상황은 오히려 이번의 심포지움에 참가하고 있는 여러분의 접점이 되고 문제의식을 공유할 수 있는 계기가 될지도 모른다. 재외연구로 서울에 와서 꽤 시간이 지났기 때문에 차츰 그런 생각이 들었다. 평소에는 문예사조사의 연구에 종사하고 전위/아방가르드 개념·운동의 역사나 모더니즘 문학·문화를 분석의 대상으로 하고 있다. 이후의 내용도 쇼와 초기의 문학에서 시작하려고 생각한다. 본래라면 각각의 출전은 초출(初出)과 초간을 근거로 해야 하지만 자신의 문제의식을 정리하고 있지 않은 단계에서 한국에 갈 시기가 와버렸기 때문에 일본의 서점에 진재관련으로 진열되어 있던 잡지의 특집이나 문고본을 여하튼 구입했던 것이 주가 되었다. 그점 양해 바란다.


2. 진재 후로서의 쇼와

쇼와 초기의 문학에 대해 생각할 때 '진재 후'라는 용어는 자주 등장해왔

다. 「쇼와」의 끝과 함께 문학사를 재검토하는 작업도 본격화되었고 예컨대
『문학사를 새로 읽는다1 폐허의 가능성』(구리하라 유키오[6] 편, 임팩트 출판
회, 1997년 3월)에도 신감각파를 시작으로 하는 쇼와 초기의 문학운동이 관
동대진재 후에 성립했던 계기에 대해 논하고 있다. 내가 이 책의 간행 당시
흥미를 가졌던 것은 일본에서의 관동대진재의 충격과 유럽에서의 제1차 세
계대전의 충격과의 유사성에 관한 지적이었지만 일본에서 아방가르드 운동
의 배경으로서 납득하는 이상의 것은 아니고, 1930년대 이후로 흥미가 바뀐
것과 동시에 관동대진재에 관한 흥미도 희미해졌다.

　하지만 이번에 다시 이 책을 펼쳐보면 당연히 관동대진재의 여파가 문학
자들에게 미쳤던 영향을 상세하게 논하고 있는 것을 알게 되었다. 다케마쓰
요시아키(竹松良明)의 '멸망하는 제국의 수도'에서는 아라라기(アララギ)
발행자가 펴낸 진재시집 『회신집(灰燼集)』(고금서원, 1924년 5월)이나 시화
회가 펴낸 『재화의 위에―진재시집』(1923년 11월) 등과 함께 다야마 가타이
의 『도쿄진재기(東京震災記)』(박문관, 1924년 4월)를 소개하고 있다. 재촉
하는 듯한 「1923년 9월 1일 관동대진재―그 때 도쿄는 어떻게 되었던가?」의
광고문과 함께 서점에 진열되어 있던 '최신간'의 가와데문고(河出文庫, 2011
년 8월)를 구입해보면 진재 직후 현장에 급히 갔던 문학자의 기록에는 흥미
로운 기술이 많다.

　그 가운데에서도 내가 흥미를 가졌던 것은 다음과 같은 부분이다.

　　그러나 떠올려보면 떠올려보는 만큼 혼란한 장면과 겹쳐지고 어수선한 광경이
　　광경과 겹쳐지고 혼란스럽고 뒤얽히고 헝클어지고 뭐가 뭔지 알 수 없는 듯한
　　상황이 되었다. 거기에서 나는 가만히 있는 아무 것도, 누워있는 아무 것도 찾아
　　볼 수가 없었다. 또 나는 정확하게 바로 선 정방형을 하고 있는 아무 것도 찾아

6) 구리하라 유키오(栗原幸夫, 1927~)는 일본의 문예평론가, 좌익운동가이다.(역자주)

볼 수가 없었다. 모두가 일그러지고 구부러지고 고르지 못하게 되고 게다가 끊임없이 동요해가고 있는 것을 나는 보았다.[7]

'가만히'하고 있는 것은 아무 것도 존재하지 않고 '모두가 일그러지고' 있다. 나 자신이 이번의 진재 후 가족이나 친구들과 전화를 하고 있는 때에 공통으로 들었던 것은 여진이 며칠째 계속됨에 따라 배 멀미와 같은 상태가 되었다는 말이다. 지진이 일어나고 있지 않아도 몸쪽이 흔들리고 있는 감각. 위의 인용도 진재 후의 혼란을 객관적으로 묘사했던 내용으로서 뿐만 아니라 기록을 엮는 측의 '흔들림'도 포함하여 생각할 필요가 있다고 느꼈다.

진재 후의 충격을 어떻게 파악하는가 하는 때 '기록'에 대한 관심은 쇼와 초기의 경우 '고현학'이라는 형태로 나타난다. 곤 와지로[8]는 「고현학이란 무엇인가」(처음 나온 것은 1928년 2월, 뒤에 『모더놀로지』[9](춘양당, 1930년 7월 수록)에서 다음과 같이 술회하고 있다.

그것은 다이쇼 12년(1923년)의 진재의 때부터였다. 잠시 우리들은 그 죽음의 도시로부터 도망쳐 버렸던 예술가들과 마찬가지로 흐리멍텅하였다. 그러나 우리들은 그때의 도쿄의 땅 위에서 가만히 서서 보았다. 그리고 거기에서 응시하지 않으면 안 되는 사정이 많음을 느꼈다.[10]

곤은 '진재'의 후 잠시 아무 것도 손에 잡히지 않았지만 이윽고 '응시하지

---

7) 『문학사를 새로 읽는다1 폐허의 가능성』, 가와데문고(河出文庫), 2011.8, p. 23.
8) 곤 와지로(今和次郎, 1888~1973)는 1912년 도쿄미술학교(현 도쿄예술대학 전신) 도안과를 졸업한 후 1920년 와세다대학 건축학과 교수를 지냈다. 그는 1925년 도쿄 긴자의 거리를 오가는 사람들의 복장이라든가 몸가짐을 상세히 기록하여 도시의 풍속문화를 연구하기도 하였다.
9) 모더놀로지(モデルノロヂオ)는 오늘날 'モデルノロジー'(modernology)로 쓰이고 있으며 고현학을 의미한다.
10) 곤 와지로, 『고현학입문』, 지쿠마문고, 1987.1, 361면.

않으면 안 되는 사정'을 깨달았다고 쓰고 있다. '고현학'이라면 긴자의 거리를 걷는 사람들의 관찰 등이 떠오르고 '모던' 풍속의 기록으로서의 인상이 강하지만 그 시초는 진재 후의 풍경, 부흥의 과정을 어떻게 기록하여 도시를 파악하는가에 있었다. 물론 바라크 장식사에서의 활동도 알려지고 있지만 다시 확인해두는 것도 좋다고 생각한다.

모던과 진재와의 연속성은 신감각파에 있어서도 말할 수 있다. 2011년 6월에 무사시노 대학에서 개최되었던 쇼와문학회 2011 춘계대회에서 다구치 리쓰오(田口律男)의 「『아사쿠사 구레나이단(浅草紅団)』의 단층」이라는 발표가 있었다. 당일 참가하지 못해 홈페이지의 발표 개요를 참조할 수밖에 없지만(http://www.swbg.org/) 「진재/부흥이 초래하였던 『단층』」에 주목한 논문이 이미 공개되고 있다. 이 발표에 자극을 받아 인터넷에서는 「BUNGAKU@モダン日本(http://blogs.yahoo.co.jp/nonakajun.)」이 「진재 후 문학」으로서의 『아사쿠사 구레나이단』(1)(2)」에서 진재 후의 시타마치(下町)에 증가했던 콘크리트 건조물에 대한 「편애」가 보인다는 것이나 1929년 시점에서도 지금까지 정신적인 상처를 남긴 사람들의 모습을 파악한 작품이라고 지적하고 있다.

가와바타 야스나리의 『아사쿠사 구레나이단』은 1929년 12월부터 1930년 2월까지 『도쿄 아사히신문』에 연재된 후에 1930년 12월에 선진사에서 간행되었다. "에로티시즘과 난센스와 스피드와 시사낭만풍의 유머와 재즈 송과 여자의 다리와—"(강담사문예문고, 1996년, p. 38)라고 본문에도 등장하는 모던의 풍속지적 문학이 진재 후의 풍경으로서도 그려지고 있는 것은 주목할 만하다. 모던 특유의 경묘함이 아사쿠사를 둘러싼 인물을 통해 그려지고 있다. 다만 '에로 · 그로 · 난센스'가 유행어로서도 되었던 이때에 가와바타의 소설에서는 '그로', 즉 '그로테스크'가 왜 빠져있는 것인가라고 하던 의문도 일어난다.

"낡은 아사쿠사의 표지―12층의 탑은 다이쇼 12년의 지진으로 목이 꺾였다."(p. 68)라던 문장에 의해 회고되는 진재의 기억은 위험 회피 때문에 그후 폭파되었던 '12층의 탑'에 군집하는 구경꾼과 같이 심각함을 느끼게 하지 않는다. 그것은 새로운 옷을 걸치고 새로운 도시로 변모를 이루는 '아사쿠사' 그리고 '도쿄'로의 기대의 징조였다고도 말할 수 있다. 그 반면에 '그늘이 많은 거리'로서의 아라쿠사에 주목하여 '변장'이라는 키워드로 해설했던 이소다 코이치[11]의 글을 전제로 한다면(『쇼와문학전집 별권』, 소학관, 1989년 9월, p. 48. 『근대의 감정혁명』, 1987년에서의 재록.), 굳이 '그로테스크'한 측면에서는 언급하지 않고 진재 후의 아사쿠사가 '변장'하는 모습을 그리고 있었다는 관점도 될 수 있다. 결국 모던 문화가 절정에 달하는 가운데 진재의 기억이 부상하는 점에 또 한 번 초점을 맞춰 쇼와문학의 시초에 대해 고찰할 필요를 실감하고 있다.

## 3. 1973년의 〈진재문학〉

진재의 기억이 시간과 함께 풍화되는 것은 자연적인 일이지만 문학의 장에서 자연스레 소멸해버렸던 것인가라고 말하면 그런 것은 아니다. 주기적인 기억의 상기와 함께 형체를 바꿔 등장한다. 시대는 많이 다르지만 이 절에서는 관동대진재로부터 50년 후인 1973년으로 화제를 바꿔 SF 그리고 기록문학에 그려졌던 점을 살펴보고자 한다.

고마쓰 사쿄[12]의 『일본침몰』(초판은 1973년 3월, 광문사)은 일본에서 SF대

---

11) 이소다 고이치(磯田光一, 1931~1987)는 일본의 문예평론가, 영국문학자이다. 일본 낭만파 등에 흥미를 가졌고 동경공업대학 교수를 역임하였다.

12) 고마쓰 사쿄(小松左京, 1931~2011)는 일본의 소설가이고 일본 SF계를 대표하는 SF작가이다.(역자주)

작으로 알려진다. 석유 파동으로 인해 경제적 타격을 받았던 이때 수도 도쿄 그리고 일본이 '침몰'하는 이야기는 공전의 히트가 되었다. 1973년 중에 상하권 합쳐 400만 부를 돌파, 영화화도 되었고 쓰쓰이 야스타카[13]의 『일본 이외 전부침몰』의 패러디도 주목을 모으는 등 큰 문화현상이 되었으며 근년에 들어 재차 영화화되었던 것도 화제를 불렀다. 이 소설의 내용 중에서 '일본 침몰'의 서장이 되기도 하는 도쿄 바로 아래를 엄습했던 지진은 '제2차 관동 대진재'라고 명명되고 있다. 그것과 함께 바로 이때의 지진이 50년 전의 지진과 비교되는 장면이 있다.

> 그 중에서 어마어마한 것은 다이쇼 대진재 때에 가장 피해가 컸던 고토, 후카가 와 지구였다. ―다이쇼의 때에도 구시내의 사망자 6만 명 중 참으로 6할 이상의 3만 3천 명이 저 유명한 혼조 피복창에서 소사체(燒死体)가 되어 있었다. 전 사망 자 중 약 4할이었다. 그리고 이번에도 어쩐지 불안하게도 정확히 도내의 사망자 의 4할이 이 좁은 지구에서 죽었다. 규모는 10배가 되어서 … [14]

1973년의 일본에서는 아사마산 분화, 니시노섬 해저화산 분화, 네무로 반도 앞바다 지진, 어류의 이상행동 등 "이 작품의 묘사와 꼭 닮은 현상이 다발했다"[15]고 한다. 장대한 규모의 문제를 기존의 실재들에 따라 유수하는 것은 일상에서도 행해지고 있지만 일상적으로 느끼는 불안과도 연결된다면 그 사실미는 늘어났을 것이다.

그건 그렇다 하더라도 제법 옛날의 지진을 끄집어내는 경우, 독서로 인해 어느 정도의 설득성이 있었는가라는 의문도 일어날 수 있다. 나도 일단은 그

---

13) 쓰쓰이 야스타카(筒井康隆, 1934~)는 오사카 출신의 일본의 소설가, 극작가, 배우이다. 그는 일본을 대표하는 SF작가 중 한 명이면서도 과학소설뿐만 아니라 순문학 등 다양한 유형의 소설을 발표하였다.(역자주)

14) 고마쓰 사쿄, 『일본침몰』상, 소학관문고, 2006.1, p. 380.

15) 고리이(堀異), 「해설」, 『일본침몰』하, 소학관문고, 2006.1, p. 393.

와 같이 생각했다. 하지만 50년 후라는 해에 다양한 차원에서 '관동대진재'에 관한 화제가 일어나고 있다는 점에서 오히려 가까운 이야기가 되고 있던 가능성이 있었다고 생각된다.

요시무라 아키라[16]의 『관동대진재』(문예춘추, 1973년 8월)도 그 하나이다. 1970년에 간행되었던 『산리쿠해안 큰 해일』[17]은 1896년, 1933년 그리고 1960년에 산리쿠해안을 엄습했던 큰 해일에 관한 기록문학이고 이번의 진재 후 재차 주목을 받고 있다. 이 저자는 『일본침몰』로부터 수개월 후에 '관동대진재'에 관한 기록문학을 간행하였다.

『관동대진재』에서는 물론 지진발생 당일의 상황에 초점을 맞춰 '20만의 사망자'가 나왔던 상황을 조금 전의 인용에도 나왔던 '혼소 피복창 흔적'이나 '아사쿠사구 요시하라공원', '우에노공원'으로 엮어간다. 흥미로운 것은 이러한 피해상황의 기술이 끝나면 '제2의 비극'으로서 '인심의 혼란'으로 화제가 바뀌는 점이고 그 첫머리에서 소개되는 신문의 우유부단한 보도는 이 『일본침몰』의 시나리오를 상기하게 한다. 『관동대진재』에서 소개되고 있는 신문 기사를 차례대로 따라가면 아래와 같이 된다.

'시바우라(또는 시나가와)에 큰 해일 내습하여 약 천 명의 사망자를 냈다'(가호쿠 신보, 후쿠오카 일일신문, 이세신문)/ '우에노 산하에 큰 해일 · 굉장하게 소용돌이치며 내습'(가라후토 석간)/ '순엔지방 희유의 대지진'(후쿠오카 일일)/ '도쿄 요코하마 거의 전멸'(가호쿠 신보)/ '후지산 폭발'(대만 일일신문)/ '치치부산의 분화, 하늘 높이 오르는 분연(噴烟) 장관을 이루다'(이와테 신문)/ '관동평야는 불의 바다'(도요우 신문)/ '우에노에서 나가노에는 일망의 불탄 흔적뿐이다'(경성일보)/ '바야흐로 전 관동은 지진에 이어 큰 해일이 엄습하고 파도의 광분

---

16) 요시무라 아키라(吉村昭, 1927~2006)는 도쿄 출신의 소설가이자 일본예술원 회원이다. 그는 철저한 사실조사에 바탕을 둔 역사소설을 많이 썼다.(역자주)
17) 산리쿠(三陸)는 동북지방의 지역명이다.(역자주)

하는 상황은 우스이 고개에서 내다볼 수 있다'(만주의 호우지 신문)[18] / '오가사와
라, 이즈 모든 섬은 전부 소식이 전무하지만 해상 시찰자의 말에 따르면 같은 곳
부근의 일대는 바다 속으로 가라앉았고 모든 섬은 없어졌다고'(후쿠이 신문)[19]

　도쿄에서는 대부분의 신문사가 괴멸적 타격을 받아 기능을 잃어버렸기
때문에 지방에서는 현지로부터 피난해온 사람들의 증언을 확실한 증거 없
이 보도하는 사태가 생겼다. 도쿄에서는 해일이 오지 않았고 관동전역이 불
의 바다가 되지는 않았고 하물며 치치부산이나 후지산 분화, 오가사와라, 이
즈 모든 섬의 소멸 따위는 일어나지 않았다. 그러나 과대한 증언보도가 잇달
아 전파되었고 뜬소문이 '사실'로서 확산되고 있었던 것이다. 이 문제는 가
메이도 사건[20]이나 오스기 사카에 사건,[21] 그리고 조선인 학살사건에의 언급
으로 이어져 간다. 조선인에 관한 뜬소문은 피해가 컸던 요코하마를 발단으
로 주민이 도내로 피난하는 것과 함께 순식간에 펼쳐졌다.

　　그 속도는 지극히 빨리 9월 2일 오전 중에는 요코하마 시를 뒤덮었던 뜬소문이
　　그 날 안에 도쿄 시내로부터 지바, 군마, 도치기, 이바라키의 관동 일대에 미쳤고
　　다음 3일에는 빠르게도 후쿠시마현까지 이르고 있다. 교통기관을 시작으로 전
　　신, 전화가 괴멸하고 있는 것으로부터 생각한다면 그것은 입에서 입으로 저해져
　　시반 그 속도는 경이적인 빠르기였다.[22]

　2011년의 진재에서는 트위터를 시작으로 하는 SNS 등에 의해 정보가 순

---

18) 『호우지 신문(邦字新聞)』은 일본어의 신문이라는 의미로 통상 일본 이외의 세계 각국에서
　　발간되고 있는 일본어 신문을 가리킨다.(역자주)
19) 요시무라 아키라, 『관동재진재』, 문추문고, 2004.8, pp. 146~150.
20) 가메이도 사건(龜戶事件)은 가메이도 지역에서 일어난 사회주의자 암살 사건이다.(역자주)
21) 오스기 사카에 사건(大杉栄事件)은 당시 아나키스트였던 오스기 사가에 등이 헌병대에 연
　　행되어 암살된 사건이다.(역자주)
22) 요시무라 아키라, 앞의 책, p. 172.

식간에 유통되었지만 다이쇼 기의 전달속도도 결코 늦은 것은 아니었다. 물론『관동대진재』가 이와 같은 기술을 해간 것은 재차 '인심의 혼란'이 생기지 않는 것을 원했을 것이다. 이 책은 '대진재는 60년마다 일어난다'고 설명했던 도쿄제국대학 지진학교실 조교수의 이마무라 아키쓰네[23]와 그의 상사인 교수 오모리 후사키치[24]와의 불화에도 초점을 맞추고 있다. 그 중에는 상사의 예측과는 다른 이마무라의 60년 주기설이 관동대진재에서 실현해버렸던 것에 기인하는 우여곡절이 그려지고 있다.『관동대진재』가 발간되었던 해가 50년 후였다고 한다면 이 책의 동시대 독자에게는 10년 후의 미래를 읽는 것으로도 된다. 이 책은 과거의 재해에 관한 기록문학이면서도 가까운 미래를 예견하는 듯한 부분을 포함하는 점에서 SF와의 공통성을 가지고 있었던 것인지도 모른다. 순문학의 역사에만 흥미를 가지고 있다면 알아차리는 것이 없는 1973년의 문학상황을 엿보는 것처럼 느껴진다.

## 4. 기록 · 기억되는 장소

현재는 다시금 40년 가까운 시간이 경과하였고 그 사이 60, 70, 80년의 고비를 맞이할 때마다 역사적 평가가 갱신되어 왔다. 마쓰오 쇼이치[25]의『관동대진재과 계엄령』(길천홍문관, 2003년 9월)의 권말에서는 '연구사를 돌이켜보고'라는 에필로그가 있어 그 경위가 기술되고 있다. 재일한국 · 조선인 역

---

23) 이마무라 아키쓰네(今村明恒, 1870~1948)는 일본의 지진학자로 진재예방조사회가 정리했던 과거의 기록으로부터 관동지방에 주기적으로 대지진이 일어날 것을 예상하였다.(역자주)

24) 오모리 후사키치(大森房吉, 1868~1923)는 일본의 지진학자로 지진 초기 미동 지속시간을 이용하여 진원까지의 거리를 구하는 '오모리' 공식을 만들었다.(역자주)

25) 마쓰오 쇼이치(松尾章一, 1930~)는 일본의 역사학자이며 호세이대학 명예교수이다.(역자주)

사연구자 그리고 일본인 역사연구자의 업적을 돌이켜보는 가운데 1973년에
「관동대진재 50주년 조선인 희생자 추도행사 실행위원회」의 경위에 관한
언급도 보인다. 앞 절에서 들었던 SF문학, 기록문학이 같은 1973년에 어떠한
문맥에 놓여 있었던 것인가, 더더욱 많은 흥미가 생겨난다. 하지만 일본사연
구의 영역에까지 손을 넓힐 역량은 없기 때문에 여기에서는 최근의 관동대
진재에 관한 저작을 소개해두고자 한다.

기타하라 이토코(北原系子)의 『관동대진재의 사회사』(조일선서, 2011년
8월)는 관동대진재에 관한 미디어 보도, 구호・부흥계획, 도쿄시의 공설 바
라크, 지방으로의 진재피난민, 진재 의연금이라고 하던 이번의 진재와 그 후
의 상황을 상기시키는 문제에 초점을 맞추고 있다. 그 중에서 흥미롭게 느꼈
던 것은 진재에 관한 의료구호나 의연금이 전국 각지로부터 기부되었을 뿐
만 아니라 이재민 또한 전국 각지로 피난하고 있었던 점을 새삼 깨닫게 되었
다. 앞 절에서는 뜬소문의 발신원으로 등장했지만 피난자의 생생한 증언을
통해 친척이나 지인이 진재에 대해 이해했던 것도 적지 않을 것이라고 생각
한다. 실제 나의 경우도 가족이나 지인으로부터 전화를 통해 들어봄으로써
진재에 대해 보다 가깝게 상상하게 되었다.

당연한 것이지만 피해자가 말하는 내용은 장소나 조건의 차이로 인해 크
게 빌타신나. 이 발표에 관해서는 대개 '관동대진재'라는 일원적인 틀로 다
뤄 왔지만 물론 실제의 진재가 같은 양상이었던 것은 아니다. 이 점은 이번
의 '동일본 대진재'에 대해서도 말할 수 있다. 그러나 먼 땅에서 진재의 보도
를 접하는 자는 그 내용을 압축하여 파악해버린다. 지진이나 해일에 더해 방
사능에 의한 피해가 점점 텔레비전의 화면을 통해 전해지면서 해일에 의해
모든 면이 폐허로 변해버린 거리가 마치 원자력발전의 폭발에 의한 피해와
같이 보이고 있는 것이다.

우카이 사토시(鵜飼哲)의 「부첩(符牒)과 터부에 저항하여 시대착오・과

오·불가능한 정의」(『현대사상』, 2011년 7월 증간호)에서는 '동북태평양 앞바다 대지진'으로부터 '동일본대진재'라고 고쳐 명명하는 과정에서 발생하는 정치성을 지적하는 것과 함께 안이하게 '후쿠시마'나 '히로시마'나 '나가사키'를 가타카나로 표기하여 서로 연결하는 것을 경계하고 있다. 방사능의 피해가 일어났던 원인도, 그 원인이 되었던 주체도 피해의 규모나 상황과 그것에 대해 받아들이는 방식, 피난, 보상 그리고 추도의 방법도 저마다 다른 것을 다시 환기하고 있다. 그 말하고자 하는 바에는 물론 공감을 하고나서의 얘기지만 '방관자'의 한 사람으로서 이재민에 대해 무엇인가의 생각을 짐작하려고 할 때 예의 없이도 겹쳐 보이는 그 광경은 '타자'를 향한 새로운 사고의 출발점이 될 가능성은 없는 것인가?

후쿠마 요시아키(福間良明)의 『초토의 기억』(신요사, 2011년 7월)은 전후에서 오키나와, 히로시마, 나가사키 각지에서의 '초토'에 관한 기억을 지역에 뿌리를 내린 문학·평론활동을 토대로 고찰한 저작이다. 그 가운데 히로시마나 나가사키에서의 전쟁체험의 '특수성'이 피폭(被爆)체험에 있고 "피폭체험이라는 것은 원폭 투하 시점의 체험인 것과 동시에 그 이후의 전후의 생활체험을 포함하는 것이었다. 요컨대 그것은 '과거'의 문제인 것과 동시에 전후 그때그때의 '현재'의 문제이기도 했던 것이다"[26]고 서술했던 부분이 있다. 여기에서 말하는 그때그때의 '현재'는 대단히 긴 시간을 의미하고 있다.

또 다사키 히로아키(田崎弘章)는 심포지엄 「원폭을 어떻게 말할 수 있는가─원폭을 그리는 것, 수용하는 것」(『원폭문학연구』 증간호, 2006년 3월)에서 수전 손택의 『은유로서의 질병 에이즈와 그의 은유』(도미야마 다카오(富山太佳夫) 역, 미스즈서방, 1992년, 원저는 1978년과 1989년)를 참고하면서 '후일담으로서의 나가사키 원폭문학'이라는 시점을 들고 있다. 주목하고

---

26) 후쿠마 요시아키, 『초토의 기억』, 신요사, 2011.7월, p. 22.

있는 것은 하야시 쿄코,[27] 사타 이네코,[28] 고토 미나코[29] 등의 여성작가들이 1945년부터 상당한 시간이 경과한 후 '원폭문학'을 쓰게 되었던 점이고 "피폭 문제의 심각화, 현재화가 피폭 직후뿐만 아니라 긴 시간에 걸쳐 노출되어 왔던 것에 의한다"[30]고 지적하고 있다. 피재(被災) 직후에 시를 엮었던 와고 우 료이치와 같은 예도 확실히 있지만 이번의 진재에서 방사능 피해가 문학적 과제가 되기까지에는 상당한 시간이 요구된다고도 생각한다. 거기까지에 이르는 불안 그리고 침묵을 생각하려고 할 때 '후일담으로서의 나가사키 원폭문학'이라던 케이스가 실마리를 주지는 않을까?

금년 집영사가 창업 85주년 기념기획으로 '컬렉션 전쟁과 문학'의 간행을 개시했다. 그 제1회 배본(配本)은『아시아 태평양 전쟁』과『히로시마・나가사키』(둘 다 2011년 6월)이다.『히로시마・나가사키』에서는 조금 전 이름을 들었던 고토 미나코의 소설『회진(灰塵)이 떨어지는 도시』가 수록되고 있다. 처음 나온 것은『문예』1972년 8월. 이 '피폭했던 가족의 전후를 둘러싼 작품'[31]에서는 근로동원 때문에 나가사키에 있었던 '중학생의 형은 등을 위로 하고 엎어져 죽어'[32]버렸고 피난처로 달려갔던 '어머니'는 '형'의 모습을 발견한 이래 '미쳐'버린다. 당시 뉴기니에 출정하고 있었던 '아버지'는 이윽고 복원해오지만 '어머니'에의 태도를 둘러싸고 '나'와 '아버지'와의 사이에는 큰 균열이 생기고 있다는 '가족'의 이야기이다.

---

27) 하야시 쿄코(林京子, 1930~)는 나가사키 출신의 소설가이며 주로 원폭 체험과 관련한 사회문제를 다뤘다.(역자주)

28) 사타 이네코(佐多稲子, 1904~1998)는 나가사키 출신의 소설가이며 주로 초기부터 프롤레타리아 문학과 관련하여 활동하였다.(역자주)

29) 고토 미나코(後藤みな子)는 나가사키 출신의 소설가이며 원폭 투하와 관련한 소설을 주로 썼다.(역자주)

30) 다사키 히로아키,「원폭을 어떻게 말할 수 있는가―원폭을 그리는 것, 수용하는 것」,『원폭문학연구』증간호, 2006.3, p. 32.

31) 나리타 류이치,「해설」,『히로시마・나가사키』, 집영사, 2011.6, p. 779.

32) 위의 책, p. 498.

이번의 발표에서 소개해두고 싶은 것은 '어머니'가 천황의 행차에 참열(參列)하려고 하는 것을 주위가 만류하는 장면이다. 행차의 '천황용 승용차(御召車)'에 달려가는 '어머니'를 저지하려고 하는 사람들은 다리의 한 중간에서 '어머니'를 붙잡지만 '어머니'는 그 팔을 빼내고 개천으로 뛰어든다. 다행이 생명에 이상은 없이 물가에 눕는 어머니의 곁으로 '내'가 달려가면 바로 위의 둑에서 행차를 축하하는 사람들의 환호가 들려온다. 그때 '나'는 "돌려줘! 형을 돌려줘! 어머니를 돌려줘"라고 "주문과 같이 압 안에서 외치"고 있다.[33]

　　'사소설'이라고 불리는 수법으로 소설을 쓰고 있는 작가는「회진이 떨어지는 도시」집필로부터 30년 가까이 흐른 금년에 다시 같은 제재를 소설 속에서 그렸다. 동인지『스토론보리(すとろんぼり)』[34](제10호, 2011년 8월)에 게재되고 있는「고엔지로(2)」는 설정은 물론「회진이 떨어지는 도시」와 다르지만 에피소드에서 공통하는 부분도 있다. '어머니'가 천황 행차의 열에 뛰어가는 장면도 그 하나이다. 다만 이 소설에서 '어머니'는 개천에 뛰어드는 모습은 그려지고 있지 않다. 또 '나'는 발이 떨려 '어머니'의 뒤를 따라가지 못한다. 그리고 '나'의 '마음의 외침'이 "어머니를 붙잡지 마! 어머니는 천자님이 좋아하는 걸. 형이 우라카미의 원폭으로 죽어도 천자님을 원망해서는 안된다고, 했었거든 … . 어머니!"라고 바뀌고 "형을 따라가는 것도, 구하는 것도 할 수 없었다"고 술회가 이어진다.[35]

　　『스토론보리』에 게재되었던 전 작품 '수적(樹適)'도 역시 '후일담으로서의 나가사키 원폭문학'이라고 말할 수 있지만 4년에 걸친 장편의 속에 '원폭'의 말이 등장하는 기회는 거의 없다. 그것에 비하면「고엔지로(2)」만으로도 조

---

33) 위의 책, p. 527.
34) 스토론보리(すとろんぼり)는 지중해에 있는 섬 이름을 의미한다.(역자주)
35) 고토 미나코,「고엔지로(2)」,『스토론보리』제10호, 2011.8, p. 15.

금 전의 장면 이외에도 '원폭'의 말이 몇 군데나 나온다. 상당히 신중하게 억제하는 형식으로 '원폭'의 말과 마주 대하는 작가에게 있어 이와 같은 변화에 대해 생각하면 이번의 진재에서의 '원자력폭발' 사고와 진재의 광경이 '원폭'에 대한 지금까지의 대처와 어디선가 서로 영향을 준 결과인가라는 추측도 해보게 된다. '돌려줘', '돌려줘'라고 호소하는 것으로부터 "따라가는 것도, 구하는 것도 할 수 없었다"라는 술회로의 이행. 그것이 단지 '어머니'에 대한 생각만은 아니라고 생각된다.

아직 연재가 끝나지 않은 단계에서 말하는 것도 어떨까 싶다. 따라서 지나치게 깊이 생각하는 것은 자중하겠지만 같은 호『스토론보리』에 있는 마쓰바라 신이치(松原新一)의 평론「기억의 정치학 동일본대진재 기타」[36]에서「기억이 사람의 마음의 세계와 생활을 어떻게 강력하게 지배하는 것」(70면)에 대해 논의를 전개하고 있는 것과「고엔지로(2)」에서의 '기억'의 문제가 연결되고 있는 것처럼 보이기도 한다.

어떤 사건을 계기로 과거의 '기억'이 불러일으킨다고 해도 그 어떤 사건이 '현재'의 시점에서의 이야기라면 상기되는 '기억' 또한 '현재성'을 띠게 된다. 호미 바바는 '상기(remembering)'라는 것은 내성이라든가 회고라고 하는 조요한 행위일 수 없다. 그것은 고통을 동반하는 재구성(re · membering)이며 흩어 없어져 버린 과거를 다시 모아 현재의 고통을 이해하려고 하는 시도이다[37]고 서술하고 있다. 이와 같이 '과거'에 관한 '기억'은 정해진 것이 아니라 그때그때의 '현재'에 있어서 불안정한 '정신의 기록'이라고 파악하게 된다면 쇼와 문학을 다시 읽는 의의도 나올 것이다.[38]

---

36) 본고는 일한 문화교류기금 파견 펠로십에 의한 연구 성과의 일부분이다.

37) 호미 바바, 『문화의 장소』, 모토하시 테츠야(本橋哲也) 외 공역, 호세이대학 출판회, 2005년 2월(원저 1994년), p. 111.

38) 이 글은 최호영(서울대 국문과 박사과정 수료)과 나카지마 켄지(서울대 국문과 박사과정)에 의해 번역되었다.

# 슬픈 일본과
# 공생의 상상력

# 3장

# 메이지 산리쿠 지진 쓰나미와 연극

히오키 다카유키(日置 貴之)


## 1. 가부키(歌舞伎)의 고전화(古典化)와 쓰나미극

일반적으로 가부키는 메이지(明治) 27, 28년의 청일전쟁극 상연에서 신연극에 패배한 것이 고전화로 가는 결정적 계기가 되었다고 일컬어진다. 이하라 도시오(伊原敏郎)는 "전쟁연극에서 실패한 것은 가부키의 약점을 대중 앞에 드러낸 것이나 마찬가지이다. 한편으로는 새롭게 발흥한 신파극이 전쟁극으로 성공을 거듭하여, 결국에는 단주로(團十郎)를 중심으로 하는 가부키좌(歌舞伎座)의 무대까지 침입하게 되었다"라고 하였다. 그리고 이를 인게 빙대를 내표하는 가부키 배우 9대 이치카와 단주로(九代目市川團十郎)가 '고전극 방면으로 힘을 쏟게 되었다'고 지적하였다.[1] 또한 가와타케 시게토시(河竹繁俊)는

여기서 가부키는 소위 잔기리모노(散切物)[2]적인 신작과 가쓰레키(活歷)[3]적인

---

1) 伊原敏郎, 『明治演劇史』, 早稻田大學出版部, 1933, p. 492-493

2) 잔기리모노(散切物)란 메이지시대 이후의 신풍속을 소재로 한 새로운 가부키를 일컫는것으로, 명칭은 단발(斷髮)한 배우가 연기한 것에서 유래.(역자주)

3) 살아 있는 역사의 의미로, 역사적 사실을 중시하는 가부키 연출 형식의 하나.(역자주)

사실주의는 이제 신연극에게 맡겨야 하고, 스스로의 가능성의 한계를 넘은 것으로 인식하여 포기해버린 듯 하다. 그 후 현대풍속에 의한 신작을 상연한 일은 물론 있으나, 그것은 오히려 방계의 시도 혹은 특수한 여흥적인 것으로, 발전적인 본류를 무대로 한 것은 아니다.[4]

라 하여, 이후 '현대극'으로서의 가부키 신작을 가부키의 본류로부터 벗어난 것으로 간주하였다. 이러한 인식은 오늘날의 논고에서도 답습되고 있다. 예를 들어 가미야마 아키라(神山彰)는

청일전쟁(1894~95)은 가부키가 동시대를 다루는, 영상시대 이전의 미디어로서의 효과를 사실상 끝낸 획기적인 사건이기도 하였다. 신구의 연극이 경합한 청일전쟁극은 가부키의 연극으로서의 역할을 결정적으로 '고전'화하였다.[5]

라 하여, 청일전쟁을 계기로 가부키가 동시대의 미디어에서 '고전'으로 방향을 틀었다는 것이 메이지 가부키 역사의 '상식'이라 해도 과언이 아니다. 물론, 메이지 후반기에 가부키가 고전화되어 간 것과 가부키좌 등 도쿄의 대극장에서 그러한 흐름을 결정지은 하나의 계기가 청일전쟁극이었던 것은 확실하다.

그러나 한편, 교토나 오사카의 가미가타(上方)극단이나 소규모 극장도 마찬가지였을까. 여기에는 약간의 의문이 남는다. 또한 청일전쟁 후, 현대극으로서의 가부키 신작을 모두 '방계의 시도', '특수한 여흥'으로 처리해버려도 되는지 한번 생각해볼 필요가 있다. 종래, 메이지 가부키 역사의 기술은 소위 '본류'라 할 수 있는 중기까지의 신토미좌(新富座), 후기의 가부키좌나

---

4) 『日本演劇全史』, 岩波書店, 1959, p. 856.
5) 「明治の「風俗」と「戦争劇」の機能」, 『近代歌舞伎の来歴 歌舞伎の「一身二生」』, 森話社, 2006, p. 168.

메에지좌(明治座)의 동향과 상연작품에 편중되어 있고,[6] 그 외 극장이나 가미가타 가부키에 대해서는 충분히 주의를 기울여 오지 않았다. 그러나 신토미좌나 가부키좌뿐만 아니라 가미가타와 소규모 극장에서 상연된 극도 분명 '메이지 가부키'인 것은 말할 필요도 없다. 근래 신연극에 대해서는 그 예맥(藝脈) 즉, 예술 계통의 다양성이 지적되고 있으며,[7] 가부키 연구에서도 소규모 극장에 주목하기 시작하였다.[8] 이러한 흐름 가운데, 앞으로는 구체적인 작품내용의 검증을 통해 메이지 시기의 연극이 지니는 다양성을 보다 명확히 해나가는 것이 필요하지 않을까. 본 논고에서는 그 시도로서 메이지 29년에 발생한 메이지 산리쿠 지진 쓰나미(明治三陸地震津波)의 극화에 대하여 살펴보고자 한다.

## 2. 메이지 산리쿠 지진 쓰나미와 자선공연

메이지 산리쿠 지진 쓰나미는 '메이지 29년(1896) 6월 15일 오후 7시 30분 무렵' 산리쿠 먼바다에서 발생한 해저지진을 동반하는 것이었다. 지진으로부터 약 46분 후에는 산리쿠 연안에 도달하여 '한 순간에 사망자 2만 7,122명과 피해가옥 8,891호를 헤아리는 대참사'를 일으켰다.[9] 이 대재앙의 정보

---

6) 예를 들면, 이하라의 『明治演劇史』가 대표적이라 할 수 있다. 전체를 4편으로 나누어 제1편 「메이지 전기(明治前期)」, 제2편 「메이지 중기(明治中期)」, 제3편 「메이지 후기(明治後期)」의 각 시기, 신토미좌(新富座)와 가부키좌(歌舞伎座) 혹은 메이지좌(明治座)와 같은 주요 대극장에서의 「단키쿠사(團菊左)」(9대 이치카와 단주로[九代目市川團十郞], 5대 오노에 기쿠고로[五代目尾上菊五郞], 초대 이치카와 사단지[初代市川左團次])를 비롯한 배우의 사적을 소개하는 (제4편은 「교토 오사카의 극단(京阪の劇壇)」)형식으로 되어 있다. 본서에 실린 「비신토미좌계의 배우들(非新富座系の俳優たち)」「신토미좌이외의 배우들(新富座以外の劇場)」「비양좌계의 배우들(非両座系の俳優たち)」과 같은 장의 제목을 통해서도 그러한 의식이 강함을 헤아릴 수 있다.

7) 大笹吉雄, 『日本現代演劇史明治・大正篇』(白水社, 1985), 神山彰, 「新派というジャンル」(『近代演劇の水脈 歌舞伎と新劇の間』, 森話社, 2009)등.

8) 佐藤かつら, 『歌舞伎の幕末・明治 小芝居の時代』, ぺりかん社, 2010.

9) 佐藤昌三, 「三陸津波」, 『国史大辞典』(吉川弘文館, 1979~1997).

가 신문지상에 보도된 것은 이틀 후인 6월 17일 조간부터로, 『도쿄아사히신문(東京朝日新聞)』은 제1면 머리에 센다이(仙台), 아오모리(靑森) 등으로부터의 특전으로 쓰나미 피해와 지진 횟수 등의 정보를 게재하였다. 그러나 이 시점에서는 피해 상황의 전모를 알 수는 없었으며, 피재지로부터 떨어진 도쿄나 오사카와 같은 대도시 사람들은 이후 각지의 피해상황을 보도하는 신문 지면기사를 통해 조금씩 그 참상을 알게 되었다. 18일자 『도쿄아사히신문』에는 에도시대 이후의 쓰나미 역사와 산리쿠 쓰나미 원인의 지질학적인 해설 기사도 보인다. 같은 날 같은 신문에는 벌써 '산리쿠 대지진 쓰나미 조난자 의연금 모집'이라는 광고가 실렸고, 피재지로 보낼 의연금을 모집하는 움직임이 일고 있었다. 이는 연극과 예능의 세계도 예외가 아니었다. 『가부키신보(歌舞伎新報)』 1645호(7월 1일 발행)에는 다음과 같이 단주로일가가 피재지에 기부금을 보낸 내용이 실려있다.

> 단주로[10] 일가의 지진 쓰나미 의연금
> 이는 이미 여러 신문에서도 보도된 바와 같이 호리코시 히데시(堀越秀)[11]가 100 엔을 그리고 부인 마스(ます)와 딸 지쓰코(實子), 후키코(扶伎子)가 기원문과 함께 이번에 교바시(京橋)구청에 제출하였다고 함.(후략)

이어지는 1646호의 기사에서는 다른 가부키 배우들의 기부 및 도쿄배우조합에서도 의연금을 모집한 것을 알 수 있다.

> 배우조합 의연금
> 미야기(宮城), 이와테(岩手), 아오모리 세 현(縣)의 지진 쓰나미 이재민 구조를 위해 단주로 및 그 가족들이 의연금을 낸 것은 이미 앞 호에서도 게재하였으나, 그 외 이치조(市蔵), 엔노스케(猿之助) 또한 의연금을 보냈다. 이번에 도쿄배우

---

10) 9대 이치카와 단주로의 하이고(俳号).(역자주)
11) 9대 이치카와 단주로.(역자주)

조합 사무소에서 거듭 제1회 의연금을 모집하여 대표 가타오카 이치조(片岡市藏)가 6일부로 앞서 말한 세 현에 300엔을 전달할 것을 혼조(本所) 구청에 요청했다고 한다. 제2회 모금도 할 예정인데, 제1회 의연금을 낸 자는 다음 49명이라고 한다. (후략)

또한, 7월 8일자 『도쿄아사히신문』에는 '모레 10일부터 개장하는' 이치무라좌(市村座)가 '상연 첫째 날과 둘째 날 입장료를 7전으로 하여, 이틀 간의 매상을 산리쿠 대지진 쓰나미 피해자에게 보낼 의연금으로 할 것'을 보도하고 있다. 이렇듯 흥행수입으로도 의연금을 모으고 있었다.

연예(演芸) 분야에서도 조직적인 의연활동이 행해지고 있었는데, 몇몇 기사를 인용하면 다음과 같다.

이번 달 보름까지 라쿠고카(落語家) 산유(三遊)일파들이 출석하는 각 요세(寄席)에서는 석주(席主) 및 산유 총련 합의 하에 내일 5일밤 동시에 의연 연예회를 열어, 그 수입을 모아 산리쿠 대지진 쓰나미 이재민 구휼 자금으로 충당한다고 함.(『도쿄아사히신문』 메이지 29년 7월 4일)

라쿠고카 자선연극 아카사카(赤坂) 히토쓰기초(一ッ木町)의 요세 만넨테이(萬年亭)의 주인이자, 전직 스모 선수인 히비키야 하루키치(響矢春吉)와 라쿠고카 류테이 엔지(柳亭燕路) 두 사람을 발기인으로 하여 산리쿠 지진 쓰나미 재해지의 의연금 목적으로 내일 4일부터 3일간 자선연극을 흥행한다고 함.(『도쿄아사히신문』 메이지 29년 7월 3일)

가이세이좌(開盛座)의 하나시카(落語家)연극 좌주(座主) 나카무라 야이치(中村弥市) 및 산유테이 엔쇼(三遊亭圓生), 엔유(圓遊) 세 사람이 간사가 되어 오늘(19일)부터 6일간 가이세이좌에서 산유소속 배우의 자선연극을 상연하여 그 수입을 산리쿠 대지진 쓰나미 이재민에게 기부할 예정이다. 작품은 지금껏 상연해왔던 「신케이카사네가후치(真景累が淵)」의 전편 상연과 중막(中幕)[12]은 「에혼

---

12) 가부키에서 첫 번째와 두 번째 프로그램 사이에 상연되는 작품.(역자주)

타이코키(絵本太功記)」아마가사키(尼ヶ崎)의 장(場)을 내놓는다고 함.(『도쿄
아사히신문』메이지 29년 7월 19일)

첫번째 기사는 산유파의 라쿠고카가 여러 요세에서 의연 연예회를 개최
하는 것을 보도하고 있다. 한편, 그 뒤의 두 기사로부터는 라쿠고카들이 하
나시카연극의 상연으로도 의연금을 모으려 했던 것을 알 수 있다.

또한, 메이지 20년대 후반은 환등(幻燈)[13]이 널리 보급되어 환등의 전성기
라 할 수 있는 시기[14]로, 당연히 환등도 피해지 모습을 사람들에게 전하는 역
할을 하였다. 쓰나미 발생으로부터 10일 후인 6월 25일자『도쿄아사히신문』
에는 벌써 쓰나미 피재지의 모습을 담은 환등의 발매를 예고하고 있다(발매
처는 '도쿄 아사쿠사구 오쿠라마에 가타마치 7번지[東京浅草区御蔵前片町
七番地] 환등포 이케다 도라쿠[池田都楽]'). 같은 신문 7월 5일자에도 '아사쿠
사(浅草) 나미키초(並木町)의 사진 환등 본점 쓰루부치 하쓰조(鶴淵初義)'[15]
가 '직접 피재지로 출장'가서 제작한 환등의 발매를 보도하고 있으며,[16] 피재
지의 실제 모습을 비추는 환등은 경쟁적으로 제작된 것으로 보인다. 8일자
지면에는 간다(神田) 니시키초(錦町)의 긴키관(錦輝館)에서 열리는 '산리쿠
지진 쓰나미 실황사진 환등회'의 상연 광고가 실려 있다. '당일 매상에서 실
비를 제하고 의연금으로 한다'라는 부연설명으로 보아, 관객을 모아 행해진

---

13) Magic lantern. 유리판에 그린 그림이나 필름, 혹은 회화, 사진, 물건 등에 강한 빛을 쏘아
확대 영사한 것. 슬라이드.(역자주)

14) 이와모토 겐지(岩本憲児)에 의하면 '환등기(幻燈機)'가 이제 그리 고가가 아니라는 것 그리
고 메이지 27~30년 무렵이 전성기였다는 것은 동화작가 이와야 사자나미산진(巌谷漣[小
波]山人)『환등회』(메이지 27년[1894]), 혹은 히구치 이치요(樋口一葉)의『다케구라베(た
けくらべ)』(메이지 28년)등을 통해 짐작할 수 있다'고 한다(『幻燈の世紀 映画前夜の視覚
文化史』, 森話社, 2002, p. 130).

15)「鶴淵初義」는 初蔵의 오기. 쓰루부치 하쓰조(鶴淵初蔵)에 대해서는 中川望「鶴淵初蔵と
その仕事」(『映画学』第二十一号, 2007)를 참조할 것.

16)『도쿄아사히신문(東京朝日新聞)』7월 8일에는「쓰루부치환등포(鶴淵幻燈舗)」가 낸 광
고가 게재되어 있는데, 이 상품이 36매 한 세트로 정가 10엔 80전에 판매되었음을 알 수
있다.

환등회에서도 역시 입장료 수입으로 기부를 한 것으로 보인다.

이상으로 연극관계자에 의한 기부와 연극·연예·환등의 상연에 의한 의연금 갹출 등의 예를 살펴 보았는데, 쓰나미에 대한 사람들의 높은 관심을 엿볼 수 있었다. 아마 쓰나미가 등장하는 연극의 상연도 이러한 분위기로부터 영향을 받은 것으로 보인다.

## 3. 쓰나미극의 상연

최초로 산리쿠 지진 쓰나미의 모습을 무대에 올린 곳은 오사카 나니와좌(浪花座)로, 7월 7일에 초연된 신연극 야마구치 사다오(山口定雄) 극단의 「오쓰나미 미키키노짓쿄(大海嘯見聞實況)」이다. 이하, '쓰나미극'의 상연을 들면 〈표〉와 같다. 이들 일곱 극장에서 상연된 쓰나미극 가운데 대본이 현존하는 것은 하루키좌(春木座)의 「산리쿠 오쓰나미(三陸大海嘯)」뿐인데, 반즈케(番

〈표〉 쓰나미극 상연 일람(외제[外題]에 ○로 표시한 것은 신연극)

| 상연<br>월일 | 7·7~20 | 7·12 | 7·14~ | 7·15~ | 7·15~ | 7·31~ | 8·1~ |
|---|---|---|---|---|---|---|---|
| 극장 | 오사카<br>·<br>浪花座 | 도쿄<br>·<br>春木座 | 도쿄<br>·<br>浅草座 | 도쿄<br>·<br>都座 | 오사카<br>·<br>福井座 | 도쿄<br>·<br>真砂座 | 교토<br>·<br>福井座 |
| 外題 | ○大海嘯<br>見聞実況 | 三陸大海嘯 | ○大海嘯 | ○大海嘯 | 三陸海嘯<br>後日噂 | 大海嘯 | 三陸海嘯 |
| 출연 | 山口定雄<br>극단 | 七代目澤村<br>訥子, 三代<br>目澤村訥升<br>(七代目宗<br>十郎) 외 | 伊井蓉峰<br>극단 | 福井茂兵衛<br>극단 | 中村芙雀<br>극단 | 璃笑,<br>紅車<br>외 | 女芝居 |
| 비고 | 四代目瀬川<br>如皐작 | 三代目勝<br>諺蔵작 | | | | | |

付)[17]와 신문기사를 통해 각각의 연극 내용을 살펴 보고자 한다.

먼저, 가장 빠른 야마구치극단의 「오쓰나미 미키키노짓쿄」는 쓰지반즈케 (辻番付)[18] (〈그림 1〉)에 의하면 작가는 4대 세가와 조코(四代目瀬川如皐).[19] 반즈케 그림에는 '대금업자 나미쓰 간자에몬(浪津勘左衛門)'[(요시다〈吉田黙笑〉분)]이 '오즈치무라(大槌村)의 미야코시 도쿠지로(宮越徳二郎)'[야마구치 〈山口〉분)]를 발로 차는 것을 '도쿠지로의 아내 오나쓰(おなつ)'(후루카와 료쿠하[古川緑波] 분)가 방관하고 있는 모습(〈그림 2〉), 소용돌이 치는 파도 가운데 도쿠지로가 기둥에 매달려 있는 모습(〈그림 3〉), 쓰나미에 휩쓸린 듯한 간자에몬과 오나쓰의 모습(〈그림 4〉), '게이샤 데루코(照子), 실은 도쿠지로의 여동생 사다코(定子)'[(야마구치 분)]가 '도쿠지로의 여동생 오나미(お波)'와 대면하는 모습(〈그림 5〉) 등이 그려져 있다. 이들 도안으로부터 이 연극이 간사한 대금업자와 손을 잡은 (불륜관계인가)오나쓰가 남편을 괴롭히나, 쓰나미로 사람들은 떠내려가고, 게이샤 된 도쿠지로의 여동생 사다코가 오나미와 상봉하는 등의 내용이었으리라 상상된다. 그러나 유감 스럽게도 이 외의 상세한 내용에 대해서는 알 수 없다.

7월 12일부터 도쿄 하루키좌에서 상연된 「산리쿠 오쓰나미」(3대 가쓰 겐조[三代目勝諺蔵] 작)의 대본은 오사카부립 나카노시마도서관(大阪府立中之島図書館)에 현존해 있다.[20] 안타깝게도 대단원의 말미가 누락되어있어

---

17) 일종의 프로그램 일람표. 쓰지반즈케는 오늘날의 포스터에 상당.(역자주)

18) 早稲田大学演劇博物館蔵(청구기호 ㅁ18-92-2B).

19) 4대 세가와 조코(四代目瀬川如皐)의 습명(襲名)은 메이지 30년으로 알려져 있다(『新版歌舞伎大事典』[平凡社, 2011], 『最新歌舞伎大事典』[柏書房, 2012] 등). 단, 요다 갓카이(依田学海) 『갓카이일록(学海日録)』 메이지 28년 9월 15일조에도 "어제 요코하마(横浜)의 호극가(好劇家)인 니시무라 세쓰다이(西邨雪台)가 4대 세가와 조코라는 자를 소개하였다. 이 자는 당시 아카사카연기좌(赤坂演伎座)의 작가라 한다"는 기술이 있어(学海日録研究会 編, 『学海日録』第十巻, 岩波書店, 1991, p. 150), 30년 이전부터 조코라는 이름을 사용했던 것 같다.

20) 『大海嘯』(청구기호 252-114). 半紙本 一冊(두권을 합철하여 표지를 보완), 三十三丁. 역할명(役名)표기이나, 일부는 상연 때의 개정을 나타낸 것으로 보이는 첨서에 배우 이름에 의한 표기 부분이 있다.

〈그림 1〉浪花座「大海嘯見聞実況」辻番付
(早稲田大学演劇博物館蔵)

〈그림 2〉

〈그림 3〉

『가부키신보(歌舞伎新報)』1648호(7월 29일 발행)기사를 통해 정보를 보완

하면서 개요를 소개하고자 한다.

【서막 모토요시군(本吉郡) 시즈마을(清水村) 어부집의 장】

시즈마을의 어부 가메시마 아사에몬(亀嶋浅右衛門)의 집. 아사에몬이 밤바다에

〈그림 4〉

〈그림 5〉

나가 있는 사이 이웃의 어부들이 방문하여, 딸 오시즈(おしづ)와 사위 도지로(藤次郎) 부부 사이가 좋은 것을 놀리고 있을 때, 지진으로 가미다나(神棚)의 신주 술병이 떨어져서 깨진다. 어부들이 돌아간 후, 아사에몬과 부자의 연을 끊고 지내는 오시즈의 오빠 아사고로(浅五郎[사와무라 돗시〈沢村訥子〉])가 정부 오타키(お滝)를 데리고 온다. 오시즈가 아사고로를 쫓아내려 다투는 것을 지나가던 순사가 보고 훈계를 한다. 결국 오시즈와 도지로는 이웃에 사는 도지로의 백부 집으로 가고, 뒤에 남은 아사고로와 오타키가 술판을 벌이려는 차에 쓰나미가 몰려온다.

【대단원 시즈가와(志津川) 해안 피재지의 장】

사람들의 시체와 깨진 기왓장 등이 산란해 있는 해안에서 의사(사와무라 돗쇼[沢村訥升])와 촌장(돗쇼 1인 2역) 그리고 순사가 부상자를 구하는데에 전력을 다하고 있다. 도지로와 오시즈는 집 잔해에서 아사고로와 오타키의 유해를 발견한다. 그때 바다에 나가 있던 아사에몬이 돌아와 쓰나미 피해를 입은 해안을 보고 놀란다. 그리고 극악무도한 아들이 죽은 것을 보고 기뻐한다. 촌장의 아들 도쿠사부로(德三郞)가 피재자를 괴롭히는 악질 상인을 규탄하는 곳에 도쿄 요시와라(吉原)로부터 구원대와 적십자사의 사람들이 도착한다. 사람들은 이 또한 천황폐하의 은혜라며 감사한다.

무대가 된 모토요시군은 미야기현 가운데서도 특히 막대한 쓰나미 피해를 입은 지역이었다. 『미야기켄 가이쇼시(宮城県海嘯誌)』(미야기현, 메이지 36년)에 의하면, "본 현에서 지진 쓰나미의 재해를 입은 곳은 모토요시군, 모노우(桃生), 오시카(牡鹿)의 세 곳으로, 그 가운데 이 군의 참상이 가장 심하였다"[21]고 한다. 그 중에서도 시즈가와초(志津川町)의 "시즈하마(清水浜), 호소우라(細浦)는 두 곳 모두 산간의 작은 부락으로 동만(東湾)에 접해 있으며, 해안이 낮고 평평한 까닭에 피해가 가장 많았다. 가옥이 거의 전멸하여 남아 있는 것은 겨우 몇몇 호에 지나지 않았으며, 사망자 또한 각각 백 수십 명에 달한다"[22]는 상황이었다고 한다.

다음으로 7월 14일에 초연된 도쿄 아사쿠사좌(浅草座) 이이 요호(伊井蓉峰)극단의 「오쓰나미(大海嘯)」. 이이(伊井)의 이름으로 낸 신문광고(『도쿄 아사히신문』 7월 1일)는 '1막 산리쿠 대지진 쓰나미의 장면을 상연해서 그 흥행수입의 일부를 기부하여 피해지 구조에 일조할' 것을 선전하고 있다. 연극 내용은 에혼야쿠와리(絵本役割)[23]에 의하면 '남부 어촌(南部漁師町)의

---

21) p. 359.

22) p. 373.

23) 国立国会図書館蔵, 『幕末并明治大正芝居紋番附』第十三冊(청구기호 847-121).

장', '대지진 쓰나미의 장', '지진 쓰나미 후 해변가의 장'이라는 3장으로 구성
되어 있다. 이이가 '병사 구니오 마모루(国尾護)'와 '해산물상 가네시마 쇼헤
이(金島正平)'의 1인 2역을 연기하고, 사토 도시조(佐藤歳三)가 '순사 가와구
치 마사나리(川口正成)', 후쿠시마 기요시(福島清)가 '교원 다미노 가가미(民
野監)', 모리즈미 겟카(守住月 華[이치카와 구메하치〈市川久女八〉])가 '간호
사'를 맡는 등의 배역이었다. 『미야코신문(都新聞)』에 게재된 평은 산유테
이 엔초(三遊亭円朝) 원작의 번안물인 제1막 '황장미(黃薔薇)'와 중막(中幕)
의 '스즈가모리(鈴ヶ森)'에 관해서만 거의 집중되어 있어, 「오쓰나미」의 내
용은 짐작할 수가 없다. 다만, 후쿠시마 기요시가 연기한 역이 교원 역할인
것 그리고 반즈케의 그림(〈그림 6〉)을 통해 '대재진쓰나미의 장'이 6월 21
일자 『도쿄아사히신문』에 다음과 같이 보도된 실제 사건을 다룬 것이라는
것을 알 수 있다.

〈그림 6〉 浅草座「大海嘯」絵本役割
(国立国会図書館蔵)

여기에 특필해야 할 것은 격랑 중에서도 어진영(御真影)[24]을 안전한 곳에 모신 일이다. 오키라이(越喜來)의 학교 교원으로 사토 진(佐藤陣)이라는 자가 있었다. 지금이라도 거센 성난 파도가 무서운 기세로 소용돌이 칠 것 같은 가운데, 사토씨는 당황하지도 않고 바로 학교 안에 모신 영정을 몇 정(町) 떨어진 안전한 곳에 모셨다. 이제야 안심하여 돌아와 보니, 사랑하는 자신의 아이가 물에 빠져 있었다. 떠내려가려는 것을 보자 그는 용감히 격랑 가운데로 뛰어들어 아이를 안전하게 구출하였다. 그로부터 바로 마을의 참상을 당국에 자세히 보고하였다니 참으로 장하도다.(강조는 필자)

이와 같은 일은 그 외에도 있었던 것으로 보이며 26일자 같은 신문에는 이와테현의 교원이 역시 영정을 지키려다 중상을 입고 결국 사망하였다는 기사가 게재되어 있다.

15일에 초연된 도쿄 미야코좌(都座)의 「오쓰나미」(후쿠이 모혜이[福井茂兵衛]극단)도 동일 사건을 무대에 올렸다는 것을 알 수 있다. 즉, "중막의 「오쓰나미」는 기와모노(際物)[25]라 해도 달리 특이한 취향(趣向)[26]은 없고, 소학교 교원이 처자식과 자신의 몸을 돌보지 않고 천황의 영정을 성난 파도 가운데서 구한다는 내용을 골자로 한 것"[27]이라는 신문 평이 있으며, 쓰지반즈케(辻番付)[28]에도 쓰나미 가운데 영정을 품에 안은 남자의 그림을 확인할 수 있다. 또한, 이 반즈케를 통해 본 작품이 '이와테현(巖手県) 오키라이 마을 소학교 내 장면', '같은 곳 해안촌 내 지진 쓰나미의 장면'이라는 두 개의 장으로 구성된 것도 알 수 있다. 후쿠이가 연기한 교원은 '사토 진'[29]으로, 이는

---

24) 天皇·皇后의 사진, 초상화. 이하 영정.(역자주)

25) 당시의 사건, 유행을 소재로 하여 시류에 영합하려는 작품.(역자주)

26) 희곡의 배경이 되는 특정 시대, 인물에 의한 유형을 뜻하는 세계에 대하여, 새로운 변화를 주는 각본상의 고안.(역자주)

27) 『미야코신문(都新聞)』 8월 1일.

28) 日本大学総合学術情報センター蔵(청구기호 nihb40-180).

29) '陳'은 '陣'의 본래 글자이다.

기사에 난 실명 그대로이다. 이 밖에도 가와이 다케오(河合武雄)가 연기한 '사토의 처 오쓰나(お綱)'라는 배역명을 확인할 수 있다.

이 보다 조금 늦은 7월 31일에 초연된 도쿄 마사고좌(真砂座)의 가부키 「오쓰나미」에 대해서는 『가부키신보(歌舞伎新報)』 1650호(메이지 29년 8월 17일 발행)에 그 평이 실려 있다. 장문이나, 「오쓰나미」에 관한 부분을 인용하면 다음과 같다.

> 중막의 「오쓰나미」는 극으로서는 딱히 볼 만한 것은 못 된다. 그러나 신작이니 한 두 군데를 들자면 부인 오나쓰(お夏)를 매정한 인물로 그린 것은 평범한 설정이나, 고샤(紅車)의 연기가 너무 지나쳐 매정한 인물이라기보다 광인에 가깝다. 이는 작가의 잘못이 아니라 고샤의 탓이다. 또한 오나미(おなみ)를 파도 가운데가 아니라 지진 쓰나미가 지나간 후에 등장시킨 것은 중막 중의 고안일 것이다. 그렇지만 하늘이 도쿠지(德次)일가를 벌할 때, 비정한 오나쓰만이 살아남지 못하도록 그리면서도 그녀가 집에 다다른 것을 도쿠지가 발로 차 버리는 설정은 실로 적절치 않다. 도쿠지가 처리하도록 할 바에는 일부러 이야기를 짤 필요도 없을 뿐더러, 도쿠지라는 인물마저도 흠을 낸 격이다. 이는 오나미마저 죽었구나하는 차에 오나쓰가 운 좋게도 일단 집의 마룻대에 매달려 있는 것을 격랑이 덮쳐서 순식간에 오나쓰를 휩쓸고 가도록 그려야 하는 부분이다. 그리고 도쿠지의 동생은 도쿠지와 같은 지붕에 있음에도 불구하고 다른 곳을 향해 구조를 청하게 하는 편이 한층 더 불쌍하게 보일 것이다. 그 밖에 일부러 소시(壯士)연극 배우[30]인 야마다(山田) 아무개 씨를 데리고와서, 특히 촌장으로 분하게 한 것은 도대체 어떠한 의도인가. 이런 시시한 역이라도 이렇게 보니, 일부러 소시 배우보다 가부키 배우의 지위를 떨어뜨리고 있다는 생각이 든다. 적어도 가부키 작가는 모름지기 이러한 일에도 곧잘 주의를 기울여야 한다.

---

30) 메이지 중기, 자유당의 장사(壯士)나 청년지식계급의 서생(書生)이 자유민권운동을 보급하기 위해 시작한 연극. 서생시바이(書生芝居). 후에 신파극으로 성장하였다.(역자주)

줄거리를 파악하기에는 충분치는 않은 기술이나, 어렴풋하게나마 '무도한 여자'인 도쿠지의 부인 오나쓰가 쓰나미에 휩쓸리고 오나쓰 이외의 가족은 살아남는 등의 내용이었으리라 짐작된다. 그리고 여기서 '도쿠지'와 그의 부인 '오나쓰', '오나미'라는 등장인물 이름이 오사카 야마구치(山口)극단의 「오쓰나미 미키키노짓쿄」와 일치한다는 것을 알 수 있다. 오나쓰가 '매정한 인물', '무도한 여자'인 점도 같다. 본 작품의 초연이 「오쓰나미 미키키노짓쿄」보다 한 달 가까이 늦고, 오사카 야마구치극단이 상연을 마친 뒤라는 것을 생각하면 마사고좌의 「오쓰나미」는 오사카의 「오쓰나미 미키키노짓쿄」를 참조한 작품일 가능성이 상당히 높다. 부연하면 작가 조코 등의 승낙 하에 재상연된 것으로도 생각할 수 있다.

한편, 오사카 후쿠이좌(福井座)의 가부키 「산리쿠 가이쇼 고니치노우와사(三陸海嘯後日噂)」(7월 15일~), 교토 후쿠이좌(福井座)의 온나시바이(女芝居)인 「산리쿠 쓰나미」(8월 1일~)는 반즈케도 보지 못해 그 내용은 알 수가 없다. 이처럼 각각의 쓰나미극에 대해서는 단편적인 정보 밖에 얻을 수는 없으나, 그래도 어떤 공통점이나 각각의 특색을 발견할 수는 있지 않을까.


4. 각 작품의 특색


우선 신연극의 세 극단에 대해 살펴보자. 이 중 나니와좌의 야마구치극단이 공연한 「오쓰나미 미키키노짓쿄」가 약간 성격을 달리하는 존재라 할 수 있다. 신연극의 다른 두 극단, 즉 아사쿠사좌의 이이극단, 미야코좌(都座)의 후쿠이극단의 쓰나미극은 앞서 논한 바와 같이 모두 쓰나미로부터 영정을 구해낸 교원의 실화를 무대에 재현한 것이었다. 이 취향은 양 극단의 상연 하이라이트 가운데 하나였다. 이는 두 곳의 반즈케에 영정을 품에 안은 남성의 모습이 그려져 있고, 또한 미야코좌에서는 극단을 이끄는 후쿠이가 이 역을 연기한 것으로도 알 수 있다. 자세한 것은 후술하겠으나 이이, 후쿠이 극단의 쓰나미극은 신문기사화되어 널리 알려진 사실을 관객의 눈 앞에 제시한다는 점에 중점이 놓여져 이야기로서는 깊지 않은 내용이었으리라 생각된다. 이에 반해 야마구치극단의 「오쓰나미 미키키노짓쿄」는 도쿠지로 일가를 중심으로 부인 오나쓰의 악행과 그녀가 쓰나미에 의해 벌을 받는 한편, 도쿠지로의 여동생들의 재회가 그려지는 등, 권선징악적인 줄거리였던 것으로 보인다. 그리고 도쿠지로와 여동생 사다코의 두 역을 야마구치가 겸하는 등, 사실을 재현하기보다는 오히려 복잡한 줄거리, 연극으로서의 재미를 의식한 작품이었다고 할 수 있다. 이는 가부키 배우 출신으로 '너무나 비속 경향이 강했다'[31]고 전해지는 야마구치의 예술적 성향과 역시 가부키 출신 작가 조코의 자질에 기인한 것으로도 생각된다. 이렇듯 신연극의 세 작품에서는 보다 속보적인 색이 강한 이이와 후쿠이, 이에 반해 사실의 재현보다도 허구의 이야기 제시에 중점을 둔 야마구치극단이라는 각각의 방향성의 차이를 엿볼 수 있다.

한편, 가부키 쪽은 어떠하였는가. 마사고좌의 「오쓰나미」가 야마구치극단의 「오쓰나미 미키키노짓쿄」의 재상연이었을 가능성은 이미 지적하였다. 하루키좌(春木座)의 「산리쿠 오쓰나미」에 대해서는 『가부키신보』 1648호(7월 29일 발행)에 다음과 같은 평이 실려있다.

> 《전략(前略)》 아주 재미있게 느낀 것은 기와모노(際物)인 「산리쿠 오쓰나미」이 다. 미야코좌의 작품은 볼 기회를 놓쳤으나, 이 전날 아사쿠사좌의 작품을 보았 는데 이것과는 많이 달랐다. 단 2막의 단편이나, 어쨌든 줄거리가 일관되어 있어 재미있었다.

---

31) 秋庭太郎,「山口定雄」, 『演劇百科大事典』(平凡社, 1960).

이 문장을 쓴 인물의 눈에는 아사쿠사좌·이이극단의 「오쓰나미」는 줄거리가 일관되지 않은 작품으로 비추어졌던 모양이다. 사실, 이이극단의 「오쓰나미」는 반즈케를 보아도 어부, 순사, 병사, 교원, 영국인, 상인, 간호사, 해산물상 등 다양한 인물이 등장했던 것으로 상상이 되고 일관된 줄거리를 쫓기보다는 피재지의 다양한 인물들의 점경을 집합시킨 작품으로 보인다. 한편, 미야코좌도 앞서 '달리 특이한 취향은 없고'[32]라 평해졌듯이, 그다지 복잡한 줄거리나 특필할 만한 취향 등을 가진 작품은 아니었던 것으로 생각된다. 이에 반해 하루키좌의 「산리쿠 오쓰나미」는 어부 아사에몬일가를 중심으로, 방탕한 아들과 그의 애인이 쓰나미에 휩쓸려 죽고, 착한 여동생 부부와 아버지 아사에몬은 살아남아 재회를 하는 등 권선징악적 줄거리로 구성되어 있어 야마구치극단의 「오쓰나미 미키키노짓쿄」와 공통된 요소가 많다.

하루키좌의 「산리쿠 오쓰나미」도 역시 속보성보다는 이야기 본연에 충실하려 한 작품이었으나, 한편으로는 그 이야기 창출을 위해 면밀한 취재를 한 것 같다. 7월 7일의 『미야코신문(都新聞)』의 기사는 사와무라 돗시와 작가 가쓰 겐조, 가쓰 신스케 세 사람이 '실황시찰을 위해' 이와테현으로 향했다고 보도하고 있다. 허구의 이야기는 현지에서의 견문을 바탕으로 만들어졌던 것 같다. 그런데 실제 상연은 이루어지지 못한 것으로 보이나, 노쿄 후카가와(深川)의 신모리좌(新盛座)에서도 쓰나미극의 상연을 기획하고 있었다.

신모리좌의 8월 흥행으로 상연하기 위해 목하 다케시바 반지(竹柴万二)가 각색 중인 「산리쿠 오쓰나미」는 (서막)구와가사키(鍬ヶ崎)유곽, (2막)우타사와무라(歌沢村)빈가, 우라가다니(裏ヶ谷)살해, (3막)미야기형무소(宮城集治監) 외 역, (4막)오키무라학교, 같은 곳 대지진 쓰나미, (대단원)고토(江東) 나카무라로(中

32) 주17 전게 기사.

村楼) 의연금 모집, 같은 곳 대연예회 장으로, 현지 목격한 바를 각색한다고 한
다.(『미야코신문』 메이지 29년 7월 9일)

　위의 기사에 따르면 이 작품은 모두 5막으로 구성되어 있으며, '현지 목격
한 바를 각색'하겠다는 것을 표명하고 있다. 아마도 제4막의 오키무라 학교
와 지진 쓰나미 장면은 이이, 후쿠이극단에서도 상연한 교원 사토 진의 일화
일 것이다. 그러나 전 5막 가운데는 유곽이나 살해의 장 등 다채로운 내용을
담고 있어, 그 내용이 사실을 재현하기보다는 허구의 이야기를 제시하는 쪽
에 비중을 두었다는 것은 쉽게 상상할 수 있다. 그러나 여기서도 '현지목격'
에 의거한다는 점을 선전하고 있는 것은 흥미롭다.
　이렇듯 신연극과 비교하여 가부키의 쓰나미극에서는 권선징악적이고 복
잡한 줄거리 가운데 쓰나미를 하나의 취향으로 사용하고 있었다는 경향을
확인할 수 있다. 이이와 후쿠이극단이 상연했던 영정 이야기를 다루더라도
가부키에서는 이를 신연극처럼 작품의 주안으로 삼는 것이 아니라, 장대한
줄거리 가운데 하나의 삽화로서 이용하려 한 것이다. 다만 그러한 차이는 반
드시 절대적인 것은 아니다. 이미 살펴보았듯이 야마구치극단의 「오쓰나미
미키키노짓쿄」는 오히려 하루키좌의 가부키 「산리쿠 오쓰나미」에 가까운
줄거리를 가지며, 「오쓰나미 미키키노짓쿄」와 같은 내용의 작품이 도쿄 마
사고좌에서는 가부키 배우에 의해 상연되었을 가능성도 있는 것이다.


## 5. 가부키로 '진실을 묘사' 한다는 것

　서두에서 언급했듯, 청일전쟁을 결정적인 계기로 하여 가부키는 고전화
의 경향을 강화하여, 동시대의 사건을 전하는 미디어로서의 역할은 신연

극에 양보하였다는 것이 종래 일반적인 관점이다. 사실, 청일전쟁 후 메이지 29년에 발생한 메이지 산리쿠 지진 쓰나미 때에는 당시 제일가는 가부키극장이었던 가부키좌에서는 쓰나미극을 상연하지 않았다. 또한, 당시 대표적 배우인 단주로나 기쿠고로(菊五郎)는 의연금을 피재지로 보내는 등 재해 자체에는 관심을 가지면서도, 이를 가부키로 연기하려고는 하지 않았다. 그러나 소극장이나 가미가타극단으로까지 눈을 돌리면, 가부키에서도 세 곳, 혹은 온나시바이도 같은 '구극(旧劇)'의 범주에 포함시키면 네 곳의 극단에서 쓰나미극을 상연하였다. 이렇듯 양적으로 신연극에 길항하고 있었던 점은 주목해야 하지 않을까. 그리고 '현지시찰', '현지목격'을 강조하는 상연 태도로부터는 신문기사 중의 사건을 그대로 재현하는 표현기법과는 방향성을 달리하면서도, 역시 동시대의 사건을 전하는 미디어로서의 기세를 느낄 수 있다. 가부키 논리로는 권선징악 등 정해진 틀 안에 작가의 '현지목격'을 점경으로 담으면서, 신문기사의 재현 영역에 머무르지 않는, 연극의 독자적인 재미를 추구하는 것이 '피재지의 실정을 전하는' 것이었다고 봐야하지 않을까.

　종래의 표현기법 가운데 최신 화제를 담아내는 것은 메이지 초기에 탄생한 잔기리모노의 상투적 방법이기도 하여는데, 이 낡은 극극법은 종종 비판의 대상이 되어 왔다. 그러나 최근에는 이러한 잔기리모노에 대한 평가를 달리하는 움직임이 일고 있다. 가미야마 아키라(神山彰)는

> '잔기리모노'에는 정해진 공식 견해적인 비판이 준비되어 있다. 이를테면, 옛 극
> 작술로부터 벗어나지 못했다. 이를테면, 구극 작가의 한계가 있었다. 이를테면,
> 신풍속을 그린 것에 지나지 않고 인간을 묘사하지 않았다 등등. 그러나 과거 작
> 품에 '한계'를 설정해서 이를 극복하는 '새로움'이나 '가능성'을 추구하고 '보편성'
> 을 찾아 '인간을 묘사하는' 것이 '가치'라는 것을 무의식중에 전제로 하는 어휘로

이야기되는, 이들 공식 견해야말로 마땅히 비판받아야 할 것이다.[33]

라 하였다. 또한 모쿠아미(黙阿弥) 이후 세대의 잔기리모노작가인 3대 가와타케 신시치(三代目河竹新七), 다케시바 기스이(竹柴其水), 후루카와 신스이(古河新水)와 같은 인물들의 "극작술을 현재 관점에서 이전과 다르지 않다고 비판하는 것도, 잘난척하는 '내면적 해석'을 시도하는 것도 생산적이지 않다"고 설명한다. 그리고 오히려 "문명의 은혜를 태연히 수용하는 한편, 동시에 무의식 중에 '근대'를 거절하는 서민의 심성이 반영되어 있는" 점에 그들 작품의 동시대적인 문맥에서의 재미가 있다고 보았다.

앞서 인용한 마사고좌의 평은 도쿠지가 악인이기는 하나 부인인 오나쓰를 지붕에서 차버리는 것에 대해 "도쿠지라는 인물마저도 흠을 낸 격이다"라고 비판하며 등장인물의 행동이 권선징악의 틀에서 일탈하는 것을 경계하였다. 관객에게도 가부키란 우선 일정한 틀과 약속의 범위 안에서 이야기를 그려나가는 연극이었으며, 동시대의 사건을 다루더라도 그 틀안에서 처리되는 것이 당연했다고 생각해야 할 것이다. 그리고 이 전제 하에서 쓰나미라는 최신 화제가 무대에 등장하는 점에 가치를 발견한 것이다. 이러한 동시대적인 시점을 돌아보지 않은 채, 가부키의 쓰나미극이 현실을 관객에게 '전한다'는 점에서 신연극보다 뒤떨어졌다고 생각한다면 종래 잔기리모노에 대한 것과 마찬가지의 무의식 중에 근대적 가치관을 전제로 한 '생산적이지 않은' 비판이라는 비난을 면치 못할 것이다.

쓰나미극 이외에도, 예를 들어 오사카 극단을 보면, 메이지 30년대 들어서도 같은 신문 소설을 원작으로 하는 극이 가부키와 신연극으로 동시에 상연되는 사례를 종종 볼 수 있다. 또한 청일전쟁 10년 후의 러일전쟁에 이르러서도 몇몇 전쟁극을 상연하였으며, 러일전쟁극에는 가미가타에서 당시 최

---

33) 神山彰, 「「もの」の構造として見る散切物」, 주 3 전게서, p. 132.

고의 인기배우였던 초대 나카무라 간지로(初代中村鴈治郞)도 출연하였다. 종래의 가부키 역사에서 '본류'라 여겨져 왔던 도쿄의 대극장에만 주목한다면, 청일전쟁이 가부키의 고전화를 결정지은 사건이었다고 보는 의견은 수긍할 수 있다. 그리고 이후의 동시대를 그린 신작품은 '방계의 시도 혹은 특수한 여흥적인 것'(가와타케 시게토시 전게서)으로 보인다. 그러나 가미가 타극단이나 소극장으로까지 눈을 돌려 이 시기의 가부키를 파악하면 그 견해는 약간의 재검토가 필요하다. 물론 가부키와 신연극이라는, 여기까지 필자가 사용해온 이분법 자체가 그러한 재검토 가운데서는 너무 단순한 것이라 비판을 받을 것이다. 야마구치극단의 「오쓰나미 미키키노짓쿄」가 이이나 후쿠이극단과는 조금 모습을 달리하고, 동일한 작품이 도쿄 마사고좌에서는 가부키 배우(와 약간의 신연극 배우와의 혼성극단)에 의해 상연되었을 가능성이 있다는 사실을 보아도 이 시기 가부키와 신연극 사이의 울타리가 상당히 낮았던 것은 분명하다. 다만, 한편으로는 앞서 인용한 『가부키신보』 1650호의 마사고좌 평 가운데 "일부러 소시 배우보다 가부키 배우의 지위를 떨어뜨리고 있다는 생각이 든다"는 것이나, "적어도 가부키 작가는 모름지기 이러한 일에도 곧잘 주의를 기울여야 한다"라는 문구는 관객이 가부키와 신연극을 명확히 구별하고 있었음을 나타낸다. 그러나 이는 오늘날 우리들이 사섯하면 품기 쉬운, 가부키는 신연극과 비교하여 진실을 반영한다는 점에서는 뒤떨어져 있다는 것과 같은 견해는 아니었다. '본류'로부터는 벗어난 것으로 여겨지던 극장에서, 단주로나 기쿠고로에는 미치지 못하는 배우들의 무대를 진지하게 바라보던 관객들에게 있어 그곳에서 상연되는 것 또한 하나의 '진실'이었던 것이다.

제한된 자료에 근거한 본 논고만으로 메이지연극사의 재검토를 운운하는 것은 시기상조이다. 그러나 종래 '방계의 시도'로 여겨져 왔던 작품을 비롯한 많은 작품의 분석을 통해 보다 넓은 시야에서 연극사를 재구축해 나가는 것이 앞으로의 과제이다. 또한, 쓰나미극에 관해서는 연출면 등을 본고에서는 다룰 수 없었으나 흥미로운 점이 많다.[34] 이에 대해서는 다음 기회에 논하고자 한다.

---

34) 일례로 쓰나미 장면의 연출을 들 수 있다. 『新日本古典文学大系明治編第八巻河竹黙阿弥集』(岩波書店, 2001)에 수록된 「시마치도리쓰키노시라나미(島衛月白浪)」 제2막 「하리마나다(播磨灘) 난풍의 장」의 주석은 「표류기담서양가부키(漂流奇談西洋劇)」(메이지 12년), 「삼푸고코우쓰시노겐토(三府五港写幻灯)」(메이지 20년)에서도 난파선 장면이 평판이 좋았다는 것을 지적하였다(같은 책 p. 234, 「시마치도리쓰키노시라나미」는 메이지 14년 초연). 신파의 인기 작품이 종종 해안이나 바다 장면을 그린 것 또한 일찍이 지적된 바 있다(神山 주 4 전게 논문 등). 무대 위의 쓰나미 모습 재현에 종래의 난파선 장면이나 해안장면의 연출기법을 응용했을 가능성을 생각할 수 있다. 덧붙여 말하면, 하루키좌 「산리쿠 오쓰나미」의 쓰나미 장면은 대본에 의하면 나미누노(波布; 파도를 그린 천, 가부키 무대도구의 하나)를 사용해서 상연하였음을 알 수 있다.

4장
# 일본상대시대의 재난과 종교적 대응방법

이시준

## 1. 서론

일본의 국토는 대규모의 자연재해가 빈번하게 발생하는 나라로, 고대로 부터 끊임없는 태풍이나 지진, 천변지이(天變地異)의 위협을 받아왔고 사람 들은 그러한 경험을 축적하여 자연재해로부터 안전을 확보하기 위하여 노 력하였다. 본고에서는 야마토(大和)시대와 나라(奈良)시대에 발생한 재해, 특히 수해(水害), 지진(地震), 역병(疫病)에 대해 당시의 상대인(上代人)은 어떻게 생각하고 어떻게 종교적으로 대응하였는지『인본 서기(日本書紀)』, 『속일본기(続日本紀)』의 사료를 중심으로 살펴보고자 한다.

야마토(大和)시대와 나라(奈良)시대에 발생한 재난에 대한 선행연구로 는 한발(旱魃), 즉 가뭄을 중심으로 한, 다카하시 시게오(高橋重夫)[1]와 다케 미쓰 마코도(武光誠)[2]의 논문이 주목되며, 역병으로는『속일본기』의 관련 기술을 중심으로 고찰한 동커(董科)의「奈良時代前後における疫病流行の

---

[1] 高橋重夫(1981),「古代の雨乞」,『雨乞習俗の研究』, 法政大学出版局.

[2] 武光誠(1998),「日本古代の雨乞について」,『律令制成立過程の研究』, 雄山閣出版 pp. 106-120.

4장 일본상대시대의 재난과 종교적 대응방법　99

研究」3)가 있으며, 리키다테 쓰네지(力武常次) 감수(監修)『일본의 자연재해 (日本の自然災害)』는 일본의 자연재해 전반을 통시적으로 조감하는 데에 용이하다.4) 고찰에 있어 일일이 주석처리를 하지 않았지만,『일본서기(新編 全集)』,『속일본기(新大系)』의 주석(頭註) 및 해설에 의지하는 바가 컸음을 밝혀둔다.


## 2. 수해와 대응방법

봄이 지나고 초여름에 접어들면 일본 열도는 '바이우(梅雨)'라고 불리는 장마가 찾아온다. 장마는 중위도(中緯度)지대에 생기는 우기(雨期)로서 동아시아에서만 볼 수 있는 특이한 현상이며 6월에서 7월에 걸쳐 양자강에서 일본 남안(南岸)에 걸쳐 장마전선을 형성하여 그 전선을 따라 각지에 비를 뿌리는 것이다. 7월 중순에서 하순에 걸친 장마 말기에는 때때로 국지적인 집중호우가 내리는 경우도 있으며, 장마가 8월에 들어가서야 끝나는 경우도 있다.

『일본서기』,『속일본기』에 보이는 수해와 그 대응방법을 정리하면 다음과 같다.

|     | 시기 | 소재 | 비고 |
| --- | --- | --- | --- |
| (1) | 欽明 28年(567) | 巻2 p. 454 | 転傍郡穀以相救 |
| (2) | 推古 31年(623) 11月 | 巻2 p. 584 | |
| (3) | 推古 34年(626) 是歲 | 巻2 p. 590 | 被害樣相についての記述有り. |
| (4) | 舒明 8年(636) 5月 | 巻3 p. 44 | |

---

3) 董科(2010.3),「東アジア文化交渉研究 第3号」, 文化交渉学教育研究拠点, pp. 489-509.

4) 力武常次 監修(1998),『日本の自然災害』, 国会資料編纂会 본 논문과 관련해서는「飛鳥時代·奈良時代の主要災害一覧」(pp. 41-51)이 참고가 됨.

| (5) | 白雉 3年(652) 4月 | 巻3 p. 190 | 被害樣相についての記述有り. |
|-----|-----------------|-----------|---------------------------|
| (6) | 持統 5年(691) 6月 | 巻3 p. 516 | 公卿, 百官に酒と肉を禁じさせ, また諸寺の僧衆に誦経させた. |
| (7) | 持統 6年(692) 閏5月 | 巻3 p. 528 | 講説金光明経 |
| (8) | 和銅 元年(708) 7月 14日 | 巻1 p. 138 | 賑恤 |
| (9) | 神龜 4年(727) 2月 | 巻2 pp. 176~179 | 轉讀金剛般若經 天命思想(咎徵) |
| (10) | 天平 15年(743) 7月 5日 | 巻2 p. 428 | 被害樣相についての記述有り. |
| (11) | 天平 18年(746) 10月 5日 | 巻3 p. 34 | 被害樣相についての記述有り. |
| (12) | 神護景雲 2年(768) 8月 | 巻4 p. 212 | 予防および対策 |
| (13) | 神護景雲 3年(769) 8月 9日 | 巻4 p. 246 | 賜尤貧者穀人一斗 |
| (14) | 宝亀 6年(775) 8月 22日 | 巻4 p. 456 | 遣使修理伊勢斎宮 / 分頭案検諸国被害百姓 |
| (15) | 宝亀 6年(775) 8月 30日 | 巻4 p. 456 | 大祓 |
| (16) | 宝亀 6年(775) 9月 20日 | 巻4 p. 459 | 奉白馬及幣於丹生川上・畿内群神. 霖雨也. |
| (17) | 寶龜 6年(775) 11月 7日 | 巻4 p. 462 | 庸 |
| (18) | 延暦 4年(785) 9月 10日 | 巻5 p. 346 | 遣使監巡 / 賑給 |

자료(1) 欽明 28年(567)은 수해에 관한 첫 번째 사료로 수해로 인해 기근이 발생하여 인군(隣郡)의 곡물을 옮겨와 도와주었다는 내용인데,[5] '人相食(사람을 먹었다.)'의 표현은 당시 기근의 정도가 얼마나 심했는지를 짐작케 한다. 자료(3) 推古 34年의 경우는 3월부터 7월까지 비가 계속되어 온 나라가 대기근을 겪었으며, 이로 인해 노인은 풀뿌리를 먹고 길에서 죽고, 어린 아이는 젖을 문채로 어미와 함께 죽었으며, 강도・절도가 빈번했다고 당시의 피해의 정도를 생생하게 전하고 있다.[6]

수해의 대응책으로 국가는 종교적 힘에 의지했는데, 자료(6)의 持統 5年

---

5) '二十八年, 郡国大水飢. 或人相食. 転傍郡穀以相救.'

6) '自三月 至七月, 霖雨. 天下大飢之. 老者噉草根而死于道垂, 幼者含乳以母子共死. 又強盗窃盗並大起之, 不可止.'

(691) 6月의 4월부터 6월에 걸쳐 내린 비의 피해로 천황의 조칙(詔)이 내려졌는데, 공경(公卿), 백관(百官)에 술과 고기를 금지시키고 모든 사찰의 승려에게 5일 동안 독경을 하도록 명하고 있다.[7] 이 경우는 어떤 경전을 독경하였는지 알 수 없으나, 그 뒤 자료(7)의 持統 6年(692) 閏5月 홍수 때는 사자(使者)를 시켜 군국(郡國)을 순행(巡幸)시키고 재해로 인해 자력으로 생활을 할 수 없는 자에게 벼를 빌려주고, 산림이나 지택(池澤)에서의 어로(漁撈)와 채취(採取)를 허가하는 한편, 조칙(詔)을 내려 도읍과 사기내(四畿內)에 『금광명경(金光明経)』을 강설하게 하고 있다.[8] 『금광명경』은 『금광명경』 4권(四巻), 혹은 『합부금광명경(合部金光明經)』 8권(八巻)으로 추정되고 있다. 『금광명경』 이외에도 『금강반야경(金剛般若經)』이 사용되었는데, 자료(9)에 의하면 神龜 4年(727) 2月 13日, 천둥이 치고 비가 내리고 큰비가 내리자, 5일 후인 18일 '재이(災異)'를 없애기 위하여 승려 6백 명과 비구니 3백 명으로 하여금 궁중에서 『금강반야경』을 전독(轉讀)시키고 있다.[9] 하지만 흥미로운 점은 또 다시 3일 후인 21일 다음과 같은 조칙이 내려졌다는 점이다.

甲子. 天皇御内安殿. 詔召入文武百寮主典已上. 左大臣正二位長屋王宣勅曰. 比者咎徵荐臻. 災氣不止. 如聞. 時政違乖. 民情愁怨. 天地告譴. 鬼神見異. 朕施徳不明. 仍有懈缺耶. 將百寮官人不勤奉公耶. 身隔九重. 多未詳委. 宜令其諸司長官精擇當司主典已上. 勞心公務清勤著聞者. 心挾姦偽不供其職者. 如此二色. 具名奏聞. 其善者量与昇進. 其惡者隨状貶黜. 宜莫隱諱副朕意焉

7) '六月, 京師及郡国四十雨水' '戊子, 詔曰, 此夏陰雨過節. 懼必傷稼. 夕惕迄朝憂懼, 思念厥愆. 其令公卿・百寮人等, 禁断酒・宍, 摂心悔過. 京及畿内諸寺梵衆, 亦当五日誦経. 庶有補焉. 自四月 雨, 至于是月.'

8) 潤五月 乙未朔丁酉, 大水. 遣使, 循行郡国, 稟貸災害不能自存者, 令得漁採山林池沢. 詔令京師及四畿内, 講説金光明経.

9) '丙辰, 夜, 雷雨大風. 兵部卿正四位下阿倍朝臣首名卒.' '辛酉, 請僧六百, 尼三百於中宮, 令轉讀金剛般若經. 爲銷災異也.

조칙의 요지는 재난이 빈번하게 발생하는 것은 천황이 부덕(不德)하기 때문만 아니라, 백료관인이 힘써 일하지 않기 때문이라고 하여 여러 사(司)의 장관에게 부하의 주전 이상에 대하여 정근(精勤)한 자와 태만(怠慢)한 자의 이름을 명기하여 주상하도록 하는 것이었다. 밑줄로 표시한 '구징(咎徵)'은 『일본서기』, 『속일본기』의 주(注)에서도 자주 지적하고 있듯이 천명사상(天命思想), 혹은 천인상관설(天人相關說)에 근거하는 표현인데, 지상의 황제가 부덕(不德)할 때, 천제(天帝)가 그것을 견책(譴責)하여 나타내는 증거를 가리키며, 그 증거가 바로 재기(災気), 재이(災異)인 것이다.

계속해서 자료(15), (16)에는 불교적인 신앙뿐만이 아니라 고래(古來)의 재래신앙인 신기(神祇)에 의지한 경우도 보인다. 宝亀 6年(775) 8月 30日條에는 '辛卯. 大祓. 以伊勢美濃等国風雨之災也.'라는 내용이 보이는데, '오하라에(大祓)'는 정기적으로 6월과 12월의 그믐날(晦日)에 행해지는 것으로, 여기서의 '오하라에(大祓)'는 태풍에 의한 재기(災気)를 없애기 위해 임시적으로 행해진 것으로 판단된다. 태풍에 의한 재기(災気)는 '오하라에'가 행해지기 8일 전인 宝亀 6年(775) 8月 22日條에 보이는 당월 9일에 발생한 풍우(風雨)를 가리키는 것으로, 이세(伊勢), 오와리(尾張), 미노(美濃)지방에서 풍우로 인해 백성 3백여 명, 우마(牛馬) 천여 마리가 몰살하고 국분사(國分寺) 및 많은 사찰의 탑 19개가 부서졌고, 부서진 관사의 수는 헤아릴 수 없었다고 한다.[10] 한편, 자료(16) 宝亀 6年(775) 9月 20日條에는 가을 장마로 인해 기내의 신사(畿内群神)와 니우가와카미노 가미(丹生河上神)에게 백마와 공물[幣帛]을 받쳤다고 하는 내용이 보인다.[11] 니우가와카미노 가미(丹生河上神)는 한발(旱魃), 즉 가뭄으로 인해 天平 寶字 7年(763) 5條에는 검은 말을 바쳤다는

---

10) '癸未. 伊勢. 尾張. 美濃三国言. 九月 日異常風雨. 漂没百姓三百余人. 馬牛千余. 及壊国分并諸寺塔十九. 其官私廬舎不可勝数. 遣使修理伊勢斎宮. 又分頭案検諸国被害百姓.

11) 丹生川上奉白馬及幣於丹生川上・畿内群神. 霖雨也.

기술이 있는데, 이것이 니우가와카미노 가미(丹生河上神)가 정사(正史)에 등장하는 가장 빠른 자료이다. 말 중에서 그 색깔이 검정인 흑말은 흐린 날씨, 검은 구름 등을 연상시키는 것으로, 반대로 홍수가 질 때는 맑은 날씨를 연상시키는 흰 말을 제물로 올렸다. 본 자료는 홍수가 졌을 때 흰말을 바쳤다는 기사로 가장 빠른 것으로 알려져 있다. 이우가와카미 신사는 텐무와 지토 양 시기 이후, 나라시대 후반의 신기(神祇) 관련 기우에 가장 큰 역할을 하고 있었으며, 동시에 홍수도 다스리는 물의 신으로 신앙되었던 것이다.

## 3. 지진과 대응방법

일본은 태평양 주위의 지진 다발지역에 위치한 세계적인 지진국으로 고래로 많은 지진이 일어나 각 지역에 크고 작은 피해가 있었으며, 지진에 동반된 쓰나미의 발생도 빈번했다. 『일본서기』, 『속일본기』에는 약 95여 건의 지진 기록이 보이는데 시기와 자료소재를 정리하면 다음과 같다.

| | 시기 | 소재 | | 시기 | 소재 |
|---|---|---|---|---|---|
| (1) | 允恭 5年(416) 7月 14日 | 巻2 p. 110 | (50) | 天平 17年(745) 8月 24日 | 巻3 p. 14 |
| (2) | 推古天皇 7年(599) 4月 27日 | 巻2 p. 534 | (51) | 天平 17年(745) 8月 29日 | 巻3 p. 14 |
| (3) | 皇極 元年(642) 10月 8日 | 巻3 p. 66 | (52) | 天平 17年(745) 9月 2日 | 巻3 p. 14 |
| (4) | 皇極 元年(642) 10月 9日 | 巻3 p. 66 | (53) | 天平 18年(746) 1月 14日 | 巻3 p. 18 |
| (5) | 皇極 元年(642) 10月 24日 | 巻3 p. 66 | (54) | 天平 18年(746) 1月 29日 | 巻3 p. 18 |
| (6) | 天智 3年(664) 3月 | 巻3 p. 262 | (55) | 天平 18年(746) 1月 30日 | 巻3 p. 18 |
| (7) | 天武 4年(675) 11月 | 巻3 p. 366 | (56) | 天平 18年(746) 6月 5日 | 巻3 p. 28 |
| (8) | 天武 6年(677) 6月 14日 | 巻3 p. 376 | (57) | 天平 18年(746) 9月 13日 | 巻3 p. 32 |
| (9) | 天武 7年(678) 12月 | 巻3 pp. 382~384 | (58) | 天平 18年(746) 閏9月 13日 | 巻3 p. 34 |
| (10) | 天武 8年(679) 10月 11日 | 巻3 p. 392 | (59) | 天平 19年(747) 5月 12日 | 巻3 p. 44 |

| | | | | | | |
|---|---|---|---|---|---|---|
| (11) | 天武 8年(679) 11月 14日 | 巻3 p. 394 | (60) | 天平勝宝 4年(752) 1月 11日 | 巻3 p. 116 |
| (12) | 天武 9年(680) 9月 23日 | 巻3 p. 400 | (61) | 天平勝宝 4年(752) 10月 1日, 2日 | 巻3 p. 124 |
| (13) | 天武 10年(681) 3月 21日 | 巻3 p. 406 | (62) | 天平寳字 6年(762) 5月 | 巻3 p. 406 |
| (14) | 天武 10年(681) 6月 24日 | 巻3 p. 408 | (63) | 宝亀 4年(773) 2月 17日 | 巻4 p. 400 |
| (15) | 天武 10年(681) 10月 18日 | 巻3 p. 412 | (64) | 宝亀 4年(773) 2月 30日 | 巻4 p. 402 |
| (16) | 天武 10年(681) 11月 2日 | 巻3 p. 414 | (65) | 宝亀 4年(773) 8月 29日 | 巻4 p. 412 |
| (17) | 天武 11年(682) 1月 19日 | 巻3 p. 414 | (66) | 宝亀 4年(773) 10月 1日 | 巻4 p. 412 |
| (18) | 天武 11年(682) 3月 7日 | 巻3 p. 416 | (67) | 宝亀 4年(773) 10月 4日 | 巻4 p. 412 |
| (19) | 天武 11年(682) 7月 17日 | 巻3 p. 420 | (68) | 宝亀 6年(775) 2月 8日 | 巻4 p. 446 |
| (20) | 天武 11年(682) 8月 12日 | 巻3 p. 422 | (69) | 宝亀 6年(775) 5月 4日 | 巻4 p. 450 |
| (21) | 天武 11年(682) 8月 17日 | 巻3 p. 422 | (70) | 寳龜 6年(775) 10月 | 巻4 pp. 460~462 |
| (22) | 天武 13年(684) 10月 14日 | 巻3 p. 438 | (71) | 宝亀 7年(776) 10月 9日 | 巻5 p. 20 |
| (23) | 天武 13年(684) 11月 3日 | 巻3 p. 440 | (72) | 宝亀 7年(776) 11月 2日 | 巻5 p. 20 |
| (24) | 天武 14年(686) 12月 10日 | 巻3 p. 452 | (73) | 宝亀 9年(778) 5月 21日 | 巻5 p. 68 |
| (25) | 朱鳥 元年(686) 1月 19日 | 巻3 p. 456 | (74) | 宝亀 9年(778) 5月 26日 | 巻5 p. 68 |
| (26) | 朱鳥 元年(686) 11月 17日 | 巻3 p. 476 | (75) | 天応 元年(781) 3月 6日 | 巻5 p. 174 |
| (27) | 大宝 元年(701) 3月 26日 | 巻1 p. 38 | (76) | 天応 元年(781) 5月 4日 | 巻5 p. 184 |
| (28) | 和銅 5年(712) 6月 7日 | 巻1 p. 182 | (77) | 天応 元年(781) 5月 13日 | 巻5 p. 186 |
| (29) | 霊亀 元年(715) 5月 25日 | 巻1 p. 228 | (78) | 天応 元年(781) 6月 12日 | 巻5 p. 196 |
| (30) | 霊亀 元年(715) 7月 10日 | 巻1 p. 230 | (79) | 天応 元年(781) 6月 22日 | 巻5 p. 198 |
| (31) | 霊亀 2年(716) 1月 4日 | 巻2 p. 6 | (80) | 天応 元年(781) 10月 10日 | 巻5 p. 210 |
| (32) | 養老3年(719) 3月 26日 | 巻2 p. 52 | (81) | 天応 元年(781) 11月 3日 | 巻5 p. 210 |
| (33) | 養老 5年(721) 1月 24日, 25日 | 巻2 p. 84 | (82) | 天応 元年(781) 11月 27日 | 巻5 p. 214 |
| (34) | 養老 5年(721) 2月 7日 | 巻2 p. 88 | (83) | 天応 元年(781) 12月 12日 | 巻5 p. 214 |
| (35) | 養老 5年(722) 12月 29日 | 巻2 p. 104 | (84) | 天応 元年(781) 12月 24日 | 巻5 p. 218 |
| (36) | 天平 4年(732) 7月 15日 | 巻2 p. 258 | (85) | 延暦 元年(782) 閏1月 13日 | 巻5 p. 224 |
| (37) | 天平 4年(732) 12月 22日 | 巻2 p. 264 | (86) | 延暦 元年(782) 閏1月 15日 | 巻5 p. 226 |
| (38) | 天平 6年(734) 4月 | 巻2 pp. 276~278 | (87) | 延暦 元年(782) 2月 19日 | 巻5 p. 232 |

| (39) | 天平 6年(734) 7月 | 巻2 pp. 280~282 | (88) | 延暦 元年(782) 6月 14日 | 巻5 p. 240 |
|------|------|------|------|------|------|
| (40) | 天平 6年(734) 9~10月 | 巻2 p. 282 | (89) | 延暦 元年(782) 7月 25日 | 巻5 p. 244 |
| (41) | 天平 9年(737) 10月 19日 | 巻2 p. 330 | (90) | 延暦 2年(783) 1月 23日 | 巻5 p. 258 |
| (42) | 天平 10年(738) 9月 6日 | 巻2 p. 344 | (91) | 延暦 4年(785) 5月 27日 | 巻5 p. 330 |
| (43) | 天平 14年(742) 3月 24日 | 巻2 p. 404 | (92) | 延暦 4年(785) 9月 3日 | 巻5 p. 346 |
| (44) | 天平 14年(742) 12月 16日 | 巻2 p. 410 | (93) | 延暦 5年(786) 1月 28日 | 巻5 p. 362 |
| (45) | 天平 15年(743) 7月 17日 | 巻2 p. 428 | (94) | 延暦 9年(790) 11月 15日 | 巻5 p. 480 |
| (46) | 天平 16年(744) 5月 12日 | 巻2 p. 440 | (95) | 延暦 9年(790) 12月 13日 | 巻5 p. 482 |
| (47) | 天平 17年(745) 4月 27日 | 巻3 p. 8 | | | |
| (48) | 天平 17年(745) 5月 | 巻3 pp. 8~12 | | | |
| (49) | 天平 17年(745) 7月 17日, 18日 | 巻3 p. 12 | | | |

　자료의 대부분이 '辛卯, 地震. 是夜地震而風.'(皇極元年(642) 10月 9日條)
와 같이 지진이 있었다는 기술뿐으로 자세한 내용은 알기 어렵다. 이하 비
교적 내용이 구체적인 몇 가지의 사례를 살펴보고자 한다. 인교(允恭) 天皇5
年(416), 자료(1)의 야마토 아스카(大和飛鳥) 지방에 발생한 지진이 일본 역
사에 기록된 최초의 기록이다.[12] 이어서 스이코(推古) 天皇 7年(599) 4月 27
日條의 자료(2)의 '七年夏四月 乙未朔辛酉, 地動舎屋悉破. 則令四方俾祭地
震神'가 지진으로 인한 피해에 대한 일본 최고(最古)의 기술인데, 7년 여름 4
월 을미(乙未) 초하루 27일에 지진이 발생하여 집들이 전부 무너졌고 이에
온 나라에 명하여 지진의 신에게 제를 올리게 하였다 한다.[13] '地震神(なゐの
かみ)'의 경우, 지진을 옛날에는 'なゐ'라고 발음하였는데 'な'는 토지(土地)

---

12) '五年秋七月 丙子朔己丑, 地震.'
13) 『聖徳太子伝暦』○ 聖徳太子全集(推古七年—西紀五九九年).
　《七年》{二十八歳} 乙未)春三月. 太子候望天気. 奏曰. 応致地震. 即命天下令堅屋舎. 夏四
　月. 大地震. 屋舎悉破. 太子密奏曰. 天為男為陽. 地為女為陰. 陰理不足. 即陽迫不能通. 陽
　道不即陰塞而不得達. 故有地震. 陛下為女主居男位. 唯御陰理. 不施陽德. 故有此譴. 伏願
　德沢潤物. 仁化被民. 天皇大悦. 下勅天下. 今年調庸租税並免.

를 가리키며 'い'는 거(居)의 의미로 '名居'라고도 쓴다. 이는 신의 이름이 아닌 '들판의 신', '바다의 신'과 같이 신격을 나타내는 것이다. 신의 이름이나 출신 등은 기록되어 있지 않다. 후에 가시마 신궁(鹿島神宮)에 있는 가나메이시(要石)가 지진을 억누르고 있다는 내용의 전승에서 가시마 신궁의 제신(祭神)인 다케미카즈치가 지진을 막는 신으로 여겨지게 되었는데, 『기기(記紀)』에 다케미카즈치와 지진을 관련짓는 기술은 보이지 않는다.

자료(13)의 텐무(天武) 13年(684) 10月 14日條의 특히 지각변동이 일어났다는 내용이 포함되어 있어 주목된다.

> 24일(壬辰) 해시(亥時)에 이르러 대지진이 발생했다. 온 나라 안의 남녀가 소리 지르며 헤매고 산은 무너졌으며 강은 넘쳐났다. 여러 지방 군(郡)의 관사, 백성의 창고와 가옥, 사원과 탑, 신사 등 헤아릴 수 없을 정도로 붕괴되었다. 이로 인해 백성과 가축이 대다수 죽거나 다쳤다. 이요(伊予)의 온천은 매몰되어 나오지 않게 되었다. 도사 지방(土佐国)의 논밭 50만 여대(代)[14]는 침하하여 바다가 되었다. 古老는, "이와 같은 지진은 일찍이 없었다"라고 이야기하였다. 이날 저녁에 북소리와도 같은 소리가 동쪽에서 들렸다. 어떤 사람이 이야기하길 "이즈 섬(伊豆島)의 서북 두면이 저절로 삼백 장(丈)정도 벌어져, 따로따로 하나의 섬이 되었다. 북소리 같은 것은 신이 이 섬을 만드실 때 났던 울림이었던 것이다"라고 하였다.[15]

이요 본천은 마쓰야마 시(松山市)의 도고(道後) 온천으로 『만요슈(萬葉集)』8에 의하면 조메이(舒明) 천황이 황후와 함께 행차했으며, 『이요풍토기(伊予風土記)』에 의하면 게이코(景行) 천황의 행차를 비롯하여 천황의 행차

---

14) 상대·중세에 논의 면적을 측정하는 데 사용한 단위. 1단(段)의 50분의 1. 50만 대(代)는 1만 단이며 이는 1천 정(町)(약 1200 ha)에 해당함.

15) '壬辰, 逮于人定, 大地震. 舉國男女叫唱, 不知東西, 則山崩河涌. 諸國郡官舍及百姓倉屋·寺塔·神社·破壞之類, 不可勝數. 由是人民及六畜多死傷. 時伊豫湯泉沒而不出. 土左國田苑五十餘萬頃, 沒爲海. 古老曰, 若是地動未曾有也. 是夕有鳴聲, 如鼓聞于東方. 有人曰, 伊豆嶋西北二面, 自然增益三百餘丈, 更爲一嶋. 則如鼓音者神造是嶋響也.'

가 5번 있었고, 쇼토쿠(聖德) 태자가 비문(碑文)을 세웠다고 전하고 있다. 이러한 유명한 온천이 매몰되고 이즈(伊豆)의 오시마(大島)가 크게 변했을 정도의 큰 지진이었던 것이다. 후반부의 이즈 섬이 지형변화를 일으켜 섬이 생긴 것을 신(神)의 행위로 해석하는 내용이 흥미롭다.

앞 절의 수해에서 다루었던 천명사상, 혹은 천인상관설이 지진의 경우에도 두 차례 발견된다. 자료(34) 天平 6年(734) 4月 條에 의하면 7일(戊戌), 큰 지진이 일어나 백성들의 집이 무너져 깔려죽은 사람이 부지기수고 산이 무너지고 강이 메어졌으며 땅이 이곳저곳 갈라지니 그 수를 전부 헤아릴 수 없었다고 한다. 이에 조정에서는 12일(癸卯) 사신을 기내(畿內)·7도(道) 여러 지방에 보내어 지진 피해를 입은 신사를 점검하게 하고,[16] 17일(戊申)에는 산릉 여덟 곳과 공(功) 있는 왕의 묘를 점검하도록 하였다. 그리고 천황은 다음과 같은 조칙(詔勅)을 내렸다.

지진 재해는 무릇 정사(政事)에 있어 부족함이 있음에 연유한다. 여러 모든 관리들은 힘써 자기소임을 다하여 부지런히 노력해야 한다. 앞으로 만약 개선하여 힘을 다하지 않는다면 그 상황에 따라 필히 관직을 박탈하겠다.[17]

---

16)『大日本古文書(編年文書)卷之一』〔出雲国計会帳〈正倉院文書〉〕에는 '(天平六年四月) 十六日移太政官下符壹地震状'의 기술이 보인다. 「計会帳」라는 것은 율령제의 있어서 공문서를 주고받은 내역을 기록한 것이다. 이 부분은 해당 지진에 관한 태정관부가 인근 지방인 호키 지방伯耆国에서 4월 16일자로 이즈모 지방으로 보내졌다는 것을 나타내고 있다. 태정관의 명령의 구체적인 내용은 분명하지 않으나 「地震状」의 「状」은 사건의 모습, 상황, 상태를 가리키고 있기 때문에, 혹은『続日本紀』4월 12일 조의 기내(畿內)·칠도(道) 여러 지방에 대하여 신사(神社)의 피해 상황을 조사하게 하라 명한 건을 가리키는 것일 지도 모른다. 그러한 중앙정부의 명령이 전국으로 전해져 가는 모습을 나타낸 귀중한 사료이다. 또한 出雲国計会帳 변관해문(弁官解文)에 의하면 5월 12일에 위와 같은 명령을 이행하고 그 취지는 변관 (태정관에 직속하여 행정 집행의 중추를 이룬 기관)에게 보고한 것을 알 수 있다.

17) 地震之災, 恐由政事有闕. 凡厥庶寮勉理職理事. 自今以後, 若不改励, 随其状迹, 必将貶黜焉.

위의 조칙은 지진 재해가 발생함에 따라 여러 관리들에게 직무에 힘쓸 것을 바라는 내용으로 연이어서 21일(壬子) 조(條)의 조칙[18]도 백성에 대한 군주의 정치의 결함에 의한 것은 아닌가라고 생각하여 백성의 고통을 살피기 위해 사신을 파견하게 된 것을 내용으로 하고 있어, 모두 위정자의 부덕으로 인해 재이(災異)가 발생한다고 하는 이른바 재이사상(災異思想)에 근거한다.

또한 이러한 재이사상은 자료(39) 天平 6年(734) 7月의 조칙에도 잘 드러나고 있는데,

12일 (辛未) 천황께서 명하여 말씀하시길, "내가 백성들을 어여삐 다스린 지도 어느 정도의 시간이 흘렀다. 그러나 나의 가르침이 가로막혀 감옥이 비게 되는 법이 없다. 밤이 새도록 잠들지 못하고 애처로워 하노라. 요즘 하늘이 빈번하게 이상하고 이따금 땅이 흔들린다. 실로 나의 가르침이 밝지 못하여 많은 백성들을 죄에 빠뜨렸다. 그 책임은 나 한 사람에게 있으니 많은 백성들 탓이 아니다. 관대히 용서하는 마음으로 인수(人壽)에 오르게 하여 더러움을 씻어내어 스스로 새로워지는 것을 허락하도록 하라. 천하에 대사(大赦)를 행하라. 그러나 여덟 가지 중죄를 저지른 경우, 고살(故殺)을 저지른 경우, 모살(謀殺)하여 그 살인을 다한 경우, 다른 조칙으로 오래 금하는 것을 행한 경우, 도적이 사람을 해한 경우, 관인·사생(史生)의 법을 어겨 재물을 받는 경우, 감림(監臨)하는 곳을 도둑질한 경우, 거짓으로 죽음을 빙자한 경우, 부랑자를 데려다 노비로 삼은 경우, 강도·절도의 경우, 상사(常赦)에 해당되지 못한 경우는 모두 사면을 받을 수 없다"라고 이르셨다.[19]

---

18) "壬子, 遣使於京及畿内. 問百姓所疾苦. 詔曰, 比日, 天地之災, 有異於常. 思, 朕撫育之化, 於汝百姓, 有所闕失歟. 今故, 発遣使者, 問其疾苦. 宜知朕意焉. 諸道節度使事既訖. 於是, 令国司主典已上掌知其事."

19) '辛未, 詔曰, 朕, 撫育黎元, 稍歷年歲. 風化尚擁, 囹圄未空. 通旦忘寐, 憂勞在茲. 頃者, 天頻見異, 地數震動. 良由朕訓導不明, 民多入罪. 責在豫一人. 非關兆庶. 宜令存寬宥而登仁壽, 蕩瑕穢而許自新. 可大赦天下. 其犯八虐, 故殺人, 謀殺殺訖, 別勅長禁, 劫賊傷人, 官人·史生, 枉法受財, 盜所監臨, 造偽至死, 掠良人爲奴婢, 強盜·竊盜, 及常赦所不免, 並不在赦例.'

라고 되어 있어, 천황이 자신의 덕화(德化)가 충분하지 않아 천재(天災)가 발생하고 죄를 범하는 자가 많으니 대사(大赦)를 행한다는 내용이다.

이 외에도 지진에 대한 신앙적인 대응방법이 자료(48)과 자료(70)에서 확인된다. 먼저 天平 17年(745) 5月의 지진 때는 2일 도읍과 제 사찰에 『최승왕경(最勝王經)』을 7일 동안 전독하게 했으나,[20] 그 효험을 보지 못하고 계속 지진이 일어나자, 8일 날에는 '大安·藥師·元興·興福四寺'에서 21일 동안 『대집경(大集經)』을 읽게 하고,[21] 10일에는 헤이조(平城) 궁에서 『대반야경(大般若經)』을 독송하게 하였다.[22] 연이은 지진에 25일에는 천황이 곡창에 가서 따르던 자들에게 곡물을 친히 배급해주기도 하였다.

이어서 寶龜 6年(775) 10月 의 지진의 경우인데, 6일(丙寅),[23] 지진이 발생했다는 기술이 보이고, 비바람과 지진 때문에 24일(甲申)에 오하라에(大祓, 祓除)가 행해졌으며,[24] 25일(乙酉) 이세 대신궁(伊勢大神宮)에 폐백을 바쳤다[25]고 한다. 24일의 비바람이란 앞 절에서 수해 때 살펴보았던 8月 22日條의 이세(伊勢)·오와리(尾張)·미노(美濃) 방면의 수해와 관련이 있으며, 8월 30일(辛卯)에도 임시적인 오하라에를 행했었다. 10월 6일 지진이 발생하여 재난의 기운이 중대함을 확인하고 최근의 지진과 함께 비바람에 관하여 다시 한 번 오하라에를 행한 것이다. 25일의 이세 대신궁의 경우도 비바람과 지진이 초래한 재난의 기운을 없애길 기원한 폐백일 것이다.

---

20) '己未, 地震. 令京師諸寺, 限一七日, 転読最勝王経.'

21) '乙丑, 地震. 於大安·藥師·元興·興福四寺, 限三七日, 令讀大集經.

22) '丁卯, 地震. 讀大般若經於平城宮.'

23) '丙寅, 地震.'

24) '甲申, 大祓. 以風雨及地震也.'

25) '乙酉, 奉幣帛於伊勢太神宮.'

## 4. 역병과 대응방법

일본 고대의 역병기록에 대해서 마쓰다 미치오(松田道雄)는 『일본질병사 (日本疾病史)』의 해설에서 "7세기부터 이쪽 기록에는 전염병의 유행이 기술되어 있다. 중국을 제외하면 이만큼 오래전의 기록이 남아있는 '선진국'이 없다"[26]고 지적하는데, 역병에 관한 오랜 기록을 『일본서기』, 『속일본기』에서 다수 확인할 수 있으며 표로 정리하면 다음과 같다.

| | 시기 | 비고 | | 시기 | 비고 |
|---|---|---|---|---|---|
| (1) | 崇神天皇 5年~6年 (紀元 前 93年~ 紀元 前 91年) | 請罪神祇/恐朝無善政, 取咎於神祇耶/祭祀/倭 大国魂神を祭る神主と したところ, 疫病は終 息し, 五穀豊穣となる. | (35) | 天平 9年(737) 4月 19日 | 奉帛/祈禱/賑恤/給湯藥 |
| (2) | 欽明天皇 13年 (552) 10月 | 仏像, 流棄難波堀江 | (36) | 天平 9年(737) 7월 | 賑給/祈祭神祇/大赦 |
| (3) | 敏達天皇 14年 (585) 2月 24日, 3月 1日 | 宜断仏法 | (37) | 天平 9年(737) 8月 13日 | 租賦や公私出挙稲の 未納を免除/靈驗を願 って諸神に奉幣うる とともに大宮主・御 巫・祝部等に敍爵を 行う 災殃 |
| (4) | 文武 2年(698) 3月 7日 | 給医薬 | (38) | 天平 9年(737) | 疫病の被害に対する 膚想 |
| (5) | 文武 2年(698) 4月 3日 | 給医薬 | (39) | 天平 19年(747) 4月 14日 | 賑給 |
| (6) | 文武 4年(700) 12月 26日 | 賜医薬 | (40) | 天平勝宝 元年 (749) 2月 11日 | 賑給 |
| (7) | 大宝 2年(702) 2月 13日 | 遣医薬 | (41) | 天平宝字 4年 (760) 3月 26日 | 賑給 |
| (8) | 大宝 2年(702) 6月 7日 | 給薬 | (42) | 天平宝字 4年 (760) 4月 27日 | 賑給 |
| (9) | 大宝 3年(703) 3月 17日 | 給薬 | (43) | 天平宝字 4年 (760) 5月 19日 | 人民の視察/賑恤 |
| (10) | 大宝 3年(703) 5月 16日 | 給薬 | (44) | 天平宝字 6年 (762) 8月 19日 | 賑給 |

---

26) 富士川游(1969), 『(東洋文庫)日本疾病史』, 平凡社, p. 321. 松田道雄의 解説.

| | | | | | |
|---|---|---|---|---|---|
| (11) | 慶雲元年(704) 3月 17日 | 給薬 | (45) | 天平宝字 7年 (763) 4月 10日 | 賑給 |
| (12) | 慶雲元年(704) 夏 | 給医薬 | (46) | 天平宝字 7年 (763) 5月 11日 | 賑給 |
| (13) | 慶雲 2年(705) | 加医薬/賑恤 | (47) | 天平宝字 7年 (763) 6月 27日 | 賑給 |
| (14) | 慶雲 3年(706) 閏正月 5日 | 給医薬 | (48) | 天平宝字 8年 (764) 3月 6日 | 賑給 |
| (15) | 慶雲 3年(706) 閏正月 20日 | 祷祈神祇 | (49) | 天平宝字 8年 (764) 4月 4日 | 賑給 |
| (16) | 慶雲 3年(706) 4月 29日 | 遣使 賑恤 | (50) | 天平宝字 8年 (764) 8月 11日 | 賑給 |
| (17) | 慶雲 3年(706) | 土牛大儺 | (51) | 宝亀 元年(770) 6月 23日 | (臨時の)祭疫神 |
| (18) | 慶雲 4年(707) 2月 6日 | 遣使大祓 | (52) | 宝亀 元年(770) 7月 | 大般若經 轉讀, 辛・肉・酒を禁ずる. 褅霧 |
| (19) | 慶雲 4年(707) 4月 29日 | 賑恤, 奉幣, 読経. | (53) | 宝亀 2年(771) 3月 5일 | 祭疫神 |
| (20) | 慶雲 4年(707) 12月 4日 | 給薬 | (54) | 宝亀 3年(772) 6月 14日 | 賑給 |
| (21) | 和銅 元年(708) 2月 11日 | 給薬 | (55) | 宝亀 4年(773) 5月 15日 | 遣医 |
| (22) | 和銅 元年(708) 3月 2日 | 給薬 | (56) | 宝亀 4年(773) 7月 10日 | 祭疫神 |
| (23) | 和銅 元年(708) 7月 7日 | 給薬 | (57) | 宝亀 5年(774) 2월 3일 | 一七日読経 |
| (24) | 和銅 2年(709) 正月 21日 | 給薬 | (58) | 宝亀 5年(774) 4月 11日 | 摩訶般若波羅蜜多經 |
| (25) | 和銅 2年(709) 6月 10日, 27日 | 給薬 | (59) | 宝亀 6年(775) 6月 22日 | 祭疫神 |
| (26) | 和銅 3年(710) 2月 10日壬 | 給薬 | (60) | 宝亀 6年(775) 8月 22日 | 祭疫神 |
| (27) | 和銅 4年(711) 5月 7日 | 給医・薬 | (61) | 宝亀 8年(777) 2月 28日 | 祭疫神 |
| (28) | 和銅 5年(712) 5月 4日 | 給薬 | (62) | 宝亀 11年(780) 5月 12日 | 賑給 |
| (29) | 和銅 6年(713) 2月 23日 | 給薬 | (63) | 延暦 元年(782) 7月 25日 | 賑給/大赦 |
| (30) | 和銅 6年(713) 4月 3日 | 給薬 | (64) | 延暦 9年(790) 9月 13日 | 田租免租 |
| (31) | 天平 7年(735) 5月 23日, 24日 | 大赦/賑恤 咎徴 転読大般若経 | (65) | 延暦 9年(790) | 豌豆瘡 |

| (32) | 天平 7年(735)<br>8月 12日 | 天神地祇に奉幣<br>金剛般若經/賑給<br>道饗祭祀 | | | |
| (33) | 天平 7年(735)<br>閏11月 17日 | 大赦/賑恤 | | | |
| (34) | 天平 8年(736)<br>10月 22日 | 田租免除 | | | |

역병에 대한 종교적인 대응방법은 불교계통과 신기(神祇) 계통으로 나눌 수 있다. 먼저 전자의 경우인데, 자료(19) 慶雲 4年(707) 4月 29日에 의하면, 천하가 역병이 들고 굶주리기에 진휼(賑恤)을 베풀고, 도읍과 전국의 사찰에서 경전을 독송하게 하였다고 한다.[27]

자료(31) 天平 7年(735) 5月 23日의 이하 인용하는 조칙은 천황이 부덕하여 '재이(異災)'가 빈번하게 발생하니 대사(大赦)와 진휼(賑恤)를 행한다는 내용이다.

> 戊寅. 勅. 朕以寡徳, 臨馭万姓. 自暗治機, 未克寧済. 迺者, 災異頻興. 咎徴仍見. 戰戰兢兢. 責在予矣. 思, 緩死愍窮, 以存寬恤. 可大赦天下. 自天平七年五月 廿三日昧爽已前大辟罪已下. 咸赦除之. 其犯八虐. 故殺人. 謀殺殺訖. 監臨主守自盗. 盗所監臨. 強盗・窃盗及常赦所不免. 並不在赦限. 但私鋳錢人. 罪入死者, 降一等. 其京及畿内二監, 高年, 鰥寡惸獨, 篤痾等, 不能自存者. 量加賑恤. 白歳已上穀一石. 八十已上穀六斗. 自余穀四斗. 諸国所貢力婦.

인용문 중의 '구징(咎徴)'은 문자의 뜻 그대로 지벌의 표시로, 재이구징(災異咎徴)의 구체적 사실은 알 수 없으나 시세조(是歳條)에 "歳頗不稔自夏至冬, 天下患豌豆瘡, 夭死者多"라는 내용으로 미루어 보아 여름도 절반이 지난 5월 하순에는 흉작, 역병이 우려할 만큼의 사태에 이르렀던 것으로 추정된

---

27) '丙申. 天下疫飢. 詔加振恤. 但丹波. 出雲. 石見三国尤甚. 奉幣帛於諸社. 又令京畿及諸国寺読経焉.'

다. 이 조칙이 발표된 다음날, 24일 "소재재해(消除災害)"를 위해 궁중과 大安·藥師·元興·興福四寺에서『大般若経』을 전독(転読)하게 하였다.[28]

　역병의 피해에 대해『대반야경』이 독송된 예는 자료(52) 宝亀 元年(770) 7月월의 조칙에서도 확인할 수 있는데, 다른 조칙에 비해 불교적 색채가 강해 주목된다.

> 勅曰. 朕荷負重任. 履薄臨深. 上不能先天奉時. 下不能養民如子. 常有慚徳. 実無栄心. 撤膳菲躬. 日慎一日. 禁殺之令立国. 宥罪之典班朝. 而猶疫気揖生. 変異驚物. 永言疚懐. 不知所措. 唯有仏出世遺教応感. 苦是必脱. 災則能除. 故仰彼覚風. 払斯祲霧. 謹於京内諸大小寺. 始自今月 十七日. 七日之間. 屈請緇徒. 転読大般若経. 因此. 智恵之力忽壊邪嶺. 慈悲之雲永覆普天. 既往幽魂. 通上下以証覚. 来今顕識及尊卑而同栄. 宜令普告天下. 断辛肉酒. 各於当国諸寺奉読. 国司·国師共知. 検校所読経巻. 并僧尼数. 附使奏上. 其内外文武官属. 亦同此制. 称朕意焉.

　불타가 출세(出世)하여 남긴 가르침(仏出世遺教)이 감응(感應)하면 고통에서 반드시 벗어나고 재난은 제거되니(苦是必脱. 災則能除.), 부처님의 덕을 우러러(仰彼覚風) '침무(祲霧)' 즉 요이(妖気)를 제거하고자『大般若経』을 승려로 하여금 7일 동안 전독(転読)시킨다는 것이다. 조칙의 후반부는 '辛' 즉 5종류의 신맛이 있는 야채와 술과 고기를 금하고, 각 지방의 사찰의 몇 명의 승려가, 몇 권의 대반야경을 독송했는지 보고하라는 내용으로, 얼마나 독송에 의한 영험을 갈구했는지 짐작케 한다.

　이외에도 자료(57) 宝亀 5年(774) 2月 3日條에는 역기(疫気)를 제거하기 위해 7일 동안 독경을 하였다는 기사가 보이며,[29] 자료(58) 宝亀 5年(774) 4

---

28) '己卯. 於宮中及大安·藥師·元興·興福四寺, 転読大般若経. 為消除災害, 安寧国家也.'
29) '二月 壬申. 一七日読経於天下諸国. 攘疫気也.'

月 11日條는 질역제재(疾疫除災)를 위한 『마하반야바라밀다경(摩訶般若波羅密多經)』의 念誦을 지시하는 조칙이다.[30] 『마하반야바라밀경』은 후진(後秦)의 구마라습이 번역(飜譯)한 경(經典)으로 前述한 『대반야경』, 즉 홍시 6(404)년에 간행(刊行)한 『대반야바라밀다경(大般若波羅蜜多經)』(6백 권)의 제2분(401~478권)을 따로 번역(飜譯)한 것이다. 참고로 天平 宝字 2年(758) 8月 18日條의 조칙에 다음해의 "水旱疾疫"을 재난을 대비하여 『마하반야바라밀경』을 염송하라는 내용이 보이는데, 불교의 진리를 설하는 『반야경』을 염송하는 것에 의해 주술적 효과가 있다고 여겨졌던 것으로 판단된다.

다음으로는 신기(神祇)와 관련된 대응에 대해서이다. 일본 최초의 역병유행에 대한 기사는 자료(1) 崇神 天皇 5~6年(紀元前 93年~紀元前 91年)인데, 이하 내용을 요약하면 다음과 같다.

스진(崇神)天皇 5年(紀元前 93年)에 역병이 유행하여 많은 인민이 사망했다. 이 듬해인 스진(崇神)天皇 6年(紀元前 92年), 역병을 진정시키기 위해 종래 궁중(宮中)에 모시고 있었던 아마테라스 오미카미(天照大神)와 야마토노오쿠니타마(倭大国魂神)를 황거 밖으로 옮겼다. 스진(崇神) 天皇 7年(紀元前 91年)2月, 오모노누시노카미(大物主神)의 탁선에 의하여, 11月, 오타타네코(大田田根子)를 오모노누시노카미를 제사지내는 신주(神主)로 하고, 그 외 야마토노오쿠니타마(倭大国魂神)와 모든 신들[31]에게 제사를 지내자 역병이 종식되고 五穀이 豊穰해졌다.

---

30) '夏四月 己卯. 勅曰. 如聞. 天下諸国疾疫者衆. 雖加医療. 猶未平復. 朕君臨宇宙. 子育黎元. 興言念此. 寤寐為労. 其摩訶般若波羅蜜者. 諸仏之母也. 天子念之. 則兵革災害不入国中. 庶人念之. 則疾疫癘鬼不入家内. 思欲憑此慈悲. 救彼短折. 宜告天下諸国. 不論男女老少. 起坐行歩. 咸令念誦摩訶般若波羅蜜. 其文武百官向朝結曹. 道次之上. 及公務之余. 常必念誦. 庶使陰陽叶序. 寒温調気. 国無疾疫之災. 人遂天年之寿. 普告遐邇. 知朕意焉.'

31) 『古事記』에는 다음과 같은 신들을 모셨다고 전하고 있다. "우다(宇陀)의 스미사카노카미(墨坂神)에게는 붉은 색의 방패와 창을 바쳤다. 또 오사카노카미(大坂神)에게는 검은 색 방패와 창을 바쳤다. 또, 산기슭의 신(坂之御尾神)과 강여울의 신(河瀬神)에게는 모두 빠짐없이 폐백(幣帛)을 헌상하였다."

역병이 발생하자 스진 천황이 천신지기(天神地祇)에 사죄를 구하며 기원하셨다(請罪神祇)다는 본문의 천명사상이 반영된 것으로 판단된다. 자료(1)에서는 스진 천황의 부덕(不德)이 어떠한지 그 구체적인 내용은 알 수 없으나 이에 반해 자료(2), (3)에서는 역병이 원인이 분명하게 드러나 있다. 자료(2) 欽明天皇 13年(552) 10月의 기사에 의하면 백제(百濟) 성명왕(聖明王)이 일본에 불교를 전하고 소가이나메(蘇我稲目)의 주장으로 조정에서 불교를 받아들이자, "전국에 역병이 유행하여, 인민이 일찍 죽었다. 역병은 진정되지 않고 사자(死者)는 증가하여 치료 방법도 없었다(国行疫気. 民致夭残. 久而愈多. 不能治療.)고 한다. 그런데 불교가 들어 올 즈음, 구호족으로 불교를 반대한 모노노베노 오코시(物部尾輿)와 나카토미노 가마코(中臣鎌子)는 "우리나라의 왕은 항상 천지(天地)의 제신(諸神)을 춘하추동 제사하였습니다. 지금 그것을 바꾸어 번신(蕃神)을 예배하신다면 아마도 구니쓰카미(国神)의 노여움을 사실 것입니다"라고 간언했으니, 상기의 역병은 '구니쓰카미(国神)의 노여움' 때문이었음이 확실하다. 자료(3) 敏達天皇 14年(585) 2月 24日條의 "是時国行疫疾. 民死者衆."의 역병의 원인도, 불교와 진기의 갈등에 의한 것으로, 3月 1日의 모노노베노 유게노모리야(物部弓削守屋)와 나카토미노 가쓰미(中臣勝海)의 진언[32]에 의하면 소가씨(蘇我氏)의 불법숭상으로 인한 것임을 알 수 있다.

다음으로 신기(神祇)와 관련된 대응방법으로 주목되는 것이 자료(32) 天平 7年(735) 8月 12日條이다.

乙未. 勅曰. 如聞. 比日, 大宰府疫死者多. 思欲救療疫気, 以済民命. 是以. 奉幣彼部神祇. 為民祷祈焉. 又府大寺及別国諸寺. 読金剛般若経. 仍遣使賑給疫民. 并

---

32) '三月 丁巳朔. 物部弓削守屋大連与中臣勝海大夫奏曰. 何故不肯用臣言. 自考天皇及於陛下. 疫疾流行. 国民可絶. 豈非専由蘇我臣之興行仏法歟. 詔曰. 灼然. 宜断仏法.'

加湯薬. 又其長門以還諸国守, 若介. 専斎戒, 道饗祭祀' 丙午. 大宰府言. 管内諸
国, 疫瘡大発. 百姓悉臥. 今年之間, 欲停貢調. 許之.

다자이후(大宰府) 관내의 역병을 진정시키기 위하여 진급(賑給)을 베푸는
한편, 다자이후 내의 신사의 천지신기(天神地祇)에 봉폐(奉幣)를 바치고, 사
찰에서는 『금강반야경(金剛般若經)』을 독송하게 했다는 내용이다. 주목되
는 것은 산요도(山陽道) 이동(以東)으로의 역병의 파급을 막기 위해 나가토
(長門) 이동(以東)의 모든 지방에서 도향제(道饗祭)를 행하게 했다는 내용이
다. 역병이 나가토에서 동진(東進)하여 기내(畿內) 더 나아가 헤이죠경(平城
京)으로 침입하는 것을 막기 위한 방지책이었던 것이다. 『신기령(神祇令)』5
集解令釈(古記无別)에, 매년 6월·12월 도읍의 대로에서 귀매(鬼魅)가 외부
로부터 들어오는 것을 막기 위해 신기관(神祇官)의 우라베(卜部)들이 올리
는 제로써 도향제가 있는데, 여기에서의 제는 임시의 것이다.

도향제(道饗祭)에 관한 기사는 위의 자료(32) 天平 7年(735) 8月 12日條
한 건 뿐으로, 이후, 자료(51) 宝亀 元年(770) 6月 23日 '祭疫神於京師四隅.
畿内十堺.'를 시작으로 역신을 모셨다는 기사가 빈번하게 등장하게 된다. 역
신(疫神)에 대해서는 神祇令3 義解에 '在春花飛散之時, 疫神分散而行癘. 爲
其鎮遏, 必有此祭, 故曰鎮花'라고 되어 있기 때문에 이것은 임시 역신제(疫
神祭)로 도향제(道饗祭)와 같은 취지의 제사로 판단된다. 이어서 자료(53)
宝亀 2年(771) 3月 5日條에는 '壬戌. 令天下諸国祭疫神'라 되어 있고, 자료
(59) 宝亀 6年(775) 6月 22日, 자료(60) 宝亀 6年(775) 8月 22日에 각각 '甲
申. 遣使祭疫神於畿内諸国.''是日, 祭疫神於五畿内.'라 되어 있어, 여름부터
가을에 걸쳐 기내(畿內)지역에 유행병이 맹위를 떨쳤던 것을 추정된다. 이
외에 자료(61) 宝亀 8年(777) 2月 28日의 '庚戌. 遣使祭疫神於五畿内.'의 기
사가 역병에 관련된 마지막 기록이다.

임시제식(臨時祭式)에「宮城四隅疫神祭〈若応祭京城四隅准此〉」,「機内堺十処疫神祭」등이 보이는 것으로 미루어 보아 그 제사에 사용된 물건의 품목이 도향제의 것과 부합하고 있는 점은 역신제와 도향제가 동일한 취지의 제사이며, 후에는 온전히 역신을 모시는 제사로 정리되었던 것이다.

우연하게도『일본서기』에 보이는 자료(1), (2), (3)은 모두 신기(神祇)가 역병을 일으킨 주체자로, 스진 천황의 부덕(不德)에 의한 천명사상의 반영되었거나 외래의 종교를 섬긴 것에 대한 신기(神祇)가 노여움에 의한 것이었다. 이후, 도향제, 역신신앙이 두드러졌는데, 이러한 시대적 변화와 관련하여 사쿠라이 다쓰히코(櫻井龍彦)는 다음과 같이 기술하고 있다.

> 사회에 널리 만연하게 된 역병도 災害의 하나로 간주되어, 그 원인은 후지와라
> 의 4명의 아들의 죽음의 예와 같이 災異思想으로 해석되었다. 역병의 災因論은
> 역사적으로 다음과 같이 전개된다.
> 災異思想(8세기 전반)→疫神信仰(8세기 말)→御靈信仰(9세기 후반)
> 재이사상으로 해석된 역병은, 8세기 말경부터 악신惡神인 역병疫病(疫鬼)의 존
> 재가 想定되어, 경계부근에 사전에 그것의 침입을 막기위한 神事를 행했다. (중
> 략) 역신은 특정한 神靈이 變格한 것이 아니라 병을 초래하는 外來의 鬼神으로
> 생각되었다. 그렇기 때문에 도읍의 사방 및 畿内 10곳의 경계지역에서 제사를
> 올리고 그 침입을 방어했던 것이다. (중략) 역병신앙은 유래가 확실하지 않은 惡
> 靈이 아니었는데, 特定한 神靈이 사후에 그 원한을 풀기 위해 지벌(다타리,祟り)
> 을 내려 병이 된다고 해석하는 御靈信仰이 9세기 후반 경에 등장한다.[33]

위의 '재이사상'은 '천명사상' · '천인상관설'과 동의어이다. '후지와라의 4명의 아들의 죽음'은 나라(奈良)시대 쇼무(聖武)천황 때 후히토(不比等)의

---

33) 櫻井龍彦(2005),「災害の民俗的イメージ-「記憶」から「記録」へ、そして「表現」へ-」,
『京都歴史災害研究 第3号』, p. 2

4 아들, 다케치마로(武智麻呂) · 후사가키(房前) · 우마카이(宇合) · 마로(麻呂)들로 나가야 왕(長屋王)을 몰아내고 정권을 장악하다 737년 역병(천연두)으로 모두 사망하였다. 사쿠라이가 제시한 '역신신앙(疫神信仰)(8세기말)'은 자료(51) 宝亀 元年(770) 6月 23日을 근거로 하고 있으며, '어령신앙(御霊信仰)(9세기 후반)'은『삼대실록(三代実録)』貞観 五年(863) 5月 20日条의 역려방제(疫癘防除)를 위해 칙명(勅命)에 의하여 신센엔(神泉苑)에서 열린 어운회(御霊会)를 그 근거로 하고 있다. 재이사상이 헤이안시대에도 여전히 보인다는 점에서 좀 더 구체적인 분석이 필요하지만, 나라시대와 헤이안(平安)시대에 걸쳐, 재이사상의 퇴색과 함께 어령사상의 대두라는 전체적인 사상적 흐름에 대한 견해는 시사하는 바가 크다고 하겠다.


## 5. 결론

본고에서는 야마토(大和)시대와 나라(奈良)시대에 발생한 재해, 특히 수해, 지진, 역병에 대해 당시 상대인(上代人)은 어떻게 생각하고 어떻게 종교적으로 대응하였는지『일본서기』,『속일본기』이 사료를 중심으로 살펴보았다. 그 내용을 정리하면 다음과 같다.

먼저 수해에 대한 대응책으로『금광명경』이나『금강반야경』등의 경전을 독송하거나, '오하라에(大祓)'를 하여 재기(災気)를 없애거나 신사나 니우가와카미노 가미(丹生河上神)에게 백마와 화폐와 공물[幣帛]을 받치기도 하였다. 니우가와카미노 가미는 나라시대의 후반의 신기(神祇) 관련 기우에 가장 큰 역할을 하고 있는 신으로, 동시에 홍수를 다스리는 물의 신으로 신앙되었던 것이다.

다음으로는 지진에 관해서인데, 우선 스이코(推古) 天皇 7年(599), '地震

神'에게 제사를 올린 사례가 주목되며, 덴무(天武) 13年(684) 10月 14日條에서는 이즈(伊豆)의 오시마(大島)가 지각변동을 일으켜 크게 변했을 때, 지형변화를 일으킨 것이 신(神)의 행위였다고 인식하는 내용이 흥미로웠다. 신앙적인 대응방법으로는『최승왕경』,『대집경』,『대반야경』 등의 경전을 독송하였으며, 오하라에(大祓)나 이세 대신궁(伊勢大神宮)에 폐백을 올려 재난의 기운을 없애고자 하였다.

한편, 역병에 대한 대응방법으로는, 불교 쪽에서는 질역여제(疾疫除災)를 위해 경전을 독송했는데, 특히『반야경(般若経)』이 자주 등장한 것으로 보아, 이 경전이 역병에 대한 주술적 효과가 컸던 것으로 인식되었던 모양이다. 한편, 신기(神祇)쪽에서는 천신지기(天神地祇)에 봉폐(奉幣)를 하는가 하면, 귀매(鬼魅)가 외부로부터 들어오는 것을 막기 위한 도향제(道饗祭)가 행해졌고, 宝亀 元年(770)년 이후에는 역신(疫神)을 모셨다는 기사가 빈번하게 등장하게 된다. 역신제(疫神祭)에 사용되는 물건의 품목이 도향제의 것과 부합하고 있는 점으로 보아 역신제와 도향제가 동일한 취지의 제사로, 후에는 온전히 역신을 모시는 제사로 정리된 것으로 판단된다.

재난이 천황의 부덕이나 국정의 문란(紊亂)이 원인이라고 생각하는 천명사상(재이사상)은 수해, 지진, 역병 모두 공통적으로 나타났으며, 대략 5개의 예를 확인할 수 있었다. 역병에 한해서는, 나라시대와 헤이안(平安)시대에 걸쳐, 재이사상의 퇴색과 함께 어령사상이 대두되게 되는데, 포괄적으로 재난과 천명사상의 관계를 어떻게 이해할지는 금후의 과제로 삼고자 한다.

5장
# '만요슈'에 보이는 자연과 재해

최광준

## 1. 서론

『만요슈(萬葉集)』에는 자연과 관련된 노래가 많이 수록되어 있다. 자연이란 우리에게 다가오는 아름다운 것과 어려움으로 다가오는 두려움이 있다. 또한 아울러 자연은 우리에게 많은 것을 주고 많은 것을 느끼게 한다. 최근에 환경문제인 지구온난화 현상이나 세계 각지에서 일어나는 자연재해인 지진, 화산폭발, 홍수 등 많은 자연재해가 일어나고 있는데 이러한 재해들은 우리에게 많은 것을 가르쳐주고 있다. 인간의 오만함이 자연을 이기지 못한다는 것을 보여주고 있는 것이다.

이러한 자연재해들은 일본의 고대시대에도 많이 일어났다. 자연에 대한 인식은 고대나 지금이나 별로 달라진 것이 없다고 생각한다. 자연은 숭배의 대상이며 두려움의 대상인 것이다. 2011년 3월의 일본 동북지방의 지진은 우리에게 많은 교훈을 주고 있다. 자연의 힘이 얼마나 강한지, 자연을 파괴하고 무시하면 어떠한 결과가 오는지를 말이다.

이러한 자연적 현상은 그대로 문학에 반영되어 그 시대를 묘사하게 된다. 특히 고대에 있어서의 자연은 거부할 수 없는 인간의 신앙의 대상이며 숭배의 대상이었다. 이러한 자연을 고대인들은 어떠한 생각으로 어떻게 문학에 표현했을까? 그 가운데서『만요슈』에는 그 당시 고대인들이 느꼈던 자연과 재해가 어떻게 노래로 표현되었을까를 살펴보려고 한다.

자연이란 있는 그대로를 말하는 용어이다. 아무것도 손대지 않은 상태에서 있는 것을 말하는 이 용어는 일본에서는 명치 이후의 표현으로 만요시대에는 없던 말이다. 만요시대에는 인간과 자연 즉, 풀과 나무, 꽃을 포함하는 식물과 그리고 동물을 말하고 산과 바다 그리고 바람을 포함하는 우리 주위의 것들이 모두 자연이었다.

『만요슈』의 자연을 다음과 같이 설명하는 경우도 있다.

> 万葉集には, 動物の鹿が植物の萩を妻と思い, 鶏頭の花が雁の声を聞き, 山が死に, 海が騒ぐ, と生き物や自然をまるで人間の様に描いた歌が多数あります. これらは単なる比喩ではなく, 人間と自然は切り離し難い, 平等な命を持つものとした当時の考えの現れなのです.
> (『만요슈』에는 동물인 사슴이 식물의 싸리를 처로 생각하고, 맨드라미꽃이 기러기 우는 소리를 듣고, 산이 죽고, 바다가 소용돌이치는 생물과 자연이 마치 인간의 모습처럼 노래한 것이 많다. 이것은 단순한 비유가 아니고 인간과 자연은 떼려야 뗄 수 없는 관계, 평등하게 생명을 갖고 있다는 생각이었습니다)[1]

생물과 자연, 인간과 자연이 하나가 되어야 한다고 이야기하고 있다. 바다가 소용돌이치는 재해에도 두려움을 극복하고 인간이 순응해가야 한다고 제시하고 있다. 이러한 만요시대의 생각들이 어떻게 노래에 표현되었는지, 자연의 아름다움과 계절의 변화를 어떻게 표현했는지, 또 재해를 어떻게 극복해가려고 노래했는지를 살펴보도록 한다.

---

1) 古橋信孝(2001),『萬葉集』, ポプラ社, p. 122.

## 2. 만요시대의 자연관

만요시대의 고대인들은 자연을 어떻게 생각하고 어떻게 문학으로 표출했을까? 우선 산과 바다를 경계로 하는 의식이 있었던 것이 『만요슈』에 보인다. 산과 바다를 현세와 떨어진 다른 세계로 본 노래들이 『만요슈』에 수록되어 있는 것이다. 우선 바다를 다른 세계, 즉 현세가 아닌 내세의 세계로 표현한 권9의 다음과 같은 노래를 살펴보자.

*水江の浦島の子を詠める歌一首, また短歌
春の日の 霞める時に 住吉の 岸に出で居て 釣舟の たゆたふ見れば 古のことそ 思ほゆる 水江の 浦島の子が 堅魚釣り 鯛釣りほこり 七日まで 家にも来ずて 海界を過ぎて 榜ぎゆくに 海若の 神の娘子に たまさかに い榜ぎ向ひ 相かたらひ 言成りしかば かき結び 常世に至り 海若の 神の宮の 内の重の 妙なる殿に たづさはり 二人入り居て 老いもせず 死にもせずして 永世に ありけるものを 世の中の 愚人の 我妹子に 告りて語らく 暫しくは 家に帰りて 父母に 事も告らひ 明日のごと 吾は来なむと 言ひければ 妹が言へらく 常世辺に また帰り来て 今のごと 逢はむとならば この篋 開くなゆめと そこらくに 堅めし言を 住吉に 帰り来たりて 家見れど家も見かねて 里見れど 里も見かねて あやしみと そこに 思はく 家よ出て 三年の間に 垣もなく 家失せめやも この筥を 開きて見てば もとのごと 家はあらむと 玉篋 少し開くに 白雲の 箱より出でて 常世辺に たなびきぬれば 立ち走り 叫び袖振り こいまろび 足ずりしつつ たちまちに 心消失せぬ 若かりし 肌も皺みぬ 黒かりし 髪も白けぬ ゆりゆりは 息さへ絶えて のち遂に 命死にける 水江の 浦島の子が 家ところ見ゆ (9. 1740)
(봄날 안개가 끼어 있을 때에 스미요시(住吉)의 언덕에 가서 걸터앉아 고깃배가 물결 사이로 보일락 말락 하는 것을 보고 있노라니 옛일이 생각나네. 미수노에 (水江)의 우라시마(浦島) 아이들이 가다랑이를 낚기도 하고, 도미를 낚기도 하면서 신이나 일주일 동안이나 집에 돌아오지 않고 바닷가 경계를 지나서 배를 저어가니 뜻밖에도 바다의 용왕님의 딸인 아가씨를 만나게 되어 청혼이 이루어져

백 년 가약을 맺고 생활하게 되어 용왕님의 대궐 안 몇 겹이나 둘러싼 훌륭한 궁전에 손잡고 둘이서 들어가 늙지도 아니하고 죽지도 아니하며 영원히 살게 되었네. 그런데 이 세상 사람 중에 어리석은 사람인 우라시마는 부인에게 이르기를 "잠시 동안 집에 돌아가 부모에게 사정을 고하고 내일이라도 나는 다시 올게"라고 말하니 부인이 하는 말이 "이곳으로 또다시 돌아와 지금처럼 만나고자 하려면 이 상자를 절대로 열지 마세요"라고 하였다. 굳게 약속한 말이었지만, 스미요시(住吉)에 돌아와 집을 찾으니 집은 보이지 않고 마을을 보아도 마을은 보이지 않으며 이상하게 생각이 되어 생각하기를 "집을 빠져 나온지 겨우 삼 년 사이에 울타리도 없고, 집이 어찌 없어진단 말인가"라고 생각해 "이 상자를 열어보면 본래대로 집이 있으리라"라고 생각하면서 고운 상자를 조금 여니 흰구름이 상자로부터 떠올라 용궁 쪽으로 향해가니 우라시마는 놀라서 일어나 쫓아다니며 큰소리로 외치면서 소매를 흔들고 내뒹굴며 발버둥치다가 갑자기 정신을 잃고야 말았네. 젊은 피부도 주름 잡히고 검던 머리도 백발이 되고 말았네. 결국 나중에는 숨조차 끊어지고 드디어 목숨도 끝나고 말았네. 그러한 미수노에의 우라시마 아들의 집이 있던 장소가 눈에 떠오르네)

다카하시노무시마로(高橋虫麻呂)의 우라시마를 소재로 한 너무나도 유명한 노래이다. 주인공인 우라시마가 낚시에 열중하다 인간과 신의 세계를 넘어 바다의 용왕신의 딸과 만난다는 전설적인 노래이다. 노래 중간의 내용을 보게 되면 "가다랭이를 낚기도 하고, 도미를 낚기도 하면서 신이 나서 일주일 동안이나 집에 돌아오지 않고 바닷가 경계를 지나서 배를 저어가니"라고 바다와 인간의 세계를 다르게 보고 있다. 바다 끝에는 경계가 있어 그것을 넘으면 인간과 다른 세계인 신의 세계가 있다고 믿었던 것이다. 신의 세계는 영원한 세계로 인간이 생을 끝내고 가야 할 선망의 대상인 곳이었다. 신이 사는 세계는 영원히 죽지 않고 생활할 수 있는 특별한 곳이었던 것이다. 이 노래는 후에 우라시마타로라는 이야기로 다시 쓰여지게 된다.

『만요슈』의 산에 대한 노래도 역시 마찬가지로 인간의 세계와의 경계를 이야기 하고 있다. 가키노모토노히토마로(柿本人麻呂)의 노래를 살펴보자.

秋山の 黄葉を 茂み惑はせる妹を 求めむ 山道知らずも (2.208)
(가을 산에 낙엽이 너무 무성하여 길을 잃고 헤매던 그리운 님을 찾아갈 산길을
모르겠네)

이 노래는 죽은 자기의 처를 생각하며 읊은 노래인데 가을산과 단풍을 소
재로 표현하고 있다. 산에 낙엽이 무성하여 찾고 싶은 처를 찾지 못한다는
처를 잃은 슬픔을 노래했다. 그 당시 죽은 사람은 산으로 간다는 의식이 고
대인들에게는 있었던 것이다. 물론 죽은 사람을 매장도 하고 화장도 했지만
매장했던 산을 다른 세계로 생각했던 것이다.

이러한 생각을 표현한 노래는 오토모노야카모치(大伴家持)의 노래에서도
볼 수 있다. 권3의 471번가인 노래이다.

家離り います我妹を 留みかね 山隠りつれ 心神もなし (3.471)
(집을 떠나가시는 당신을 붙잡지 못하여 산에 숨도록 해버리고 말았네. 앞으로
혼자서 어떻게 살아갈까?)

역시 위이 노래와 마산가지로 죽은 처를 붙잡지 못하여 산으로, 즉 다른
세계로 가버려 만날 수 없는 죄책감의 심경을 노래했다. 이 노래에서도 역시
사람이 죽은 것을 '산으로 숨어버렸다'라고 표현하고 있다. 죽은 처가 단풍
이 져 낙엽이 쌓이는 스산한 날씨에 인간과 다른 세계인 가을 산으로 들어가
돌아오지 않는다고 비유적으로 죽음을 표현했던 것이다.

이와 같이 『만요슈』에서는 인간의 세계와 자연의 세계를 구별하여 죽음
과 자연을 문학으로 승화시켜 노래했던 것이다. 아울러, 만요시대의 자연은
봄, 여름, 가을, 겨울과 같이 사계절이 변하는 일본의 아름다움을 노래했다.

물론, 때로는 두려움의 자연도 있었지만 대체로 아름답고 변화하는 환경의 경이로움을 노래했다. 그러나 그 당시의 사계절은 지금의 상황과 매우 달랐을 것이다. 노래가 불리던 시대의 일본의 풍경과 환경이 지금과 매우 달라졌으니 말이다.

자연 속에서 농경을 주로 했던 일본인들에게 사계절의 변화는 매우 민감했다. 이것은 일본뿐만 아니고 우리와 중국도 마찬가지였다. 일본, 한국 모두 중국의 월력을 사용했고 거기에 맞추어 한 해의 모든 생활을 영위했기 때문이다. 봄과 여름에 비가 오지 않으면 신에게 비를 내려 달라고 기도를 했고 겨울이 너무 춥지 않도록 기원했다. 농사가 시작되면 신에게 빌고, 수확을 하면 신과 조상에게 감사하는 제사를 지냈다. 이런 것이 모두 사계와 관련이 있고 이러한 사계에 대한 노래가 『만요슈』에도 많이 수록되어져 있는 것이다.

『만요슈』 권8의 모두(冒頭)는 1418번의 봄의 조카(雜歌)[2]로 시작되는데 1447번가까지가 봄을 노래한 조카 부분이다. 시키노미코(志貴皇子)의 노래를 한 수를 살펴보자.

　　春雜歌(志貴皇子の懽びの御歌一首)
　　石激る 垂水の上の さ蕨の 萌え出る春に なりにけるかも(8.1418)
　　(바위 위를 세차게 흘러가는 폭포근처, 고사리 움트는 봄이 되었네)

제목에 봄이 오는 것을 기뻐하며 부른 노래라는 내용이 있다. 겨울, 엄동설한에 쌓인 눈이 봄이 오며 녹기 시작하는, 그래서 물살이 세게 흘러가는 폭포 아래 살며시 싹이 트는 고사리를 보니 봄이 온 것을 느낀다는 봄에 대

---

2) 萬葉集 분류의 하나. 사랑을 노래한 소몬(相聞), 죽음을 노래한 반카(挽歌) 이외의 모든 노래를 말함.

한 노래이다. 옛날의 겨울은 지금 현대의 겨울보다 더 추웠다. 온난화의 영
향으로 일본이나 한국 모두 점차적으로 열대화 되어 가는 지금의 겨울보다
더 추웠을 것이고, 이러한 고대인들의 겨울은 얼른 지나가고 싶은 계절이었
을 것이다. 봄이 와야 생활하기도 좋고, 또 농사를 지어야 먹을 것을 확보할
수 있으니 봄이야말로 정말 기다리는 계절이었을 것이다. 이런 봄에 대한 마
음을 만요시대의 사람들은 위의 노래처럼 표현했던 것이다. 소재로 사용한
고사리는 『만요슈』에서도 이 노래 이외에는 보이지 않는 식물이다. 식물은
위의 고사리와 같이 계절감각을 노래한 소재로 많이 사용되었다. 만요시대
에 가장 많이 노래되었던 식물은 '싸리'로서 140여 수의 노래가 보여진다. 이
에 비해 일본을 대표하는 벚꽃은 46수가 보여지고 매화는 119수의 노래가
수록되어 있다. 자연을 나타내는 식물을 소재로 노래한 『만요슈』의 노래는
약 2000여 수 가까이 보여진다. 전체의 반 정도를 차지하고 있는 것이다. 자
연 속에서 식물이 가장 밀접한 것을 확인 할 수 있는 것이다.

봄에 대한 노래는 이외에도 매우 많다. 다음의 노래도 만요 서경가의 일인
자로 일컬어지는 야마베노아카히토(山部赤人)의 봄을 맞이하는 노래이다.

山部宿禰赤人が歌一首
百済野の 萩の古枝に 春待つと 来居し鶯 鳴きにけむかも (8.1431)
(백제 들판의 싸리나무 죽은 가지에 봄이 옴을 기다리고 있던 꾀꼬리는 벌써 울
기 시작했을까?)

백제라 이름 붙여진 들판에서 봄을 기다리는 꾀꼬리를 소재로 노래했다.
싸리나무와 꾀꼬리라는 동, 식물의 소재를 적절히 이용하여 노래한 작자의
높은 문학적 수준을 읽을 수 있다. 백제 들판이라는 지명은 백제가 신라와
당나라의 연합군에 멸망하여 663년 많은 백제인들이 일본으로 건너가며 살
았던 지역에서 만들어진 지명이다. 또한 작자인 야마베노아카히토는 『만요

슈』에 서정적인 노래를 가장 많이 남겨놓은 작가이다. 자연에서 느꼈던 감정을 가감 없이 표현한 고대인들의 서정을 찾아볼 수 있는 노래라 생각된다.

식물뿐 아니라 동물을 소재로 하여 봄을 노래한 다음과 같은 노래도 있다.

あつみのおほきみの歌一首
かはづ鳴く神奈備川に影見えて今や咲くらむ山吹の花(8.1435)
(기생개구리 우는 갑나비천에 그림자 비치며 지금은 피어있을까? 황매화꽃은)

아츠미노오키미의 노래로, 아스카천을 흘러가는 물과 그리고 황매화, 개구리를 소재로 했다. 아스카천은 만요시대의 가장 아름다운 천으로서 많은 소재로 노래되었다. 봄을 알리는 개구리 우는 소리, 이러한 동물의 울음소리도 자연과 함께 만요의 소재로 쓰여졌던 것이다. 노래의 제목에서 알 수 있듯이 봄을 기뻐하며 부른 노래이다.

계절에 있어 봄의 노래뿐만 아니라 봄과 가을을 비교하며 부른 노래도 있다.

額田王の歌を以て判りたまへるその歌
冬こもり 春さり来れば 鳴かざりし 鳥も来鳴きぬ 咲かざりし 花も咲けれど 山を茂み 入りても聴かず 草深み 取りても見ず 秋山の 木の葉を見ては 黄葉つをば 取りて そ偲ふ 青きをば 置きてそ嘆く そこし怜し 秋山吾は(1.16)
(봄이 오면 울지 않던 새도 날아와 울고 피지 않던 꽃도 피어나지만, 산의 나무가 무성해서 들어가 가질 수 없고 풀이 짙어서 손에 쥐어 볼 수도 없지. 가을 산나무들 볼 때는 노란 잎은 따서 보고 푸른 것은 그냥 두고 느끼지. 그런 것이 아쉬워도 가을 산이 나는 좋아)

만요 제1기의 대표적인 가인인 누카타노오키미(額田王)의 노래이다. 천황께서 후지와라노아소미(藤原朝臣)에 명령하시어 봄이 온 산에 요염함과 가을 산의 단풍의 색채를 어느 쪽이 좋은지 경쟁을 시키라 하셨을 때 누카타노오키미가 노래를 지어 판별한 노래라는 다이시(題詞)의 설명이 있는 노래이다. 텐치(天智)천황이 여러 신하들과 함께 연회를 즐기는 와중에 가장 신뢰했던 총리였던 후지와라노가마타리(藤源鎌足)에게 이야기한다. 참가한 모든 이들에게 봄이 좋은지 가을이 좋은지를 물어보게 하고 그리고 양측이 결론이 나지를 않자 옆에 있던 누카타오키미에게 최종적으로 어떠한지를 판단케 한 노래이다. 이러한 상황을 지켜 본 누카타노오키미가 본인은 가을이 좋다고 이야기하고 노래를 맺는다. 봄을 좋아하는 그룹과 가을을 좋아하는 그룹이 서로 자기가 옳다고 하자 천황이 옆의 누카타노오키미에게 명령한다. 당신은 어떠냐고? 화기애애한 분위기 속에서 누카타노오키미는 천황의 마음을 읽고 있었다. 봄의 좋은 점인 새가 울고 꽃이 피는 것도 좋지만 꼭 그렇지만은 않다라는 점을 부각시키고, 가을도 단풍을 예찬하지만 아쉬움도 있다라고 설명하며 참가한 사람들을 혼란스럽게 한다. 그러다가 마지막으로 천황이 좋아하는 계절인 가을이 더 좋다는 결론을 내린다. 봄과 가을을 대비시켜 노래하는 그리고 마지막까지 모두를 긴장하게 만드는 문학적 표현이 이 시대에도 있었던 것이다 이토하쿠(伊藤博)도 이 노래에 대해 다음과 같이 설명하고 있다.

額田王は座の雰囲氣から天智天皇の腹の底を讀んだのではなかろうか. どちらかといえば, 天皇が秋の黃葉に思いを傾けているということを. 突然の秋山への軍配, 論據をつゆ示さない秋側への加擔は, そういう想像をたやすく導く.[3]
(누카타노오키미는 술자리의 분위기에서 텐치천황의 마음을 읽었을 것인가? 어느 쪽인지 말하면 텐치가 가을의 단풍에 마음이 가 있었던 것을. 돌연히 가을 산

---

3) 伊藤博(2005), 『萬葉集釋注』 1. 集英社, p. 91.

이 좋다는 판단의 논거를 대지도 않고 가을이 좋다고 한 것은 이러한 상상을 하
게 만드는 이유이기도 하다)

천황의 가장 가까운 거리에서 천황을 보좌한 누카타노오키미가 천황의
마음을 대신해서 가을이 좋다고 판단한 것이다. 이래서 봄과 가을에 대한 논
쟁은 끝이 났다. 봄과 가을을 소재로 오래 전 그 당시에 자연을 노래한 고대
인들의 마음을 읽을 수 있는 노래라 할 수 있다. 자연을 소재로 한 문학적 낭
만은 현대를 살아가는 우리들보다 훨씬 더 풍부했으며 자연을 이해할 수 있
고 자연을 접했던 마음들을 읽을 수 있는 것이다.

이 노래는 초기 만요시대의 노래로서, 이 노래 다음에도 계속 누카타노오
키미의 노래가 계속 된다. 『만요슈』에서는 이 노래부터가 텐치천황조의 노
래이다. 무대에 등장하는 텐치천황은 백제와도 매우 관계가 깊은 인물로 도
읍을 오츠(大津)로 옮긴 천황이다. 667년 3월 도읍을 오츠로 옮긴 이유는 백
제가 나당연합군에 패해 나라가 멸망하고 다시 일본을 침략할 것이라는 두
려움 때문이었다. 사이메이천황(齊明天皇)과 텐치천황의 백제구원의 이야
기는 니혼쇼키(日本書紀)에 매우 자세하게 기록되어 있다. 야마토조정을 버
리고 백제구원에 임한 사이메이천황과 텐치천황의 백제에 대한 관심은 매
우 컸다. 이러한 백제와 관련이 있는 인물들이 부른 노래가 위의 노래였던
것이다. 일본인의 자연을 생각하는 기조가 산과 바다를 포함한 모든 자연에
있다는 것을 이해할 수 있다.

## 3.『만요슈』의 계절 그리고 꽃과 새

『만요슈』에 있어 자연을 노래한 것 가운데 가장 많이 노래한 것은 계절을

나타낸 노래들이다. 또한 이 계절을 나타낸 노래는 꽃과 새와 어우러져 한층 더 와카(和歌)[4]의 묘미를 느낄 수 있게 한다. 710년 헤이죠쿄(平城京)시대가 도래하고 이때부터 귀족만이 아닌 서민들의 노래에서 계절을 소재로 한 노래가 보여진다. 이와 더불어 귀족들은 계절에 있어 꽃과 새를 즐기는 술자리가 늘어나게 되고, 술자리에서의 노래가 『만요슈』에 수록되게 된다. 앞에서 언급했지만 『만요슈』의 식물을 노래한 것 중에 가장 많이 노래의 소재로 이용된 것은 싸리이다. 싸리에 이어 닥나무가 두 번째이고, 도래식물로 알려진 매화가 3번째로 노래의 소재로 이용되었다. 계절을 노래한 식물로는 이외에 귤과 벚꽃, 복숭아, 동백, 철쭉 등을 들 수 있다.

　이러한 소재들 중에 가장 주목할 만한 것은 역시 매화를 노래한 것들이다. 『만요슈』 권5에는 매화를 노래 한 32수의 매화연의 가군이 보여 진다. 타자이후(太宰府)의 책임자였던 오토모노타비토(大伴旅人)의 저택에서 타자이후의 관인들과 규슈(九州) 각지의 군수들이 모여 매화나무 아래 술자리가 벌어졌다. 이 가군은 『만요슈』 최대의 연회의 가군으로 여러 각도에서 연구되어지고 있는 가군이다. 도래식물인 매화를 소중히 생각하며 피기 시작한 시기에 모든 사람들과 함께 했던 이 술자리는 그야말로 만요시대의 문학적 로망이었을 것이다. 자연의 아름다움과 계절이 바뀌는 시기를 느끼는 감성들은 그야말로 술의 취기와 함께 극도의 즐거움으로 변했을 것이다. 권5의 815번 노래부터 권5의 846번가의 노래 중 두 수를 살펴보자.

　春の野に 鳴くや鶯 なつけむと 我が家の園に 梅が花咲く (5,837)
　(봄 들판에 울고 있구나. 울고 있는 꾀꼬리를 불러들이려 내 집 뜰에 매화가 피는구나)
　鶯の 待ちかてにせし 梅が花 散らずありこそ 思ふ子が為(5,845)

---

4) 일본의 고대가요를 말함. 특히 헤이안(平安)시대부터는 와카라고 칭함.

(꾀꼬리 기다려도 좀처럼 피지 않던 매화여. 제발 지지를 말아다오. 내가 그리는
임을 위하여)

위의 노래는 시노우지노오미치(志氏大道)[5]의 노래이고 아래 노래는 치쿠
젠노죠몬지노이소타리(筑前拯門氏石足)[6]의 노래이다. 두 노래 모두 매화와
꾀꼬리를 소재로 했다. 봄을 제일 먼저 알리는 매화와 꾀꼬리를 소재로 술자
리에서의 여흥을 돋웠던 것이다. 이러한 봄을 소재로 한 노래의 형식은 헤이
안(平安)시대의 노래들에게까지 영향을 미친다. 와카(和歌) 형식의 독특한
하나의 패턴으로서 정착되어 가는 것을 알 수가 있는 것이다. 즉 고대 일본
인들의 자연에 대한 표현이 하나의 정형화된 형식으로 발전해 나가는 것을
확인할 수 있다. 봄은 꾀꼬리와 매화, 여름은 병꽃나무, 귤나무와 두견새, 가
을은 싸리와 사슴, 단풍과 기러기로 노래 한 예가 많다. 겨울은 특별히 정형
화 된 노래를 볼 수없이 눈이라든지 서리, 학 등을 소재로 노래했다.

봄이 와서 울고 있는 꾀꼬리, 그 꾀꼬리를 불러들이려고 매화가 피었다라
는 표현과 꾀꼬리를 기다려도 피지 않았던 매화를 사랑하는 임을 위하여 좀
더 보게 하려고 지지 말라고 애원하는 작자의 애절한 마음을 두 노래를 통하
여 알 수 있다.

두 노래 이외에도 같은 가군에 다음과 같은 노래들에서 매화와 꾀꼬리를
노래한 노래들을 확인 할 수 있다.

梅の花 散らまく惜しみ 我が園の 竹の林に 鶯鳴くも (5,824)
(매화가 지는 것이 못내 아까워 우리 집 정원 대나무 숲에서 꾀꼬리가 우는구나.
春されば 木末隠りて 鶯ぞ 鳴きて去ぬなる 梅が下枝に (5,827)

---

5) 규슈(九州) 타자이후의 관인.
6) 규슈(九州) 타자이후의 관인.

(봄이 오면, 매화나무 가지에 몰래 숨어서 꾀꼬리는 울면서 옮겨 다니네. 매화가 흩날리는 가지 아래로)

梅の花 散り乱ひたる 岡びには 鶯鳴くも 春かたまけて(5.838)

(매화가 흩날리는 언덕 가에는 꾀꼬리 울고 있네. 봄빛이 짙어서.

鶯の 音聞くなべに 梅の花 我ぎ家の園に 咲きて知る見ゆ(5.841)

(꾀꼬리 소리를 들어서, 매화가 우리 집 정원에 피었다가 떨어지는 것을 보았네)

我が屋戸の 梅の下枝に 遊びつつ 鶯鳴くも 散らまく惜しみ(5.842)

(우리 집 매화 아래가지에 재롱부리며 꾀꼬리 우는구나. 꽃이 떨어질까 아까워서)


봄을 기다리는 마음과 활짝 핀 매화 그리고 꾀꼬리를 소재로 한 이 노래들은 만요의 정취를 나타내는 자연의 가장 적합한 소재였을 것이다. 정말 매화가 피고 꾀꼬리가 울었는지는 확인 할 수 없지만 두 경물을 소재로 한 그 당시의 노래에서 자연과 친화했던 고대인들의 마음을 엿 볼 수는 있다. 현대에 있어서는 생각할 수 없는 광경인지 모른다. 현대를 살아가는 우리는 너무 바쁘고, 환경에 여러 가지로 오염되어 있다. 일에 압도되어 매일 매일이 바쁘고 옛날과 같은 정취가 있는 술자리도 거의 없다. 단지 스트레스를 풀기위한 술자리가 대부분인 현대와 비교하면 고대의 술자리야 말로 자연을 알고 자연을 느끼며 자연 속에 살아가려고 했던 분위기 속의 술자리였을 것이다.

만요 제3기의 대표적인 가인인 오토모노타비토(大伴旅人)도 권3에서 매화를 다음과 같이 노래했다.

妹として ふたり作りし 我が山斎は 木高く茂く なりにけるかも(3.452)

(아내와 둘이서 만든 내 집 정원. 나무도 높이자라 빽빽하고 무성하구나)

我妹子が 植えし梅の木 見るごとに 心咽せつつ 涙し流る(3.453)

(사랑하는 아내가 심은 매화나무를 볼 때마다 가슴이 막히고 눈물이 흘러내리네)


오토모노타비토가 타자이후에서 나라(奈良)로 돌아올 때 죽은 부인을 생

각하며 부른 노래이다. 앞의 노래와는 다르게 매화를 소재로 했지만 먼저 죽
은 부인을 생각하며 옛날을 회상한다. 부인과 함께 도래식물인 매화를 정원
에 심고 그리고 정원의 매화를 바라보며 즐거워했던 시간을 그리워하고 있
다. 매화는 계절을 나타내는 소재로도 사용되었지만 사랑을 회상하는 노래
의 소재로도 사용된 것을 알 수 있다. 자연이라 함은 모든 노래에 적용되는
소재인 것이다.

두 가지의 소재를 하나로 봄을 노래한 다음과 같은 노래도 있다.

かはづ鳴く神奈備川に影見えて今や咲くらむ山吹の花(8.1435)
(기생개구리 우는 감나비천에 그림자 비치며 지금은 피어있을까? 황매화꽃은)


아츠미노오키미(厚見王)[7]의 노래로 역시 기생개구리라는 동물과 황매화
를 같이 노래에서 소재로 사용했다. 개구리는 봄을 알리는 동물로, 황매화도
봄을 나타내는 식물로 조화를 이루어 봄을 노래한 것이다. 감나비천은 아스
카천을 말하는 것으로 그 당시 야마토인들이 자주 가던 천이었다. 작자인 아
츠미노오키미는 나라시대의 인물이었으므로 아스카천은 옛 도읍의 천으로
인식되었을 것이다. 그러나 옛 도읍의 하천에 피어있는 황매화를 보고 매우
감동을 받았다. 아름다운 풍경임을 느끼고 인상 깊게 이 노래를 지었을 것이
다. 기생개구리는 깨끗한 물에 사는 개구리이다. 개구리와 황매화, 어울리
지 않는 듯한 느낌도 들지만 봄을 나타내는 노래로서는 부족함이 없다. 아스
카천 주변의 아름다운 풍경이 떠오르는 노래이다. 오염되지 않은 깨끗한 자
연 그대로의 경관인 두 가지 소재로 노래했다고 생각된다.

오토모노야카모치도 계절에 관해 많이 노래했다. 권19의 4139번가는 다

---

7) 奈良時代의 관인이며 歌人.텐무천황(天武天皇)의 자손. 도네리신노(舍人親王)의 자식.

음과 같은 노래이다. 다이시(題詞)[8]에는 봄의 정원에 복숭아꽃과 자두꽃을
보고 지은 노래라고 설명이 되어있다.

春の苑 紅にほふ 桃の花 下照る 道に 出で立つ 美人(19.4139)

(봄의 정원에 다홍색 복숭아꽃, 아래 길에 서 있는 예쁜 소녀)

吾が園の 李の花か 庭に降る はだれのいまだ 残りたるかも(19.4140)

(우리 집 정원에 자두꽃이 떨어져 있는 걸까? 아니면 눈이 아직 남아있는 걸까?)

오토모노야카모치가 750년 음력 3월1일 저녁 무렵 봄이 온 정원의 복숭아
꽃을 보고 노래했다. 권19의 모두(冒頭)에 수록 된 노래로 권19는 오토모노
야카모치의 노래일기라 불리는 권이다. 이때가 오토모노야카모치 33세 경
이었다. 오토모노야카모치가 혼자 엣츄[9]에 부임해 있을 때 부른 노래이다.
처음의 노래는 복숭아꽃과 예쁜 소녀를 소재로 했다. 복숭아꽃과 소녀를 등
장시켜 봄을 노래한 이 노래는 매우 아름다운 느낌을 받는다. 그리고 청순한
느낌도 있다. 복숭아꽃이 노래한 시기에 피었는지 아닌지는 잘 모른다. 오
토모노야카모치의 상상일지도 모르지만 두 가지의 소재를 한 노래에 넣어
부른 이러한 기법은 만요시대에 자주 사용된 듯하다. 다음 노래는 자두꽃을
노래했다. 자두꽃은 통상적으로 복숭아꽃보다 좀 나중에 피는 꽃이나. 그런
데도 두 노래를 같이 부른 것은 아마 두 노래의 색감을 대비한 것이라 생각
된다. 앞의 복숭아꽃이 다홍색을, 뒤의 자두꽃이 흰색을 나타내며 대비시키
는 효과를 생각했을 것이다. 겨울이 가고 봄이 오면 과실나무들도 꽃을 피우
고, 그 꽃을 피우는 가운데서 오토모노야카모치는 자연을 느꼈을 것이다. 또
한 혼자 떨어져 생활하는 30대 초반의 관인의 심경을 노래로 표현했을지 모
른다. 현대를 살아가는 우리의 30대 초반의 감성과는 매우 다른 풍부한 정

---

8) 노래의 맨 앞에 있는 설명.

9) 越中國을 말함. 지금의 도야마현 일대.

서를 갖고 있었을 것이다. 자연을 느끼는 마음, 자연을 표현하는 마음이 오토모노야카모치에 의해 만요의 마지막에 정리되어지는 듯한 노래이다. 오토모노야카모치는 다음과 같은 노래로 계속해서 봄을 노래했다.

帰る雁を見る歌二首
燕来る時になりぬと雁がねは本郷偲ひつつ雲隠り鳴く(19.4144)
(제비가 오는 계절이 오니 기러기는 고향을 그리워하며 구름 속에서 울며 돌아가네)
春設けてかく帰るとも秋風に黄葉む山を越え来ざらめや(19.4145)
(봄이 되어 이렇게 돌아간다 해도 가을바람, 단풍든 산을 어째서 넘어오지 않을 것인가)


봄이 되면 제비가 날아오고 기러기는 다시 돌아간다는 자연의 섭리, 자연에 순응하며 사는 동물들을 봄과 가을, 겨울이라는 계절로 묶어 노래하고 있다. 두 번째 노래도 돌아가는 아쉬움을 가을이 오면 다시 온다는 암묵적인 암시로 노래하고 있다. 사계가 확실한 일본의 풍토에서만 이해할 수 있는 노래인 것이다. 기러기는 가을을 나타내는 대표적인 새로서 『만요슈』에는 두 번째로 많은 66수의 예가 보인다. 제일 많이 소재로 사용된 것은 앞에서 설명한 꾀꼬리이다. 꾀꼬리의 노래는 155수의 노래가 수록되어 있어 타의 추종을 불허한다.

봄뿐만 아니라 여름을 소재로 한 노래도 많이 보인다. 권1의 28번가는 지토천황(持統天皇)의 다음과 같은 노래인데 가구산(香具山)[10]을 배경으로 노래했다.

---

10) 일본 아스카에 있는 산. 『만요슈』에서는 매우 알려진 산이다.

春過ぎて夏来るらし白布の衣乾したり天の香具山(1.28)

(봄이 가고 여름이 온 듯하네. 푸르른 녹음 속에 새하얀 빨래가 널려있네 가구
산은)


　가구산을 배경으로 새하얀 빨래가 널려 있는 것을 천황이 보고 여름이 온
것을 실감하는 내용의 노래이다. 가구산은 야마토 3산의 하나로 지토천황이
기거했던 키요미하라노미야(淨御原宮) 북쪽에 위치한 고대에 신성시되던
산이다. 이와 같이 여름이 오는 것을 기뻐한 노래는『만요슈』에서 이 노래뿐
이다. 봄이 가고 여름이 오는 자연의 이치를 즐겁게 그리고 기쁘게 맞이하는
고대인들을 마음을 상상할 수 있다.『만요슈』의 역사에 있어 이 노래는 원
만요(原萬葉)에 속하는 노래이다. 즉 가장 먼저 만들어진『만요슈』에 수록
된 노래인 것이다. 작자인 지토천황은 690년에 즉위한 여자천황으로서 697
년까지 통치했고 702년에 사망한 천황이다. 여자이지만 천황의 역할을 하기
위해 나라 전체의 이곳저곳을 돌아다녔고 그 과정에서 자연스럽게 여름이
온 것을 확인했던 것이다.
　여름을 나타내는 노래로 오토모노야카모치의 노래도 있다. 권8의 1494번
노래와 1495번 노래이다.


二十五日大伴家持が霍公鳥の歌二首

夏山の 木末の繁に 霍公鳥 鳴き響むなる 声の遥けさ(8.1494)

(여름의 산 나무 끝 잎과 가지가 무성한데 두견새 우는 소리 울리는 듯하구나.
그 소리 멀고 아득함이여)

あしひきの 木の間立ち潜く 霍公鳥 かく聞きそめて 後恋ひむかも(8.1495)

(나무 사이를 날아다니며 울고 있는 두견새여. 이처럼 처음에는 경쾌하게 들려
서, 나중엔 도리어 그리워지는 것이 아닌가)

여름을 알리는 새인 두견새를 노래했다.『만요슈』에 등장하는 새 종류는 약 50여 종류나 된다. 그 중에서 가장 많이 소재로 쓰인 새가 두견새이다. 『만요슈』에는 155수가 노래되었다. 두 번째인 기러기는 66수인데 비해 월등히 많은 빈도수로 노래된 것이다. 여름을 알리는 경물로서 소재가 부족한 탓이라고 설명하기도 하나, 기러기가 받는 전체적 이미지보다는 두견새쪽이 경쾌하고 활기차고 밝은 느낌을 주는 새이기 때문에 많이 노래되었다고 생각된다. 권8의 여름을 소재로 한 조카(雜歌)가 33수인데 이 중에 두견새를 소재로 한 노래는 7수이다. 오토모노야카모치는 두견새를 매우 좋아했나보다. 두 수 모두 두견새를 소재로 하여 여름을 나타냈으니 말이다. 여름의 신록 속에서 나무를 이리저리 왔다갔다 하며 울고 있는 두견새의 모습이 떠오르는 노래이다. 너무 활력이 있게 그리고 경쾌하게 울어서 계절이 바뀌고 두견새가 떠나게 되면 그리워지는, 우는 소리가 귓가에 맴도는 아쉬움을 남길지도 모른다는 우려가 역으로 얼마나 두견새가 여름의 새로 활약하고 있나 하는 것을 엿볼 수 있게 한다. 두견새와 함께 여름을 나타내는 소재로 매미의 노래를 들 수 있다. 다음의 노래는 역시 오토모노야카모치의 노래로서 여름을 대표하는 곤충인 매매소리를 듣는 모습을 노래했다.

大伴家持が晩蝉の歌一首
籠りのみ 居れば鬱せみ 慰むと出で 立ち聞けば来 鳴く日晩(8.1479)
(집에만 있으니 답답하여 마음을 위로하려고 밖에 나가 서서 들으니 날아와 우는 매미여)

두견새와 함께 매미의 소리도 우리들의 마음을 안정시키는 그리고 듣고 싶은 소리로 생각했던 것을 알 수가 있다. 지금의 자연에서, 또는 가로수에서 들려오는 매미 소리와는 좀 달랐을 것이다. 만요시대의 매미는 만요풍으로 울었을 것이다. 아니 듣는 사람들이 여유로웠으므로 여유로운 만요풍으로 들렸을 것이다. 현대는 너무 바쁘게 움직여 매미의 소리가 오히려 도시인들에게는 귀찮은 소리로 들리기도 한다. 그러나 오토모노야카모치는 집이 답답하여 자신을 위로하려고 밖에 나가 매미소리를 들었다고 노래했다. 매미소리가 마음의 안정을 가져다 준 것이다. 이리저리로 옮겨 다니며 홀로 부임해서 일을 했던 오토모노야카모치의 외로움과 그리움 그리고 답답한 마음을 이와 같이 자연과 친화하며 위로받으려 했던 것이다. 오토모노야카모치야말로 자연을 이해하고 자연을 좋아하며 자연과 함께하려 했던 인물이었던 것이다. 만요 3기의 대표적인 자연을 노래한 서경시인인 야마베노아카히토(山赤部人)와 어깨를 나란히 하며 자연을 찬미했던 것이다.

여름을 나타내는 소재로는 식물이 가장 많은데 식물에는 등나무, 백합, 병꽃, 제비붓꽃 등이 있고 동물은 두견새와 매미 등을 들 수 있다. 등나무를 노래한 권8의 1471번 노래를 보자.

山部宿禰赤人が歌一首
恋しけば 形見にせむと 我が屋戸に 植ゑし藤波 今咲きにけり(8.1471)
(두견이 그리워지면 표시를 하려고 우리 집에 심은 등나무가 이제야 물결치며 피었네)

『만요슈』서경가로서 가장 유명한 작가인 야마베노아카히토의 여름을 나타내는 노래이다. 자연을 노래하고 그리워했던 작가의 심경을 읽을 수가 있다. 사람이 그리운 것이 아니고 자연이 그리운, 즉 두견이 그리운 것을 나타냈다. 자연 속에서의 기다림의 대상인 두견새와 조화를 이룬 등나무의 물결이 상상이 된다.

이상과 같이 『만요슈』에는 자연을 노래한, 특히 사계절과 꽃과 새를 소재로 노래한 것이 많았다. 『만요슈』를 일명 사랑의 노래라고 하는데 그 사랑의 노래 이면에는 자연과 함께하는 고대인들의 낭만이 있었던 것이다.

## 4. 『만요슈』의 재해

고대나 현재나 재해는 인간을 두렵게 하고 슬프게 하는 존재였다. 일본의 역사서에도 지진에 관한 기록 등 재해에 관한 기록들이 많다. 『만요슈』에도 마찬가지로 그 당시의 날씨나 재해를 소재로 노래한 것이 보인다. 폭풍을 노래하고 천둥을 노래하고, 큰 눈이 온 것을 소재로 노래했다. 그리고 불이 난 것을 노래했다. 우선 폭풍을 소재로 노래한 것을 살펴보자.

> 大海に あらしな吹きそ しなが鳥 猪名の港に 舟泊つるまで(7.1189)
> (넓은 바다에 거친 바람이여 불지 말아다오. 이나의 항구에 배가 닿을 때까지는)

폭풍은 그 당시 사람들에게는 무서움과 공포의 대상이었다. 더욱이 큰 바다에서의 폭풍은 공포 그 자체였을 것이다. 지금 같은 큰 배도 아니었을 것이고 엔진도 없는 노 젓는 그리고 닻으로 가는 작은 배들이었다. 권15의 신라사의 노래에도 이러한 두려움이 잘 나타나 있다. 위 노래의 내용은 폭풍우를 뚫고 바다에 나간 어부들이 무사히 돌아올 수 있도록 기원한 내용이다. 다음 노래도 폭풍을 노래한 것으로 유명한 요시노산(吉野山)을 소재로 사용하여 쓸쓸한 자기 심경을 노래했다.

> み吉野の山のあらしの寒けくにはたや今夜も我が独り寝む(1.74)
> (아름다운 요시노산에 폭풍이 몰아쳐 바람이 차가운데 어쩌면 이 밤도 나 홀로 자야만 하나)

당시의 신성한 산으로 인식되어진 요시노산에 비바람이 몰아쳤다. 더구나 사랑하는 사람마저도 없어 쓸쓸히 무서움에 떨며 홀로 있어야 하는 자신의 비참한 심경을 노래했다.

다음 노래도 폭풍에 관한 노래이다.

ぬばたまの 夜さり来れば 巻向の川 音高しも あらしかも疾き (7.1101)
(컴컴한 밤이 오면 마키무쿠[11]천의 물소리가 더 크게 들리네. 폭풍우가 거세서
그런가?)

노래에 나오는 마키무쿠는 죠몬시대(縄文時代)와 야요이시대(弥生時代)
의 토기들이 나오는 지역으로 일본에서 매우 역사가 깊은 곳이며 『만요슈』
의 노래가 시작한 곳이라고 알려져 있는 지역이다. 이런 곳의 하천의 물소리
가 크게 들리는 이유를 폭풍우에 비교하여 노래한 것이다. 고대에 있어 폭풍
우가 일상생활을 변하게 하는 하나의 원인제공자로서 노래된 것을 알 수가
있다.

폭풍우와 함께 노래된 것이 천둥, 벼락이다. 이 역시 지금과 마찬가지로
고대인에게는 공포 그 자체였다. 천둥을 일본어로 가미나리라고 발음하는
이유는 가미(神), 즉 신이 화가 나서 울기 때문이라고 고대인들은 생각했다.
『만요슈』에는 나루가미(鳴る神)라는 표현으로 울고 있는 신으로 표현했다.
신성하고 무서운 의미로 생각 되었던 것이다.

『만요슈』에는 전부 17수의 노래가 보여 진다. 이 중 몇 수를 살펴보자.

鳴る神の 音のみ聞きし 巻向の 桧原の山を 今日見つるかも (7.1092)
(천둥처럼 귀로만 시끄러울 정도로 많이 들어온 마키무쿠의 히바라산을 오늘에
야 보게 되었네)

천둥이 울리는 소리를 비유하여 표현한 노래이다. 천둥은 무섭고 시끄러운
소리로 고대인들에게 인식되었던 것이다. 또 자주 들었던 소리였던 것이다.

---

11) 현재의 나라현 중부(奈良県中部)에 있는 사쿠라이시(櫻井市)에 위치하고 있는 천이다.

다음 노래는 다이시(題詞)에 천둥, 벼락이라는 한자(雷)를 사용했다.

雷に寄す

天雲に 近く光りて 鳴る神の 見れば畏し 見ねば悲しも(7.1369)

(하늘에 구름 가까이서 빛이 나며 울리는 천둥소리처럼, 보면 두렵고 안보면 슬
퍼요)

하늘과 천둥을 동시에 표현했다. 벼락과 천둥소리는 두려움의 대상이었
는데 상대를 보면 천둥소리를 들어 두려운 것처럼 마음이 떨릴 정도로 두렵
고, 안보면 보고 싶다고 사랑하는 자기의 마음을 짧은 노래 속에 효과적으로
표현했다. 사랑이란 무엇인지 만나면 별거 아니고 안 만나면 보고 싶은 마
음을 표현했다. 사랑은 고대나 지금이나 같은 마음이었던 것이다. 사랑하는
사람과의 만남을 천둥소리에 비유한 고대인들의 발상이 매우 흥미롭다.

다음의 노래도 천둥소리와 사랑을 같이 노래했다.

鳴る神の 少し響みて さし曇り 雨も降らぬか 君を留めむ(11.2513)

(천둥소리가 가깝게 들리고 구름이 다가오니 비라도 내릴 것인가? 사랑하는 당
신을 가지 못하게 잡고 싶네)

사랑하는 당신과 같이 있고 싶어요. 당신이 가지 못하게 천둥이라도 치고
비라도 내려 주었으면 좋겠어요라고 생각하는 작자의 마음이 보이는 노래
이다. 옛날 고대 일본에서는 남자가 여자 집을 왔다갔다 하는 결혼 양식이
었다. 그래서 아쉬워 더 붙잡고 싶었을지 모른다. 사랑하지만 가야만 하는
이별의 순간을 이렇게 노래했던 것이다. 이 노래는 가키노모토노히토마로
(柿本人麻呂)가집[12]에 있는 노래이다. 이 노래에 대해 다음 노래에서 이렇

12) 『만요슈』가 만들어 지기 전에 개인적인 가집이 있었다. 만요 2기의 대표적인 궁정가인인
가키노모토노히토마로가 편찬한 가집.

게 답했다.

鳴る神の 少し響みて 降らずとも 我は留まらむ 妹し留めば(11.2514)
(천둥소리가 들리지 않고 비가 내리는 일이 없더라도 나는 머물겠어요. 당신이
있으라고 하면)

매우 인상 깊고 상대를 배려하는 답의 노래로 고대인들의 로망이 엿보인
다. 사랑하는 사람끼리의 마음을 전달하는 방법으로 천둥이라는 무섭고 두
려운 소재를 사용하여 노래로 승화시킨 이러한 방법이야말로 지금 읽어도
서로에게 감동을 주는 내용의 노래가 아닐까? 사랑은 예나 지금이나 변하지
않는 마음인 것을 확인할 수 있다.

천둥과 함께 『만요슈』에는 불에 대한 노래도 있다. 고대인들은 불을 중요
한 에너지의 근원으로도 보았지만 동시에 재해를 가져오는 대상으로도 보
았다. 『만요슈』에는 재해를 나타내는 두려워하는 대상으로서의 불을 노래
한 것도 있지만 바다에서 보이는 불인 어화(漁火), 화톳불, 등불 등도 노래로
표현되어 불려졌다. 『만요슈』에는 전부 28수의 노래가 수록되어 있는데 한
수만 살펴보도록 하자.

燃ゆる火も 取りて包みて 袋には入ると 言はずや 面智男雲(2.160)
(활활 타는 불이라 할지라도 쥐고 싸서 봉지에다 넣는다 하지 않는가? 그럼에도
돌아가신 임금을 나는 어찌 할 수 없다니 너무 슬프네)

지토(持統)천황의 노래로 돌아가신 부군을 화장할 때 이별을 안타까워하
며 부른 노래이다.

그 당시 사람이 죽으면 화장을 한 것을 알 수가 있는데 화장해 없어지는
육신을 가슴 아프게 바라보며 노래했다. 아무런 도움을 줄 수 없는, 인간이

얼마나 나약한 존재인지를 표현했다.

이러한 노래와 함께 두려움으로서의 불에 관한 노래도 수록되어 있다. 다음 노래는 후지산(富士山)을 노래한 장가와 단가인데 후지산의 폭발을 소재로 표현했다.

なまよみの 甲斐の国 打ち寄する 駿河の国と 此方此方の 国のみ中ゆ 出で立てる 不盡の 高嶺は 天 雲も い行きはばかり 飛ぶ鳥も 翔びも上らず 燃ゆる火を 雪もち滅ち 降る雪を 火もち消ちつつ 言ひもかね 名付けも知らに 霊しくも 座す神かも 石花海と 名付けてあるもその山の 堤める海ぞ 不盡川と 人 の渡るも その山の 水の溢ちぞ 日の本の 大和の国の 鎮めとも 座す神かも 宝とも なれる 山かも 駿河 なる 不盡の高嶺は 見れど飽かぬかも(3.319)

(가이국과 스루가국과 여기저기 두 나라의 한 가운데 우뚝 솟은 후지의 높은 산은 하늘의 구름도 흘러가다 머뭇거리고 나는 새도 끝까지는 못 오르며 산마루에 화산분화로 타는 불은 눈으로서 끄고 내리는 눈은 불로서 끄니 말로 다 설명할 수 없고 이름도 붙일 수 없는 거룩한 신이시로네. 가까이에 석화바다[13]라 이름 부르는 호수도 그 산이 감싸고 있는 바다일세. 후지천이라 부르며 사람들이 건너 다니는 시내도 이 산에서 시작한 격류일세. 태양이 빛나는 우리 야마토국을 다스리시는 신으로서 계시네. 보배처럼 만들어진 산이로세. 참으로 후지의 높은 산은 언제보아도 싫증이 나질 않네.

反歌

不盡の嶺に 降り置ける雪は 六月 の十五日に消ぬればその夜降りけり(3.320)

(후지산에 내려 쌓이는 눈은 유월보름에야 녹는 줄 알았더니 또 다시 그날 밤에 다시금 내리는구 나)

富士の嶺を 高み畏み 天雲もい 行きはばかり 棚引くものを(3.321)

(후지산이 높고 두려워서 하늘의 구름도 막혀 넓고 길게 정상에 널려있도다)

---

13) 화산의 분화로 생긴 후지산 주위에 있는 호수.

후지산의 분화는 예로부터 일본인들에게 두려움으로 남아 있었다. 에도 시대에 들어와 분화가 멈춘 휴화산이지만 그 당시에는 분화가 계속된 듯하다. 신성한 산으로서의 이미지가 남아있지만 무서운 산으로 화재를 동반한 분화에 눈으로 불을 꺼야겠다는 그리고 많이 내리는 눈은 역으로 그 화산폭발로 분화된 불로 끄겠다는 고대인들의 재해극복에 대한 지혜와 절박함이 노래에 엿보인다. 노래에 등장하는 석화바다(石花海)라는 호수는 864년의 분화 때에 두 개의 호수인 서호(西湖)와 정진호(精進湖)로 나누어 졌다.

함께 눈을 노래한 것은『만요슈』에 약 150수가 넘게 수록 되어있다. 경물로서의 눈이 있고 계절을 나타내는 눈도 있지만 위의 노래에서는 감당하기 힘든 눈으로서 표현되었다.

그러나『만요슈』마지막의 노래인 야카모치의 눈의 노래의 의미는 풍년을 예상하고 기원하는 내용의 노래로 표현되었다.

新しき 年の初めの 初春の 今日降る雪の いやしけ吉事(20.4516)
(새해에 첫눈이 내리니 올해는 풍년이 들것 같네)


중국문학의 영향을 받은 노래라는 평이 있지만 새로운 신년에 내리는 눈은 실소로서 농사에 많은 도움을 준다는 고대인들의 일반적인 생각을 바탕으로 해서 부른 노래이다. 눈이 많이 와야 물이 풍부해지고, 물이 많아야 농사가 풍년이 오는 자연의 현상을 고대인들도 잘 알고 있었던 것이다.

이러한 눈과 화산과 바람에 대한 공포와 더불어 바다와 바람, 폭풍우를 두려워 한 노래도 있다.『만요슈』권 15에는 신라로 파견하는 사신들의 노래가 수록되어 있다. 그 당시는 신라 사신, 당나라 사신으로 선발되면 반 정도는 항해나 현지에서 병에 걸려 죽었으므로 사신으로 선발되는 것이 그리 반가워할 일은 아니었다. 오히려 모두 걱정하여 송별연을 해주거나 걱정을 하는 경우가 더 많았다. 그 중에서도 항에 중에 폭풍우로 사망하는 경우가 매우 많았다. 또한 열악한 환경에서 병으로 죽은 사신들도 매우 많았다. 일본과 한국은 지금은 가까운 이웃이지만 그 당시에는 배로 항해하여 가지 않으면 안 되는 나라였다. 특히 츠시마(對馬島) 근처의 대한 해협은 물결이 센 곳으로 알려져 있다. 신라에 파견된 사신들이 후쿠오카의 하카타(博多)항을 출발하여 우선 이키(壱岐)섬을 거쳐 츠시마로 간다. 그리고 신라의 영토였던 부산을 향해 항해하는 데 많은 사고들이 있었다. 한 수의 노래를 예로 들어보자.

新羅へか家にか帰る壱岐の島行かむたどきも思ひかねつも(15.3696)
(신라로 갈까 아니면 일본으로 돌아갈까. 이키는 섬 이름처럼 갈 방법도 생각에 지치네)

먼 바다였다. 그 당시 건너야 했던 두려움의 여정에서 잠시의 평온함도 없이 고생하며 이키에 도착했다. 지금부터라도 무사히 가려고 생각해 이키 바닷가 사람들의 잘 친다는 정교한 거북이점을 치고 가려는데 동료 사신이 죽어 버렸다. 도착하기도 전에 죽은 동료를 애도하며 망설이는, 어찌 할 바 모르는 이들 사신들의 마음이 잘 표현되어 있는 노래이다.

『만요슈』에는 지진과 관련된 노래도 보여 진다. 직접 노래한 것은 수록되어 있지 않지만 가시마신사(鹿島神宮)를 무대로 한 노래가 있었다는 것이 전해진다. 니혼쇼키의 부레츠천황(武烈天皇)[14] 때의 기록이다.

ゆるぐとも よもや抜けじの 要石 鹿島の 神のあらむ限りは
(흔들려고 해도 흔들리지 않는 요석, 가지마의 신들이 계시는 한은)

---

14) 서기 498년에서 507년까지 재위한 천황. 제25대천황이다.

야마토 민족은 예로부터 땅 속 깊이 마그마가 존재하고 있다고 믿었다. 그 마그마가 화가 나면 지진이 일어난다고 믿었다. 마그마가 지진을 일으키는 지는 현대에서도 아직 증명된 것은 없다. 에도시대의 안세이(安政)[15] 때에 대지진[16]이 있었을 때도 지진에 관한 우키요에인 니시키에(錦絵)가 유행하는 등 일본인들에게는 지진과 마그마가 매우 관련이 깊다고 생각해왔다. 가시마신사(鹿島神宮)[17]에는 대지진을 막을 수 있는 요석[18]이 있고 이 요석을 수호신으로 하는 신앙이 존재하기도 한다. 위의 노래는 지진을 막기 위한 노래로 사용되었으며 에도시대에는 이 노래를 종이에 써서 세 번 부르면 지진이 일어나지 않는다고 믿기도 했다.

니혼쇼키(日本書紀)에도 599년인 스이코(推古)천황 7년 4월 27일의 지진 기록이 있다.

地動りて舎屋悉に破たれぬ. 則ち四方に令して, 地震の神を祭らし

(땅이 갈라지고 집들이 무너지고 사방으로 퍼져서 지진의 신들에게 제사를 지냈다)

이때에 여러 작은 나라들에게 명하기를 지진의 신에게 제사를 지내도록 명령했다. 라는 내용이나. 쇼쿠니혼기(『続日本紀』) 에도 텐표(天平) 6년[19] 4월 7일 기록에

---

15) 에도시대 때인 1854년부터 1859년 사이를 말함.

16) 엔세이 원년(安政元年) 11월 4일(1854년 12월 23일)에 스루가 지역에서 일어난 진도 8.4의 대지진을 말함.

17) 이바라기현 가시마시(茨城県鹿嶋市)에 있는 신사.

18) 가시마신사(鹿島神宮)와 가토리신궁(香取神宮)에 있는 지진을 막는 돌을 말한다. 대부분이 땅 속에 묻혀있는 신령스러운 돌(霊石). 요석은 움직일 수 없는 돌, 움직이면 안 되는 돌로서 인식되고 있다.

19) 서기 734년을 말함.

地大きに震りて, 天下の百姓の廬舎を壌つ. 圧死せる者多し. 山崩れ川壅り, 地
往々拆裂くること, 勝げて数ふべからず
(땅이 크게 흔들리고 천하의 백성들의 집이 무너졌다. 압사한 사람들도 많았고
산이 붕괴되기도 했다.......)

이 외에 비에 관한 노래도 『만요슈』에는 100수가 보여 진다. 비의 종류에
도 많은 종류가 있지만 일반적인 비 · 시구레(時雨)[20] · 하루사메(春雨)[21] ·
고사메(小雨)[22] 등을 노래했다. 또한 노래 속에는 비가 더 이상 내리지 않았
으면 하는 노래도 5수나 포함되어 있다. 비로 인한 홍수는 생활의 리듬을 깨
고 농작물을 망치며 삶의 근거지를 앗아가기 때문이다. 모든 것이 적당할 때
는 좋지만 과하면 해가 되는 것을 고대 일본인들도 알고 있었던 것이다. 자
연은 이런 것들을 통해 우리의 무지를 일깨워 주고 있다.


## 5. 결론

지금까지 『만요슈』에 보여지는 자연에 관한 노래 그리고 재해에 관한 노
래들의 일부를 살펴보았다. 자연이란 무엇인가? 또 『만요슈』는 우리에게 어
떤 자연을 소개하고 있는가, 재해를 어떻게 그 당시에 노래로 표현 했는가
등에 대하여 알아보았다. 고대 일본은 동아시아의 가장 남쪽에 있는 나라로
서 중국과 한국의 상황을 항상 살피며 지냈다. 역사에 따라 많은 것이 변하
기 때문이었다. 그러는 중에도 일본은 『만요슈』라는 뛰어난 가집을 편찬했
다. 일본은 먹을 것도 풍부하고 물도 풍부하고 모든 것이 풍부한 나라로 생

---

20) 늦가을부터 초겨울에 걸쳐 한 차례 지나가는 비.

21) 봄비를 말함.

22) 가랑비를 말함.

각해왔다. 그러나 아름다운 자연과 함께 불시에 찾아오는 재해인 지진, 홍수, 화산분화에 의한 공포 등의 자연재해가 많았다는 것을 함께 깨달았다. 이러한 것을 깨달으며 어떻게 지혜롭게 극복해나가야 하는가를 노래를 통해서 표현했다. 이러한 것을 알 수 있는 것이 『만요슈』가 가지고 있는 중요한 가치이다. 자연재해는 경험을 통해서 지혜를 얻게 되고 그 지혜를 가지고 슬기롭게 극복해나갈 수 있다. 화산 가까이는 살지 않고, 지진에는 견디며 쓰나미와 홍수에는 높은 곳으로 피하고 태풍에는 바람이 불지 않는 곳으로 피하는 방법들을 터득해왔던 것이다.

우리들이 사는 지구는 언젠가는 균형이 깨질지도 모른다. 그러한 현상으로 생태계의 변화가 빈번하고 자연재해가 곳곳에서 일어나고 있으며 이로 인해 자연이 파괴되는 실정이다. 자연이 인간에게 주는 진실한 메시지를 인간이 납득하고 순응하여 자연과 함께하는 미래를 열어가지 않으면 안 된다. 고대로부터 생각하고 배우고 발명하며 발전해왔다. 그러나 자연과 재해에서 배울 것이 많다는 것을 소홀히 해왔다. 『만요슈』는 이러한 사실을 오래전에 우리들에게 암시하고 가르쳐주고 있었다. 고대 선인들의 이러한 엄숙하고도 경건한 경험과 가르침이 헛되지 않도록 노력해야 할 것이다. 자연을 인간에 맞추려 하지 말고 자연에 인간을 맞추어가며 살아가는 지혜가 필요한 것이나. 이런 의미에서 문학은 우리에게 많은 것을 가져다준다고 생각한다. 문학을 통해 그리고 『만요슈』를 통해 고대인들의 지혜를 조금이나마 배울 수 있기 때문이다.

# 슬픈 일본과
# 공생의 상상력

2부
격차사회의 일상성

# 슬픈 일본과
# 공생의 상상력

# 6장
# 일본사회의 '소득격차'와 일본인들의 생활 변화

이이범

## 1. 소득격차문제의 대두

2000년대 들어 일본사회에서는 소득격차, 자산격차, 빈곤, 불공정한 소득분배구조, 사회계층의 고착화라는 용어가 자주 등장했다. 이러한 용어들은 일본사회가 1970년대 이후 선진산업사회로 전환된 이후 일본사회에 관련해서는 거의 언급되지 않았던 것들이었다. 많은 일본인들은 소득분배 내지 소득재분배의 문제에서는 일본이 다른 산업선진국들에 비해 공평하다고 믿어왔다. 그래서 1970년대 후반부터 전체 일본인의 90% 이상이 중류 이상의 소득 내지 삶의 수준을 영위하고 있다는 의식이 일본사회에서 폭넓게 공유되고 있었다.

그러나 실제로 1980년대부터 일본사회의 소득격차는 확대되고 있었다. 그리고 1990년대 들어 버블경제가 붕괴되고 경기가 장기침체하면서 일본사회의 소득격차 내지 빈부격차는 크게 확대되었다. 특히 소득격차는 소자고령화와 글로벌화의 양상과 맞물려 크게 심화되었고, 연령대별, 가구유형별, 근무형태별 소득격차의 양상으로 복잡하게 전개되었다.

여기에 더해 일본인들에게 소득격차 내지 빈부격차가 충격적인 이슈로 다가온 것은 경제대국인 일본사회 내에서도 빈곤층[1]이 실제로 상당수 존재하고 있으며, 그 비율이 점차 증가한다는 사실이었다. OECD가 2000년대 중반 가맹국 30개국의 상대적 빈곤율을 조사하여 발표한 것을 보면, 일본의 상대적 빈곤율은 14.9%로 27위였다. 30위 멕시코 18.4%, 29위 터키 17.5%, 28위 미국 17.1%의 뒤를 이어 네 번째로 높은 순위였다.[2] 일본의 소득격차 문제는 세대 간, 가구유형별, 근무형태별 지역 간 빈부격차 문제로 확산되어, 2000년대 일본사회 최대 난제의 하나가 되었다.

자본주의의 경제사회에서 경제발전 수준이 높아지면서, 소득격차가 발생하는 것은 자연적인 양상의 하나라고 할 수 있다. 유럽의 선진산업사회에서는 산업화 과정에서 발생한 소득격차를 정부재정의 적극적인 확충에 의한 재분배정책 내지 소득이전정책을 통해 해결해왔다. 그러나 일본정부의 경우 1990년대 이후 재정적자가 크게 증가하는 상황에서 일본인들의 증세에 대한 저항이 강하여, 계층 간 재분배 내지 소득이전을 확대하는 재정정책을 추진할 수가 없었다. 또한 2000년대 들어 일본정부가 세계경제의 글로벌화에 대처하고 경기의 장기침체 국면을 타파하고자 적극 추진했던 구조개혁정책과 정부재정의 건전화 정책은, 결과적으로 일본의 소득격차를 더욱 심화시켰다.

그런데 일본사회의 소득격차 내지 절대빈곤의 문제가 더욱 심각하게 부각된 배경에는 일본의 사회보장시스템이 부실하다는 사실이 존재한다. 그리고 일본정부의 재정이 심각하게 악화되어 사회보장시스템을 확충하여 격

---

1) 빈곤의 정의에는 절대빈곤과 상대빈곤으로 구분된다. 일본과 같은 산업선진국에서는 일반적으로 국내의 평균소득(중앙값)의 1/2 이하의 가구비율을 나타내는 '상대적 빈곤율'을 사용한다. OECD에서 발표하는 상대적 빈곤율은 등가가처분소득(가구의 가처분소득을 가구구성원수의 제곱근으로 나눠 조정한 소득)의 빈곤선(중앙값의 1/2)에 이르지 못한 가구구성원의 비율을 의미한다. 여기서 가처분소득은 전체소득에서 소득세, 주민세, 사회보험료 및 고정자산세를 공제하고 남은 소득부분을 의미한다. 절대빈곤의 정의는 세계은행(World Bank)에서 정한 1일 1.25달러 이하의 사람들을 최빈곤층(extreme poverty), 1일 2달러 이하의 사람들을 빈곤층(poverty)으로 구분한다.
2) 일본厚生労働省(2011), 「2010년 厚生労働白書」, OECD 30개국 전체평균은 10.6%였다.

차 문제를 해결해갈 수 있는 재원을 마련할 수 없다는 좌절감이 존재한다. 소득격차 문제에 대해 일본국내에서는 다양한 학술적 논쟁이 전개되어왔다. 계층별, 연령대별, 세대유형별, 근무형태별 소득의 추이를 근거로 소득격차의 원인 내지 배경에 대한 논쟁이 활발하게 전개되어 왔다.[3]

본 연구에서는 먼저 이러한 일본 내 소득격차의 발생 배경에 관련한 논쟁의 내용을 정리하겠다. 그리고 일본사회 내 소득격차가 심화된 배경에 존재하는 일본정부의 효과적인 소득재분배 정책의 실패를 명확히 하겠다. 소득격차를 완화시키는 유효한 정책수단은 정부의 소득재분배정책 또는 소득이전정책이다. 특히 일본사회 내의 상대적 빈곤율이 크게 높아진 것은 일본정부의 소득재분배 또는 소득이전정책의 실패가 크게 작용했다고 판단된다. 따라서 본 연구의 제1목적으로 일본의 소득격차의 심화의 배경에 존재하는 일본정부의 이러한 정책들이 실패한 원인에 대해 정치경제적으로 분석하겠다.

그런데 일본사회에서 소득격차와 빈곤 문제가 심각하게 대두되면서, 일본인들의 사회계층의식과 생활태도에도 적지 않은 변화가 나타나고 있다. 또한 일본정부의 재정악화로 사회보장시스템이 더 이상 확충될 수 없다는 사실이 확인되면서 이에 따른 일본인들의 사회의식에도 변화가 있는 것으로 보인다. 이러한 일본인들의 사회의식과 사회생활패턴의 변화는 소득격차 문제가 대두되기 전의 그것들과는 어떠한 차이가 있는지는 최근 일본의 사회현상을 이해하는 데 중요한 자료가 될 수 있다. 따라서 본 연구의 두 번째의 목적으로 일본사회의 소득격차 문제가 대두되고 심화되면서, 일본인들의 사회생활과 사회의식에는 어떠한 변화가 나타나고 있는지에 대해 경험적 자료를 바탕으로 분석한다.

다음의 제2절에서는 일본인들의 소득격차가 어느 시점에서 어떠한 수준

---

3) 「中央公論」, 編集部 編(2001), 『論争・中流崩壊』, 中公新書.

으로 진행되어왔는가를 명확히 한다. 소득격차의 발생과 진전과정에 대한 기초자료는 일본정부와 학계를 중심으로 이미 밝혀졌다. 그러나 일본 국내에서는 소득격차가 크게 확대되었다는 주장과 이를 부인하는 주장이 대립되고 있다. 본 연구에서는 이러한 대립된 주장들을 정리하여 소득격차의 실체를 명확히 하고자 한다.

그리고 제3장에서는 일본의 소득격차가 크게 확대된 것은 일본정부가 효과적인 소득재분배정책을 추진하지 못했기 때문이라는 점을 명확히 하겠다. 서구 산업사회의 소득재분배정책과의 국제비교를 통해 일본의 소득재분배정책이 효과적으로 추진되지 못하고 있는 실태를 명확히 하고, 이러한 정책의 실패가 초래된 것은 일본인들의 강한 정치불신과 증세에 대한 저항 때문이라는 점을 정치경제적으로 분석하고자 한다.

다음의 제4장에서는 일본사회의 소득격차가 심화되면서, 일본인들의 생활의식과 행동패턴에는 어떤 변화가 나타나고 있는지에 대해 2000년대 들어 내각부와 매스미디어 매체에서 조사된 데이터를 중심으로 분석한다.


## 2. 소득격차의 실태

일본의 소득격차가 어느 시기부터 어느 정도로 확대되었는가는 조사된 데이터에 따라 다르게 나타난다. 계층별 소득분포의 장기적 추이를 보면 1980년대 이후 일본의 소득격차는 지속적으로 확대된 것으로 나타난다. 그러나 이러한 소득격차가 지속적으로 확대되었다는 것을 부인하는 주장도 있다. 즉 일본의 소득격차는 일본인구의 고령화와 가구구성원수의 감소로 나타난 통계상의 증가일뿐 실제로는 큰 변화가 없다고 주장한다.

여기서는 먼저 소득격차의 확대를 입증하는 지표 4가지를 중심으로 일본사회 내에 소득격차가 어느 정도 확대되고 있는가를 설명하겠다. 그리고 일본사회의 소득격차는 실제로는 확대되지 않았다는 주장의 내용을 설명하겠다.

소득격차가 심화되고 있다는 근거로 제시되는 지표로 다음의 4가지를 들수 있다.

첫째, 소득격차를 나타내는 대표적인 지표인 지니계수(Gini coefficient)[4]이다. 지니계수에 의한 분석은 각종의 가계조사에 포함된 가계별 소득수준의 데이터를 이용한다. 이러한 지니계수의 비교를 통해 보면 일본의 소득격차는 장기적으로 확대되어온 것이 명확하게 나타난다. 지니계수로 판단한다면, 1980년대부터 일본의 소득격차는 장기적으로 확대되고 있다.

〈도표 1〉 각종 조사에 의한 가계소득 격차(지니계수)의 추이[5]

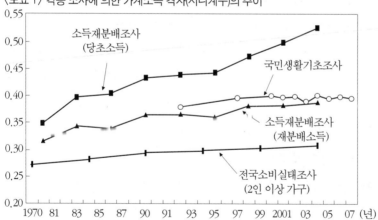

4) 지니계수는 소득분배의 불평등 내지 부의 편중의 정도를 나타내는 수치로 불평등정도는 0에 가까울수록 낮고 1에 가까울수록 높다.

5) 일본 内閣府(2011), 「2010年度年次経済財政報告」(http://www5.cao.go.jp/j-i/wp/wp-je09/pdf/09p03021(검색일: 2012.12.30)

〈도표 1〉에서 확인할 수 있듯이 일본의 정부기관에서 조사하는 각종 통계 데이터상의 일본인들의 가계소득의 분포를 지니계수로 비교해보면 일본인들의 소득분포의 지니계수는 장기적으로 상승해온 것으로 나타난다. 특히 1980년대 후반 일본인들 가계소득의 지니계수가 확대된 것은 버블경제시기에 토지와 건물 등의 부동산 가치가 상승하면서 자산소유자와 비소유자 간의 소득격차가 급속하게 확대되었기 때문이며, 버블경제가 붕괴된 이후에도 금융자산보유 규모의 차이에 의해 소득격차는 지속되었다고 주장된다.[6]

둘째, 소득격차가 확대되었다는 지표로 일본정부로부터 생활보호를 받고 있는 가구수가 매년 증가해왔다는 사실이다. 이 사실은 일본사회의 소득격차가 심화되고 상대적 빈곤을 넘어 절대 빈곤에 가까운 가구수가 현실적으로 존재하고 있다는 반증이 될 수 있을 것이다. 일본 내 생활보호 대상 가구수는 1990년대 중반 이후 증가하기 시작하여 2005년 100만 가구를 초과하였고, 2006-8년에는 각각 107만, 110만, 114만이 되었으며 2009년 127만 가구로 증가폭이 확대되고 있다.[7] 2009년의 생활보호의 대상을 유형별로 구분하면, 생활보호 112.7만 가구, 주택보호 103.9만 가구, 의료보호 109.8만 가구, 개호보호 20.2만 가구, 교육보호 9.4만 가구 등이었다. 이처럼 생활보호 대상 가구수가 급증한 것은 고령화가 심화되면서 1인 노인층 가구수가 크게 증가하고 있는 것과 국내 경기의 장기침체에 따른 실업자수가 증가하고 있는 것이 영향을 미치고 있는 것으로 보인다.

셋째, 일본인들의 평균연수입이 감소하고 있다는 사실이다. 일본국세청의 조사자료를 보면, 민간기업 종사자들의 개인별 연수입은 1995년 457만

---

6) 橘木俊昭(1998), 『日本の経済格差』, 岩波書店.

7) 社会保障・人口問題研究所, 「「生活保護」に関する公的統計データ一覧」(http://www.ipss. go.jp/s-info/j/seiho/seiho.asp)(검색일: 2012.12.30) 일본의 생활보호기준은 8개 분야(생활, 주택, 교육, 개호, 의료, 출산, 생업, 장례)로 나뉘며, 분야별로 심사하여 일반소비수준의 60%에 미달한 것으로 파악될 때 생활보호대상이 된다. 2009년 보호대상 127만 가구수는 전체 가구수의 26.5%에 해당되었다.

엔, 1997년 467만엔에 도달한 이후 1998년 465만엔 2000년 461만엔 2002년 448만엔 2005년 437만엔 2010년 412만엔으로 장기하락 추세를 보인다.[8] 일본 후생노동성의 가구별 연소득의 중간순위자의 수준의 추이를 보아도 이러한 감소 경향은 확인된다.[9]

넷째, 가구평균소득의 1/2 이하의 가구수가 전체 가구에서 점하는 비율을 의미하는 상대적 빈곤율이 상승하고 있다는 사실이다. 다음의 〈도표 2〉에서 보는 바와 같이 일본의 평균가구 연수입의 1/2에 해당하는 빈곤선 소득수준은 1997년 이후 계속 하락해오고 있다. 또한 일본의 가계소득격차를 나타내는 상대적 빈곤율은 1985년 12.0%에서 1994년 13.7% 1997년 14.6% 2000년 15.3% 2006년 15.7% 2009년 16.0%로 장기 상승 추세를 보이고 있다.

〈도표 2〉 일본의 상대적 빈곤선과 빈곤율의 추이[10]

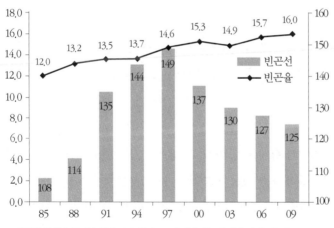

*빈곤선 금액은 중간순위자 연 소득의 1/2에 해당하는 금액임(단위: 만 엔).

---

8) 일본国税庁(2011), 「2010년 民間給与実態統計調査」.

9) 일본의 가구평균 연수입의 중앙값이 1994년 289만 엔 1997년 297만 엔이었으나, 2000년 274만 엔, 2006년 254만 엔, 2009년 250만 엔으로 하락하고 있다.

10) 일본厚生労働省(2011), 「2010년国民生活基礎調査」 자료에서 인용(http://www.mhlw. go.jp/toukei/saikin/hw/k-tyosa/k-tyosa10/)(검색일: 2011.12.29). 참고로 2009년 가구별 평균 가구원수는 2..62명이었다.

이상과 같이 일본사회의 소득분포에 관련한 4가지의 지표를 분석한 결과로 보았을 때, 일본사회의 소득격차는 1990년대를 거쳐 2000년대를 지나오면서 크게 확대되고 있다는 것을 알 수 있다. 특히 일본사회의 소득격차의 양상이 더욱 크게 부각된 것은 전체가구 평균소득의 감소와 함께 진행되고 있다는 점이다. 여기에 더하여 앞서 언급했던 고령화가 심화되고 경기침체에 의한 실업이 증가함으로써, 일본사회의 소득격차 문제는 일본사회의 구조적인 난제가 되었다.

　그런데 이러한 소득격차의 심화 양상을 부정하는 주장도 적지 않게 제기되고 있다. 예를 들어 1980년대부터 점차 증가하는 것으로 나타나는 소득격차는 통계상의 수치일뿐 일본의 인구가 고령화되고 가구 구성원수가 감소한 결과라는 것이다. 일본의 소득격차의 양상을 연령대별로 보았을 때, 고령자일수록 소득격차는 크게 나타난다는 것이다. 또한 일본사회의 임금수준은 연공서열로 결정되는 경우가 많아 연령이 높아질수록 승진한 근로자와 승진하지 못한 근로자 간의 소득격차가 높아진다는 것이다. 이러한 소득격차는 퇴직 후의 퇴직금이나 연금수령액에서도 그대로 반영된다. 그 결과 일본사회의 고령화로 총인구에서 고령층이 점하는 비율이 높아질수록, 일본사회의 소득격차는 확대될 수밖에 없다는 것이다.[11]

　또한 소득격차의 확대를 부인하는 주장에는 가구별 소득수준의 변화에 대한 설명도 다르게 주장된다. 예를 들어 가계조사에서 나타나는 가구당 수입격차는 양극화하는 것으로 나타나고, 그 격차는 1990년대 이후 확대된 것으로 나타난다. 그런데 이러한 결과는 1인 가구 또는 부부만의 2인 가구가 증가하였기 때문이라고 주장한다. 특히 고령화의 영향으로 맞벌이가 가능한 노령층의 인구비율이 감소하여, 맞벌이 가구 비율의 증가에 따른 소득격

---

11) 大竹文雄(2005), 『日本の不平等』, 日本経済新聞社; 大竹文雄(2005), 『経済学的思考のセンス』, 中公新書.

차가 완화되는 효과가 감소하고 있으며, 비정규직의 저소득층 젊은이의 1인
단독가구가 증가하면서 가구 평균소득의 양극화가 심화되었다는 것이다.[12]
일본 재무성이 1987년부터 2002년간 조사한 데이터를 기초로 분석한 연령
대별 지니계수를 보아도 1990년대 후반 이후 65세 이상과 25세 미만 연령층
의 지니계수는 상승 경향이 뚜렷한 반면에 그 이외의 연령층에서는 일관된
양상이 나타나지 않고 있다는 것이다.

또한 다음의 〈도표 3〉에서 보는 바와 같이, 일본인들의 근로소득의 수준
별 분포 변화를 1997년, 2002년, 2007년 비교해보면 일관된 증가양상이 나
타나지 않는다는 것이다. 이러한 소득수준별 증감의 양상은 1980년대부터
2000년대까지 일관되게 나타나고 있지 않다는 것이다.

〈도표 3〉 일본인 근로소득의 분포 변화[13]

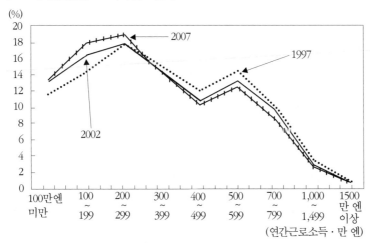

(연간근로소득 · 만 엔)

12) 財務省財務総合政策研究所(2006.6),「我が国の経済格差の実態とその政策対応に関する
研究会報告書」.

13) 内閣府(2010.7),「2009年 年次経済財政報告」(http://www5.cao.go.jp/j-j/wp. /wp-je09/
pdf/ 09p03021)(검색일: 2011.12.25)

이처럼 일본사회의 인구구성에서 저소득의 젊은층 단독가구와 노인만의 가구수가 크게 증가하면서 가구별 소득수준의 양극화가 심화되었다는 것은 사실로 보인다.

그런데 이러한 주장에는 다음과 같은 문제점이 감추어져 있다. 즉 고령화가 심화되어 노인들만의 가구수가 증가하고, 젊은층의 실업이 증가하면서 저소득의 젊은층 단독가구가 증가한 것을 강조함으로써 일본의 소득격차가 마치 일본인구의 자연변화의 결과인 것으로 비쳐질 수 있다는 점이다. 그러나 일본의 소득격차가 확대된 이면에는 다음의 3장에서 설명하는 일본정부의 소득재분배정책의 실패가 크게 작용하고 있다.


## 3. 소득재분배정책의 실패

일본사회의 소득격차가 심화된 이유 중의 하나는 일본의 조세제도 내지 소득재분배정책상의 문제점이다. 일본경제는 1990년 버블 경기가 붕괴한 이후 20여 년간 경기침체가 지속되고 있다. 그 과정에서 일본정부는 경기침체를 타개하기 위해 수차례의 재정확대정책과 경기진작을 위한 세율인하를 무리하게 추진해왔다. 그렇지만 경기침체가 개선되지 않으면서 일본정부는 막대한 재정적자를 안게 되었다. 이런 상황에서 일본정부의 저소득층에 대한 지원정책의 우선순위는 높지 않았고, 최고세율이 인하되면서 조세에 의한 소득불평도의 개선효과는 1986년 4.2%에서 2001년 0.8%로 오히려 하락했다.[14] 정부는 공평한 소득배분을 위해서 고소득층으로부터 많은 세금을 거둬 저소득층을 지원하는 소득이전정책을 충실하게 추진하여야 한다. 그러나 1990년대 이후 일본의 자민당 정권은 경기우선논리를 앞세웠고, 만성

14) 大竹文雄(2005), 『日本の不平等』, 日本経済新聞社.

적인 재정수입의 부족 속에서 저소득층에 대한 지출확대는 거의 고려하지 않았다. 그 결과 일본사회의 소득재분배효과는 다른 산업선진국들과 비교해 낮은 수준이었다.

〈도표 4〉 재분배전후의 지니계수(2000년대 중반)의 국제비교[15]

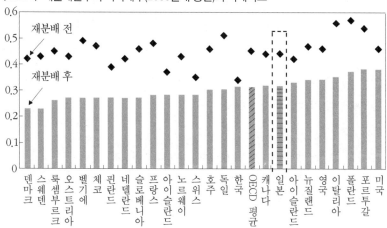

〈도표 4〉에서 확인할 수 있는 것과 같이 일본의 재분배전의 지니계수는 OECD 국가들 가운데 OECD 평균보다 이하이지만, 재분배정책이 반영된 후의 지니계수는 상위권이었다. 즉 일본정부의 재정운영에 따른 소득재분배효과가 높지 않다는 것을 알 수 있다. 그리고 재분배효과는 세금에 의한 부분과 소득의 공적 이전에 의한 부분으로 구분할 수 있다. 다음의 〈도표 5〉에서 확인할 수 있듯이, 어느 국가이든지 소득이전에 의한 재분배효과는 세금에 의한 재분배효과를 상회한다.

일본정부의 소득의 공적이전에 의한 재분배효과는 OECD 가맹국들 가운데 미국과 한국을 제외하고 가장 작게 나타난다. 소득의 공적이전은 사회보

---

15) 内閣府(2010年 7月)「2009年 年次経済財政報告」(http://www5.cao.go.jp/j-j/wp/wp-je09/09f32120.html)(검색일: 2011.12.25)

장시스템의 핵심적인 내용이라고 할 수 있는데 일본은 이 부분의 역할이 매우 작다는 것을 알 수 있다. 또한 세금에 의한 재분배효과도 일본은 OECD 가맹국들 가운데 최저수준이다. 고소득층에 고율의 세금을 부과하여, 그것을 사회보장의 재원으로 충당하는 재정정책의 기능이 제대로 작동되고 있지 않다는 것을 확인할 수 있다. 1990년대 중반 이후 고령화가 심화되고 경기침체가 장기화되는 과정에서 일본사회의 소득격차가 확대된 이면에는 위와 같이 일본정부의 소득재분배정책이 선진산업국가들에 비하여 제대로 추진되지 못하였고, 그 결과 일본의 사회보장시스템이 충실하게 작동하지 못하였다는 점이 작용했다는 것을 알 수 있다.

〈도표 5〉 재분배효과의 국제비교(2000년대 중반)의 국제비교[16]

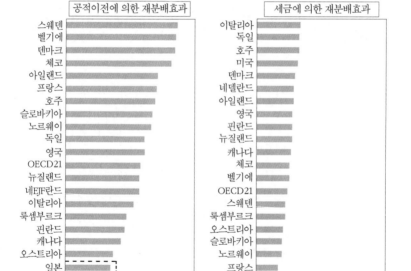

16) 内閣府(2009年 7月), 「2009年年次経済財政報告」(http: //www5.cao.go.jp/j-j/wp/wp-je09/0 9f32120.html)(검색일: 2011.12.25)

1990년대 이후 글로벌화가 진전되면서, 계층별 소득격차가 확대된 것은 일본사회의 특유의 현상이 아니라 선진산업사회 공통의 양상이었다. 예를 들어 IT혁명이 진전되어 정보의 생산성이 증가하면서 고소득 화이트컬러의 소득수준은 크게 증가하지만, 단순 작업의 노동자 임금은 하락했다. 글로벌화가 확산되어 생산의 코스트경쟁이 격화되면서 낮은 임금의 비정규직 근로자는 크게 증가하였다. 선진 산업국가들도 신흥공업국들과 치열한 코스트 경쟁을 하여야만 했기에 선진산업국의 단순 근로자들의 임금수준은 낮아졌다.[17] 일본사회도 1990년대 후반 이후 비정규직 근로자의 비율은 전체 근로자의 1/3 수준으로 크게 증가하였다. 또한 고령화가 크게 진전되면서 저소득계층의 노인층이 전체 인구에서 차지하는 비율도 크게 높아졌다. 경기침체가 장기화하면서, 실업상태나 비정규직의 젊은층 인구가 증가하면서 이들의 단독 가구수도 증가했다. 따라서 일본의 내각부나 재무성이 발표한 각종 분석보고서의 내용과 같이 일본사회의 소득격차에는 고령화와 가구 구성원수의 감소라는 변수가 일정부분 영향을 미쳤다고 볼 수 있다. 그렇지만 위에서 언급한 내각부와 재무성의 보고서는 증세의 명분을 크게 부각시키고 있는 것처럼 보이며, 일본정부의 소득재분배정책의 책임에 대하여는 일체 언급되고 있지 않다.

그렇나면, 1990년대 이후 일본정부의 효과적인 재분배정책이 추진되지 못한 이유는 무엇인가? 그 해답은 너무도 명확하다. 그것은 일본정치에 대한 일본유권자들의 정치불신이 강하여 정부의 증세정책에 대한 저항이 대단히 강하기 때문이다. 과거의 집권당인 자민당은 집권을 유지하기 위하여, 경기진작을 위한 확대재정정책을 추진하면서 이를 위한 재원은 기존 경상비를 삭감하지 않고 국채발행만으로 충당했다. 경기를 진작시킨다는 목적으로 재정적

---

17) 池田信夫(2010.4.8),「日本が'本物の格差社会'になるのはこれからだ」, ニューズウイーク日本版.

자규모가 확대되는 상황에서도 소득세, 재산세 등의 기존 세율을 낮추기도 했다. 그러나 일본정부의 기대와는 달리 경기침체는 장기화되었고, 재정수입은 오히려 감소하여, 그 결과 누적 재정적자 규모는 눈덩이처럼 증가해갔다. 경기침체가 장기화되고 경기진작정책의 성과가 나타나지 않고 방만한 재정운영마저 개선되지 않자, 일본정부의 정책능력에 대한 일본인들의 실망감은 커져갔다. 그리고 일본인들의 정치불신과 증세에 대한 저항은 더욱 강해졌다.

2008년 기준으로 조세부담율 24.3%와 사회보장부담율 16.3%를 합계한 일본의 국민부담율은 40.6%에 이른다. 프랑스(61.1%), 독일(52.0%), 영국(46.8%), 이탈리아(62.7%) 등 주요 산업선진국들과 비교해볼 때 일본의 국민부담율은 미국(32.5%)을 제외하고는 매우 낮은 수준이다.[18] 2011년도 조세부담율과 사회보장 부담율은 각각 22.0%와 16.8%로, 국민부담율은 38.8%로 더욱 낮아졌다. 그리고 2011 회계년도말 기준으로 일본 중앙정부의 누적재정적자규모가 GDP의 140%[19]에 달하였다. 일본정부의 재정상황은 다른 산업선진국들과 비교해서 최악의 상황을 맞이하고 있지만, 일본정부는 재정확대정책을 여전히 고수하고 있고 증세정책은 단행하고 있지 못하다. 이러한 상황에서 일본의 소득재분배정책은 표류할 수밖에 없으며, 소득격차는 더욱 확대될 수밖에 없을 것이다.

## 4. 일본인들의 생활변화

일본사회의 소득격차가 심화되고 소득 및 재산의 불평등이 확대되는 가운데 일본인들의 생활의식과 생활패턴에는 어떠한 변화가 나타나고 있을

---

18) 일본재무성 홈페이지(http://www.mof.go.jp/tax_policy/summary/condition/238.htm)(검색일: 2012.1.5)

19) 일본재무성 홈페이지(http://www.mof.go.jp/tax_policy/summary/condition/004.htm)(검색일: 2012.1.5)

까? 앞서 언급했듯이 1990년대 중반까지만 해도 일본사회는 산업화를 완성하고 경제대국이 됨으로써 거의 모든 일본인들은 중류수준 이상의 생활을 영유하고 있다는 믿음이 사회 전체적으로 공유되었다. 그러나 2006년 1월 『아사히신문』이 실시한 여론조사결과를 보면, 일본의 소득격차가 확대되고 있다고 믿는 일본인들의 비율은 전체 조사대상자의 74%였다.[20]

내각부가 매년 실시하는 「국민생활선호도조사」[21] 결과를 보면 행복을 느낀다고 응답한 비율은 1990년대부터 2000년대에 들어서도 장기적 하락 추세가 지속하고 있다. 일본인들의 행복도에 긍정적인 영향을 미치는 요인으로는, 결혼, 여성, 많은 수입, 대학 및 대학원 졸업, 어려움에 처했을 때 주변에 상담할 수 있는 사람의 유무 등이 있었고, 고연령, 실업, 스트레스 등은 행복감에 부정적인 영향을 미치는 것으로 나타났다(2008년 조사). 또한 소득수준에 대해 불만을 느끼고 있는 응답자는 전체의 60%를 넘기도 하였다(2007년 조사). 2000년대 들어 격차, 기회평등 등의 문제에 대해 조사대상자의 불만 비율이 증가하고 있으며, 노후와 연금제도, 고용에 대한 불안감이 증가하였고, 경제적 풍요와 정보의 고도화에 도전하려는 의욕이 약화되고 있는 것으로 나타나고 있다.

또한 내각부가 매년 실시하는 「국민생활에 관한 여론조사」[22] 결과를 보아도, 1990년대 후반부터 2000년대에 이르기까지 1인당 실질 GDP가 상승해도 일본인들의 생활전반에 대한 만족도는 장기 하락했다. 5점 척도의 조사결과를 보면 1990년 3.38수준에서 2005년 3.07까지 하락하고 있다(2005년 조사).

---

20) 『아사히신문』 2006년 2월 5일자.

21) 内閣府(2008, 2009, 2010), 「国民生活選好度調査」(http: //www5.cao.go.jp/seika tsu/senkoudo /senkoudo.html)(검색일: 2011.12.24)

22) 内閣府(2011), 「国民生活に関する世論調査」(http: //www8.cao.go.jp/survey/h22/h22-life/index.html)(검색일: 2011.12.24)

2010년 5월『아사히신문』의 여론조사 결과를 보면, 일본사회의 향후 전망과 관련하여 비관적이거나 부정적인 의견을 지닌 일본인들이 상당히 증가한 것으로 나타났다. 예를 들어 일본사회의 향후 전망에 대해, 일본정치의 부진과 재정악화, 경기침체 등의 영향으로 자신감을 잃고 있다고 응답한 비율이 74%에 이르렀다. 또한 일본사회에서 더 이상 근면성이 보상받지 못한다고 믿는 응답자가 69%에 달했고, 일본인에게 근면성(46: 50)과 협조성(45: 51)이 어울린다고 응답한 비율은 어울리지 않는다는 비율보다 작았다. 이러한 일본사회에 대한 일본인들의 부정적인 평가가 증가하고 있는 것은 분명해보인다.

격차사회와 관련해 NHK가 2009년 11월 실시한 사회불평등과 관련한 ISSP(International Social Survey Programme) 국제비교조사는 소득의 불평등, 사회격차와 계급귀속의식 등에 관하여 1999년 11월 조사에 이어 연속 실시되어, 이들 항목에 대한 일본인들의 의식 변화를 시계열적으로 확인할 수 있는 조사이다. 예를 들어 다음의 〈도표 6〉을 보면, 사회격차를 결정한다고 자주 이야기되는 학력과 돈, 인맥의 중요성을 인정하는 응답자 비율이 결코 작지 않다는 것을 알 수 있으며, 반대로 개인의 노력이 충분히 보상받을 수 있다는 것에 대해서는 과반수 이상이 부정적으로 생각하고 있는 것으로 나타났다.

〈도표 6〉 격차의식의 조사(NHK 2009년 11월)

| 조사항목 | 긍정 | 부정 |
|---|---|---|
| 학력이 말하는 사회 | 75.4% | 23.8% |
| 돈이 있으면 대부분이 이뤄지는 사회 | 76.8% | 28.1% |
| 출신대학이 말하는 사회 | 67.1% | 32.0% |
| 노력하면 보상받는 사회 | 40.9% | 57.9% |
| 인간관계를 중요시하는 사회 | 29.2% | 69.6% |

이러한 격차사회와 관련한 사회의식에는 주관적인 계층의식에 따라 학력, 금전, 노력 등에 대한 유의미한 의식차이가 존재하는 것으로 나타났다. 〈도표 7〉에서 보는 바와 같이 학력의 중요성에 대해서는 차이가 없지만, 출신대학과 금전의 중요성에 대해서는 소득수준이 낮을수록 크게 인식하고 있는 것으로 나타났다. 그러나 자신의 노력이 어느 정도 중요한가에 대해서는 소득수준이 낮을수록 낮게 평가하고 있었다.

〈도표 7〉 격차의식의 조사(NHK 2009년 11월)[23]

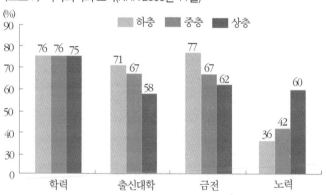

한편 NHK가 1973년부터 5년마다 조사하는「일본인의 의식조사」를 통해서도 일본인의 사신삼의 변화를 읽을 수 있다. 일본이 일류국가이며 일본인은 우수한 소질의 소유자라는 인식은 1980년대 후반부터 2003년까지 지속적으로 하락했고, 2008년에 이르러 약간 회복하였다. 일본사회의 소득격차의 궤적과 흡사한 성향을 보이고 있다.

---

23) 原美和子(2010.5),「浸透する格差社会ーISSP国際比較調査(社会的不平等)からー」,『放送研究と調査』, pp. 56-71, NHK放送文化研究所.

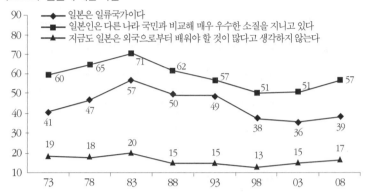

〈도표 8〉 일본에 대한 자신[24]

그리고 NHK의 「일본인의 의식조사」에는 일본에 대한 애착심에 관한 조사항목이 있다. 일본인으로서의 자부심, 일본 문화와 사회에 대한 애착심이 강하다는 것은 널리 알려진 사실이다. 소득격차가 심화되면서 이러한 의식에 어떤 변화가 나타날 것인가는 매우 흥미롭다. 그런데 이런 의식들은, 〈도표 9〉에서처럼 큰 변화는 없었다.

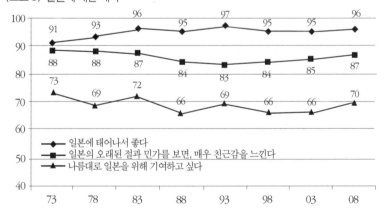

〈도표 9〉 일본에 대한 애착[25]

24) NHK放送文化研究所編(2010),『現代日本人の意識構造第7版』, 日本放送出版協会, p. 110.
25) NHK放送文化研究所編(2010),『現代日本人の意識構造第7版』, 日本放送出版協会, p. 114.

끝으로 일본사회의 소득격차가 확대되면서, 일본인들의 결혼생활의 양상에도 큰 변화가 보이고 있다. 특히 20-30대 젊은층의 결혼생활에는 적지 않은 영향을 미치고 있다. 내각부가 2010년 조사한 결과[26]를 보면, 연소득의 수준별 20-30대 기혼자 비율에는 큰 차이가 나타난다. 즉 저소득층일수록 미혼자는 많고, 고속득자일수록 기혼자 비율이 높다. 특히 30대에서는 이런 양상이 적나라하다. 앞서 설명했듯이 일본의 실업률이 높아지면서 비정규직 젊은층이 크게 증가했다. 비정규직의 증가는 저소득자가 크게 증가한다는 것을 의미한다. 이것은 비정규직의 젊은층이 증가하면서 미혼 젊은층이 동시에 증가해간다는 것을 의미한다.

〈도표 10〉 20-30대 남성 일본인들의 연소득 수준별 결혼자 비율[27]

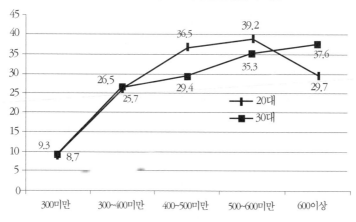

　이처럼 일본의 소득격차는 젊은 일본인들의 결혼생활에 큰 악영향을 미치고 있다.

26) 内閣府(2011),「結婚・家族形成に関する調査」.
27) 内閣府(2011),「2011년 子ども・子育て白書」.

## 5. 향후 전망

2000년대 들어 심화되고 있는 일본사회의 소득격차는 고령화, 비정규직의 증가와 고용의 불안 등과 연동되어 연령대별, 소득계층별, 직업군별 다양한 양상을 보이고 있다. 일본사회의 소득격차가 상당한 수준에서 존재하는 것이 확인되는 상황에서 그 격차가 고령화와 실업률 증가에서 주로 기인한다는 주장은 일본정부의 재분배정책 실패의 책임을 불분명하게 할 위험이 크다.

앞서 서술했듯이, 일본의 소득격차는 고령화와 비정규직이 증가하면서 더욱 복잡한 양상으로 나타나고 있다. 그리고 소득격차 문제는 사회구조적으로 복잡한 양상을 띠고 있다. 더구나 현재 일본정부는 막대한 재정적자를 안고 있어, 재정확대에 의한 적극적인 소득재분배정책을 추진할 수도 없다. 또한 일본인들의 정치불신과 증세에 대한 저항이 강하기 때문에, 증세에 의한 재정수입의 확대를 기대할 수 없어 일본정부의 해결책은 더욱 궁핍해진다. 이러한 상황에서 저소득층, 저학력층, 고령자층의 소외감과 불안감은 증가하기만 한다. 또한 소득격차 문제가 부모세대에서 자녀세대로 그대로 이어지고 있다는 주장이 설득력을 갖게 한다. 이러한 빈곤 문제의 대물림을 막을 수 있는 효과적인 정책은 물론 강력한 소득재분배정책 내지 이전소득정책이다. 그리고 이들에 대한 사회보장시스템의 보호기능을 강화하는 것이다. 그러나 현재 일본정부의 여건에서 이러한 정책이 조속히 추진될 것으로 예상하는 것은 어렵다. 특히 저소득과 고용불안에 처한 젊은층의 결혼률이 크게 하락하고 있다는 현실은 일본사회의 전망을 더욱 어둡게 한다.

한편, 일본사회의 소득격차 내지 빈곤의 문제는 일본인들의 사회의식과 사회생활에도 다양한 영향을 미치고 있는 것으로 보인다. 아직 이와 관련한 본격적인 사회조사가 진행되고 있지 않지만, 과거 일본사회론 내지 일본인론에서 논의되어 왔던 일본사회, 일본인의 특징들에 적지 않은 변화가 나타날 가능성이 충분하다. 특히 계층 간의 소득격차가 심화되면서, 균질적인 일본사회에서 다양한 모습의 계급의식이 나타날 수 있다는 것은, 21세기 일본사회와 일본인의 새로운 단면으로 보인다. 고령화가 급속하게 진전되고, 일본경제에 대한 어두운 그림자가 짙어지는 가운데, 일본인들의 사회의식과 사회생활의 패턴 그리고 일본인들의 가치관에도 적지 않은 변화가 나타날 것으로 보인다.

# 슬픈 일본과
# 공생의 상상력

# 7장

# 일본어의 마이너스 대우의 어휘와 표현

격차문제에 관한 언설을 중심으로

기무라 요시유키(木村義之)

## 1. 격차 문제와 언어연구의 접점

현대 일본의 격차 문제에 대해서는 이미 많은 연구가 이루어지고 있고, 그것에 관한 언설 또한 상당수에 이른다. 현대 일본어에서는 '격차(格差)'에 "같은 종류 사이에서 가격·자격·등급·수준 등의 순위 매김의 차"(『大辞林 第3版』 2006, 三省堂)라는 의미가 부여되어 있는데,[1] 사회학의 입장에서는 야마다 마사히로(山田昌弘, 2006)의 발언처럼, '격차'라는 말은 본래 가치를 포함하는 것은 아니다.

① 격차 문제가 사회적으로 인지되기 시작한 것은 고이즈미(小泉) 수상이 "격차가 있는 것이 뭐가 나빠?"라고 발언한 후부터이다. 나는 이것은 논리적으로 틀리지 않은 발언이라 생각한다(정치적으로 적절한지 어떤지는 다른 문제지만).

---

1) 『日本国語大辞典 第2版』(2000-2001, 小学館)에는, ① 価格, 資格, 等級 등의 차. ＊農業基本法〔1961〕 前文「生産性 및 従事者의 生活水準의 格差가 확대되고 있다」 ＊하얗게 칠해진 墓〔1970〕〈高橋和巳〉三「오랜 세월 동안 格差가 생긴 人事의 갈등」 ② 등급 거래에 이용되는 상품의 標準品에 대한 品位의 우열의 차. 또는 가격의 차. ＊新聞語辞典〔1933〕〈千葉亀雄〉「격차 格差 거래에서 상환인도에 사용하는 상품을 표준품과 비교해 그 품위에 따라 붙인 가격의 차를 말한다」라 보이며, ②의 의미로 사용하는 것이 초출 예로서 오래된 것을 알 수 있다.

'불평등'이라는 말을 사용하면 좋지 않은 것이라는 가치판단을 포함하여, 즉좌에
서 해소해야 할 것이라는 어감이 있다. 단순한 '차이'라면 중립적으로 들리고, '다
양성'이라고 하면 오히려 환영받을만한 것으로 받아들여진다.

'격차'는 상하관계가 있는 차이라고 정의할 수 있을 것이다. 경제적 격차로 한정
하더라도 수입, 생활수준, 자산 등, 다양한 수준에서 격차는 존재한다. …《중
략》인간이 자유롭게 행동하면 격차는 필연적으로 발생한다. 모든 인간은 같은
능력을 갖고 태어나지 않으며, 자라나는 환경도 다르고, 운과 노력도 영향을 끼
칠 것이다. 나는 격차가 출현하는 것 자체는 좋지도 나쁘지도 않다. 하지만 격차
가 초래하는 결과는 주의해야 한다.

格差問題が社会的に認知されたのは, 小泉首相が「格差があって何が悪い」と発
言したからである. 私は, これは論理的には正しい発言だと思っている(政治的
に適切かどうかは別問題だが).

「不平等」という言葉を使えば, よくないものという価値判断を含み, 即座に解
消すべきものという語感がある. 単なる「差異」ならば, 中立的に聞こえ,「多様
性」と言えば, むしろ歓迎すべきものと捉えられる.

「格差」は, 上下関係のある差異と定義することができるだろう. 経済的格差に
限っても, 収入, 生活水準, 資産など, 様々なレベルで格差は存在している.

〔略〕人間が自由に行動すれば, 格差は必然的に生じてくる. 全ての人間は同じ
能力をもって生まれてくるわけではないし, 育つ環境も異なるし, 運や努力も
影響するだろう.

私は, 格差が出現すること自体はよいことでも悪いことでもないが, 格差がも
たらす結果については注意しなくてはならないと考えている.(山田, 2006: 26-
27)

그러나 현대 일본어에서는 '격차'는 상기의 사전적 의미와 사회학용어 넘
어 분명 마이너스적인 가치를 포함하고 있으며, '불평등', '부조리(理不尽)'와
거의 같은 뜻으로 사용되는 경우가 있다. 이것은 일찍이 '격차'를 문제시한
야마다 마사히로(山田昌弘)의 『희망격차사회(希望格差社会)』(2004)가 주목

을 받으면서 '격차'라는 말이 유행어가 되었던 사정에서 기인한다.[2] 이러한 세상은 비정규직 사원을 주인공으로 한 소설에서도,

② 내일이 오늘보다 궁핍해진다. 아이들이 부모보다도 가난한 선택밖에 주어지지가 않는다. 사토시처럼 착실하게 일하는 젊은 녀석이 서서히 격차의 바닥 밑으로 떨어져간다. 그것은요, 60년 동안 우리들에게 처음 벌어지는 사태였다.

　明日が今日よりも貧しくなる．子どもが親よりも乏しい選択しか与えられない．サトシのようにまじめに働く若いやつが，じりじりと格差のどん底に滑り落ちていく．それはこの六十年間で，おれたちに初めて起きている事態だった．

(石田衣良，「非正規難民レジスタンス」, 2008: p. 221)


와 같은 예가 보인다.

'격차'라는 말은, 원래 그 자체로 적극적인 마이너스 가치를 포함하지는 않는다.[3] 하지만 위의 인용은 소득저하·노동조건의 악화·교육환경의 양극화와 같은 마이너스 요소를 함의하는 용법이 일반화되어 있음을 보여주고 있다. 즉, '사회적 실태 혹은 생활실감'이라는 문맥에 기인한 어의(語義)의 변화라고 할 수 있다. 이와 같은 격차의 문제는 대인관계 안에서 어의와 표현효과에 변화를 가져올 것이 예상된다. 격차에 관한 표현효과의 변화를 일반적인 어의(사전적 의미)로부터는 추출하기 어렵다는 점을 감안하여, 이 글에서는 특히 대인관계 속에서 마이너스의 표현효과가 나타나는 말과 표현을

---

2) 야마다는 「일억총중류(一億総中流)」가 붕괴하고, 소득, 직업선택, 가정, 교육 모두가 '이긴 팀(勝ち組)'과 '진 팀(負け組)'으로 양극화 하고, '진 팀'에는 노력하더라도 보상받을 수 없다고 생각하는 사람이 늘어, 장래에 희망을 가질 수 있는 사람과 절망하는 사람으로 분열하는 것을 '희망격차사회'라고 불렀다. 그 결과, '격차사회'는 유행어가 되어 2006년의 '유행어 대상(大賞)'을 획득했다.

3) '격차'는 『漢語大詞典』 등의 주요 중국어사전에 항목이 설정되어 있지 않고, 중국어로는 '差距'를 사용한다. 관견으로는 국어사전의 입항(立項)은 新村出 편 『言林』(1949, 全国書房)에 「【経】価格의 差」라고 보이는 것이 이른 예이다. 또한 成城大学 교수 陳力衛 씨의 교시에 따라 和製 漢語라는 것이 확인되었다.

예로 들어 언어를 운용하는 데 있어 격차사회의 일단을 관찰해보려고 한다.[4]

## 2. 대우표현 속 플러스와 마이너스

잘 알다시피 일본어는 경어 체계가 발달한 언어이다. 물론 경어는 일본어만의 특징이 아니라는 점은 널리 알려져 있지만, 일본어학 분야에서는 경어를 중심으로 하는 대우표현 연구가 전통적으로 이루어져 왔고, 근래에는 구미의 '공손성이론(politeness theoy)' 등을 도입하면서 확산되는 상황이며, 대인 배려표현으로써 어용론(語用論)과 커뮤니케이션론의 연구 분야로 진전되고 있다. 이것은 경어로 분류되는 말과 표현 형식을 한층 확대시켜 표현(발화)의도와 표현효과에 관한 발화행위의 연구에 접목시킨 것이다.[5]

위의 예②에서 보는 것과 같은 어의의 변화는 사회 속에서 스스로를 어떻게 자리매김하고 있는가와 관련이 깊고, 비록 언어적으로 명시되어 있지는 않지만 그 표현 속에 현상에 대한 비판이 담겨 있음을 읽어낼 수 있다. 대인관계 속에서 발생하는 대상에 대한 언어적 대우는 협의의 경어라면 '플러스 방향의 대우표현'이라 부를 수가 있다. 역으로 대상을 비판·경멸·야유와 같이 낮게 평가한다면 '마이너스 방향의 대우표현'이 사용된다는 것도 생각

---

4) 이 글에서 인용되고 있는 문헌은 다음과 같다.

石田衣良(2008),「非正規難民レジスタンス」.

石田衣良(2009),『シューカツ！』, 文藝春秋社.

上野千鶴子・三浦展(2007),『消費社会から格差社会へ―中流団塊と下流ジュニアの未来』, 河出書房新社.

諏訪哲二(2005),『オレ様化する子どもたち』, 中央公論新社.

高杉良(2003),『小説 ザ・ゼネコン』, ダイヤモンド社.

滝浦真人(2008),『ポライトネス入門』, 研究社出版.

林真理子(2010),『下流の宴』, 毎日新聞社.

山田昌弘(2004),『希望格差社会―「負け組」の絶望感が日本を引き裂く』, 筑摩書房.

山田昌弘(2006),『新平等社会―「希望格差」を超えて』, 文藝春秋社.

5) 山岡政紀(2004),「日本語における配慮表現研究の現状」,『日本語日本文学』14 참조.

해볼 수 있다. 종래 마이너스 대우의 표현에는 '경비어(輕卑語)·비매어(卑罵語)' 같은 것이 해당된다. 그리고 '경비어·비매어'도 대우표현 속에 자리매김되고 있지만, 분석에 있어서는 경어처럼 체계성을 발견하기 어렵고, 종래의 대우표현 연구에서는 적극적으로 취급하기는 어려운 측면이 있다. 그 가운데 오이시 하쓰타로(大石初太郞, 1976)는 일본어의 대우어을 전반적으로 관찰하여 마이너스 대우어에 대해서도 체계 속에 자리매김한 면밀한 논고를 저술한 바 있다. 오이시는 경비어를 경어에 대한 대우어로 위치시키고, '일반 경비어·청자 경비어'로 나눈다. 또한 '일반 경비어'는 '단순 경비어A·거만(尊大) 경비어A', '청자 경비어'는 '단순 경비어B·존대 경비어B·응대 경비어'로 분류하고 있다. 일반적으로 알려진 것은 '존대말'의 존재이지만, 오이시의 분류에 따르면 '존대 경비어B'에 해당하리라 생각한다.

다음의 예③을 보자.

③ 80년대 중엽에 내(우리)가 경험한 '나 님화(オレ様化)'한 '새로운 학생들'의 돌출된 부분은. '주변'과 '학교'가 맞지 않으면 바로 '자기'를 선택해 학교를 그만두었다.《중략》'주변'과 '사회'와 조화하려는 노력을 하지 않고, 먼저 '자기'를 선택한다. 물론 교사인 나(우리)에게는 전혀 이해할 수 없고, 단순한 버릇없음과 강한 자기주장으로밖에 보이지 않았다.《중략》당시 마침내 일본에 처음으로 '근대적 자아'가 확립했다고, 시니컬하게 표현했던 것을 기억하고 있다.
八〇年代中葉に私(たち)出会った「オレ様化」した「新しい生徒たち」の突出した部分は、「まわり」や「学校」に合わないとすぐに「自分」を選んで学校をやめていった.〔略〕「まわり」や「社会」と調和しようとする努力をしないで, まず「自分」を選んでしまう. もちろん, 教師である私(たち)にはまったく理解できず, 単なるわがままや自己主張の強さのようにしか見えなかった.〔略〕当時, とうとう日本にはじめて「近代的自我」が確立したのだと半ばシニカルに表現したことを憶えている.(諏訪, 2005: 25)

여기서 보이는 '나 님(オレ様)'은 전형적인 존대어이지만 현실적으로 이

말을 화자가 자칭으로 쓰는 경우는 장난으로 쓰는 것 이외에는 거의 없을 것이다. 오히려 예③에서는 학생의 안하무인적 행동을 타자의 눈으로 표현하기 위해 선택한 말이고, 글 쓰는 이의 의식에는 그들에 대한 경멸 내지는 연민(憐愍)의 뜻이 나타나 있는 것처럼 보인다. 그런 점에서 이것은 '마이너스 방향의 대우표현'이라고 생각해도 좋을 것이다. 인물 호칭에 이와 같은 마이너스 대우의 말이 많은 것은 오래전부터 지적되고 있었다. 경어가 인칭 파악 방식과 밀접한 관련을 갖고 있고, 용어를 규정짓는 성격을 띤다는 점에서 보면 이것도 경어 형식을 기반으로 둔 일종의 반전의 용법이라고 할 수 있다.[6]


## 3. 마이너스 대우의 확산

### 1) 마이너스 대우어(待遇語)의 정의

종래의 대우표현 형식에서 벗어나 어용론(語用論)의 수준으로 대상을 확대하면 '마이너스 대우어'의 분석도 가능해진다. 실제의 언어운용에서는 대상에 대한 '매도 · 비아냥 · 비난' 등과 같은 언어행위와 '경멸 · 조소 · 냉담 · 불관용 · 불쾌 · 혐오 · 불신' 등과 같은 심적 태도는 예컨대 직접적으로 대상의 '용모 · 행위 · 판단 · 능력' 등을 마이너스의 가치로서 파악하는 '추녀 · 바보 · 무능'과 같은 노골적인 욕 이외에도, '차갑다 · 거만하다'처럼 주체의 활동을 타인에 대한 배려가 없다는 이유로 비판적으로 표현하는 말에도 존재한다. '마이너스 대우법'이라는 용어를 사용하면 거기에는 이러한 욕과 비속어 그리고 마이너스 평가의 말도 포함되겠지만, 이때 말의 중핵적인 의미와

---

6) 菊地康人의 『敬語』(角川書店, 1994)에서는 말씨의 팩터인 〈심리적 팩터〉 가운데 〈빈정거리는 표현/심술궂은 표현/까부는 표현…〉이라는 특수한 대우 의도가 있는 것을 지적하고 있다.

표현 형식 그 자체에 마이너스 평가의 요소가 포함되어 있는지 여부만이 문제가 되는 것이 아니라, 무의식중에 마이너스 대우의 용법이 되고 있는 경우도 적지 않다.

그래서 이 글에서는 다음과 같은 관점에서 '마이너스 대우법'을 대상으로 삼으려 한다. 필자가 의도하는 바는 다음과 같은 시안과 같다.

언어표현을 통해 대상을 가치가 낮은 것으로 평가하는 말(연어[連語]·구[句]도 포함)을 광범위하게 '마이너스 대우어'라고 가칭한다.[7] 그 가운데에서 본래는 어의의 중심이 중립적인 평가를 갖고 있었던 것이라 하더라도, 사회적 실태와 표현주체의 주관이 문맥으로서 버팀목이 되어 대우가치가 마이너스로 바뀌어, '경멸·조소·냉담·불관용·불쾌·혐오·불신'과 같은 심적 태도로써 대상을 파악하는 경우에 '마이너스 대우어'라 부르기로 한다.

## 2) 마이너스의 평가성을 띠고 있는 부사·지시사·복합사

표현주체가 마이너스 평가를 갖고 '경멸·조소·냉담·불관용·불쾌·혐오·불신'과 같은 심적 태도로써 대상을 파악하는 표현에는, '결국은(しょせん), 어차피(どうせ), 기껏해야(たかが), 이런(こんな), 저런(あんな), 그런(そんな), ~(인)주제에(くせに)'와 같이 부사(副詞)·지시사(指示詞) 및 복합사(複合辞)가 있다.

④ 어차피 정사원으로 뽑아주지 않는다고 취직을 포기하고, 단순작업 아르바이트를 하고 있던 고졸자는 일에 대한 경험과 능력을 갖추지 못한 채 나이만 먹고 있다.

7) 〈대우〉라는 말을 사용한 것은 화자에서 봤을 때 화자 이외(청자·제3자)를 대상으로 했을 때, 또는 화자가 자기 자신을 대상으로 했을 때, 대인활동 및 심적 태도 면에서 언어적으로 낮게 대우하게 되고, 단순히 〈평가〉라 부르기보다도 실태에 입각해 있다고 생각했기 때문이다.

どうせ正社員として雇ってくれないからと就職をあきらめ, 単純作業のアルバイトをしていた高卒者は, 仕事経験や能力が身に付かないまま, 歳だけとり続ける(山田, 2004: p. 48)

⑤ "점장은 무슨. 어차피 당신도 언젠가는 쓰고 버려질 거야.(이하 생략)
「なにが店長だよ. どうせあんただって, いつかつかい捨てにされるんだぞ.」(石田, 2008: p. 84)

⑥ "(전문 생략) 그래서 良弘 군은 뭐래? 제대로 고백했어?"(이하 생략) "응, 良弘 주제에 꽤 용기가 있었어. 거절했지만."
「それで良弘くんはなんだって. ちゃんと告られたの」/「うん, 良弘のくせにけっこう勇気があったんだ. 断っちゃったけどね」(石田, 2008: 85)

⑦ 이런 곳에서 일하는 여자 아이가 어떻게 이런 제대로 된 경어를 쓸 수 있는지.
こんなところ(=漫画喫茶)で働く女の子が, どうしてこんなきちんとした敬語を使えるのだろうか. (林, 2009: 23)

예④는 간접화법이면서 화자가 자기 자신을 대상으로 하고 있음으로 '조소'는 '자조 · 비관 · 자기(自棄)'의 기분으로 표현되고 있다고 할 수 있다. 예 ⑤~⑦은 청자 및 제3자를 대상으로 하여 '경멸 · 조소 · 냉담 · 불관용 · 불쾌 · 혐오 · 불신'의 기분을 표현하고 있다. 특히 예⑥은 이른바 젊은이들 말(若者言葉)에서 보이는 용법으로 일본어로서 '고유명사+인 주제에(のくせに)'는 파격적인 용법임에 주의하고 싶다. '애들 주제에', '모르는 주제에'와 같이 특정한 성질과 상태를 마치 비난하듯이 또는 조롱하듯이 말하는 전형적인 예와는 달리, 개(個)의 총체 그 자체를 부정적으로 파악해서 평가를 마이너스 쪽으로 고정시키는 의식이 보이기 때문에 그런 개인을 낮게 대우하고 있다고 할 수 있을 것이다. 이것은 모두 마이너스 대우어로 파악될 수 있을 것이다.

## 3) 마이너스 대우로 반전하는 경어접사(敬語接辞)

　다음으로, 경어형식에서는 미화어(美化語)[8]로 간주되는 접두사 '오(お)·고(ご)'를 수반하는 말과 접미사 '상(さん)/사마(さま)'를 수반해 경칭이 되는 말이 마이너스 대우어로 반전하는 경우를 보자.

　⑧ 우에노(上野) "[전략] 80년대 후반에 '오조사마(お嬢様)' 붐이 일어났습니다. '오조사마'라는 것은 패션이라든지 외견으로 모방할 수 있습니다. 하지만 본래의 '오조사마'는 출자(出自)에 의해 정의되는 것임으로 얼핏 보아 '오조사마 처럼 보일' 수는 있지만 본래의 '오조사마일' 수는 없습니다. '오조사마' 붐은 오히려 그 격차를 미리 전제로 한 다음, 겉모습만으로는 구별할 수 없는 일반대중에 대한 패러디를 포함하고 있는 듯 생각했습니다. '오조사마' 붐은 본래의 오조사마가 부럽지만 어쩔 수 없다고 생각하는, 격차의 수용을 의미하고 있었다. 《중략》즉, '하나코 세대'[9]가 부모의 세대가 되기 시작했을 때부터 계층분　화가 보이기 시작했다고 생각합니다."

上野「〔略〕八〇年代後半に「お嬢様」ブームが起きました.「お嬢様」というのは,ファッションとか外見で模倣できる.けれど,本来の「お嬢様」は,出自によって定義されるものだから,一見「お嬢様のように見える」ことはできるが,本来の「お嬢様である」こおてゃできない.「お嬢様」ブームはむしろその格差をあらかじめ前提した上で,見かけだけでは区別できない一般大衆に対するパロディを含んでいるように思えました.「お嬢様」ブームは,本来のお嬢様を羨んでも仕方がないと思うような格差の受容を意味していた.〔略〕つまり「Hanako世代」が親の世代になってきたあたりから,階層分化が目に見えてきたと思います.

(上野・三浦, 2007: 120)

---

8) 〈美化語〉는 辻村敏樹,『現代の敬語』(共文社, 1967)에 의함. 또한 大石初太郎는『現代敬語研究』(筑摩書房, 1983)에서 〈美化語〉와 〈욕〉을 대립시켜, 그 상위개념을 〈品格語〉로써 협의의 대우어와는 구별하고 있다. 또한 菊地(1994)는 美化語를 〈準敬語〉로 하며 경어와는 구별한다.

9) 1960-64 경에 태어난 여성으로 일본의 버블期(1986-1990년경)에 사회인이 되어 소비행동의 중심이 된 세대. 1988년 창간한 여성 대상의 잡지「Hanako」에 의함.

예⑧의 '오조사마'는 상대방에 대해 경의를 나타낸다는 본래의 용법과 다르다. 거기에는 일반인과는 출신이 다른 계층의 존재를 표현하는 말로서 기능하고 있으며, 경의도 선망도 적극적으로는 보이지 않고, 오히려 여유 있게 파악하고 있는 것처럼 보인다. 그 배경에는 경제적인 여유가 있었다고 봐야 하지 않을까.

'오(お)·고(ご)'가 붙는 말은 'お受験[10] お役所 お気楽 御大層 御託宣'과 같이, '비아냥·야유'로 의미가 바뀌는 경우가 적지 않지만, 현대의 접객업 가운데에는 아주 귀찮고 못 마땅한 존재로서의 소비자(claimer를 포함하는)라 할지라도 철저히 'お客様'라 부르는 용법도 지적되고 있다.[11]

예⑨, ⑩은 '정사원'에 '사마(さま)'라는 경칭이 붙은 예이다.

⑨ "자네는 일용직 파견노동자를 시작한 지 얼마 안 됐지? 현장에 높으신 정사원님께서 오실 리가 없지. 먼저 버스에 타. 나머지를 주워서 갈테니까."

「きみは日雇い派遣始めたばかりなんだね. 現場におえらい正社員さまがくるはずないだろう. 先にバスにのっててくれ. 残りを拾っていくから.」(石田, 2008: 250)

⑩ 나는 처음으로 사토시가 말한 '윗 계급의 인간'이라는 말을 이해했다. 아르바이트 파견의 현장에서는 정사원님은 실제로 상층계급에 소속해 있다.

おれは初めてサトシがいった「うえの階級n人」という言葉を理解した.

---

10) '수험(お受験)'에 대해서는 三浦展에 이하와 같은 발언이 보인다. "소학교에서 사립중학교의 일괄교(一貫校)를 수험하는 아이는 도쿄 근처에는 6, 7할 있습니다. 하지만 우리 집 아이의 동급생 부모님들 중에는 "수험 같은 건 안 봐도 돼", "초등학생이 학교에서 돌아와서 공부를 하다니 기분 나쁘니까 놀아" 라고 하는 사람도 있어서, 그건 그것대로 건전하다고 생각한다. 단지 다른 한편에서 반 수 이상의 아이들은 '수험(お受験)'을 치르는 그룹이니까 이미 확연히 이분되어 버렸다고 느끼고 있습니다."(上野·三浦(2007): pp. 136-137)

11) 森真一(2010)는 현대 일본이 '소비자가 생산자와 서비스 제공자보다도 파워를 갖는 사회'가 되어, 의료, 학교, 복지시설 등, 서비스의 개념이 본래적으로 다른 분야에도 이러한 원리가 확산되고 있음을 지적하고 있다. 결과적으로는 과잉하게 소중히 다루어지기를 바라고, 반대로 손님을 깔보지 않으면 자기의 프라이드를 지킬 수 없는 점원이 손님에게 폭언을 내뱉는 것과 같은 행동으로 반전하는 사례도 지적되고 있다. 例(3)도 구조는 같다고 생각한다.

雇い派遣の現場では，正社員さまは実際に上層階級に所属している．(石田，
2008: 253)

　'사마(さま)'는 현대 일본어에서 가장 일반적인 경칭으로 일반적으로는 '상
(さん)'보다도 대우가치가 높다. 예전의 '주인님(お殿さま)·나리님(お役人
さま)·의사선생님(お医者さま)'처럼 지위·직업이 사회적으로도 높은 가
치를 지닌 자라는 일정한 합의가 인정되는 대상에게 만이 아니라, 고용형태
로서의 '정사원'에게도 '사마'가 붙어 있는 것에 주목하고 싶다. 현대사회에
서 볼 수 있는 다양한 노동과 고용형태는 '아르바이트·프리터·파견사원·
계약사원·정사원'과 같이 다양하다. 그러나 본래의 사전적 의미로써 고용
형태의 차이를 말할 뿐만이 아니라, '정사원vs파견사원'과 같은 대립 축에서
는 '부유vs빈곤', '극빈한 복리후생vs빈약한 복리후생', '안정vs불안정', '안심
vs불안'이라는 의식이 보인다. 이것은 사회적 실태(또는 그러한 실태가 있다
는 환상)가 문맥으로서 지탱하고 있다고 할 수 있다. '정사원'은 본래 고용형
태 속의 상대적인 자리매김에 불과하지만, 거기에 이미 계층으로서 고정화
되어버린 상위자로서의 가치가 생기고, 비정사원에서 보면 선망과 증오의
대상으로서 마이너스 평가로 반전할 요소를 내포하고 있다. 예⑨, ⑩에서 볼
수 있는 화자의 의식을 생각해보더라도 단순한 고용형태의 차이가 아니라,
넘을 수 없는 어떤 선에 대한 체념과 비관의 어감조차 동반하고 있음을 알
수 있다. 이것들에 경의를 나타내는 기능은 상실된 반면, 화자 자신을 언어
적으로 낮게 대우하는 역할을 담당하고 있다고 이해할 수 있다.
　계층으로 고정화 되어버렸다는 의식은 이하의 예⑪의 건강보험이라는 제
도에서 불거져 나온 실태를 한탄하는 대사 및 예⑫의 피할 수 없는 체제에
얽매이게 되어버렸다는 대사를 통해서도 엿볼 수 있다.

⑪ "우리같은 비정규직 프리터 가운데 건강보험에 들어 있는 사람은 소수파야. 겨울에는 모두 감기에 걸리는 것이 가장 무서워. 병원에도 못 가고 하루벌이 일도 갈 수 없으니 딱 3, 4일에 무일푼의 홈리스가 되지."

「ぼくたちみたいな非正規のフリーターでは, 健康保険にはいっている人は少数派だよ. みんな冬は風を引くのが一番怖いんだ. 医者にもいけないし, 日雇いの仕事にもでられなくなるから, ほんの三日四日で一文なしのホームレスになる.」 (石田, 2008: 201)

⑫ "《전략》나는 대학에서 사회학을 전공해서. 사회적 불의와 경제의 격차에는 마음이 아퍼. 하지만 초등학교에 다니는 아들을 둔 아버지로서는 회사에 거역할 수도 없고, 비정규 파견이라는 노동방식은 경제계 전체가 정한 방법이야. 나 혼자 힘으로는 어찌할 방법이 없어."

「《略》ぼくは大学で社会学を専攻しえいたからね. 社会的な不正義や経済の格差には心が痛むよ. でも小学校にいく息子を持つ父親としては, 会社には逆らえないし, 非正規の派遣という働きかたは経済界全体が選んだ方法だ. ぼくひとりの力ではどうしようもないんだよ.」(石田, 2008: 261-262)

## 4) '위로부터의 시선'이라는 키워드

'위로부터의 시선'이라는 말은 최근 일본에서 많이 쓰이는 속어이지만, 이미 정착을 한 감이 있다.[12] 예를 들어 신문기사에도,

⑬ 지금의 저출산 대책의 약점은 "이만큼 해주니까 아이를 낳으라"고 하는 '위로부터의 시선'에 있는 것이 아닌지, 좌담회를 마치고 생각했다.

今の少子化対策の弱点は, 「これだkしてあげるんだから子供を産みなさい」という「上から目線」にあるのではないかと, 座談会を終えて思った.(『読売新聞』 2007. 1.1 조간)

---

12) 新語辞典인 『現代用語の基礎知識』(自由国民社)에서는 젊은이의 말로써 2007년판~2010년판에서 '경멸적인 깔보는 눈매, 시선'이라 보인다.

⑭ 이 위로부터의 시선은 뭐냐. 정부와 자치단체는 '상하·주종'이 아닌 '대등·협력'의 관계라는 것을 모르는가.

この上からの視線は何なのだ. 政府と自治体は「上下·主従」でなく「対等·協力」の関係であることを知らないのか.(『朝日新聞』2011.7.5 조간사설)

와 같이 사용되고 있는 것처럼 상당히 일반어화 되었다고 봐도 좋을 것이다. 거기에는 '보는' 주체로서 '정부, 조직, 사회적 지위 등 체제적인 상위자'가 함의되어 있는 것 같다. 이처럼 '위로부터의 시선'이라는 말을 키워드로 보면 격차사회 안에서의 마이너스 대우의 어휘·표현을 이해하는 데 필요한 실마리를 찾을 수 있다. 여기에서 이 문제를 검토해보기로 한다.

(1) 평가·판단·관리자로서의 심적 태도

'위로부터의 시선'이라는 말이 단순한 대상을 내려다보는 태도가 아니라, '정부, 조직, 사회적 지위 등 체제적 상위자'의 시선에 입각해서 바라보는 방식일 수 있다는 점은 앞서 언급했다. 그런데 이 경우 위정자 혹은 실제로 직위가 상위에 있다는 것뿐만 아니라, 그러한 입장의 시점을 빌린(이른바 상위자가 빙의[憑依]한)자의 의식 또한 포함될 수 있다.

예를 들면, '자기책임'이라는 말을 통해 생각해보자. 이 말도 사전적 의미로는 마이너스 가치를 포함하고 있지는 않다. 하지만 말하는 이의 시점이 체제에서의 상위자로 바뀌면 마이너스 대우어로서 운용된다.

⑮ 필사적으로 격차사회의 급사면에 매달려, 넷카페와 패스트 푸드로 밤을 새우는 투명 인간의 비명은 아무에게도 들리지 않는다. 누가 뭐라 해도 일본은 자기책임의 나라잖아. 가난해질 권리는 누구에게나 평등해. 생각해보면 이상하지. 오페라를 좋아하는 총리대신이 노동 빅뱅을 저지르기 전까지는 그런 노동방식은 이 나라에는 없었고, 투명인간도 존재하지 않았으니까.

必死で格差社会の急斜面にしがみつき, ネットカフェやファストフードで夜を

明かす透明人間の悲鳴は誰にも届かない. なんといっても, 日本は自己責任の国だろう. 貧乏になる権利は誰にでも平等だ. 考えたら不思議だよな. オペラ好きの総理大臣が労働ビッグバンをやらかすまでは, そんな働きかたはこの国にはなかった. 透明人間も存在しなかったんだから.(石田, 2008: 189)

⑯ "다니오카(谷岡) 씨는 말했지. 우리 회사에서 일해봤자 난민생활을 절대로 벗어날 수 없다고. 사토시는 3년 동안 죽어라 일해서 그런데도 이렇게 무릎을 망가트리기 전까지는 생활보호도 받질 못했어. 자기책임이란 말로 버려지고, 일회용 취급을 받는 인간이 어떤 생각을 하면서 일하고 있는지, 좀 읽어보실래요?"
「谷岡さんはいっていたよな. うちの仕事をしても, 難民生活からは絶対に抜けられない. サトシは三年間がんばって, それでもこうしてひざを壊されるまでは, 生活保護だって受けられなかった. 自己責任だと切り捨てられて, つかい捨てにされる人間がどんな思いで働いてるか, ちょっと読んでもらえませんか.」
(石田, 2008: 283)

예⑮, ⑯의 화자는 작중의 사실로써 체제적 상위자는 아니지만, 사회체제가 '자기책임'의 원칙이라는 것을 말하고 있다. 단, 이 '자기책임'은 개인의 책임에서 비롯되는 객관적 책임 같은 것은 아니고, 상위자의 시점에서 '자업자득'이라 비난받고 있는 상황을 화자 자신을 향해 이야기 하고 있다고 생각할 수 있다. 결과적으로는 화자가 자신을 대상으로 해서 예를 들어, 자조(自嘲)·비관(悲観)·자기(自棄)의 생각을 술회한 표현으로 나타나고 있다.

사회현상으로서 '자기책임원칙'이 주목을 받기 시작한 것은 1992년에 발각된 증권회사의 손실보전문제부터일 것이다.[13] 그 이후에는 금융거래에 있어서의 리스크에 관하여 '자기책임'이라는 말이 다용되어 왔다. 그러나 '워킹푸어(working poor)'라는 말이 보여주듯이 그에 걸맞는 노력을 해도 해소할

---

13) 1992년 6월 19일에 野村証券이 대기업에 대해서는 주식거래의 손실을 보전해주고 있었다는 것이 발각되었다. 그 때문에 여론이 자기책임의 원칙을 깼다며 비난의 대상이 되었다.

수 없는 저소득 노동이 구조화되어 있다는 문제가 있음에도 불구하고, '자기 책임'이라는 표현은 상위자의 시점, 바꿔 말하자면 '평가 · 판단 · 관리자로서의 심적태도'에 의한 표현이라 할 수 있을 것이다. 또 다른 말로는 '승자 집단(勝ち組)'으로부터의 시점이라는 견해가 있다. 예를 들면 다음과 같은 용례가 있다.

⑰ 희망의 소멸은 모든 사람들을 똑같이 찾아들지는 않는다. 그 중에는 물론 장래의 희망을 갖고 생활을 하는 사람도 있다. 그것은 천성적으로 높은 능력과 자산을 가지고 있어서 경제구조 변환 후의 뉴 이코노미 속에서 보다 큰 성공을 얻을 수 있는 사람들이다. 그런 한편으로 평범한 능력과 이렇다 할 자산을 갖고 있지 못한 많은 사람들은 자기책임이라는 이름 하에서 자유경쟁을 강요받고, 그 결과 지금과 같은 생활을 유지하는 것도 불안한 상황에 놓이게 될 것이다. 즉, 여기에서 경제격차보다도 심각한 희망의 격차가 생기는 것이다.

希望の消滅は，すべての人々を一様に見舞うわけではない．中には，もちろん，将来に希望をもって生活できる人もいる．それは，生まれつき高い能力や資産をもっていて，経済構造変換後のニューエコノミーのなかで，より大きな成功を得られそうな人々である．その一方で，平凡な能力とさしたる資産をもたない多くの人々は，自己責任という名のもとの自由競争を強いられ，その結果，いまと同様の生活を維持するのも不安な状況におかれることになるだろう つまり，ここに経済格差よりも深刻な，希望の格差が生じるのだ.(山田，2004: 38)

이와 비슷한 말로 '자기관리', '자립'과 같은 말이 있다. 평가 · 판단 · 관리자로서의 심적 태도에서 대상을 표현하자면, 열악한 경우가 고정화된(되었다고 느끼는)자에게 있어 '자기책임'은 조소 · 경멸 · 비난이라는 마이너스 대우를 함의할 가능성이 극히 높다. 또한 평가 · 판단 · 관리자로서의 심적 태도로 표현하는 화자는 종종 '연민 · 위자(慰藉)의 심적 태도를 갖는 주체'와도 중첩된다. '불쌍하다, 가엾다, 불민(不憫)하다'는 등의 감정표현은 상위자로서의 심적 태도와 표리일체하다고 할 수 있다.

(2) '양극화'라는 시각


예전처럼 '부유/빈궁' '부자(マル金)/가난뱅이(マルビ)'[14]라는 식의 경제상황을 직접적으로 표현하는 말이 아니라, '승자 집단/패자 집단', '싸움에 진 개(負け犬)'처럼, 승패의 판정을 도입하는 것에도 판정자로서의 심적태도를 볼 수가 있다. 이기고 지는 것에 관한 판정이 경제활동처럼 수치화할 수 있는 분야뿐만 아니라, 결혼, 학력 등 인생의 다양한 범위에 미치고 있다.


⑱ 저도 이제 슬슬 결혼을 해서 아이를 갖고 싶습니다만, 지금은 애인도 없어요. 그녀는 아이랑 남편 이야기를 하며 언제나 즐거운 듯. 적당히 맡은 바 일을 해 왔던 그녀가 승자 집단이고, 필사적으로 일해 온 내가 패자 집단―. 이대로 파트너를 못 찾고 혼자서 죽어가는 건가, 하고 생각하게되고, 잠을 잘 수가 없어요. 私もそろそろ結婚して子どもが欲しいのですが今は恋人もいません. 彼女は子どもや夫の話しをしていつも楽しそう. 適当に仕事をこなしてきた彼女が勝ち組で, 必死で頑張ってきた私が負け組―. このままパートナーが見つからず一人で死んでいくのだろうか, などと考えてしまい, 眠れません.(東京・M子)
(『読売新聞』 2010.4.18 조간)


예 ⑱은 신문의 인생상담란에 실린 글의 일부인데, '승자 집단', '패자 집단'의 판정은 사회와 개인의 가치관과 연동하고 있다. 양극화라 불리는 현상에 대해서도 대립 축은 개인에 따라 상당히 다른 것이라 생각한다. 따라서 '싸움에 진 개'를 화자가 자신을 가리키는 대상으로 삼는 경우라도 지시내용은 다르다.


⑲ 우에노 "그건 계층이론에 딱 들어맞네요. 즉, 계층이라는 것은 남자의 속성이


---

14) 1984년에 渡辺和博 著, 『金魂巻』에 의해 유행한 말. 제1회 유행어대상을 획득했다.

지 여자의 속성은 아니지요. 여자의 계층귀속은 남성에게 소속하는 것에 의해 이 차적으로 주어진다고 되어 있지요, 이론상으로는요 (웃음). 그러니까 남자는 자 기를 '계층의 용어'로 부르고, 여자는 자기를 '결혼의 용어'로 부르지요."/ 미우라 "네. 여성은 지금은 하류지만 언젠가 결혼을 하면 상류로!라고 하는 가능성도 어 느 정도 담고 있으니까 지금의 자신을 '하류'라고는 부르지 않지요."

上野「それは階層理論にぴったり合いますね. つまり階層というのは男の属性 であって, 女の属性ではないのね. 女の階層帰属は男性に所属することによっ て, 二次的に与えられることになっている, 理論上ではね(笑). だから男は, 自分 を「階層の用語」で呼び, 女は自分を「結婚の用語」で呼ぶんだ.」/ 三浦「ええ. 女 性は「今は下流でも, いつか結婚したら上流に!」という可能性もある程度秘めて いるから, 今の自分を「下流」とは呼ばないですね.」(上野・三浦, 2007: 131-132)

⑳과일가게 종업원이 내 연수입이 천 만 단위가 될 일은 200년을 일해도 없을거 야. 이기고 짊으로 말하자면 나도 명백한 싸움에 진 개지. 하지만 그게 뭐 어때 서. 우리들은 단지 이기기 위해서 살고 있는 게 아니잖아. 그런 작은 승부를 하 기 위해 태어난 게 아니란 말이다.

果物屋の店番のおれの年収が四桁になることなど, 二百年働いてもないだろう. 勝ち負けでいえば, おれだって明白な負け犬である. だが, それがどうしたとい うんだ. おれたちはただ勝つために生きているんじゃない. そんなちいさな勝 負を張るために生まれたわけじゃないのだ. (石田, 2008: 238)

'위로부터의 시선'이라는 키워드로 마이너스 대우어를 파악해보면, 표현 주체는 자기 쪽에 가치기준을 놓기 마련이니까, 자기가 판단할 수 없는 것, 이해 불가능한 것에 대해서는 비난이나 모욕의 대상이 될 수 있다는 셈이다.

㉑금발로 염색하고, 눈썹을 밀고, 잘 모르는 직업에 종사하고 있다. 그것이야말 로 유미코가 생각하는 "중류 가정"에서 가장 먼 것이다.

金髪に染め, 眉を剃り, よくわからない職業についている. あれこれ由美子の考

える"中家庭"からいちばん遠いものだ.(林, 2009: 44)

㉒ "《생략》저 사람은 시급이 50엔 올랐다고 한다. 왜 나는 오르지 않는지 이해할 수 없습니다."
「《略》あの人には五十円の時給アップがあったという. なぜ, ぼくにはないのか理解できません」(石田, 2009: 81)

'이유를 모르겠다', '의미불명', '이해불능' 등도 마찬가지이다.

또한 '들었다/들은 적이 없다'에도 '화자 측의 기준'이 함의되어 있는 경우가 있다.

㉓ "아아, 야마모토 군이군요. 와다 사장으로부터도 아라이 부사장으로부터도당신에 대해선 이야기를 들었습니다. 여러 가지로 번거롭겠지만 아무쪼록 잘 부탁합니다.《생략》"
「ああ, 山本君ですね, 和田社長からも, 新井副社長からも, きみのことは聞いてます. なにかとご造作をかけると思いますが, くれぐれもよろしくお願いします.《略》」(高杉, 2003: 276)

이것은 정규 루트로 보고가 이루어진다고 하는 조직 내의 룰이 기준이 되어 있음으로 '들었다'의 주체는 상위자에 속하게 된다. 역으로 '들은 적이 없다'의 경우는, 조직 내의 룰에서 벗어난 것에 대해서 상위자가 불만을 표명하는 표현으로서 사용된다.

㉔ 민주당의 오자와 대표가 "나는 들은 적이 없어"라고 일축하고 공기가 변했다. 자민당 출신의 고노 중의원 의장도 "들은 적이 없다"고 흘려, 여당의 관계 의원이 다급히 설명을 하기 위해 분주하는 장면도 있었다.
民主党の小沢代表が「俺は聞いてない」と一蹴し, 空気が変わった. 自民党出身の河野衆議院長も「聞いてない」と漏らし, 与党の関係議員が慌てて説明に走る

場面もあった.(『読売新聞』2009.2.22 조간)

㉕ 그날 밤, 도쿄 도내에서 여느 때처럼 보도진에 둘러싸인 와타나베 씨는 돌연 내년도 코치 인사에 대한 분노를 터트리기 시작했다. "나는 아무것도 보고를 받은 적도, 들은 적도 없어. 나한테 보고도 없이 맘대로 코치 인사를 주무르다니, 이런 일이 있을 수 있나? 나는 몰라. 책임 안 져."

その夜, 東京都内でいつものように報道陣に囲まれた渡邊氏は, 突然, 来季のコーチ人事への怒りをぶちまけ始めた.「おれは何も報告, 聞いてない. おれに報告なしに, 勝手にコーチ人事をいじくるなんて, こんなことあり得るのかね?おれは知らん. 責任持たんよ」(週刊アエラ 2011.11.21)


예㉔, ㉕는 모두 조직의 요직에 있는 인물의 발언이다. 둘 다 정보로써 그건을 파악하고 있었는지 아닌지라는 사실이 문제인 것이 아니라, 정식적인 보고가 이루어지지 않았다는 것에 대한 불만의 표명이다.


(3) 알아차리기 어려운 '위로부터의 시선'


알아차리기 어려운 표현으로는 '기대한다/ 하고 있다'를 들 수가 있다. '기대'는 국어사전에서 "좋은 결과나 상태를 예기하여 그 실현을 기다리는 것"(『大辞林 第3版』)과 같이, 어의의 기술이라 되어 있는데, "화자 측의 기준으로 봐서"가 함의되어 있다고 생각한다. 따라서 '화자 측의 기준을 클리어 할 수 있는지 어떤지'를 보고 있는 것이니까 역시 '위로부터의 시선'의 표현이 될 수 있음으로, 상위자가 하위자에게 기대하는 것은 자연스러운 용법이지만, 하위자가 상위자에게 기대한다는 것은 마이너스 대우어가 된다. 비즈니스 사회에서는,

㉖ 인사부의 남성의 목소리는 밝았다./ "합격입니다. 축하해요. 우리 회사에서
일 잘 하세요. 미즈코시 씨에게는 기대하고 있습니다.《생략》"
人事部の男性の声はほがらかだった。/「合格ですよ、おめでとう。うちの会社で
いい仕事をしてください。水越さんには期待しています。《略》」
(石田, 2009: 410)

과 같은 표현이 자주 사용된다.

게다가, '기대하지 않는다/하고 있지 않다'고, 부정형이 되었을 때는,

㉗ "《생략》무엇을 하면 좋을지는 자기 생각해서 움직여 봐. 좋은 공부가 될거
야. 뭐, 인턴 첫 날인 사람에게 기대는 하지 않지만,"
「《略》なにをしたらいいかは自分で考えて働いてみろ。いい勉強になる。まあ初
日のインターンに期待はしないけどな」(石田, 2009: 117)

과 같이 포기와 경멸의 기분이 동반되는 것에서도 기대치의 기준은 화자 측
에 있다는 것이 명백해질 것이다.

4. 맺으며

이 글은 현대일본에서 격차의 문제를 다루고 있는 소설, 평론 등을 소재로
대인관계 속에서 이른바 마이너스의 표현효과가 나타난 예를 살펴보는 시
도였다. 여기서 마이너스 대우 표현의 전형적인 사례로 '자기책임'과 '기대하
고 있다' 등을 거론했다. 이런 말은 본래 마이너스의 의미를 띠고 있지 않았
는데, 최근의 사회실태와 결부시켜 생각해보면 상대방에 대한 비난이나 상
위자로부터의 평가라는 태도가 보이는 경향이 강하다. '위로부터의 시선'이

라는 관점을 설정해 이러한 마이너스 대우의 의식이 포함된 표현을 분석해 보았다. 반복되지만, '위로부터의 시선'에는 단지 상위자로서 상대방을 평가·판단하는 태도만이 아니라, 상위자의 입장을 가장한 자가 마치 상위자인 것처럼 말하고 행동하는 태도와 의식도 포함될 수 있다. 결론적으로 마이너스 대우어라는 관점에서 격차사회의 언설을 읽어 보면, 종래의 대우표현 연구에서는 다르지 않았던 언어운용의 의식이 분명하게 확인된다. 다루고 있는 사례가 충분하지 못하다는 점을 감안하더라도, 이 글은 현대의 격차 문제에 관한 언설을 관찰하기 위한 시안을 제시하고 있다는 점에서 그 의의를 찾을 수 있을 것 같다.

# 슬픈 일본과
# 공생의 상상력

8장

# 격차사회 일본과 프롤레타리아 문학의 현재적 의의

다케우치 에미코(竹内栄美子)

## 1. 현대에 소환된 프롤레타리아 문학

2010년에서 2011년으로 넘어가는 연말연시에 일본에서는 '타이거마스크 현상'이라 불리는 사건이 일어났다. '다테 나오토(伊達直人)'라는 이름으로 군마현(群馬県)의 아동상담소에 책가방 10개가 배달된 것인데, 이것을 계기로 일본 각지의 아동양호시설에 익명에 의한 다수의 기부가 이어졌다. 이 일련의 익명 기부가 '타이거마스크 현상'으로 불린 것은 '다테 나오토'가 다름 아닌 가지와라 잇키(梶原一騎) 원작의 만화『타이거마스크』주인공의 이름인 까닭이다. 극 중의 '다테 나오토'는 '고아원'에서 자라 호랑이 가면을 쓰고 프로레슬러가 되었고, 레슬링으로 번 돈을 신분을 감춘 채 '고아원'에 기부하는 인물로 그려지고 있다. 참고로 애니메이션「타이거마스크」는 필자 자신도 어린 시절 자주 접했던 1970년대의 인기 TV프로그램이다.

1970년 전후는 지금은 거의 사용하지 않는 '고아', '고아원'이라는 말이 아직 살아있던 시대였다. 고아원은 보호자가 없는 아이들과 학대받은 아이들이 양육되는 장소를 가리키는 데, 현재는 고아원이란 명칭 대신 '아동양호시설(児童養護施設)'로 불리고 있다. '타이거마스크 현상'은 아동양호시설에서 생활하고 있는 부모가 없는 아이들에게 전달된 일종의 선의였다고 할 수 있다. 결과적으로 이 현상은 처음에 책가방을 기부한 '다테 나오토'만이 아니라, '어려움을 겪는 사람들을 위해 자신도 뭔가 도움이 되고 싶다'고 생각하는 사람이 일본사회에 생각보다 많이 있었다는 것을 보여주고 있다.

'타이거마스크 현상'의 배경으로는 지난 수년 동안의 네오리버럴리즘(Neoliberalism)에 의한 시장지상주의의 대두로 비정규직이 늘어난 것을 비롯하여, 미혼율의 상승, 종신고용의 저하, 가족의 붕괴, 생활불안정의 증가 등 빈곤과 격차의 문제가 미디어를 통해 심각한 사회 문제로 빈번하게 다루어졌던 것이 있었음에 틀림없다. 유아사 마코토(湯浅誠) 등이 실업자를 대상으로 2008년 말에 개설한 '연말 파견촌(年越しの派遣村)', 2006년부터 NHK가 보도한 '워킹 푸어(working poor)'[1]와 '무연사회(無緣社会)'[2] 등은 그러한 변화에 대한 일본사회의 새로운 인식을 보여주는 사례라고 할 수 있다. 특히 유아사의 저작 『반빈곤(反貧困)』(岩波親書, 2008년)과 이와타 마사미(岩田正美)의 『현대의 빈곤(現代の貧困)』(ちくま親書, 2007년)은 현대에 있어서 빈곤문제의 실태를 분석하고, 그것을 자기책임론이 아닌 사회 문제로서 파악할 것을 주장하는 경청할 만한 논의를 담고 있다. 잡지 『세카이(世界)』도 2011년 2월호에 '가족붕괴라는 현실—아동학대가 제기하는 것(家族崩壊という現実—児童虐待が問うもの)'이라는 특집을 통해 빈곤이 아동학대의 주요한 원인이 되고 있음을 논하고 있다. 이것들은 모두 가혹해지는 사회 상황

---

1) 일해도 생활보고수준에도 미치지 않는 임금밖에 얻지 못하는 빈곤층을 가리킨다. NHK총합TV 『NHK스페셜』에서 2006년 7월 23일, 2006년 12월 10일, 2007년 12월 16일 3회에 걸쳐 방영되어 큰 반향을 불러왔다. 그후 NHK스페셜 '워킹 푸어' 취재반편 『ワーキングプア 日本を蝕む痛』(ポプラ社, 2007) 및 동 『ワーキングプア 解決への道』(ポプラ社, 2008) 등이 출판되었다.

2) 지역, 가족과의 관계가 단절되고, 신원미상인 채로 사망한 사람이 증가하고 있는 실태를 취재한 프로그램. NHK총합TV 『NHK스페셜』에서 2010년 1월 31일, 2011년 2월 11일 2회에 걸쳐 방영되었다. NHK '무연사회 프로젝트' 취재반편 『無緣社会 "無緣死"三万二千人の衝撃』(文芸春秋, 2010)도 출판되었다. 그러나 '무연사회'의 고독사 등이 회자되는 한편에서는 지연과 혈연에 의한 구속이 강한 지역사회에 회의를 느껴 스스로 그곳에서 벗어나려는 동기도 존재한다는 점이 지적되고 있다.

이 가장 약한 존재의 삶을 주름지게 하고 있음을 비판적으로 지적하고 있다. 2010년 아동상담소가 접수한 아동학대건수는 5만건을 넘었다.[3] 그 밖에도 1929년에 발표된 고바야시 다키지(小林多喜二)의 『게공선(蟹工船)』은 '워킹 푸어의 전형'으로 화제가 되면서 독서에세이 콘테스트가 열렸고 인기배우에 의해 영화로 제작되기도 했다.[4] 여기에 논단에서도 크게 언급된 바 있는 아카키 도모히로(赤木智弘)의 「『마루야마 마사오』를 때려주고 싶은 31세 프리터. 희망은 전쟁(『丸山真男』をひっぱたきたい31歳フリーター. 希望は, 戦争)」[5]이 제시하는 불황 시대의 전쟁대망론도 빼놓을 수 없다.

학술단체들도 신자유주의와 불황이 일본사회에 가져온 어두운 측면에 주목하여 여러 학술기획을 진행하였다. 예를 들면 일본사회문학회는 2006년 봄 「〈일하는 것〉과 〈전쟁하는 것〉―표현의 나아갈 방향을 생각한다(〈働くこと〉と〈戦争すること〉―表現のあるべき方向を考える)」를 전체 테마로 학술대회를 개최하였고, 학회지 『사회문학(社会文学)』 제25호(2007년 2월, 일본사회문학회)에 그 성과가 반영되었다. 일본사회문학회는 원래 문학과 사회・역사・사상 등이 교차하는 장에서 일어나는 문제에 관심을 두는 학회로서 그 동안 수차례 노동과 전쟁의 문제를 다루어왔는데, 특히 이번에 게재된 가마다 게이(鎌田慧)의 「30년 후의 절망공장(三〇年後の絶望工場)」[7] 양석일의 「신체와 노동의 결여에 저항하는 문학(身体と労働の欠落にあら

---

3) 『朝日新聞』 2011년 7월 20일자 석간. 특히 아동학대에 관해서는 2010년 7월, 당시 23세의 이혼한 젊은 엄마의 육아포기로 인해 오사카시의 맨션에서 3세와 1세의 유아 두 명이 방에 감금된 채 굶어죽는 사건이 일어나 매스컴에서 크게 보도한 바 있다.

4) 「私たちはいかに『蟹工船』を読んだか」(白樺文学館多喜二ライブラリー, 2008). 영화 『게공선』은 SABU감독, 마쓰다 류헤이(松田龍平) 등이 출연해 2009년 개봉되었다.

5) 『論座』 2007년 1월호. 후에 赤木智弘 『若者を見殺しにする国』(双風社, 2007)에 수록되었다. 현재의 일본사회를 기득권을 가진 중장년층에 관대하고, 저임금노동을 강요당하는 젊은이들은 거들떠보지도 않는 나라라고 강하게 비판하면서, 이런 불평등한 폐색상태를 타파하고 사회에 유동성을 가져오기 위해서는 전쟁을 일으키는 방법 외에는 없다고 주장하여 큰 반향을 불러옴.

がう文学)」은 비정규노동이 증가한 고용실태와 노동 현장에서 벌어지는 인간 소외가 과거보다도 한층 악화되고 있는 상황을 언급하고 있다.

또한 일본근대문학회도 2009년 춘계대회에서 「〈빈곤〉의 문학·〈문학〉의 빈곤(〈貧困〉の文学·〈文学〉の貧困)」이라는 제목의 특집을 꾸린 바 있다. 학회지『일본근대문학』제81집(2009년 11월, 일본근대문학회)에는 기리노 나쓰오(桐野夏生)의 작품을 논한 다네다 와카코(種田和加子)의 「〈약탈〉의 구도―기리노 나쓰오 작품으로 고찰하다(〈略奪〉の構図―桐野夏生作品から考察さる)」등이 게재되었다. 또한 잡지『국문학 해석과 감상』은 2010년 4월호 특집「프롤레타리아 문학과 프레카리아트 문학 사이(プロレタリア文学とプレカリアート文学のあいだ)」을 통해 80년 전의 프롤레타리아 문학과 현재의 프레카리아트 문학 ―'불안정한'을 의미하는 이탈리아어 Precariato와 '노동자계급'을 가리키는 Proletariat의 합성어. 1990년대 이후 불안정한 고용의 확대 속에서 비정규직 노동자와 실업자를 가리키는 말로 확산됨― 을 함께 다루면서, 빈곤, 계급, 노동, 젠더의 문제를 부각시켰다. 이렇게 현대문학의 소설작품은 물론이거니와[6] 아카데미의 분야에서도 빈곤과 격차는 심각하게 주목해야할 문제로서 부상하고 있음을 알 수 있다.

이상에서 일본에서 빈곤과 격차를 둘러싼 지난 몇 년간의 실태에 관해서 개관했다. 그런데 이런 문제가 미디어를 통해 대대적으로 보도되고 관련한 간행물이 쏟아지고 있는 현상 자체가 문제가 될 수는 없겠지만, 그럼에도 불

---

6) 기리노 나쓰에의 작품만이 아니라 최근에 예를 들면 41세로 자살한 사토 야스시(佐藤泰志)의 소설이 재평가 받고 있는 점도 주목을 끈다. 사토는 아쿠타가와상과 미시마상의 후보까지 올랐지만 결국 수상을 하지는 못했다. 홋카이도의 하코다테를 모델로 한 가상도시 가이탄시(海炭市)를 무대로 거기서 일하는 사람들을 그린 옴니버스 형식의 소설『가이탄시서경(海炭市敍景)』(小学館文庫, 2010)이 베스트셀러가 되었으며, 영화(구마키리 가즈요시(熊切和嘉) 감독, 2010년 공개)로도 제작되었다. 문고본에 앞서 간행된『사토 야스시 작품집』(クレイン, 2007)도 있다. 또 2010년도 하반기 제144회 아쿠타가와상을 수상한 니시무라 겐타(西村賢太)의『고역열차(苦役列車)』는 항만노동자인 주인공의 빈곤한 생활과 질투 깊은 성격을 유머러스하게 묘사해 화제가 되었다.

구하고 빈곤과 격차와 같은 문제가 일과성의 유행으로 취급되거나, 팔리는 테마 정도로 소비되어서는 안 된다는 점은 확인해둘 필요가 있을 것 같다. 한때 이러한 현상을 꼬집어 '요즘은 빈곤과 관련한 책이 잘 팔린다'라는 말이 회자되기도 했다. 빈곤현상에 뛰어들어 수익을 올리는 일명 '빈곤 비즈니스'의 폐해에 관해서는 앞서 소개한 유아사 마코토의 『반빈곤』이 자세히 다루고 있다. 저널리즘과 미디어의 영역에서 빈곤과 격차가 수익을 위한 비즈니스의 소재나 일과성의 붐에 그치고 있는 것은 아닌지, 주의 깊게 지켜볼 일이다. 물론 빈곤 문제에 접근하는 태도의 문제에 관해서는 연구의 영역도 결코 예외일 수 없다. 문학연구의 영역에서 오랫동안 프롤레타리아 문학은 거의 주목을 받지 못하는 상황에 놓여 있었다. 나카노 시게하루(中野重治), 사타 이네코(佐多稲子), 고바야시 다키지(小林多喜二), 하야마 요시키(葉山嘉樹) 등 개별 작가에 대한 연구는 꾸준히 이루어지면서 성과의 축적을 이루었지만, 일반적으로 프롤레타리아 문학 연구에서도 포스트모던적인 가치가 초점이 되거나 아니면 텍스트론과 같은 시점이 유행했다. 심지어 버블경제가 절정을 맞이했던 1980년대부터 1990년대 사이에 프롤레타리아 문학은 거의 거론조차 되지 않았다. 그러나 앞서 언급한 바와 같이 오늘날 연구의 영역에서 프롤레타리아 문학이 다시 주목을 받고 있다. 하지만 냉정하게 말하면 이런 연구상의 전환이 반드시 환영할 만한 일을 의미한다고 보기는 어렵다. 왜냐하면 프롤레타리아 문학의 부상은 오히려 일본사회에서 버블경제 붕괴 후 이어진 '잃어버린 10년'이라 불렸던 장기 불황이 초래한 냉엄한 실태의 증거처럼 보이기 때문이다.[7] 덧붙여 이런 사회적 배경에 대한 고려

---

7) 미즈키 쇼도(水月 昭道)의 『고학력 워킹푸어 '프리터 생산공장'으로서의 대학원(高学歴ワーキングプア「フリーター生産工場」としての大学院)』(光文社親書, 2007)에는 문부과학성의 대학원 중점계획 때문에 대학원 박사과정을 수료해도 연구직에 취직하지 못하고 생활고를 겪는 젊은 연구자의 실태가 보고되고 있다. 마침 거품경제 붕괴 후 취직빙하기와 중첩되면서 '고학력 워킹푸어'의 문제도 발생했다.

와 함께 연구 주체의 문제도 간과할 수 없다. 이러한 테마를 다룰 때, 연구의 주체가 스스로를 투명한 위치에 놓는 것은 불가능하며, 또한 이념과 도의의 문제에서 벗어날 수도 없다. 빈곤과 격차를 생존의 도구로 하는 것, 혹은 단지 지적 호기심을 충족하기 위한 연구의 대상으로 삼는 것, 유행으로서 빈곤을 연구하는 것, 이런 자세를 경계하지 않으면 안 된다.

프롤레타리아 문학이 제기하는 문제는 헤더 보웬 스트뤽(Heather Bowen-Struyk)이 언급한 것처럼,[8] 무엇보다 현재의 실천적인 문제에 연결되는 중요한 것들로 가득하다. 네오리버럴리즘의 대두 아래, 시장을 지상(至上)의 것으로 간주하며 인간을 격렬한 경쟁으로 내모는 글로벌리제이션과 자본주의의 관계, 젠더 연구(gender studies)와의 관계, 서발턴 연구(subaltern studies)와의 관계 등에서 볼 때, 1920년대부터 1930년대에 성행했던 프롤레타리아 문학이 본질적으로 유익한 관점을 제공하고 있음은 분명하다. 지금도 유효한 사상적 자원인 프롤레타리아 문학을 다시 읽는 것을 통해 격차사회와 같은 곤란한 사태에 대응하는 대안에 관한 실마리를 얻을 수 있을 것이다.[9]


## 2. 보이지 않게 된 것을 들추어내다―세계의 독해방식

우리들의 주위에는 감춰진 사실과 같은 것이 많이 있다. 예를 들어 미증유의 피해였던 동일본대지진이 일어난 2011년 3월 11일 이후 후쿠시마 제1원자력발전소의 사고에 의해 지금까지 원자력 행정의 보이지 않았던 부분이 보도되었다. 원자로에서 생성되는 플루토늄의 처리와 건강에 치명적인 해

---

8) ヘザー・ボーウェン=ストライク,「プロレタリア文学―世界を見通すにあたって, それがなぜ大切なのか」(『日本近代文学』第76集, 2007.5).

9)「プロレタリア文学と現在―世界を分析し, オルタナティヴを模索する」(『日本近代文学』第79集, 2008.11).

를 미치는 원전노동의 실태를 조금이라도 생각하면, 원전이 위험천만한 것이라는 점은 알 수 있을 터인데, 거꾸로 장밋빛의 밝은 미래를 보증하는 것처럼 받아들여지고 있었다. 예를 들어 14개의 원자로가 입지해 있는 관계로 '원전긴자(原発銀座)'라고 불리는 후쿠이(福井)현의 와카사와(若狭) 지방을 무대로 해서 농한기에 원자력 발전소의 하청노동자로서 일하는 남자를 그린 미즈카미 쓰토무(水上勉)의 『금도끼 이야기(金槌の話)』(『海燕』 1982년 1월호)라는 소설이 있다. 얼굴의 오른뺨에 가지만한 크기의 커다란 부스럼이 있는 구토 료사쿠(工藤良作)는 화자의 먼 친척뻘 되는 인물로 화자는 그로부터 여러 가지 이야기를 듣는다. 재산가의 적자로 태어나 원래는 마을 제일의 귀공자였던 료사쿠가 어떻게 부스럼이 있는 괴위(魁偉)한 용모로 변했는지, 소설 속에 그것은 설명되고 있지 않다. 다만 료사쿠는 원전의 노심 근처에서 2시간 정도 일하면 가슴의 주머니에 넣어둔 만연필과 같은 측정기가 삐삐 소리를 낸다는 것, 그러면 밖으로 나와 급히 작업복을 벗고 새로운 작업복으로 갈아입고 다시 노심에 들어간다는 것, 어느 날 해안도로에 토사물이 일곱 개 있었다는 것, 날다람쥐가 숲을 벗어나 둥지를 옮겼던 것 등 구체적인 원전작업과 마을에서 일어났던 이상한 일들을 담담하게 말할 뿐이다. 결코 목소리는 높지 않지만, 소설은 원전의 공포를 암시하고 있다. 하지만 『금도끼 이야기』에 나오는 에피소드는 실제로 거의 알려져 있지 않다. 오히려 우리가 반복해서 접하는 것은 인기배우와 같은 사람들이 나와 생활 전반의 가전화가 얼마나 현명하고 합리적인가를 홍보하는 TV의 영상뿐이다. 우리들은 TV에서 반복해서 흘러나오는 영상의 메시지를 수용함으로써 원전 프로파간다의 교묘한 술수에 사로잡혀 있는지도 모른다. 물론 감춰진 것은 원전의 위험성만이 아닐 것이다. 여기서 이러한 현실 세계를 어떻게 읽어낼 것인가의 문제가 부상한다. 그리고 약 80년 전에 등장했던 프롤레타리아 문학은 이 문제에 관한 유의미한 참조점을 제공한다. 왜냐하면 프롤레타리아 문학은 세계의 독해법에 관해 당시까지의 일반적인 개념과는 전혀 다른 방식을 사람들에게 제기하였고, 주류 언설(master narrative)과는 다른 말하기 방식을 제시했기 때문이다. 무엇보다 프롤레타리아 문학은 세계를 독해하는 능력이 결코 지식인에게 국한되어서는 안 되며 대중에게 널리 제공되어야 한다고 주장했다.

예를 들어 고바야시 다키지(小林多喜二)의 「게공선(蟹工船)」(「戰旗」 1929년 5 · 6월호)에서는 근대일본에서 일어난 전쟁의 원인이 극히 일부의 지배층에 의해 일어난 제국주의 전쟁이었다는 것을 최하층 선실의 스토브 주위에 모여앉아 이야기를 나누는 선원들의 입을 빌려 독자에게 제시하고 있다. 물론 거기에는 전문적인 사회과학용어와 같은 것은 나오지 않으며, 선원들은 학문적인 훈련을 받지 않은 탓에 자신의 언어로 어설프게 말할 수밖에 없다. 그렇지만 왜 해군의 경비를 받으면서 가혹한 조건 아래서 러시아령의 해역까지 침입해 조업을 해야만 하는지를 다음과 같이 명료하게 말하고 있다.

> "돈이 그대로 데굴데굴 굴러가는 듯한 캄챠카와 북사할린 등, 이 지역 일대로 나아가는 것을 어떻게 해서든 일본의 것으로 만들려고 그러는 것 같다. 일본의 그것은 지나와 만주만이 아니라 이쪽 방면도 중요하다고 말한다. 거기에는 이 회사가 미쓰비시 등과 함께 정부를 잘 따르고 있는 듯하다. 이번 사장은 정치가가 된다면 그것을 더욱 밀어부칠 것 같다."

> "지금까지 일본의 어떤 전쟁에서도, 정말로—그 밑바닥을 까보면 모두 극히 두서넛의 부자(특히 큰 부자)의 의도에서 여러 가지 억지 동기를 덧붙여 일으킨 거다. 어쨌든 전망이 있는 장소를 손에 넣고 싶어서, 정말로 손에 넣고 싶어서 버둥거리고 있는 것이다. 그 놈들은"[10]

이렇게 단편적으로 이어질 뿐인 선원들의 대화를 논거가 없는 감각적인 언어사용에 지나지 않는다고 일축할 수는 없다. 제국주의 국가의 식민지 지

---

10) 『蟹工船 · 党生活者』(新潮文庫, 2008, 第105刷), pp. 97-98.

배, 재벌과 정부와의 유착 등 전쟁의 본질을 정확하게 파악하고 있기 때문이다. 여기에서 선원들의 말을 통해 제시되고 있는 전쟁에 관한 사고는 오늘날 전쟁에 관한 논의에서도 발견할 수 있다. 2001년의 9·11 동시다발 테러사건 이후, 2003년에 미국이 일으킨 이라크 전쟁은 2010년 8월에 종결되었다. 하지만 당초 개전 이유로 미국 정부가 제기한 이라크의 대량살상무기는 결국 발견되지 않았다. 대량살상무기 처리와 이라크의 민주화와 같은 공식적인 개전 이유와는 별도로, 다수의 미디어가 거론한 것은 이라크의 석유를 둘러싼 이권 문제였다. 부시 전 대통령 시절의 부통령이었던 체니는 미국의 석유굴삭기판매회사 핼리버튼(Halliburton)의 경영에 참여한 경력을 갖고 있을 뿐만 아니라 이 회사의 대주주이기도 했는데, 실제로 이 기업은 이라크 전쟁을 통해 막대한 이익을 거둔 것으로 알려져 있다. 체니 부통령이 관여했던 핼리버튼 사만이 아니라, '국가와 긴밀한 관계에 있는 5개의 기업이 거대한 파이를 서로 나눌 수 있게 되었다'[11]고 이야기되고 있는데, 그 중에는 레이건 정부 시절 국무장관을 역임한 조지 슐츠가 경영진의 한 사람으로 참여했던 벡텔 그룹(Bechtel Group)과 같은 미국 최대의 공공토목건설기업의 이름도 올라있다. 전쟁의 배후에는 기업과 정부의 유착에 의한 경제 문제가 잘 보이지 않는 형태로 작동하고 있는 구조를 일찍이 『게공선』은 소설의 형태로 사람들에게 보여주었다고 할 수 있다.

또한 빈곤을 자기책임이 아니라 사회문제로서 인식하는 것에 관해서도 지적해 두고 싶다. 사다 이네코(佐多稲子)의 「가두의 한 걸음(街頭の一歩)」(『女人芸術』, 1929년 10월호, 원제는 「一歩」)에는 주인공인 히로코가 기부금 모금에 지쳐 역의 플랫폼에서 침울해하고 있는 때, 그때까지의 자신의 가난한 경우를 떠올리며, '그렇다. 지금의 사회는 우리들의 생활에서 태양의

---

11) イグナシオ・ラモネ他, 杉村昌昭他訳, 『グローバリゼーション・新自由主義批判事典』, 作品社, 2006 참고.

빛까지 빼앗고 있다'고 생각하는 장면이 있다. 겨우 생계를 이어가는 고된 생활의 원인을 자기책임론이 아니라 사회의 문제로서 인식하고 있는 대목이 주목을 끈다. 가난한 생활, 극빈의 생활이라는 것에 관해 말하자면, 조금은 과도한 비교일 수도 있지만, 예를 들어 모리 오가이의『나룻배(高瀬舟)』의 요시스케(喜助)도 빼놓을 수 없다. 요시스케는 몸을 아끼지 않고 성실하게 살아가는 인물이다. 그럼에도 불구하고 빈곤에서 벗어나지 못한다. 동생을 살해했다는 죄목으로 재산을 몰수당하고 먼 섬에 유배된 요시스케는 지금 수중에 주인으로부터 받은 2백 문을 소지하고 있다. 일하지 않아도 감옥에 있으면서 먹고 살 수 있었던 것, 재산도 없이 먼 섬에 유배되었을 때 2백 문을 받았다는 것(그때까지 요시스케는 한 번도 그런 금액을 소지한 적이 없었다), 이 모든 것을 감사하게 생각하는 요시스케는 오히려 주인에 대한 감사한 마음 때문에 어떤 불만도 표현하지 않는다. 성실하게 일하는 요시스케와 같은 인물이 빈곤의 밑바닥에서 만족하며 살아가는 사회구조야말로 문제시되어야 함에도 불구하고, 이 소설에서는 요시스케의 이러한 마음가짐을 '지족(知足)'이라는 말로 아름답게 정리하고 있다. 나룻배를 타고 요시스케를 따라다니는 하다 쇼헤이(羽田庄平衛)가 요시스케를 마음가짐이 훌륭한 인간이라고 생각하는 것 자체가 기만 이외에 어떤 것도 아니며, 순종적이고 성실한 요시스케는 어떻게 보아도 통치에 이용되고 있는 존재에 지나지 않는다. 물론 요시스케 자신도 주인을 숭배하고, 권위를 유지하기 위한 도덕을 의심 없이 내면화하고 있다. 명작『나룻배』의 한계는 에도시대의 전형에 의한 것이기는 하지만, 집필되었던 시대의 한계이기도 했다.[12]

---

12) 이에 관해서는 졸고,「二律背反の構図―プロレタリア文学を再読するために」,『昭和文学研究』第61集, 2010年 9月에서 자세하게 논한바 있다. 특히『나룻배』는 현재 고등학교 국어 교과서에 게재되어 있는 교재작품이기도 하다. 비판의식이 갖지 못한 채 주인을 우러러보는 것이 훌륭한 인간이라는 사고방식이 어떤 부연설명도 없이 학생들에게 그대로 전달되는 것은 문제라고 할 수 있다. 오히려 비판적 독해력을 키우기 위한 교재로 사용하는 것이 적절하다고 하겠다.

『가두의 한 걸음』이나 『나룻배』와 비교할 때, 1920년대부터 1930년대에 걸쳐 성행한 프롤레타리아 문학은 1916년에 발표된 이 『나룻배』의 사상을 극복하고 있다는 점에 그 새로움이 있었다고 할 수 있다. 물론 프롤레타리아 문학이 대두하기 이전에 어떤 권위에도 굴복하지 않고, 자신만이 자신의 주인이어야 한다고 주장했던 오스기 사카에(大杉栄) 등의 아나키즘 사상이 있었음도 빼놓을 수 없다. '주인님의 말씀은 당연하고 지당하다'고 생각하며 권위에 순종적인 요시스케에게는 결코 볼 수 없었던 측면을 히로코는 민감하게 감지하고 있다. '지금의 사회'가 충분하지 않다고 생각하고, 빈곤을 자기책임이 아닌 사회구조의 문제로서 인식하고 있다. 프롤레타리아 문학은 마르크스주의를 사상적 기반으로 하기 때문에 경제적 지표에 근거한 사회구조의 분석이 전제가 되었다. 사회를 향해 눈을 돌린 히로코의 조형은 이러한 전제에서 도출되고 있다고 할 수 있다.

『가두의 한 걸음』에 그려진 이러한 인식은 현재 이야기되고 있는 다음과 같은 논의와도 통하고 있다. 앞서 소개한 『현대의 빈곤』이란 책에서 이와타 마사미는 사회 안에 존재하는 빈곤 등 '있어서는 안 되는 상태'를 어떻게 측정할 것인가를 둘러싸고 '타자에 대한 배려와 공정함에 관한 이의제기가 부단히 이루어지는' 사회, 혹은 '사회를 구성하는 구성원의 배내와 사회통합에 초점이 맞춰진' 사회에서는 '있어서는 안 되는 상태'의 범위가 넓고, 빈곤이 발견되기 쉽다고 말한다. 달리 말하면 이런 사회에서는 같은 사회의 멤버로서 일부의 사람들이 배제되고 있지는 않은지, 즉 타자에의 배려가 끊임없이 되물어지고 있다는 것이다. 이 책에서는 이것을 '빈곤 문제를 사회의 책무로서 적극적으로 받아들이려는 사회의 성숙도에 의한 차이'라고도 말하고 있다.[13] 빈곤이 자기책임이 아니라 사회의 문제라는 것은 앞서의 유아사 마

---

13) 岩田正美, 『現代の貧困』, ちくま新書, 2007, p. 45.

코토의 『반빈곤』에서도 논해지고 있다. 『가두의 한 걸음』의 히로코가 느끼고 있었던 것은 이렇게 현대의 빈곤 문제에 관한 논의와 공통되는 내용을 가지고 있다.


## 3. 젠더 이슈의 관점에서

쇼와기 프롤레타리아 문학의 특징 가운데 하나는 메이지·다이쇼기에 비해 다수의 여성작가가 배출되었을 뿐만 아니라, 다루어진 제재의 경우도 여성의 관점에 의한 것이 많았다는 것이다. 『가두의 한 걸음』과 함께 신예문학총서 『연구회삽화(研究会挿話)』(改造社, 1930년 7월)에 수록된 사다 이네코의 초기단편인 『레스토랑 낙양(レストラン洛陽)』(『文芸春秋』 1929년 9월호)과 『분노(怒り)』(발표지 미상, 1929년 1월)에서는 카페의 여급을 시점인물로 하고 있다. 그 외에도 잘 알려진 「캬라멜공장으로부터(キャラメル工場から)」(『プロレタリア芸術』 1928년 2월호)와 「담배여공(煙草女工)」(『戦旗』 1929년 2월호), 혹은 「간부여공의 눈물(幹部女工の涙)」(『改造』 1931년 1월호) 등에서는 여성노동자의 모습이 그려지고 있다. 하세가와 게이(長谷川啓)의 「프롤레타리아 문학과 젠더(プロレタリア文学とジェンダー)」[14]는 소학교를 중퇴하여 학교교육을 제대로 받지 못한 사다 이네코가 여러 가지 노동경험을 통해 여급과 여공만이 아니라 하녀(小間使), 여자종업원(座敷女中), 여점원(女店員), 버스안내원(バスガール) 등 여성노동의 다양한 현실을 묘사했다고 지적한 바 있다. 게다가 종래 낮게 평가되기 쉬웠던 「간부여공의 눈물」을 비롯한 이른바 '여공5부작'은 고바야시 다키지의 「게

---

14) 『국문학 해석과 감상』(至文堂)의 2010년 4월호에 게재된 특집 「프롤레타리아문학과 프레카리아트문학 사이(プロレタリア文学とプレカリアート文学のあいだ)」를 참조할 것. 『국문학 해석과 감상』은 2011년 10월호로 휴간되었다. 참고로 같은 국문학계 잡지로는 이미 2009년 『국문학』(学燈社)이 휴간되었다.

공선」에 필적하는 것이라 높게 평가하고 있다. 이런 맥락에서 보자면 젠더의 관점에서 프롤레타리아 문학을 다시 읽는 것은 계급, 노동, 인권 등의 관점과 병행하여 중요한 시각을 제공해줄 것이다.

다양한 여성노동의 현실을 묘사한 사다의 작품 가운데 예를 들어『레스토랑 낙양』과『분노』에서는 여급으로서 일하면서 가족을 부양하는 여성에 대해 남성들이 '매음', '첩'과 같은 모욕적인 말이 던지는 장면이 나온다. '레스토랑 낙양'은 관동대지진 후에 생긴 가게로 당시 부흥의 길에 접어든 도쿄에서 늘어가고 있던 카페의 하나였다. 화족의 자제인 도락가 도쿠노리(德則)는 '낙양'에서 일하는 여급 나쓰에(夏江)의 단골손님이다. 도쿠노리는 언제나 그를 따르는 무리들을 이끌고 가게에 나타나는데, 그 무리 중 한 사람인 아다치(安達)로부터 나쓰에는 '매음녀'라고 모욕당한다. 여급의 방으로 뛰어들온 뒤에도 나쓰에는 좀처럼 분노를 가라앉히지 못한다. 동료인 오바(お葉)도 나쓰에의 분노에 공감한다. '그 사람 뭐야? 부모에 의지해 매일 편하게 카페나 들락거리고 있지 않아요? 무시하는 거네요. 매음이든 뭐든 쓸데없이 참견하지 말라고 말해주면 되잖아요. 그 따위 사람에게 그런 말을 들어야 할 이유는 없다고, 나는 엄연히 몸져누운 남편과 아이를 먹여 살리고 있으니까, 당신처럼 부모나 의지하는 도락의 자제와는 다르다고, 그렇게 말해 주면 되지 않아요?' '코의 양쪽을 실룩샐룩' 움직이며 오바는 쉬지 않고 말을 쏟아낸다. 나쓰에는 오바를 보고 '그래, 나 그렇게 말했어, 그런 놈에게 그런 말을 들을 이유가 없다, 나도 환자와 아이가 없다면 이런 곳에 오지 않아…'라고 말하며 울분 섞인 눈물을 흘린다.[15]

미조구치 겐지(溝口健二) 감독의 유명한 영화「적선지대(赤線地帯)」(1956년 개봉)가 그런 것처럼, 성 노동에 종사하는 여성들이 병약한 남편과 아이를 돌보고 있는 구도는 여성의 노동이 남성의 그것 이상으로 곤란한 것

---

15) 佐多稲子,『研究会挿話』, 改造社, 1930. 인용은 복각판, ゆまに書房, 1998을 따랐다.

이었다는 점을 보여준다. 그녀들은 병약한 남편에 비하면 오히려 힘이 넘치는 여장부를 연상시키지만, 그러나 그 노동의 실태는 빈곤과 비애로 가득 찬 것이었다. 물론 그녀들은 자부심을 갖고 스스로의 힘으로 생활을 영위한다. 그러나 세상, 특히 남성들의 눈은 그녀들을 그렇게 보지 않는다.

한편 『분노』에서는 이혼 후 4명의 아이들을 둔 오시노(お篠)가 젊은 여급들 속에서 서로 배려하며 일하는 모습이 그려지고 있다. 자주 지각해서 동료들에게 폐를 끼치고 있는 탓에 언제나 조심스럽게 행동하는 오시노는 나이가 많기 때문에 젊은 여자들의 보조에 충실하기로 스스로 다짐한다. 요리장의 남자들과의 대화에서도 활달히 이야기를 주고받지도 못한다. 오늘도 지각해서 일이 밀린 가운데 요리장의 젊은 남자와 험악한 분위기가 만들어 지고, 급기야 남자로부터 '여급은 벌이가 좋지요?', '첩인 주제에'와 같은 모욕적인 말을 듣자 격앙된다. '코 양쪽이 천천히' 부풀어 오르며 흥분한 오시노는 '제길'이라고 외치며 접시를 집어 던진다. '남자는 깜짝 놀라 한 발 물러났다. 그녀는 남자에게 들러붙었다. 남자는 몸을 흔들어댔다. 오시노의 얼굴이 남자의 가슴 위에 흉하게 일그러진 채로 단속적으로 소리를 질렀다. 남자는 얼굴이 새파래졌다. 그녀는 힘껏 남자를 잡아 당겼다. "파출소로 가자. 파출소로 가자." 그녀는 숨을 헐떡였다. 그녀의 한 손은 필사적으로 앞치마의 매듭을 풀면서 그것을 놓으려 하고 있었다.'[16)]

『레스토랑 낙양』과 『분노』에서 인용한 곳은 모두 젠더의 비대칭이 각인된 장면들이며, 여급이라는 직종이 성적인 욕망에 가득찬 시선으로 비춰지고 있었던 것을 엿볼 수 있는 부분이다. 가족을 부양하기 위해 여급으로서 일하는 여성이 남성에 의해 '매음', '첩'이라는 차별적 언사에 노출된다. 모욕을 받은 여성들은 분노를 누를 수 없다. '매음', '첩'은 금전을 매개로 한 남성의 성적 욕망의 대상이며, 가족을 부양하는 나쓰에도 오시노도 돈을 벌기 위

---

16) 앞의 책, p. 68.

해 여급으로서 일하고 있는 것인데, 여급이 여급에 머물지 않고 '매음', '첩'이라는 부정적인 딱지가 부여되고 있는 것이다. 나쓰에도 오시노도, 또한 나쓰에의 동료인 오바도 그러한 호기심의 시선, 모욕의 시선에 노출되는 것을 참지 못한다. 특히 독설을 내뱉은 남성을 잡아끌고 파출소로 달려가려는 오시노는 흥분한 끝에 일종의 히스테리 상태에 빠져버린다. 매일매일 왜곡된 스트레스 ―이혼 후 자기 혼자서 가족을 부양하지 않으면 안 되는 것, 젊은 여자들과 섞여서 눈치 보며 일하는 것― 가 축적되어 폭발한 것이라고 할 수 있다. 오시노는 교활한 여자도 아닐뿐더러 사람들과 부딪치는 사람도 아닌, 평소에는 정중한 말투를 사용하는 고상한 성품의 여성이지만, 격앙되면 평정을 잃으면서도 파출소에 갈 때는 앞치마를 풀고 어떻게든 몸가짐을 바르게 하려고 하는 가엾은 여자이다.

놀러 다니는 화족의 도락자제와 요리장에서 일고 있는 요리견습생의 입장에서 보자면, 화가 나서 자신도 모르게 입에 담은 말이었을지도 모른다. 그러나 그 말은 여성멸시, 여성혐오가 뚜렷하게 물들어 있다. 화족의 자제와 요리견습생은 신분도 계급도 전혀 다르지만 그들은 전형적인 '남성우월주의자'로서 여급에 대한 멸시의 시선을 공유하고 있다. 그 젠더의 비대칭성이 명료하게 묘출되고 있는 것이 바로 이들 장면이다. 하층 여성들, 그것도 성적 욕망의 대상으로 간주되는 여급에 대한 멸시는 일하는 여성을 그린 사타의 이들 소설에 현저하게 나타나 있다.

예를 들어 스피박(Gayatri Chakravorty Spivak)은 '서벌턴은 말할 수 있는가'라는 질문에 대해서 '서벌턴은 말할 수 없다'고 말하며, '만약 당신이 가난하고, 흑인이며 그리고 여성이라면 당신은 서벌턴이라는 규정을 삼중의 방식으로 손에 넣게 된다'고 말한 바 있다.[17] 여기에서는 종속적인 피지배계급

---

17) ガヤトリ・C・スピヴァク, 上村忠男訳, 『サバルタンは語ることができるか』, みすず書房, 1998年.

에 대해서 계급, 인종(피부의 색), 젠더의 지표가 제시되고 있는데, '제1세계'
의 문맥에서 '포스트콜로니얼' 문맥으로 이동했을 경우, '흑인' 혹은 '유색'이
라는 요소는 설득력을 잃는다고 말한다. 즉 계급과 젠더의 지표가 한층 부상
하게 된다는 것이다. 사다 이네코가 그린 프롤레타리아 문학 속의 여성들은
서벌턴 연구에서 말하는 계급과 젠더의 문제를 한 몸에 짊어진 채, 이른바
'보편적 정의'와는 동떨어진 장소에서 살아가고 있다. 제국대학을 졸업한 지
식인 남성작가에 의해서가 아니라, 그 자신이 소학교도 마치지 못한 채 여러
가지 노동현장을 체험했던 사다 이네코였기 때문에 나쓰에와 오바 그리고
오시노를 그리는 것이 가능하지 않았을까. 사다는 오시노의 고통을 '보편적
정의'의 관점에서 그리는 것이 아니라, 그녀에게 밀착하여 그녀 목소리를 이
끌어내고 있다. 그것은 어쩌면 여급으로서 일했던 사다 자신의 목소리에 다
름 아닐 것이다.

　여자라는 이유로 받아야만 했던 모욕을 생각할 때, 마쓰다 도키코(松田
時子)가 『여성고(女性苦)』(国際書院, 1933년) 속에서 여성을 '최후의 노예'
로 간주하며, 그 '최후의 노예'를 해방시키려 했던 의도를 쉽게 이해할 수 있
다.[18] 계급투쟁에 관여하는 두 여성의 고뇌가 그려지고 있는 『여성고』에서
는 인간의 평등을 이념으로 내걸고 있음에도 불구하고, 남성 우위의 상황이
줄곧 지속되는 가운데 여성들이 억압받는 실태를 볼 수 있다. '최후의 노예'
의 해방이 없는 한, 인간의 해방은 없다. 프롤레타리아 문학의 여성작가가
그린 작품에는 계급의 문제와 함께 젠더의 시점으로부터의 개입을 확인할
수 있다. 그런 점에서 젠더 이슈는 프롤레타리아 문학 속에서 특히 중요한
고찰대상으로서 다루어져야 할 테마라고 할 수 있다.

---

18) 마쓰다 도키코(松田時子)의 『여성고』에 관해서는 졸고, 「女性としての桎梏―松田時子
　『女性苦』に見る」, 『国文学 解釈と鑑賞』2010年 4月号.

## 4. 표상의 문제―누가 말하기의 주체인가

이렇게 1920~30년대 프롤레타리아 문학이 표현했던 계급을 둘러싼 여러 모습들은 현재에도 분석대상으로서의 유효성을 잃지 않고 있다. 여기에서는 프롤레타리아 문학이 갖는 현재적 의의에 관하여 마지막으로 '주체구성'의 문제에 관하여 언급해두고자 한다. 이 글의 첫머리에 소개했던 '타이거마스크 현상'으로 돌아가보자. 예를 들어 『세카이』 2011년 4월호에 실린 기리노 나쓰오(桐野夏生)와 유아사 마코토(湯浅誠)의 대담 「분노를 형태로 하는 회로를(怒りをかたちにする回路を)」에서 기리노는 다음과 같이 발언하고 있다. '"불쌍한 아이들에게 책가방을"이라는 것은 뭔가 기호적인 느낌이 들어 어떤가라고 생각한 것도 사실입니다.' 즉 기리노는 '타이거마스크 현상'에 대해서 위화감을 품고 있었던 것이다.

'타이거마스크 현상'은 확실히 선의를 가진 사람들의 의지를 자극하는 효과가 있었다. 그러나 기리노의 발언대로 그것을 있는 그대로 긍정하기도 간단치가 않다. 왜냐하면 적어도 이 현상에 관해서는 다음과 같은 두 가지 문제를 생각하지 않을 수 없기 때문이다. 우선 하나는 책임주체의 문제이다. 곤란에 처한 사람에게 손을 내미는 행위는 물론 도덕적으로 선한 것임에 틀림없다. 그러나 그렇다고 사회구조의 측면이나 행정상의 문제가 불문에 부쳐져서는 안 될 것이다. 육아와 개호를 예를 들어 생각해보면, 그 동안 이 영역은 주로 가정주부들이 담당해왔다. 달리 말하면 육아와 개호는 개별 가정의 여성노동력에 의해 무상으로 이루어졌다. 물론 그 속에서 당사자가 기쁨이나 보람과 같은 감정을 가졌음을 부정할 수 없다. 그러나 저출산·고령화가 진행되고 주부를 전업으로 하는 여성 수의 감소에 따라 육아와 개호를 가정 내에서 감당하는 것에 점차 한계를 드러내고 있다. 현재 일본사회는 개호에 관해서 광범위하게 개호보험료를 징수하는 방식, 즉 사회전체가 개호를 담당하는 제도설계가 실시되고 있다. 타자에 대한 배려와 같은 개인의 선의가 소중한 가치임은 분명하지만, 육아와 개호에 관한 모든 책임을 전적으로 개인에게 맡기는 것이 아니라, 사회 전체가 담당한다는 사고방식이라고 할 수 있다. '타이거 마스크 현상'이 이러한 발상과 반드시 배치되는 것은 아니지만, 적어도 사회제도의 문제를 개인의 선의에 의존해 경감시켜서는 안 된다는 점만은 확인해 두고 싶다.

두 번째 문제는 제공받은 측과 제공하는 측 사이의 불균형이다. 여기에서는 앞에서 언급했던 '서발턴은 말할 수 없는 상황'과 유사한 구도를 찾아볼 수 있다. 이를 테면 책가방을 제공받는 아이들은 스스로 원해서 그것을 제공받은 것이 아니다. 또한 책가방이 아닌 다른 것을 원하는 것도 허용되지 않는다. 선의를 가진 사람이 전달한 선의의 물품을 '주어진 것'으로서 받아들일 뿐이다. 물론 제공하는 측은 아이들이 무엇을 원하는지를 생각하며 선물을 고를 것이다. 쌍방의 사고가 잘 맞아떨어지는 경우는 다행이지만, 그렇지 않은 경우는 제공받은 측으로서는 성가신 경우도 있을 수 있다. 제공받은 측의 목소리는 제공하는 측에는 도달하지 않는다. '타이거마스크 현상'의 선의는 사회현상이었지만, 제공한 측은 익명이었고 제공받은 측은 아동양호시설의 아동이었기 때문에 물론 이름은 드러나지 않았다. 즉 쌍방의 직접적인 목소리는 미디어에서 보도되지 않았다. 제공한 측의 선의만이 크게 보도되어 미담이 된 현상이었다.

즉 '타이거마스크 현상'에는 제공한 측과 제공받은 측 사이의 압도적인 불균형 혹은 비대칭을 지적할 수 있다. 그러나 그러한 모습이 아니라, 예를 들면 버려진 아이들이 힘겹게 생활해가는 모습을 그린 일본영화 「누구도 몰라」(고레에다 히로카즈 감독, 2004년 공개)와 1970년대의 서울 근교를 무대로 해서 아동요양시설에 맡겨진 소녀 지니의 심리를 섬세하게 그린 한국·프랑스 영화 「겨울 작은 새」(우니 르콩트(Ounie Lecomte) 감독, 2010년 공개)의 경우는 제공받은 측의 시점에 서 있다는 점에서 주목할 만한 작품이다. 여기에는 제공하는 측의, 어쩌면 일방적으로 권력적인 위치가 되기 쉬운 시선은 존재하지 않는다. 거꾸로 제공받은 측인 아이들을 자립적인 주체로 보려는 강한 시선을 엿볼 수 있다.

프롤레타리아 문학에서 말하면 사타 이네코의 『캬라멜 공장으로부터』도 같은 구도의 작품으로 생각할 수 있다. 소학교를 중도에서 그만두고 캬라멜 공장에서 일하게 된 히로코는 여전히 어린 소녀이며, 원래는 보호받아야할 처지이지만, 직업을 잃은 아버지를 대신해 일가를 책임지기 위해 여공이 된다. 이 작품은 어린이가 주인공이 되고 있는 점이 큰 특징인데, 그 뿐만 아니라 무엇보다 히로코가 어린이이면서 한 사람의 노동자로서 자립하고 있다는 점이 중요하다. 원래 프롤레타리아 문학 자체가 굴욕을 받는 입장에서 그려진 작품이 많은데, 거기에 머물지 않고 나카노 시게하루의 『봄바람(春さきの風)』(『戰旗』 1928년 8월호)이나 하야마 요시키의 『바다에 사는 사람들(海に生くる人々)』(改造社, 1926년)과 같은 훌륭한 프롤레타리아 문학작품은 굴욕을 받을 이유가 없다는 것, 오히려 자립하고 있으며, 자립한 노동자의 정신이 어떠한 것인가를 극명하게 그리고 있었다. 노동자계급의 해방을 지향했던 프롤레타리아 문학은 가난한 노동자가 딱하고 불쌍하다는, 단지 그것만의 관점에 선 것이 아니다. 노동자는 자선의 대상이 아니다. 자립한 정신을 가진, 주체적인 하나의 인간으로 간주되고 있는 것이다.

『캬라멜 공장으로부터』의 히로코도 '불쌍한 소녀'라는 감정적인 의미를 부여받는 것에 그치고 있지 않다. 물론 학교를 중도에서 그만두고 생계를 위해 여공으로서 일하지 않으면 안 되는 히로코는 분명 가련한 존재이다. 또 그 자신은 학교에 가고 싶어 하며, 선생님으로부터 받은 편지를 몰래 변소에서 읽고 울기도 한다. 하지만 여기에는 제공하는 측에서 나오는 일방적인 권력적 시선은 보이지 않는다. 『레스토랑 낙양』과 『분노』와 마찬가지로 화자는 히로코에게 밀착해 있다. 무엇보다 '작은' 노동자로서 히로코는 정신적으로 자립하고 있으며, 이러한 히로코의 성장하는 모습은 앞서 소개한 『가두의 한 걸음』 속의 이를 테면 "그래요. 지금의 사회는 우리들의 생활로부터, 태양 빛까지 빼앗고 있다"라고 각성한 히로코에게도 찾아볼 수 있다.

'타이거마스크 현상'에 관해 기리노와 함께 대담에 참여한 유아사 마코토는 앞서 소개한 책 『반빈곤』에서 "빈곤이 '있어서는 안 되는' 것은 그것이 사회 자신의 약체화의 증거이기 때문만은 아니다." "빈곤이 대량으로 발생하는 사회는 약하다. 설사 대규모의 군사력을 가져도, 높은 GDP를 자랑해도, 결정적으로 약하다. 그러한 사회에서는 인간이 인간답게 재생산되지 않기 때문이다"[19)라고 적고 있다. 즉 "가난한 사람이 불쌍하다"라는 개인의 동정적 이유가 아니라, 사회의 공적 문제라는 것을 강조하고 있다. 동정을 기반으로 한 비대칭의 시선은 왜곡 혹은 어긋남과 같은 것을 발생시킨다. 그런 점에서 누가 말하기의 주체인가, 말해지는 대상은 어떻게 표상되고 있는가, 거기에 권력적 시선은 없는가라는 것에 주의할 필요가 있다. 『캬라멜 공장으로부터』와 『봄바람』 등 훌륭한 프롤레타리아 소설은 그러한 교차하는 시선의 의미를 오늘날 우리들에게 가르쳐 준다.

이상, 격차사회 일본을 생각함에 있어 프롤레타리아 문학이 제시해온 여러 측면에 관해 검토해보았다. 문학이 사회의 제 현상을 해독함에 있어 수행하는 역할은 크다. 이 글에서는 프롤레타리아 문학이 귀중한 유산 가운데 하나인 '운동'의 측면에 관해서는 거의 언급하지 못했다. 이 '운동'의 관점에서 현재를 다시 보는 것은 금후의 과제로 하고 싶다.

---

19) 湯浅誠, 『反貧困』, 岩波新書, 2008, p. 209.

# 9장
# 〈~族〉, 전후 일본사회 내부의 타자

김용의

## 1. 일본사회 내부의 타자로서의 〈~族〉

일본사회에는 역사적으로 근대 이전부터 사회 구성원들로부터 이질적인 취급을 받아온 타자 집단이 존재해왔다. 이들 집단에 속한 타자들은 그 '이질성'으로 인해 역사적으로 일본사회에서 차별받고 배제되었다. 에미시(蝦夷) 혹은 에조 등의 이름으로 지칭된 아이누족 그리고 오키나와인 등은 '이민족'이 타자로 인식된 경우이다. 에타(穢多), 히닌(非人)이라 불리던 사람들은 사회적 신분에 따른 타자이다. 그리고 한센씨병의 경우처럼 특정한 질병을 보유한 사람들이 사회적 타자로 차별받고 배제된 경우도 있다. 재일코리언의 경우도 일본사회 내부의 타자에서 예외일 수 없다.

그런데 영화평론가 요모타 이누히코(四方田犬彦)의 지적처럼, 타자란 어디까지나 타칭(他稱)이며 외부에서 불합리하게 붙여준 표식에 불과하다.[1] 우리가 한 마디로 타자라고 부르지만 어느 특정한 공동체사회에 존재하는 타자에는 여러 유형이 있다. 예를 들어 문화인류학자 고마쓰 가즈히코(小松和彦)는 특정한 공동체사회에 존재하는 타자의 유형을 편의상 네 가지 유형

---

1) 四方田犬彦(2010: 6), 「あなたに似た人」, 『スクリーンのなかの他者』, 岩波書店.

으로 분류하였다. 첫째, 어느 공동체에 일시적으로 체재하지만 그곳에서 볼일이 끝나면 바로 그 공동체를 떠나는 유형이다. 둘째, 공동체 외부에서 공동체를 찾아와 정착하게 된 유형이다. 셋째, 공동체 내부에서 특정한 성원을 차별·배제하는 형태로 생산되는 유형이다. 넷째, 공간적으로 저 멀리 떨어져 있기 때문에 간접적으로밖에 인지할 수 없으며, 따라서 상상 속에서 관계를 맺고 있는 데에 불과한 유형이다.[2]

본고에서 주목하는 〈~族〉이라는 표현으로 지칭되는 타자란 앞의 유형으로 보자면 셋째 유형에 속한다. 원래 이 〈~族〉이라는 표현은 인류학 분야에서 특정한 소수민족을 가리킬 때에 즐겨 사용하는 표현이다.[3]

그런데 일본사회에서 일상적으로 사용하는 〈~族〉이라는 표현은 특정한 계층이나 집단을 지칭할 때에 주로 사용된다. 전후 일본에서는 이른바 전후부흥기(1945~1954), 고도경제성장기(1954~1973), 안정성장기(1973~1991)를 거치면서 사회경제적 환경의 변화, 생활양식의 변화, 사회규범의 변화 등에 수반하여 〈~族〉이라는 이름으로 지칭되는 다양한 계층이나 집단이 출현하였다. 예를 들면 〈샤요조쿠(斜陽族)〉, 〈다이요조쿠(太陽族)〉, 〈미유키조

---

2) 小松和彦(1995: 177~178), 「異人論―『異人』から『他者へ』」, 『他者・関係・コミュニケーション』, 岩波書店. 小松和彦의 경우는 타자론이 아닌 이인론의 관점에서 4가지 유형을 제시하였다. 小松和彦가 설정한 이인(異人)의 유형은 타자(他者)에도 해당한다고 볼 수 있다. 여기서 일본어 '他者'와 '異人'에 관한 설명이 필요할 것 같다. 일본어 '他者'와 '異人'은 양쪽 모두 우리와는 '다른 사람'이라는 의미이다. 그런데 전자의 경우는 사회학에서 즐겨 사용하는 용어이며, 후자의 경우는 민속학 및 문화인류학에서 즐겨 사용하는 용어라는 차이가 있다. 이 점에 관해서는 『社會學事典』(見田宗介・栗原彬・田中義久編, 1988, 弘文堂)에 '他者'라는 용어가 설명되어 있으나 '異人'이라는 용어가 수록되어 있지 않은 점 그리고 『日本民俗大辭典』(福田アジオ 외 編, 1999, 吉川弘文館) 및 『文化人類學事典』(石川榮吉 외 編, 1987, 弘文堂)에는 '異人'에 관한 항목이 들어 있으나 '他者'에 관한 항목이 들어 있지 않은 것을 보면 확인할 수 있다.

3) 흔히 〈~族〉이라는 표현은 소수민족에 대한 현지조사를 주된 학문적 방법으로 하는 문화인류학에서 이들 소수민족을 지칭할 때에 즐겨 사용한다. 그런데 오래 전부터 일부 문화인류학자 사이에 〈~族〉이라는 표현에 내포된 차별적인 문제점에 대한 지적이 있었다. 예를 들면 문화인류학자 스튜어트 헨리는 문명화(근대화)의 정도에 따라 〈-民族〉과 〈~族〉이라는 표현을 구분하여 서열화해서 사용하는 경향이 있음을 지적하였다. 이 점에 관해서는 그가 「どうなる?『民族』『部族』『種族』」라는 제목으로 일본의 『每日新聞』(夕刊, 1997. 2. 6)에 투고한 논고를 참조.

쿠(みゆき族)〉 등과 같은 특정한 집단이 출현하였다.[4]

　이들 〈~族〉의 출현은 전후 일본사회의 사회변동 및 생활양식의 변화와 밀접한 관련이 있다. 이들 〈~族〉은 대부분 도시문화를 공통적 기반으로 하여 출현하였다. 〈~族〉이라는 사회문화적 범주화가 이루어지기까지는 특히 기존의 사회질서 및 사회규범에서 일탈한 청년세대를 향한 기성세대의 부정적인 시선이 강하게 작용하였다. 이들 청년세대는 그 일탈적 성격으로 인해 일본사회 '내부의 타자'로 인식되었다. 전후 일본사회에서 양산된 〈~族〉의 구체적인 양상 및 사회적 맥락에 대해서 검토하기로 한다.


## 2. 〈~族〉의 기원 및 유형

　일본사회 내부의 특정한 계층 및 집단을 포괄하여 지칭하는 〈~族〉이라는 표현이 사용되기 이전에도, 일본어로 〈~族〉으로 표현하는 단어는 폭넓게 사용되었다. 예를 들어 일본어 단어를 뒤에서부터 찾을 수 있는 『逆引き広辞苑』(岩波書店)을 참고하기로 한다. 이 사전에서 '族'을 찾아보면 총 87개의 단어가 수록되어 있다.[5]

　이들 단어를 크게 나누어 살펴보면 〈家族〉, 〈華族〉, 〈貴族〉 등과 같이 보통명사로 사용되는 경우, 〈漢族〉, 〈高砂族〉, 〈苗族〉 등과 같이 특정한 민족집단을 가리키는 경우, 〈샤요조쿠(社用族)〉, 〈샤요조쿠(斜陽族)〉, 〈보소조쿠(暴走族)〉 등과 같이 전후에 생겨나서 유행하다가 정식으로 일본어사전에 수록된 단어 등으로 분류된다. 이 중에서 본고에서 주목하는 것은 〈샤요

---

4) 이하 본고에서 언급하는 〈~族〉의 한글 표기에 있어서 일본어의 어감을 그대로 전달하기 위해서 원칙적으로 일본어 발음을 그대로 표기하기로 한다.

5) 岩波書店辞典編集部編(1992), 『逆引き広辞苑』, 岩波書店.

조쿠(社用族)〉, 〈샤요조쿠(斜陽族)〉, 〈보소조쿠(暴走族)〉 등과 같이, 전후 일본사회 내부에 등장한 특정한 계층이나 집단을 범주화하여 지칭하는 경우이다.

일본에서 특정한 계층이나 집단을 지칭하여 〈~族〉이라 부른 것은 전전(戰前)에 가와지마 후미오(川島文郎)가 『犯罪科學』(1931년 6월 2일호)이라는 잡지에 〈비코로조쿠(ビコロ族)〉라는 말을 사용한 것이 시초라고 한다. 여기서 '비코로(ビコロ)'란 일본어 '고로비(コロビ, 転び)'의 앞뒤를 바꾸어놓은 말이다. 즉 'コロビ(転び)'의 앞뒤를 바꾸어 'ビコロ'라는 말을 만든 것처럼, 이와 같은 방식의 은어를 자주 사용하는 사람들을 가리켜 〈비코로조쿠(ビコロ族)〉라 불렀다는 것이다.[6]

일본사회에 본격적으로 〈~族〉이 출현한 것은 전후가 되어서이다. 그 시초는 〈샤요조쿠(斜陽族)〉이다. 이 말은 몰락한 귀족계층을 가리키는 의미로 사용되었으며, 다자이 오사무(太宰治)의 「샤요(斜陽)」라는 작품에서 비롯되었다. 다자이 오사무는 1947년 월간문예잡지 『신초(新潮)』에 「샤요」를 연재하였다. 「샤요」는 전후 화족령(華族令)의 폐지와 함께 몰락한 귀족을 묘사한 작품이다. 1948년에 「샤요」에서 비롯된 〈샤요조쿠(斜陽族)〉란 말이 유행하였다. 〈샤요조쿠(斜陽族)〉라는 말에 빗대어 일본어 동음이의어 〈샤요조쿠(社用族)〉, 〈샤요조쿠(車用族)〉라는 말이 생겨난 것을 보면 〈샤요조쿠(斜陽族)〉란 말이 사회적으로 얼마나 큰 파급력을 지니고 유행했는지를 짐작할 수 있다.[7]

〈~族〉의 고찰에서 빼놓을 수 없는 것이 〈다이요조쿠(太陽族)〉의 존재이다. 이는 저널리스트 오야 소이치(大宅壯一)가 만든 말이다. 이시하라 신

---

6) 馬渕公介(1989: 12), 『「族」たちの戦後史』, 三省堂.

7) 〈샤요조쿠(社用族)〉는 사용(社用)을 빙자하여 회사 비용(社費)으로 이익을 취하는 사람들을 가리킨다. 그리고 〈샤요조쿠(車用族)〉는 회사용차(社用車)나 공용차를 사적 목적으로 사용하는 사람들을 가리킨다.

타로(石原愼太郞)의 단편소설『태양의 계절(太陽の季節)』(1955)에서 비롯된 말로,『태양의 계절』및 이 소설을 원작으로 하여 만든 영화 속의 주인공과 비슷한 패션을 즐기며 무질서한 행동을 하는 젊은이들을 가리키는 말이다.[8]

전후 일본사회에 다양한 〈~族〉이 등장하였다. 2절 마지막 부분의 〈표〉는 필자가 전후부터 현재까지 일본사회에 유행하는 〈~族〉을 정리한 일람표이다.[9] 〈표〉를 들여다보면 이들 〈~族〉을 크게 다섯 가지 유형으로 분류하여 그 특징을 이해할 수 있다.

첫째, 기존의 사회질서 및 사회규범에서 일탈한 청년세대에 대한 기성세대의 부정적 혹은 이질적 시선이 반영된 〈~族〉이다. 〈다이요조쿠(太陽族)〉, 〈가미나리조쿠(カミナリ族)〉, 〈미유키조쿠(みゆき族)〉, 〈에레키조쿠(エレキ族)〉, 〈다케노코조쿠(竹の子族)〉, 〈보소조쿠(暴走族)〉, 〈롯폰기조쿠(六本木族)〉, 〈하라주쿠조쿠(原宿族)〉 등이 이 유형에 해당한다.

〈다이요조쿠(太陽族)〉는 앞서 서술한 바와 같이 이시하라 신타로(石原愼太郞)의 단편소설『태양의 계절』에서 비롯되었다. 〈가미나리조쿠(カミナリ族)〉는 오토바이로 공공도로를 고속으로 질주하는 것을 즐기는 젊은이들을 가리킨다. 쇼와(昭和) 30년대부터 40년대 무렵에 주로 쓰이던 속칭이다. 오토바이를 개조하여 소음이 커지도록 하였으며 그 소음이 천둥소리(かみなり)와 비슷하다고 해서 붙여진 이름이다. 〈미유키조쿠(みゆき族)〉는 기성질서에 구애받지 않고 자유롭게 생각하고 행동하는 젊은이들을 가리킨

---

8) 영화는 1956년에 닛가쓰(日活)에서 제작되었으며, 이시하라 신타로의 동생 이시하라 유지로(石原裕次郞)가 출연하였다.

9) 〈표〉는 비교적 사용 빈도가 높은 용어들을 대상으로 작성하였다. 〈표〉 작성을 위해서 馬渕公介(1989), 『「族」たちの戦後史』(1989, 三省堂), 인터넷 백과사전 위키피디아(http://ja.wikipedia.org/wiki/) 그리고 인터넷 사전「日本語俗語辞書」(http://zokugo-dict.com/) 등을 참조하였다. 〈표〉는 확인이 가능한 범위에서 〈~族〉이 출현한 시기의 순서에 따라서 정리하였다.

다. 1964년 무렵에 긴자(銀座)의 미유키도오리(みゆき通り) 근처에 이들이 몰려들었기 때문에 이런 이름이 생겨났다. 이들은 그들만의 독특한 패션문화를 유행시켰다. 〈에레키조쿠(エレキ族)〉는 비틀즈의 인기나 벤처스 밴드의 영향으로 전자기타에 열중하는 젊은이들을 가리키는 말이다. 〈다케노코조쿠(竹の子族)〉는 야외에서 독특하고 화려한 의상을 걸치고 디스코 사운드에 맞추어 스텝댄스를 추는 청년세대를 가리키는 말이다. 1980년대 전반 하라주쿠(原宿)의 요요기(代々木)공원 옆에 만든 보행자천국에서 라디오카세트를 둘러싸고 길에서 춤을 추었다. 〈보소조쿠(暴走族)〉라는 말은 지금도 흔하게 사용되며, 도로교통법 및 도로운송차량법 등의 교통법규를 무시하고 자동차나 오토바이로 위험한 운전을 하거나 소음을 내며 달리는 집단을 가리키는 말이다. 〈롯폰기조쿠(六本木族)〉는 일본에서 전후부흥기가 끝나고 고도성장기로 들어설 무렵 롯폰기(六本木)에 몰려든 젊은이들을 가리킨다. 〈하라주쿠조쿠(原宿族)〉는 1966년부터 다음해 사이에 메이지도오리(明治通り)와 오모테산도(表参道) 교차로 부근에 개점한 「드라이브 인·루트 5(ドライブイン·ルート5)」에 밤이되면 차를 타고 몰려드는 부유한 가정의 자녀들을 가리킨다.

둘째, 생활문화의 변화 특히 생활양식의 변화에 따른 〈~族〉의 출현이다. 〈단치조쿠(団地族)〉, 〈나가라조쿠(ながら族)〉, 〈안논조쿠(アンノン族)〉, 〈오야유비조쿠(親指族)〉[10], 〈신야조쿠(深夜族)〉 등이 이 유형에 해당한다.

〈단치조쿠(団地族)〉는 1955년 일본주택공단이 설립되어 철근콘크리트로 세운 공동주택(集合住宅)을 공급하면서 생긴 말이다. 당시 서양식 주택에 대한 동경과 함께 생겨났으며 이들에 대한 부러움이 담긴 용어로 사용되었

---

10) 馬渕公介(1989: 13~14). 馬渕公介에 의하면 이 말은 1951년 파친코에 몰두하는 사람을 가리키는 용어로도 사용되었다. 당시의 파친코기계는 수동식으로 왼손으로 구멍에 구슬을 넣고 오른손 엄지손가락을 사용하여 핸들을 조작한데서 유래한다.

다. 〈나가라조쿠(ながら族)〉는 라디오나 음악을 들으면서 공부하거나 텔레비전을 보면서 식사를 하는 것처럼, 무언가 다른 일을 하면서가 아니면 집중하지 못하는 사람을 가리킨다. 당초 '집중하지 못하는 젊은이'라고 문제시되기도 하였다. 〈안논조쿠(アンノン族)〉는 1970년대 중반에서 1980년대 사이에 유행한 현상을 가리키는 용어이다. 한 손에 패션 잡지나 가이드북을 들고 혼자서 혹은 여러 명이서 여행하는 젊은 여성을 가리킨다. 〈오야유비조쿠(親指族)〉는 휴대전화의 보급과 함께 생겨났다. 휴대전화로 전화, 메일, 인터넷 등을 능숙하게 사용하여 일상생활의 일부로 이러한 기능을 이용하는 젊은 세대를 가리킨다. 엄지손가락으로 휴대전화 버튼을 재빨리 누르는 동작에서 이런 명칭이 생겨났다. 〈신야조쿠(深夜族)〉는 심야에 활동하는 젊은이들을 지칭하는 말이다.

셋째, 사회풍속 및 사회규범의 변화가 반영된 〈~族〉이다. 이 범주에 해당하는 유형으로 〈유구레조쿠(夕暮れ族)〉, 〈크리스타루조쿠(クリスタル族)〉, 〈호타루조쿠(ホタル族)〉 등이 있다.

〈유구레조쿠(夕暮れ族)〉는 중년남성과 젊은 여성으로 이루어진 커플을 의미한다. 1980년대에는 돈이 많은 남자의 애인이 된 젊은 여성이라는 의미로도 사용되었다. 헤이세이(平成)시대에 들어서서 중년여성과 청년 커플을 의미하는 '갸쿠유구레조쿠(逆夕暮れ族)'라는 말도 사용되었다. 〈크리스타루조쿠(クリスタル族)〉는 다나카 야스오(田中康夫)의 소설 『웬지 크리스탈(なんとなく, クリスタル)』(1980)에서 비롯된 말이다. 작품에 등장하는 여성과 같은 스타일의 여대생을 가리키는 말이다. 〈호타루조쿠(ホタル族)〉는 베란다에 나가서 담배를 피우는 사람을 가리키는 말이다. 밤에 베란다에서 피우는 담뱃불이 반딧불처럼 보인 데서 이 말이 생겼다. 호타루조쿠는 아버지의 권위 실추라는 측면에서 일본사회에서 화제가 되었다.

넷째, 일상생활의 언어사용과 밀접하게 관련된 〈~族〉으로 사회언어학적

으로도 주목할 필요가 있는 표현이다. 이에 속하는 〈~族〉으로는 〈아치라조쿠(あちら族)〉, 〈산고조쿠(三語族)〉, 〈구레나이조쿠(くれない族)〉 등을 들 수 있다.

〈아치라조쿠(あちら族)〉는 1950년 해외여행을 다녀온 사람들이 "저기(あちら)에서는 이렇게 한다"라는 말을 자주하자, 이들을 야유하여 생겨난 말이다. 〈산고조쿠(三語族)〉는 〈3D조쿠〉라고 부르기도 한다. 여기서 3D란 3가지 일본어 표현 「だって~」, 「でも~」, 「どうせ~」의 머리글자 D를 가리킨다. 이 3D를 입버릇처럼 빈번하게 사용하는 젊은이(여성)를 의미한다. 특히 이런 성향을 지닌 젊은이의 태도를 비난하는 말로 사용되었다. 〈구레나이조쿠(くれない族)〉는 일본어 표현 「~してくれない」를 자주 말하는 사람이나 그런 사고가 강한 사람을 의미한다.

다섯째, 특정한 직업군에 대한 사회적 비난이 반영된 〈~族〉이다. 이 유형으로는 〈샤요조쿠(社用族)〉, 〈샤요조쿠(車用族)〉, 〈조쿠기인(族議員)〉 등이 있다.

〈샤요조쿠(社用族)〉와 〈샤요조쿠(車用族)〉에 대해서는 앞서 언급한 바 있다. 즉 〈샤요조쿠(社用族)〉는 〈샤요조쿠(斜陽族)〉에 빗대어 생겨난 말이다. 사용(社用)을 빙자하여 회사 비용(社費)으로 이익을 취하는 사람들을 가리킨다. 회사의 접대비로 먹고 마시며, 사용(社用)을 빙자한 교통비로 이동하는 사람들이 이에 해당한다. 〈샤요조쿠(車用族)〉는 회사용차(社用車)나 공용차를 사적 목적으로 사용하는 사람들을 가리킨다. 〈조쿠기인(族議員)〉이란 표현은 다른 용어와는 달리 〈~族〉라는 말을 앞에 붙여서 사용한다. 특정한 성청(省庁)의 정책에 관한 지식이 밝거나 인맥을 구축하여 정책결정권을 쥐고 업계단체나 이익단체의 이익보호에 영향력을 지닌 국회의원 및 그 집단을 가리킨다. 〈조쿠기인(族議員)〉의 경우에는 행정관청에

따라서 더욱 세분하여 부른다.[11]

이제까지 일본사회에서 사용되는 〈~族〉에 대해서 다섯 유형으로 나누어 그 기원 및 의미에 대해서 살펴보았다. 물론 이들 다섯 유형의 〈~族〉은 각기 유형별 경계가 분명한 경우도 있고 그 경계가 분명하지 않은 경우 혹은 두세 가지 유형에 속하는 경우도 발견된다. 특히 첫째부터 넷째까지의 유형을 살펴보면, 〈~族〉으로 지칭되는 그 대상이 공통적으로 대부분 젊은 세대에 집중되어 있다는 사실을 확인할 수 있다. 〈~族〉으로 명명되는 이들 젊은 세대는 기성세대에 의해서 타자화의 과정을 거치게 된다. 다시 말하자면 일본사회에서 〈~族〉으로 표현되는 타자란, 그 대다수가 기성세대의 시선에 포착된 젊은 세대이다.

〈표〉 전후 일본사회에 등장한 〈~族〉의 일람

| 명칭 | 용어 해설 | 용어출전 | 비고 |
|---|---|---|---|
| 샤요조쿠 (斜陽族) | 1947년 월간문예잡지 『신초(新潮)』에 연재된 다자이 오사무(太宰治)의 「샤요(斜陽)」에서 비롯된 말이다. 1948년에 유행하였다. 「斜陽」은 전후 화족령(華族令)의 폐지와 함께 몰락한 귀족을 묘사한 작품이다. '斜陽族'이란 말에 빗대어 동음이의어 '社用族', '車用族'이란 말이 생겨났다. | 日本語俗語辞書 | 다자이 오사무 (太宰治)의 「샤요(斜陽)」 |
| 샤요조쿠 (社用族) | '斜陽族'에 빗대어 생겨난 말이다. 사용(社用)을 빙자하여 회사 비용(社費)으로 이익을 취하는 사람들을 가리킨다. 회사의 접대비로 먹고 마시며, 사용(社用)을 빙자한 교통비로 이동하는 사람들이 이에 해당한다. | 日本語俗語辞書 | 1951년에 『아사히신문』에 「天声人語」를 집필한 아라가키 히데오(荒垣秀雄)의 조어 |
| 샤요조쿠 (車用族) | '斜陽族'에 빗대어 생겨난 말이다. 회사 용차(社用車)나 공용차를 사적 목적으로 사용하는 사람들을 가리킨다. | 日本語俗語辞書 | |

11) 행정관청에 따라서 건설족·도로족(국토교통성), 농림족·농수족(농림수산성), 우정족(총무성), 문교족(문부과학성), 후생족·사로족(후생노동성), 국방족·방위족(방위성), 상공족(경제산업성), 세조족(세제조사회) 등으로 세분된다.

| | | | |
|---|---|---|---|
| 아치라조쿠<br>(あちら族) | 1950년 해외여행을 다녀온 사람들이 "저기(あちら)에서는 이렇게 한다"라는 말을 자주하자, 이들을 야유하여 생겨난 말이다. | 日本語俗語辞書 | |
| 다이요조쿠<br>(太陽族) | 이시하라 신타로(石原愼太郎)의 단편소설「太陽の季節」의 영향으로 무질서한 행동을 하는 젊은이들, 동명 영화의 주인공과 비슷한 패션을 한 젊은이들을 가리킨다. | 위키피디아 | 명명자는 저널리스트 오야 소이치(大宅壮一) |
| 단치조쿠<br>(団地族) | 만숀조쿠(マンション族)의 시작. 1955년 일본주택공단이 설립되어 철근콘크리트로 세운 공동주택(集合住宅)을 공급하면서 생긴 말이다. 당시 서양식 주택에 대한 동경과 함께 생겨났으며 부러움이 담긴 용어로 사용되었다. | 위키피디아 | '団地族'이란 말을 사용한 최초의 보도기사는『週刊朝日』1958년 7월 20일호 |
| 나가라조쿠<br>(ながら族) | 라디오나 음악을 들으면서 공부하거나 텔레비전을 보면서 식사를 하는 것처럼, 무언가 다른 일을 하면서가 아니면 집중하지 못하는 사람을 가리킨다. 당초 '집중하지 못하는 젊은이'라고 문제시되었지만, 근년에 효율적으로 두뇌를 사용한다는 평가도 있다. | 日本語俗語辞書 | 이런 증상을 일본 의과대학의 기다 후미오(木田文夫)가 '나가라 신경증(ながら神経症)'이라 부른데서 시작 |
| 가미나리조쿠<br>(カミナリ族) | 오토바이로 공공도로를 고속으로 질주하는 것을 즐기는 사람들을 가리킨다. 쇼와(昭和) 30년대부터 40년대 무렵에 주로 사용되던 속칭이다. 오토바이를 개조하여 소음이 커지도록 하였으며 그 소음이 천둥소리(かみなり)와 비슷하다고 해서 붙여진 이름이다. | 위키피디아 | 포소조쿠의 전신 |
| 미유키조쿠<br>(みゆき族) | 기성질서에 구애받지 않고 자유롭게 생각하고 행동하는 젊은이 유형의 하나이다. 1964년 무렵에 긴자(銀座)의 미유키도오리(みゆき通り) 근처에 몰려들었기 때문에 이런 이름이 생겨났다. 독특한 패션문화를 유행시켰다. | 위키피디아 | |
| 에레키조쿠<br>(エレキ族) | 비틀즈의 인기나 벤처스 밴드의 영향으로 전자기타에 열중한 젊은이들. | | 1965년 벤처스의 2회째 일본공연 |
| 안논조쿠<br>(アンノン族) | 1970년대 중반에서 1980년대 사이에 유행한 현상을 가리키는 용어이다. 한 손에 패션 잡지나 가이드북을 들고 혼자서 혹은 여러 명이서 여행하는 젊은 여성을 가리킨다. | 위키피디아 | 잡지『an・an』과『non-no』에서 유래 |

| | | | |
|---|---|---|---|
| 마도기와조쿠<br>(窓際族) | 출세가도에서 벗어난 중년 이상의 회사원 중에서 실질적인 일이 부여되지 않고 배제된 사람을 야유하여 부르는 말이다. 당시 고도성장기에 고용한 중년 이상 사람들이 넘쳐나, 관리직에서 배제된 사람들은 창가(窓際)에 놓인 책상에서 신문을 보거나 창밖을 바라보는 일이 많아졌다. 이 광경을 『홋카이도 신문(北海道新聞)』 컬럼에서 「창가의 아저씨(窓際おじさん)」라는 말로 표현하였다. | 日本語俗語辞書 | 1977년 6월北海道新聞 컬럼에서 「창가의 아저씨(窓際おじさん)」라는 표현 사용 |
| 유구레조쿠<br>(夕暮れ族) | 중년남성과 젊은 여성 커플을 의미한다. 1980년대에는 돈많은 남자의 애인이 된 젊은 여성이라는 의미로도 사용되었다. 헤이세이(平成)에 들어서서 중년여성과 청년 커플을 의미하는 '갸쿠유구레조쿠(逆夕暮れ族)'라는 말도 사용되었다. | 日本語俗語辞書 | 요시유키 준노스케(吉行淳之介)의 『夕暮れまで』(1978)에 묘사된 커플에서 비롯된 말 |
| 크리스타루조쿠<br>(クリスタル族) | 다나카 야스오(田中康夫)의 소설 『なんとなく, クリスタル』(1980)에서 비롯된 말. 작품에 등장하는 여성과 같은 스타일의 여대생을 가리키는 말이다. | 위키피디아 | 田中康夫의 『なんとなく, クリスタル』(1980)에서 비롯 |
| 다케노코조쿠<br>(竹の子族) | 야외에서 독특하고 화려한 의상을 걸치고 디스코 사운드에 맞추어 스텝댄스를 추는 풍속 또는 그 참가자를 가리키는 말이다. 1980년대 전반 하라주쿠(原宿)의 요요기(代々木)공원 옆에 만든 보행자천국에서 라디오카세트를 둘러싸고 길에서 춤을 추었다. 최성기는 1980년이다 | 위키피디아 | |
| 산고조쿠<br>(三語族)<br>(3D族) | 3D란 3가지 일본어 표현「だって~」,「でも~」,「どうせ~」의 머리글자 D를 가리킨다. 이 3D를 입버릇처럼 빈번하게 사용하는 젊은이(여성)를 의미한다. 젊은이의 태도를 비난하는 말로 사용되었다. | 日本語俗語辞書 | |
| 구레나이조쿠<br>(くれない族) | 일본어 표현「~してくれない」를 자주 말하는 사람이나 그런 사고가 강한 사람을 의미한다. 1984 TBS 텔레비전 금요드라마 제작진이 유행어부문의 은상을 수상하였다. | 日本語俗語辞書 | TBS 텔레비전에 방송된 드라마 『구레나이조쿠의 반란(くれない族の反乱)』에서 생겨난 용어 |

| | | | |
|---|---|---|---|
| 보소조쿠<br>(暴走族) | 도로교통법 및 도로운송차량법 등의 교통법규를 무시하고 자동차나 오토바이로 위험한 운전을 하거나 소음을 내며 달리는 집단 | 위키피디아 | 한국: 폭주족 |
| 오야유비조쿠<br>(親指族) | 휴대전화로 전화, 메일, 인터넷 등을 능숙하게 사용하여 일상생활의 일부로 높은 빈도로 이러한 기능을 이용하는 젊은 세대. 엄지손가락으로 휴대전화 버튼을 재빨리 누르는 동작에서 이런 명칭이 생겨났다. | 위키피디아 | 한국: 엄지족 |
| 롯폰기조쿠<br>(六本木族) | 전후부흥기가 끝나고 고도성장기로 들어설 무렵 롯폰기(六本木)에 몰려든 젊은이들을 가리킨다. 당시의 롯폰기는 외국공관과 진주군의 거리로서 미군의 왕래가 잦은 특징이 있었다. 이에 끌려서 롯폰기에 몰려든 로카비리조쿠(ロカビリー族)가 후에 롯폰기조쿠로 불려지게 되었다. 롯폰기는 테레비 아사히(テレビ朝日), TBS가 가까워서 텔레비전 관계자가 많았으며 롯폰기조쿠도 그같은 텔레비전이나 예능관계자가 많았다. | 日本語俗語辞書 | 여배우 가가 마리코(加賀まりこ), 배우 미네기시 도오루(峰岸徹)가 유명 |
| 하라주쿠조쿠<br>(原宿族) | 1966년부터 다음해 사이에 메이지도오리(明治通り)와 오모테산도(表参道) 교차로 부근에 개점한「드라이브 인·루트5(ドライブイン・ルート5)」에 밤이 되면 차를 타고 몰려드는 부유한 가정의 자녀들을 가리킨다. 자동차 소음을 비롯하여 풍기를 문란케 한다고 하여 지역주민과의 사이에 문제가 발생했다. | 위키피디아 | |
| 신야조쿠<br>(深夜族) | 심야에 활동하는 젊은이를 지칭한다. 버라이어티 프로그램으로「SUPER WEEKEND LIVE 土曜深夜族」이 TBS 계열국에서 매주 토요일 심야에 방송되었다. | | TBS에서 1988년 4월 9일부터 1989년 2월 4일까지 방송 |
| 덴킨조쿠<br>(転勤族) | 회사나 관청 근무자가 몇 군데의 지사를 이동하며 근무하는 것을 가리키는 말이다. 그 가족도 포함하여 표현하는 경우가 많다. | 위키피디아 | |
| 호타루조쿠<br>(ホタル族) | 베란다에서 담배를 피우는 사람을 가리키는 말이다. 밤에 베란다에서 피우는 담뱃불이 반딧불처럼 보인 데서 이 말이 생겼다. 호타루조쿠는 아버지의 권위 실추라는 측면에서 일본사회에서 화제가 되었다. | 日本語俗語辞書 | 한국: 반딧불족 |

| | | |
|---|---|---|
| 조쿠기인<br>(族議員) | 특정한 성청(省庁)의 정책에 관한 지식이 밝거나 인맥을 구축하여 정책결정권을 쥐고 업계단체나 이익단체의 이익보호에 영향력을 지닌 국회의원 및 그 집단을 가리킨다. 건설족·도로족(국토교통성), 농림족·농수족(농림수산성), 우정족(총무성), 문교족(문부과학성), 후생족·사로족(후생노동성), 국방족/방위족(방위성), 상공족(경제산업성), 세조족(세제조사회) 등으로 세분된다. | 위키피디아 |

## 3. 도시문화의 발달과 생활문화의 변화에 따른 〈~族〉의 발생

전후 일본사회에 다양한 유형의 〈~族〉이 등장하게 된 배경에는 도시문화의 발달과 생활문화의 변화가 밀접하게 관련되어 있다. 그리고 신문이나 잡지, 방송과 같은 대중매체를 통하여 그 존재가 더욱 부각되고 확산되었다. 먼저 도시문화의 발달이라는 관점에서 접근하기로 한다.

일본의 도시문화는 〈~族〉의 등장에 결정적인 문화공간을 제공하였다. 앞서 살펴본 바와 같이, 〈미유키조쿠(みゆき族)〉가 몰려드는 긴자(銀座)의 미유키도리(みゆき通り),[12] 〈다케노코조쿠(竹の子族)〉의 하라주쿠(原宿) 요요기(代々木)공원, 〈롯폰기소쿠(六本木族)〉의 롯폰기(六本木), 〈하라주쿠조쿠(原宿族)〉의 하라주쿠(原宿) 등은 젊은이들이 모여드는 도시문화의 대표적인 길거리 문화공간이다. 일본어로 '사카리바(盛り場)'라 부르는 이들 문화공간은 〈~族〉으로 상징되는 일본 청년문화의 발생 및 유행에 결정적인 역할을 하였다. 이 '사카리바(盛り場)'는 일본의 도시문화 연구에서 중요한 위치에 있다. 예를 들면 도시 연구가인 진나이 히데노부(陣内秀信)는 '사카

---

12) 미유키도리(みゆき通り)는 큰길이나 상점가의 명칭으로 일본 각지에 존재한다. 이 명칭은 천황이 통행한 데서 유래한다. 대표적인 미유키도리로는 도쿄의 긴자(銀座) 이외에도 히메지시(姫路市)에 미유키도리가 있다.

리바(盛り場)'의 존재 유무가 도시를 규정하는 하나의 지표가 된다고 설명하며 세계적으로 '사카리바(盛り場)'가 가장 발달한 곳이 일본의 도시라고 주장하였다.[13] 일본의 대중적인 청년문화는 '사카리바(盛り場)'를 거점으로 발달하였으며 일본의 〈~族〉 출현의 배경에는 전후 '사카리바(盛り場)'를 공간으로 하여 급속도로 발달한 도시문화가 그 기반이 되었다. 도시문화 그 중에서도 '사카리바(盛り場)'라는 공간은 그 익명성으로 인해 일상으로부터의 일탈이 가능한 공간으로 〈~族〉의 출현에 적합한 조건을 갖추었다. 앞서 열거한 〈~族〉의 대부분이 청년세대에 집중되어 있는 이유도 청년세대가 기성세대보다도 도시문화의 향유자로서 일탈적인 도시문화에 더욱 밀착되어 있기 때문이다.

여러 유형의 일본의 〈~族〉 중에서 생활문화 및 생활양식의 변화에 따른 〈~族〉의 출현은 매우 흥미롭다. 전후 일본사회에서 생활문화 및 생활양식이 크게 변화함에 따라서 대다수의 일본인이 이제껏 경험하지 못한 새로운 생활 패턴이 시작되었으며, 이들을 바라보는 비난조의 시선 혹은 부러움에 찬 시선이 〈~族〉이라는 형태로 표출되었기 때문이다.

1950년 이후 일본에서 해외여행이 급격하게 늘어난 현상을 반영하여 〈아치라조쿠(あちら族)〉가 생겨났다. 1955년 일본주택공단이 설립되어 철근콘크리트로 세운 공동주택(集合住宅)이 공급되면서 주거환경이 변화하였으며, 이에 따라서 〈단치조쿠(団地族)〉가 출현하였다. 이 말은 당시 서양식 주택에 대한 동경과 함께 생겨났으며 한편으로 부러움이 담긴 용어로 사용되었다. 〈안논조쿠(アンノン族)〉는 젊은 여성들 사이에 여행이 붐을 이루면서 탄생하였다.

그런데 여기서 주목할 점이 있다. 〈아치라조쿠(あちら族)〉, 〈단치조쿠

---

13) 陣内秀信(1999: 27~28), 「日本の都市文化の特質」, 『近代日本文化論5 都市文化』, 岩波書店.

〈団地族〉〉, 〈안논조쿠(アンノン族)〉 등이 탄생할 당시에는 이들이 일부 계층 및 집단에 국한된 특별한 생활양식이었지만, 이후 이 같은 현상이 확산되어 대다수 사람들의 일반적인 생활양식으로 자리를 잡아가게 되었다는 점이다. 다시 말하자면, 대다수 일본인의 생활에서 해외여행, 맨션생활, 가이드북에 의지한 국내여행 등이 그다지 드문 현상이 아니라 보편적인 생활의 일부로 편입되었다. 따라서 특별한 계층 및 집단에 국한하여 범주화된 〈아치라조쿠(あちら族)〉, 〈단치조쿠(団地族)〉, 〈안논조쿠(アンノン族)〉 등의 의미도 자연스럽게 그 의미가 퇴색하고 이들 용어 자체도 차츰 잊혀져간다.

생활문화 및 생활양식의 변화에 따라 출현한 〈~族〉 중에서 한국사회에 출현한 〈~族〉과 관련해서 주목을 끄는 〈~族〉이 있다. 예를 들면 〈오야유비조쿠(親指族)〉, 〈보소조쿠(暴走族)〉, 〈호타루조쿠(ホタル族)〉 등을 들 수 있다. 한국사회에서도 〈엄지족〉, 〈폭주족〉, 〈반딧불족〉이라는 말들이 유행한다.[14] 〈오야유비조쿠(親指族)〉는 〈엄지족〉, 〈보소조쿠(暴走族)〉는 〈폭주족〉, 〈호타루조쿠(ホタル族)〉는 〈반딧불족〉과 대응한다. 물론 한국에서 유행하는 〈엄지족〉, 〈폭주족〉, 〈반딧불족〉 등의 표현은 그 말의 기원이 일본어이다. 여기서 주목할 점은 일본어 표현을 빌려다 표현한 한국어에 대한 사회언어학적 관심만이 아니다. 주목할 것은 한국과 일본에서 동시대적으로 혹은 어느 정도의 시차를 두고 동일한 사회문화적 현상을 확인할 수 있다는 점이다. 즉 이들 〈~族〉의 발생이 결코 일본사회에만 국한된 현상이 아니라는 점이다. 흥미롭게도 한국과 일본 양쪽 사회에서 같은 방식으로 생활문화

---

14) 이들 용어가 한국에서 어느 정도 유행하는지를 확인하기 위해서, 예를 들어 인터넷 포털 사이트 네이버에서 〈엄지족〉을 검색하면, 네이버지식백과에 "엄지손가락을 이용하여 민첩하게 통화하고 정보를 검색하며 게임을 즐기는 신세대를 일컫는 말이다"라고 설명되어 있다. 〈폭주족〉에 대해서는 "도로에서 오토바이를 타고 신호를 무시한 채 질주하며 도로교통법을 무시하는 집단을 통칭하는 말이다"라고 설명되어 있다. http://www.naver.com/(검색일: 2012년 8월 5일)

의 변화 및 생활양식의 변화에 따른 새로운 사회문화집단의 출현 및 그 사회
현상을 가리켜 〈~族〉이라는 표현으로 범주화하였던 것이다.


## 4. 청년세대의 일탈성과 기성세대의 시선

전후 혼란기를 거치면서 일본사회에 〈~族〉이란 이름으로 범주화된 다양
한 성격의 청년문화가 출현하였다. 본고에서는 전후 일본사회에 출현한 다
양한 성격의 〈~族〉을 망라하여 크게 다섯 가지 유형으로 나누어 고찰하였
다. 그 결과 특히 첫째에서 넷째 유형에 속하는 〈~族〉의 경우에 공통적으로
청년세대에 집중되어 있다는 점을 지적하였다.

그런데 이들 유형에 속하는 〈~族〉의 대다수는 이에 속하는 청년세대가
스스로 명명한 자칭(自稱)이 아니다. 즉 기성세대가 그들의 가치판단으로
청년세대를 바라보는 시선이 작용한 결과, 기성세대에 의해 명명되고 범주
화된 타칭(他稱)에 불과하다. 전후 일본사회에 등장한 〈~族〉을 바라보는 기
성세대의 시선은 결코 곱지가 않았다. 기성세대의 눈으로 볼 때에 그들은
'요즘 젊은 것들'에 속하며, 기존의 사회적 규범에서 일탈한 이질적인 존재로
비난의 대상이 되었다. 예를 들면 유행하는 영화의 주인공과 비슷한 패션을
즐겨하고 문란한 생활을 일삼는 〈다이요조쿠(太陽族)〉, 오토바이를 타고 굉
음을 내며 무질서하게 공공도로를 고속으로 질주하는 〈가미나리조쿠(カミ
ナリ族)〉나 〈보소조쿠(暴走族)〉, 길거리에서 무분별하게 춤을 추고 노래를
부르는 〈다케노코조쿠(竹の子族)〉나 〈하라주쿠조쿠(原宿族)〉 등은 기성세
대가 쉽게 이해하기 힘든 '신인류'에 속한다.

어느 시대 어느 나라를 막론하고 청년세대는 기존의 사회질서나 전통적
인 규범을 거부하고 새로운 청년문화를 지향하는 특성이 있다. 청년문화

의 가장 두드러진 특성 중의 하나는 기존의 사회질서나 전통적인 규범을 거부하고자 하는 '일탈성'에 있다고 볼 수 있다. 미국에서 시작된 비트(beat generation)나 히피(Hipie)는 그 대표적인 경우라고 할 수 있다. 전후 일본에서는 이들 청년문화가 〈~族〉이라는 형태로 출현하였다. 일본어로 비트(beat generation)를 가리켜 '비트조쿠(ビ-ト族)', 히피(Hipie)를 가리켜 '히피조쿠(ヒッピー族)'라 부르는 것을 보아도 일본의 〈~族〉문화의 특징적인 단면을 엿볼 수 있다.

일본사회에서 〈~族〉으로 명명되는 청년집단은 기존의 사회질서나 전통적인 규범을 거부하고 새로운 청년문화를 선도했다는 측면이 있음에도 불구하고, 기성세대의 관점에서 보자면 여전히 사회적 음화(陰畵)로서의 성격을 띠고 있다. 그들은 사회에서 배제된 혹은 배제되어야할 일종의 '사회적 소수자'이기도 하다. 그들의 행동양식이 기존의 사회질서를 문란하게 만들고 전통적 규범을 위협한다고 판단되면 될수록, 〈~族〉이라는 이름으로 범주화된 시그널은 일종의 '주홍글씨'에 가까운 성격을 띠게 된다.

그런데 여기서 주목할 점은 역사적으로 일본사회에 '내부의 타자'를 양산하는 일정한 사회적 시스템이 작동하고 있다는 점이다. 다시 말하자면 역사적으로 일본사회에는 '내부의 타자'를 양산하여 이를 구조화하고 내재화하는 사회적 시스템이 존재한다. 전후 일본사회에 등장한 일탈적인 청년문화의 향유자들이 기성세대에 의해 〈~族〉이라는 '내부의 타자'로 범주화된 과정은 그 일례에 불과하다고 볼 수 있다. 역사적으로 일본사회에는 여러 유형의 '사회적 소수자'들이 양산되었다. 서론에서 언급한 아이누족, 오키나와인, 에타(穢多), 재일코리언 등은 일본사회에서 흔히 거론되는 '내부의 타자'이다. 전후에 등장한 〈~族〉의 경우도, 그 대부분이 일본사회의 주류를 형성하는 기성세대로부터 이질적인 취급을 받고 배제된 '사회적 소수자'라는 점에서 본질적으로 그들과 다르지 않을 것이다.

# 슬픈 일본과
## 공생의 상상력

3부
인간과 자연의 공생

# 슬픈 일본과
# 공생의 상상력

10장
# 언어의 생태학 · 생태학의 언어
국어 · 방언 · 세계화


긴스이 사토시(金水 敏)


## 1. 언어자원론과 언어의 계층성

이 글에서는 일본어 혹은 일본 언어사정의 장래를 생각하는 관점으로서 '언어자원론'이라는 사고방식을 제안하고 싶다. 언어 혹은 언어변종(표준어 · 방언, 문체변종 등) 및 그 요소(음운, 어휘, 문법, 문자 · 표기, 어용론적 규칙 등)를 자원으로 파악하여 사람이 그것을 입수할 때의 비용(cost)과 얻은 결과로서 받을 수 있는(받을 수 있다고 기대되는) 이익(benefit)의 면으로부터 사람들의 언어행동이나 언어의 역사적 변화, 또는 교육 · 학습 등에 대해 생각해보려고 하는 것이다.

언어를 상품 혹은 공공재로 파악하는 '경제언어학'에 대해서는 쿠르마스(Florian Coulmas, 1993), 이노우에(井上, 2000)의 논의가 참고된다.[1] 또 '언어자원'이라는 용어는 나카무라(中村, 2007)의 저작에서 찾아볼 수 있다.[2] 여기 이 글에서 취하고 있는 언어의 계층적인 관점은 미즈무라(水村, 2008)

---

1) クルマス, F.(著), 諏訪功外(訳)(2001), 『ことばの経済学』, 大修館書店, 井上史雄(2000), 『日本語の値段』, 大修館書店.

2) 中村桃子(2007), 『〈性〉と日本語』, 日本放送出版協会.

의 '모어', '현지어', '국어', '보편어' 등의 구별에 많은 부분이 의존하고 있다.[3]

외국어를 배우기 위한 출비(出費)를 비용, 그 외국어를 할 수 있음에 따라 얻을 수 있는 이점을 이익이라고 인정할 수 있다. 그것은 개인의 지출과 이익뿐만 아니라 국가 수준(level)의 경제기반(infrastructure)의 관점에도 적용할 수 있다. 게다가 금전적인 가치와 이익뿐만 아니라 언어를 배우는 데는 시간과 노력 그리고 뇌내(脳內)의 기억용량 등의 요소가 필요하고, 이것들도 비용으로 간주된다. 현재 이미 익히고 있는 언어와 새롭게 배우는 언어의 차이가 작으면 작을수록 비용은 당연히 적어진다. 지금 어떤 언어를 손에 넣음에 따라 얻을 수 있는 이익으로서는 모어로서의 절대적 가치 외에 경제적 가치, 지적 · 문화적 가치, 사회적 가치, 종교적 가치, 안전 보장적 가치 등을 생각해볼 수 있다.

인간이 태어나서 최초로 획득하는 언어를 '아이의 언어'라고 명명해보자. 〈모어〉 혹은 제1언어라고 말해도 좋다. 아이의 성장과 함께 지역사회에 동화해가는 과정 가운데 발달 · 성장한 언어를 '지역의 언어'라고 생각할 수 있다. 여기까지는 음성언어가 중심이다. 또한 이 지역의 언어는 동시에 '방언'이기도 하다. 이 수준에서는 서기(書記)언어도 존재하지만 어디까지나 음성언어에 부수 · 종속되는 것에 머문다. 이러한 것과 구별하여 '광역언어'라는 계층을 생각할 수 있다. 이 계층에서는 서기언어가 중핵에 위치하고 음성언어는 그것에 종속된다. 법률, 행정, 산업 · 기술, 학술, 문예 등 고도로 지적인 영위(營爲)를 담당하는 언어이다. '국어'라는 것은 자주 이 '광역언어'를 가리키는데(cf. 미즈무라), 이것의 바깥쪽에 '세계적인 언어'='초광역언어'가 존재한다. 현대에서 생각한다면, 영어가 여기에 해당되지만, 이 경우는 어디까지나 서기언어를 중핵으로 하는 영어이다. 영미 등 영어권에서는 물론 영어에서의 '아이의 언어', '지역의 언어', '광역언어', '세계적인 언어'

---

3) 水村美苗(2008),『日本語が亡びるとき―英語の世紀の中で―』, 筑摩書房.

에 해당하는 단계가 존재한다.

성장, 혹은 교육·학습의 단계에서는 '아이의 언어', '지역의 언어', '광역언어', '세계적인 언어'가 대개 이 순서로 진행해가는 것을 상정하고 있지만, 물론 아이는 말하기 시작하자마자 사회화되어 가고, 서기언어·영어 등의 훈련도 어릴 때부터 시작하기 때문에 각 단계가 확연하게 구분되는 것은 아니다.

〈그림 1〉

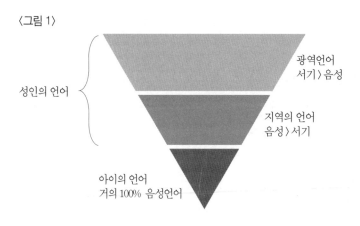

〈그림 1〉은 전술한 각 단계가 계층적으로 쌓여가는 양상을 모식(模式)적으로 나타내는 것이다. 위로 넓어져 가는 것은 어휘나 스타일 등이 위 단계로 갈수록 풍부해지는 것을 나타낸다.


## 2. 언어의 세계화와 다양성

근대사회에서는 국가 수준으로도 혹은 국가를 넘은 초광역의 수준으로도 단일의 언어가 공통으로 사용되는 경향이 강해지고 있다. 이것은 고도의 교육을 효율적으로 행하는 것에 적합하며 또한 광역경제를 발달시킴으로써 대량생산·대량소비사회를 가능하게 했다. 그 결과 대(大)언어는 소(小)언어의 공동체(community)를 압박하여 소언어는 소멸의 위기에 처해있다.

세계에는 현재 약 7,000의 언어가 쓰이고 있지만, 그 약 반수(半數)는 화자(話者)의 수가 6,000명 이하의 언어이다(이른바 소수민족어). 게다가 그 중에 사용자가 극소수밖에 남아 있지 않은 것도 약 450개인 것으로 알려지고 있다. 위기언어의 문제는 20세기가 막바지에 다다른 1990년대부터 특히 주목받기 시작했다. 어느 전문가는 다음과 같은 예측을 세우고 있다. 우선, 21세기 동안 지금 쓰이고 있는 언어 중 20~50%가 사용자가 완전히 없어져 소멸한다. 남은 40~75%의 언어에 대해서도 차츰차츰 아이들에게 쓰일 수 없게 되어 위기언어의 상태에 빠질 가능성이 있다. 이 예측에 따르면, 금세기 말에 '안정'적인 언어는 현재 쓰이고 있는 것 중 불과 5~10%, 숫자로는 300~600 정도밖에 되지 않는다고 한다(이상, 「위기언어」, 소위원회HP에서). 여기에서 서술한 것은 방언 수준에서도 마찬가지이며, 일본에서는 많은 방언이 존재하고 있지만 그 대부분은 사용자가 극단적으로 감소하여 소멸의 위기에 처해 있다. 특히 류큐제도(琉球諸島)의 방언에서는 그 경향이 강하다.

최근에는 생물다양성에 빗대어 언어의 다양성을 일종의 권리로서 파악하는 입장도 등장하고 있다. '생물언어다양성'(biolinguistic diversity)이나 '보전(保全)언어학'이라는 개념도 사용되게 된다(cf. 네틀[Daniel Nettle] & 로메인[Suzanne Romaine] 2001, 딕슨[Robert Malcolm Ward Dixon] 2001, 미즈타니[水谷] 2010).[4]

---

4) ネトル. D·ロメイン. S(著), 島村宜男(訳)(2001), 『消えゆく言語たち—失われることば, 失われる世界—』, 新曜社.
R.M.W. ディクソン(著), 大角翠(訳)(2001)『言語の興亡』, 岩波書店.
水谷雅彦(2010), 「『多様性』ということ」, 『世界思想』 37号.

## 3. 언어다양성과 환경을 말하는 언어

보전언어학의 문맥에서는 언어 사용자의 아이덴티티가 문제가 되어 자주 정치적인 색채를 띠는 경향이 있지만, 이것을 환경의 면으로부터 재검토하는 것도 가능하다.

〈표 1〉 공업국 및 발전도상국의 일인당 수입과 언어수의 비교

| 국명 | 인구<br>(단위: 백 만) | 일인당 수입<br>(단위: 달러) | 언어수 |
|---|---|---|---|
| 에티오피아 | 42 | 141(1984) | 120 |
| 프랑스 | 55 | 13,034(1987) | 10 |
| 차드 | 5 | 88(1984) | 117 |
| 덴마크 | 5 | 16,106(1987) | 4 |
| 베냉 | 4 | 290(1983) | 52 |
| 아이슬란드 | 0.25 | 9,000(1980) | 1 |
| 볼리비아 | 6 | 570(1982) | 38 |
| 우르과이 | 3 | 1,665(1985) | 1 |
| 인도네시아 | 170 | 451(1982) | 659 |
| 일본 | 120 | 16,184(1984) | 5 |
| 수단 | 22 | 361(1987) | 135 |
| 네덜란드 | 14.5 | 12,042(1987) | 5 |
| 스웨덴 | 8 | 15,659(1987) | 5 |
| 파푸아뉴기니 | 3 | 480(1983) | 849 |

〈표 1〉은 쿠르마스(1993)로부터의 인용이다. 이 표는 경제적인 풍요를 산출하기 위해 광역언어가 필수라는 것을 나타낸다고 생각할 수 있지만, 환경 공학자인 시모다 요시유키(下田吉之)는 이 표를 공동체와 환경의 관계를 나타내는 것으로 재검토할 수 있다고 지적한다. 즉, 언어수가 적고 일인당 수

입이 큰 지역은 공업화가 진행되고 있고 온난화 가스의 삭감이 상당히 어려운 지역인 반면에, 언어수가 많고 수입이 적은 지역은 공업화가 늦으며 온난화 가스의 배출량이 적다는 것이다. 이것은 규모가 작은 공동체가 전통적으로 환경에 적응하여 생활하고 있는 것을 보여준다. 그렇기 때문에 '소언어=지역의 언어·방언'은 그 존재 자체가 환경에 적합하다는 내재적인 가치를 가지고 있는 것을 나타낸다. 이 점에 대해 딕슨(2001)의 '언어평형(言語平衡)'의 개념을 참고하고 싶다.

언어가 환경에 적합하다는 것은 구체적으로 어떠한 것인가? 그것은 오랜 기간 특정 지역에서 생활해온 사람들의 통찰과 지혜가 그 언어 중에서도 특히 어휘에 포함되어 있다는 것이다. 언어를 분석해감으로써 공업화 이전의 환경 적합적인 지역의 생활이 분명해질 것이다. 네틀 & 로메인(2001)은 언어평형이 무너지고 생물언어다양성이 상실되는 요인으로 농경의 쇠퇴와 산업혁명의 진전을 들고 있다. 그러나 생활 자체를 공업화 이전으로 되돌리는 것은 비현실적이고 거의 불가능한 일이지만, 거기에서 생활의 양상을 비추어 내는 중요한 지침이 발견될 수도 있다.

네틀 & 로메인(2001)은 언어다양성과 경제적 발전을 양립시키는 길은 가능하지만, 우리들 자신의 행동규범을 적극적으로 변혁하고 현지의 지식체계를 유효하게 이용하는 방도를 모색하라고 말한다. 지방의 환경을 숙지하고 있는 것은 거기에서 여러 해에 걸쳐 생활해온 현지인이고 그것은 현지어로 코드화된 지식체계로 표현되고 있다. 현지어를 '자연자원'으로서 보전하는 것은 현지의 지식체계를 지키고, 나아가서는 현지의 사회·문화·생태계의 지속가능한 발전과 연결된다고 주장한다. 다만, 그 전제는 중앙집권이 아니라 지방 사회의 자기결정권('언어권'도 포함한다)을 존중하는 것이라고 한다.

그렇다고 광역언어가 항상 '반·환경적'인가라고 하면, 그렇다고는 말할 수 없다. 왜냐하면 무엇이 환경에 적합하고 무엇이 그렇지 않은가라는 평가는 광역언어 없이 성립할 수 없기 때문이다. 또 지역을 초월한 환경에 관해 논의를 하거나 세계적인 관점에 선다는 것 자체가 광역언어에 의해서만 도달가능하다. 예컨대, '언어보전학'이라는 개념 자체가 '세계적인 언어' 혹은 그 번역으로 단련된 '광역언어'에 의해서만 말할 수 있다는 점에 주목하지 않으면 안 된다.

여기에서 2009년에 행해진 세계 수십 개국의 보통 시민이 환경문제에 대해 의논하는 World Wide Views[5]라는 이벤트를 예로 들겠다. 원래 유럽 여러 나라에서는 예컨대 유전자 변형 식품을 만들어도 좋은가, 원자력발전은 당연히 필요한 것인가 등 나라의 정치 수준에서 의논되는 듯한 내용에 대해 일반 사람들이 모여 의논하고 그것을 제언하는 기구가 만들어졌다. 실제로 그 제언을 나라의 제도로서 국회의 심의 안에 포함시켜가는 나라가 여럿 있는데, 그런 선진국의 하나가 덴마크이다. 2009년 12월에 덴마크에서 「기후변동시스템조약 체약국회의(COP15)[6]」라는 국제회의가 개최되었다. 거기에서 COP15의 의장국인 덴마크가 '지구온난화의 문제에 대해 COP15에 출석하는 정치가나 관련단체의 사람이 무엇인가를 결정하기에 앞서, 정책이 결정된 상황 아래서 생활해가는 세계 시민의 목소리를 들어보자'라고 한 것이 계기가 되어 '장래의 온난화에 관한 정책의 독특한(unique) 세계민주주의'를 목적으로 한 회의, 'World Wide Views'가 시작되었다. 일본에서는 오사카(大阪)대학에서 그 참가의 타진이 있었기 때문에 조치(上智)대학과 함께 오사카대학 커뮤니케이션디자인 센터를 중심으로 착수하였다(홋카이도[北海道]

---

5) 아래에 나오는 COP15에 참석하는 각국의 교섭담당자에게 세계 시민의 목소리를 제안하기 위한 세계시민회의의 명칭.(역자주)

6) 덴마크 코펜하겐에서 열린 제15차 기후변화 당사국 총회를 가리키며, 정식명칭은 코펜하겐 기후변화회의(Copenhagen climate change conference)이다. 14일간 진행된 이 총회에서는 세계 105개국 정상과 192개국 대표 등 약 2만 명이 참여했으며, 각국 정상들은 '코펜하겐 협정'에 합의하여 실행에 옮겨지도록 하였다.(역자주)

대학도 공개 개최했다).

2009년 9월 26일 전국에서 105명의 시민이 교토에 모였다. 먼저, 발표 (presentation)를 듣고 나서 5명씩 그룹을 나눠 1일 8시간에 거쳐 지구온난화의 문제에 대해 토의하는 시도했다. 같은 내용의 대처를 일본뿐만 아니라 세계 38개국 44지역에서 실시하였고 약 4,000명이 참가했다. 의논하는 일정 (schedule), 테마(thema), 자료 등 모두 세계 공통으로 행했기 때문에, 코펜하겐의 본부에서 영문으로 준 자료를 각국의 언어로 사전에 번역하려는 작업이 필요했다.

또한 참가자를 '균형(balance) 있게' 모으는 것을 공식 규칙으로 정해두었기 때문에, 18세에서 20대, 30대, 40대, 50대, 60대 이상 5개의 연령계층을 20명씩 100명을 모으고 연대, 성별, 직업, 학력, 지역도 될 수 있는 한 균일하게 하려고 하였다. 일본 안에서는 문제가 될 수 없었지만, 인종이나 민족이 다른 국가에서는 이 작업에 어려움을 겪었다는 것을 상상할 수 있다.

의논의 진행방식에 대해서는 테마 세션(session)과 제언 세션의 두 가지로 크게 나뉘어져 있다. 테마 세션이라는 것은 예컨대 '앞으로 당신은 이산화탄소($CO_2$)를 몇 퍼센트 삭감해야 한다고 생각하는가'라는 질문에 대해 '25% 미만이 좋다', '25%', '25%에서 40%'라는 선택지에 답하는 것이다.

다음 제언 세션에서는 선택지에 답할 뿐만 아니라 1일에 걸쳐 의논한 내용을 전제로 하여 COP15에 나가는 각국 정부대표자에 대해 자신들이 어떠한 제언을 건네고 싶은가라는 작문을 하는 작업을 그룹마다 한다. 모든 그룹의 제언이 회의장 안에서 펼쳐지고 제일 좋은 제언이라고 생각한 것에 한 사람당 3표씩 던져, 투표 결과 상위 3개를 그 나라의 제언으로 올린다. 이것이 당일의 흐름이었다.

이것은 매우 민주적인 정책형성의 새로운 형태인 것처럼 보인다. 그러나 이 시도가 성립하기 위해서는 몇 가지 전제가 필요하다. 언어의 문제에 한

해서 보자면, 먼저 본부와 연락을 주고받기 위해 영어를 자유롭게 사용할 수 있는 것이 우선 요청된다. 또 국내에서도 다른 지역이나 계층·인종·민족으로부터 모인 사람들이 의논할 수 있기 위해서는 광역언어이지 않으면 안 된다. 이 점에 대해 일본에서는 거의 문제가 없지만, 예컨대 생물언어다양성이 풍부한 지역의 위기언어를 쓰는 사람들은 우선 의논 그것에 참가하는 것조차 극히 어렵다는 딜레마가 생긴다.

영어로 주고받는다는 점에서는 일본에서도 많은 문제가 발생됐다. 앞에서도 서술한 대로, 본부에서 보낸 방대한 자료의 번역에 상당한 시간이 소요되었다. 자료에 대해 코멘트 해주기를 본부에서 요구했지만, 아시아권의 실시자(實施者)로 사전에 자료에 대한 코멘트를 한 것은 일본뿐이었다. 또한 정책제언의 세션에서 참가자가 합의로 작성하는 정책제언을 영어로 번역하는 것에도 곤란함이 뒤따른다. 예컨대, 일본어로 자연스럽게 읽을 수 있는 문장에서도 영어로 바꾸면 주어가 무엇인지 명확하지 않은 문장이 속출했다. 비영어권이 이번과 같은 전(全) 세계 규모의 사회실험에 참가하는 데 따른 어려움이 노정하는 형국이었다.


## 4. '환경적합적'이라는 가치

지역에 뿌리를 내린 '아이의 언어', '지역의 언어'는 그 지역의 독특한 환경에 적합한 생활의 기억을 내포하고 있다. 언어의 분석을 통해 환경 문제에 진전을 가져올 가능성은 적지 않다. 그것을 위해서라도 생물언어다양성을 보전한다는 사고방식은 중요하다. 좁은 의미에서의 경제적인 가치의 추구, 공리주의적인 언어관에만 갇혀있는 것이 아니라 환경에 적합하다는 새로운 가치에 눈을 돌릴 필요가 있다.

한편으로 생물언어다양성, 언어의 보전 그리고 환경 문제에 관한 정책에 대해 말하는 언어는 '광역언어' 혹은 '세계적인 언어'밖에 없다. 이 두 종류의 언어를 연결하는 회로의 설계가 21세기에는 꼭 필요하다. 그것은 위기언어나 방언에 대해 깊이 안다는 지적·정보활동을 기반으로 하면서도 다른 한편 '아이의 언어', '지역의 언어'로부터 '광역언어', '세계적인 언어'를 숙달하여 자유롭게 사용할 수 있는 이중 언어 사용자(bilingual), 삼중 언어 사용자(trilingual)를 키운다는 교육의 문제와도 관련된다. 환경 문제를 전제로 한 언어정책의 확립이라는 뜻이다.

# 11장
# '벼랑 위의 포뇨'의 지정학

요네무라 미유키(米村みゆき)

## 1. 대지진 속에서 미야자키 애니메이션을 논하는 것

2011년 3월 11일에 일본 국내 관측사상 최대급인 M9.0을 기록한 동일본 대지진이 발생하여 일본은 심대한 피해를 입었다. 광범위한 쓰나미 피해와 원자력발전소의 파괴로 인하여 다수의 이재민이 발생한 일본 근대화 이후 최대의 자연재해였다.

동일본대지진 발생 직후인 3월 28일 그 해 스튜디오 지브리의 미야자키 하야오(宮崎駿) 감독은 자신이 기획을 담당해 그 해 여름에 공개된 영화「코쿠리코 언덕에서(コクリコ坂から)」의 주제가 발표 기자회견에서 동일본대지진에 대해 다음과 같이 언급했다.

"매장도 못한 채 잔해 밑에 묻혀있는 사람들이 존재하는 나라에서, 원자력발전소 사고로 국토의 일부를 상실해가고 있는 나라에서, 우리는 애니메이션을 만들고 있다는 자각이 있다", "현시대의 요구에 응하기 위해서 힘껏 영화를 만들고 싶다." "유감스럽지만 우리 문명은 이 시련에 견디지 못한다. 앞으로 어떤 문명을 만들어갈 것인지 모색을 시작해야 한다. 누구 탓이라고 비난하기 전에 겸허한 마음으로 이 사태를 마주보아야 한다", "우리 섬은 되풀이해서 지진과 태풍과 쓰나미 피해를 입어왔다. 하지만 그만큼 자연이 풍족하다. 많은 어려움과 괴로움이 있어도 더욱 아름다운 섬으로 만들 수 있다는 보람이 있다. 지금 그리 대단한 말을 하고 싶지는 않지만 우리가 절망할 필요는 없다." 또한 도쿄 등에서 피난과 사재기가 발생하고 있다는 것에 대해 "저는 이 나이가 되었기 때문에 한 발짝도 여기서 떠나지 않을 작정이다. 아이들에 대해서는 배려가 필요하지만, 저와 비슷한 나잇대의 사람들이 물을 사기 위해 열을 짓고 있다는 것은 말도 안 됩니다"라고 엄한 표정으로 말했다고 한다.

이처럼 대진재 피해 속에서 그는 애니메이션 연화를 만든다는 것에 대한 자각과 마음 그리고 동세대에 대한 분노를 표명하고 있다.

미야자키는 걸프전쟁이나 9·11(미국에서 발생한 동시다발 테러 사건) 등의 세계정세를 의식하면서 「붉은 돼지(紅の豚)」(1992)와 「하울의 움직이는 성(ハウルの動く城)」(2004)을 만들었고, 자연과 인간의 공생과 갈등, 뿌리 깊은 차별 문제를 의식하면서 「모노노케히메(もののけ姫)」(1997) 등의 텍스트를 통해 다양한 문제의식을 애니메이션이라는 장르에 표출시켜왔다. 그렇다면 「벼랑 위의 포뇨(崖の上のポニョ)」(2008)에 관해서는 어떤 논의가 가능할까.

미야자키 감독의 4년만의 신작인 이 영화의 첫날 무대인사가 2008년 7월 19일 도쿄·히비야 스칼라좌에서 행해졌다. 당시 상영 중에 후쿠시마현을 진원지로 한 지진(도쿄에서는 진도3)이 발생했지만 다행히 큰 사태는 벌어지지 않았다. 상영이 끝나고 무대인사를 위해 등장한 미야자키 감독은 "지진이 일어나서 쓰나미가 발생한 모양입니다. (영화 중에서 쓰나미를 일으키는) 포뇨가 왔나요?"라고 쓴웃음을 지었다고 한다.

현재 일본에서는 동일본대지진 이후 지진이나 쓰나미를 주제로 한 영화의 상영을 연기하거나 중지할 경우가 잇따라 발생하고 있다. 한편 애니메이선 텍스트에 대해 논할 경우 어차피 아이들을 위한 판타지에 지나지 않다고 경시하는 시선과 거꾸로 애니메이션이 호평을 받았을 때는 "애니메이션임에도 불구하고"라는 단서가 보이는 등 애니메이션은 정당한 평가를 받지 못하기 십상이다. 즉 애니메이션에 관해서는 정식으로 텍스트로서 마주 하려는 자세가 아주 드물다. 지금 필자는 대지진 피해 상황 속에서 「벼랑 위의 포뇨」라는 텍스트를 마주보면서 이 텍스트에 있는 문제의식을 찾아보고자 한다. 절차로서는 지리적 조건이 미치는 정치성에 대한 시각을 도입할 것이다.

## 2. 소스케 집의 '비상시' 라이프 라인 정비—소세키 텍스트를 참조하여

미야자키 감독의 「벼랑 위의 포뇨」는 인간이 되고 싶은 아기물고기 포뇨가 아버지의 마법을 훔쳐낸 탓에 이상사태가 벌어지고 마을에서 대홍수를 일어나지만, 다섯 살인 소년이 포뇨를 받아들임으로써 세계의 혼란이 수습된다는 이야기다. 무대는 해변에 위치한 작은 마을과 벼랑 위의 한 집이다. 주인공은 벼랑 위에 위치한 집에 사는 소스케(宗介)이다 나쓰메 소세키(夏目漱石) 전집을 섭렵한 미야자키 감독은 이 영화에 미친 나쓰메 소세키의 영향에 대해 말한 바 있다. 예를 들어 바다 속에서 헤엄치는 포뇨의 어머니 그란만마레(Granmammare)의 모델은 소세키가 런던 유학시절에 목격한 미레이(Sir John Everett Millais)의 오필리아(Ophelia)이다. 과거 미야자키는 「이웃집 토토로(となりのトトロ)」(1988)에 관해 미야자와 겐지(宮沢賢治)를 인용하면서 사쓰키와 메이(주인공의 아이들)가 이사해온 집이 '폐결핵 요양자들의 별장'이라는 '비공식 설정'이었음을 인터뷰에서 밝힌 적이 있다. 그런 의지에서 「벼랑 위의 포뇨」에서 소세키 텍스트의 '인용'이 어떠한 영향을 미

치고 있는지는 매우 흥미로운 문제라고 할 수 있다. 나쓰메 소세키(夏目漱石) 초기 3부작의 최종부인 『문(門)』(1910)의 주인공 소스케(宗助)의 집은 벼랑 밑에 위치한다. 거기에는 다음과 같은 문장이 있다.

> 소스케의 집은 막다른 골목 가장 안쪽의 왼쪽, 바로 절벽 아래에 있어 다소 음산
> 하긴했으나 큰 길가에서는 가장 멀리 떨어져 있는 만큼 조용하겠다 싶어 아내와
> 의논 끝에 특별히 그 집을 선택했었다.

1909년에 『아사히신문』에 연재된 나쓰메 소세키 『그 후(それから)』는 직업은 없지만 부모의 원조를 받아 유복한 생활을 보내는 '고학력 백수(高等遊民)'인 다이스케(代助)가 친구 히라오카(平岡)를 배신하고 그 아내인 미치요(三千代)와 살아가겠다고 각오를 다짐하는 것까지를 그리고 있다. 『그 후』의 '후일담'으로 간주된 『문』은 세상으로부터 '불의(不義)'의 사이로 지탄받는 소스케, 오요네(お米) 부부가 그 죄 때문에 세상을 등지고 살아가는 모습을 그리고 있다. 앞의 인용문과 같이 집을 구할 때의 조건으로 큰 길가로부터 떨어진 '조용함'을 드는 것은 소란스러움을 피하는 말 그대로의 의미뿐만이 아니라 조금만이라도 세상에서 떨어져 조용히 살고 싶다는 둘의 정신적인 입장을 포함하고 있다.

일찍이 일본문학연구자 마에다 아이(前田愛)는 「야마노테 안쪽」이라는 글에서 "소설의 줄거리나 주제보다도 문물이나 생활공간의 영역에서 작가의 무의식적인 부분 또는 시대와 사회의 무의식이 부각되고 있는 것이 아닐까"라는 가설 위에서 『문』에서의 공간과 무의식성의 관계를 탐구한 적이 있다. 실제로 둘이 사는 집은 문을 열면 "처마와 닿을 듯이 깎아지른 절벽이 툇마루 끄트머리쯤에 버티고 있어", "아랫부분을 돌로 쌓지 않으면 언제 무너져 내릴지 모를 우려"가 있다. '자업자득'으로 '미래를 덧칠'한 소스케와 오요

네 부부의 평온한 일상은 오요네의 전 남편인 소스케의 친구이기도 한 야스이(安井)가 갑자기 벼랑 위의 사카이(坂井)의 집에 나타남으로 인해 위협을 받은 것처럼 거기에는 항상 불안감이 따라다니고 있다. 이렇게 벼랑 밑에 위치한 집은 소스케 부부의 상황에 대한 상징적인 의미를 겸하고 있다.

『문』에서 소스케와 오요네 부부는 세 번 아이를 잃고 경제적으로 검소한 생활을 보내는 반면, 벼랑 위의 사카이 부부는 많은 아이들과 함께 중산 계급 이상의 생활을 즐기고 있다. 하지만 마에다 아이가 지적한 것처럼 벼랑 위와 벼랑 밑의 위치관계는 단순한 음양의 관계가 아니다. 사카이의 남편은 집에서 문제가 생길 때마다 '동굴'로 피신하거나 '화류계'로 발길을 옮기는 등 '가정의 행복'에 대해 냉소적인 인물이기도 하다. 게다가 사카이 부부의 모습에도 어두운 부분이 있는 벼랑의 붕괴라는 위험성은 벼랑 밑만이 아니라 벼랑 위쪽의 생활에도 당연히 영향을 미친다. 그리고 『문』을 참조하면서 벼랑 위의 소스케의 집의 표상을 읽어나가면, 그 상징적인 의미는 부부의 의존관계가 아닌 단독성 ―오히려 아내의 independence라는 말이 어울리는― 의 문제와 관련이 된다.

선원으로 항해에 나가서 집으로 돌아오지 않는 선원인 남편에 대해 아내, 즉 소스케의 어머니인 리사(リサ)는 "마누라랑 자식은 벼랑 위에서 당신만 오기늘 기다리고 있는데"라고 말한다. 여기서 소스케 집의 고립성은 명확하다. 소스케의 집 바로 옆에는 '매각지'라는 간판이 서있다. 전에 거기서 살고 있었던 사람들은 이사한 것인지 아니면 그 토지는 자산운용에 적절하지 안다는 건지는 분명하지 않지만, 별장지도 아닌 해변의 벼랑 위의 땅을 특별한 이유 없이 사려고 하는 사람이 없는 모양이다.

하지만 소스케의 집은 불안정성이나 위험성, 어두움이라는 이미지와 멀리 떨어져 있다. 왜 그럴까. 주목할 점은 비상시의 물의 확보, 태풍 밤에도 사용가능한 자가발전을 프로판 가스 등의 라이프라인이 잘 정비되어 있다는 점이다. 거기서 오는 안정감을 집 옆에 설치된 눈에 띌 만큼 큰 수돗물 탱크의 묵직한 이미지가 상징하고 있다. 이러한 묘사는 동일본대지진 이후의 일본의 상황을 예견하고 있다는 점에서 결과적으로 미야자키의 상상력은 흥미로운 대상이 되고 있다. 그리고 지금까지 거의 언급되지 않았지만, 어떤 상황에서도 침착한 리사의 성격과도 잘 조응하는 이 안정감이야말로 소스케의 어머니 리사와 포뇨의 어머니 그란만마레의 공통항이 되고 있다. 그것은 또 왜 아기물고기 포뇨가 소스케가 사는 가정에 들어갔으며, 포뇨의 이야기의 결말을 둘러싸고 그란만마레와 리사가 '길게' 이야기하는 장면이 영화 속에 삽입되어 있는 이유를 설명해준다. 폭풍우가 지나간 후 리사는 소스케와 포뇨를 집에 남겨두고 자신이 일하는 데이케어 센터에 향한다. 그때 라사와 같이 나간다고 졸라대는 소스케에 대해 리사는 "우리집은 폭풍 속의 등대와 마찬가지야", "지금 깜깜한 곳에 있는 사람들은 모두 이 빛을 보고 희망을 가지니까 그래서 누군간 여기 있어야 돼"라고 말한다.

다시 『문』에 돌아가보자. 등대(불)로서의 소스케 집과 함께 생각하고 싶은 것은 다음 같은 문장이다.

이윽고 날이 어둑어둑해졌다. 대낮에도 자동차 소리가 별로 들리지 않는 이 동네는, 저녁 무렵부터 정적이 감돌았다. 부부는 여느 때처럼 램프 곁에 앉았다. 넓디넓은 세상에서 자기들이 앉아 있는 곳만이 환한 것 같았다. 이 밝은 등불 곁에서 소스케는 오요네만을 그리고 오요네는 소스케만을 의식하면서 램프 불빛이 비치지 않는 어두운 사회는 잊고 있었다.

둘 사이에는 "미래라든가 희망이라는 것은 그림자도 비치지 않는" 듯이 보인다. 그리고 "우리는 그런 좋은 일을 기대할 권리가 없는 사람들이 아닐까"라고 말한다. 부부는 '서로를 의지하며' 살고, 서양식 등은 서로만을 비추기 위해 존재한다. 「벼랑 위의 포뇨」에 등장하는 그란만마레는 위대한 바다의 어머니이며 어두운 태풍 밤의 바다에서 황금 빛의 소용돌이를 일으키면서 헤엄친다. 배의 엔진이 정지하자 좌절했던 소스케의 아버지는 "관음보살님이 구해주셨어"라고 감사한다. 어두움 속의 희망의 불. 그란만마레도 리사(소스케의 집)도 바다 위의 많은 사람들한테 희망을 주는 선원들의 '어머니'로 설정되고 있다.


## 3. 수몰이 비극으로 그려지지 않은 '모순'—비상의 꿈부터 보행의 꿈으로

「벼랑 위의 포뇨」에 대한 비평 중에는 영화의 후반부에 등장하는 수몰된 주택지를 "어떻게 해석하면 될지 모르겠다"는 의견이 있다. 예를 들면 마을이 수몰된 후 소스케와 포뇨를 만난 부인은 보트 위에서 원피스를 입고 양산을 들고 있다. 확실히 상황에 비해 너무나 쾌활한 모습인 탓에 텍스트로서의 '모순'을 느끼는 사람이 적지 않은 듯하다. 여기서는 많은 사람들이 '모순'을 느꼈다면 그 '모순'이 어떤 요인으로 생긴 것인지, 또 그 '모순'은 텍스트에서 어떤 필연성으로부터 생기고 있는지를 생각해보려고 한다.

「벼랑 위의 포뇨」의 기획 의도에 관한 글 안에는 "안데르센(Andersen, Hans Christian)의 『인어공주』를 오늘날의 일본으로 무대를 옮기고"라는 말이 있다. 여기서 언급된 『인어공주』를 참조하면 '모순'이 초래된 이유가 보인다. 그것은 「벼랑 위의 포뇨」의 일관된 주제가 보행에 대한 꿈이기 때문이다. 결론적으로는 수몰된 마을은 수중세계(바다 밑)의 애널러지(analogy)를 위해 마련되었고, 물고기들이 물 속에서 자유롭게 헤엄치는 비유에서 「벼랑 위의 포뇨」의 현실세계에서는 걷기가 어려운 고령자들이 자유롭게 걷게 되었다는 장면이 등장하고 있다. 따라서 거기서는 비장함은 없다. 이 텍스트는 포뇨가 좋아하는 소년이 아기물고기 포뇨를 받아들인다는 『인어공주』의 해피엔드의 측면이 보인다.

왕자와 결혼하지 못하고 심지어 왕자의 피를 뒤집어쓰지 못해 다시 인어가 되지 못하고 결국 거품이 돼버린 안데르센의 『인어공주』의 줄거리가 해피엔드로 변한 사례로서 우리가 상기할 수 있는 것은 디즈니 영화 「인어공주(The Little Mermaid)」(1989)일 것이다. 여기서는 「인어공주」를 참조할 때 부각되는 「벼랑 위의 포뇨」의 특징을 몇 가지 제시하고자 한다.

첫 번째, '신기함'을 받아들이는 태도의 차이이다. 『인어공주』 시작 부분에서는 선원이 배를 탄 에릭 왕자(Prince Eric)에게 인어의 존재에 대해 이야기하는 장면이 있다. 에릭 왕자가 선원이 말하는 왕 트라이튼(King Triton)에 대해 물어본 것에 대해 선원은 "인어를 지배하는 바다의 왕입니다", "선원이라면 누구나 알고 있습니다"라고 답한다. 이에 대해 집사 그림스비 경(Grimsby)은 "그런 동화같은 소리를 믿으면 안 됩니다"라고 주의를 주지만 선원은 "꾸며낸 이야기가 아니다"고 화를 낸다. 한편 「벼랑 위의 포뇨」에서 소스케의 어머니 리사는 포뇨가 금붕어에서 인간이 되어 여기까지 왔다는 소스케의 이야기를 의심하지 않고 받아들인다. 리사는 「인어공주」에서의 선원, 즉 바다에 가까운 쪽의 사람이다. 이것은 리사가 결말에서 '물고기', '반어반인'인 포뇨를 받아들일 이유의 하나가 되고 있다.

두 번째, 시선의 권력성의 문제이다. 「인어공주」에서 인어공주 에리얼(Ariel)은 바다 아래의 난파선에서 찾아낸 포크나 파이프의 쓰임새를 갈매기한테 물어보는데 각각 머리를 빗는 도구, 태고에서 전해온 악기라고 듣는다. 실제로 에리얼은 인간들의 세상에 갔을 때 식사 중에 포크로 머리를 빗거나 파이프를 힘껏 부른다. 여기서 그녀는 왕자와 하인들의 놀라는 시선에 노출된다. 왕자와 함께 마차에 탄 장면에서도 고삐를 잡는 법을 모르는 그녀가 말을 난폭하게 뛰게 하는 모습에 놀라는 왕자의 눈빛이 나온다. 즉 「인어공주」에서는 인간들의 시선을 통해서 기준에 맞지 않은 인어의 행동을 상대화하는 시각이 나타나고 있다. 한편 「벼랑 위의 포뇨」에서는 포뇨가 마법을 쓸 수 있다는 것에 대해 소스케는 감탄한다. 또한 포뇨가 꿀이 들어간 우유를 맛있게 마시고, 뜨거운 물을 부어서 만드는 라면에 감동하는 장면도 나온다. 여기서는 포뇨의 시각에서 인간의 세상의 훌륭함이 재발견이 된다. 인간을 기준으로 무지한 포뇨를 보는 시선은 거의 찾아볼 수 없다.

한편, 두 텍스트의 공통점에 대해서는 다음과 같이 말할 수 있다. 언급한 다. 「인어공주」는 '인어공주'와 똑같이 '다리'를 욕망하는 인어의 이야기이다. 바다 아래에 있는 에리얼은 다리를 갖고 싶다고 노래한다. "난 사람들이 있는 곳에 가 보고 싶어 사람들이 춤추는 것도 보고 싶어", "걸어보고 싶어 지느러미를 움직여봤자 멀리 가지도 못하잖아 다리는 뛰어다니고 춤추는데 꼭 필요해, 산보도 할 수 있어", "하루 종일 햇살을 받으면서 자유롭게 살고 싶어." 즉 물 속을 자유롭게 헤엄치기 위한 지느러미 대신 지상을 자유롭게 걸어다니기 위한 다리를 갖고 싶어 한다. 그런데 『벼랑 위의 포뇨』에서는 자유롭게 걸어다닐 수 있는 다리를 꿈 꾸는 등장인물이 아기물고기 포뇨만이 아니라는 점에 유의할 필요가 있다. 데이케어 센터에 있는 고령자들도 다리를 원한다. 고령자들이 자유롭게 걸어다니기 위해서는 물 속을 헤엄치기 위한 지느러미에 해당하는 것이 필요한데, 그것이 영화 후반 부분에서 많은 관객들이 의문시하는 수몰된 마을의 설정―물 속에서 걸어다니는 장면의 필연성과 연결된다.

「하울의 움직이는 성」의 주인공 소피 그리고 원작에서는 등장하지 않지만 영화에서 실제 나이에 맞는 모습으로 변한 황무지의 마녀 등 미야자키 하야오 감독은 영화 속에 고령자들을 자주 등장시키고 있다. 「벼랑 위의 포뇨」에서는 보육원 옆에 위치한 해바라기 집(데이케어 센터)이 등장한다. 이 아이디어는 요로 다케시(養老孟司)와의 공저 『벌레의 눈과 애니메이션의 눈(虫眼と アニ=眼)』(2002)에서 보육원 옆에 위치한 호스피스라는 모습으로 등

장했다. 이 책에서는 호스피스를 "노인 개호(시설)과 헷갈리고 있는 것은 아닐까?"라는 언급도 보인다.

프로듀서 스즈키 도시오(鈴木敏夫)는 미야자키 감독이 「벼랑 위의 포뇨」에 담고 싶은 장면이 있었는데 영화가 1000컷 90분으로 끝날 필요가 있었다고 언급했다. 스즈키가 스케줄을 다시 확인하자 미야자키 감독은 안색이 바뀌고 심기가 나빠졌다. 미야자키 감독이 담고 싶었던 장면은 "개호 시설에 있는 노인들이 다 함께 춤을 추는 등 노인들이 중심이 되는 몇 개의 장면"이었다고 한다. 하지만 더 이상 20분을 초과할 수 없어서 이것은 포기되었다. 미야자키 감독은 왜 이 장면에 집착했던 것일까. 작가론적 견지에서 보면 미야자키 감독은 소스케한테 자기 자신을 그리고 도키(개호 시설에 있는 할머니)에 자신의 어머니의 모습을 투영하고 있었다는 해석도 가능하다. 실제로 스즈키 도시오도 그렇게 말하고 있고 NHK방송 '프로페셔널'에서도 같은 해석을 언급한 바 있다. "미야자키 하야오라는 인물은 소년기의 환경 때문에 어머니에 대한 특별한 감정을 품고 있다. 그 감정을 영화에 투영하고 싶었다. 그것이 단적인 답이라고 생각합니다. 순수하게 도키 상을 더 많이 나오게 하고 싶었다." 이야기의 마지막에서 도키가 소스케를 안아주는 장면에는 슬로모션 효과가 사용되어 인상적인 영상 표현이 만들어졌다. 하지만 영화 텍스트 자체의 논리로 해석하면 모자 관계는 연령적으로 무리가 있다. 영상에 나오는 것은 어머니와 자식이라기보다는 할머니와 손자의 모습이다. 그렇다면 미야자키 감독의 구애는 오히려 이 영화의 근본 부분과 관련이 있다고 보는 것이 더 자연스럽다. 왜냐하면 그것은 보행에 대한 꿈이고 이 영화에서는 세 가지 차원에서 그것이 실현되고 있기 때문이다.

먼저 주제가 중에서 "깡총 깡총 쭈욱 쭈욱 다리가 생겼구나 뛰어보자!"처럼 물고기의 차원에서 손과 다리에 대한 선망이 있다. 「인어공주」 속의 '다리'에 대한 동향과 바꿔서 말할 수도 있다. 두 번째는 이 영화의 하이라이트인 포뇨가 파도 위를 뛰어가는 장면이다. 미야자키는 오랫동안 비상의 꿈을 영화 속에서 그려 왔다. 인간은 날아갈 수 없다는 인류의 불가능한 꿈을 애니메이션 영화 속에서 가능하게 만들었다. 그 꿈은 이 영화에서 '파도 위를 뛰어가기'의 하이라이트로 계승되었다. 미야자키의 특기인 '날아가는 꿈'이 봉인되고, 그 대신 포뇨가 파도 위를 뛰어가는 장면이 등장한 것이다. 인류는 파도 위를 뛰어갈 수(걸어갈 수) 없는데 그것이 애니메이션 영화 속에서 실현되었다. 하지만 인간이라고 해서 누구나 걸을 수 있는 것은 아니다. 모든 사람은 나이를 먹고, 보행은 해바라기의 집에 사는 고령자들에 있어서는 꿈에 불과하다. 이것이 세 번째 차원이다. 영화는 시작 부분에 이미 복선을 깔아 두려 있었고 휠체어를 타는 고령자들이 다시 한 번 자유롭게 걸어다니고 싶다고 말하고 있다. '해바라기 집의 론도'의 가사는 다음과 같다.

다시 한 번 자유롭게 걸을 수 있다면
마음껏 청소하고, 빨래하고, 요리하고
마당의 화분을 깨끗히 하고, 꽃의 씨를 뿌리고 그리고 산책에 나가자
날씨가 좋을 땐 밝아서 좋다
비가 오는 날도 좋아해, 멋진 우산, 레인코트를 입고 걷자(생략)

이 노래의 풍경이 이미 우리에게 익숙하게 느껴지는 이유는 인어공주 에리얼이 다리를 동향해서 노래하는 장면이 상기되기 때문이다.


## 4. 영화 무대의 지정학

마지막으로 이 애니메이션 영화를 둘러싼 미디어의 문제에 주목하고 싶

다. 먼저 영화의 무대에 대해 착목해보자. 다시 나쓰메 소세키의 『문』으로 돌아가면 소스케의 집은 '전차 종점에서 걸어서 20여 분 걸리는 야마노테 안쪽'에 위치하고 있다. 마에다 아이에 따르면 소스케의 남동생 고로쿠(小六)의 하숙집은 혼고(本郷)에, 소스케의 사촌 야스노스케(安之助)의 공장은 쓰키시마(月島)에 있는 것처럼 『문』 속의 다른 등장인물들에 관한 지명은 분명하게 제시되고 있는 것에 비해 소스케 부부의 집을 지도상의 위치로 표시하는 직접적 실마리는 텍스트 안에서 찾아볼 수 없다. 시내가 타자와의 만남이 이루어지는 토포스(topos)라고 한다면 서로에게만 필요한 소스케 부부의 집은 당연히 '야마노테' 속의 어디에도 위치할 수가 없다. 여기서 『벼랑 위의 포뇨』의 무대 지도를 생각하면 이 영화에서도 지리를 특정하는 경관이 잘 드러남에도 불구하고 영화의 무대에 대해 미야자키 감독이나 스튜디오 지브리는 단언하고 있다.

「벼랑 위의 포뇨」의 팸플릿에는 '벼랑 위의 포뇨 무대의 지도'라고 해서 '신우라(新浦) 주변'의 스케치가 실려 있다. 이것은 영화 제작 당초에 그려진 것으로 완성된 영화와는 약간의 차이가 있는데, '신우라'의 모델은 미야자키 감독이 2004년에 스튜디오 지브리의 사원 위로 여행으로 방문한 히로시마(広島)현 후쿠야마시(福山市)의 도모노우라(鞆の浦)라고 추측된다. 현지를 잘 아는 사람들에게 이 영화는 도모노우라를 강하게 연상시킨다. 영화 안에서 소스케는 '2TOMO'라는 간판이 달린 슈퍼마켓을 들른다. 미야자키 감독은 2개월 정도 도모노우라의 벼랑 위에 위치한 집을 빌려서 체재하면서 영화의 구성을 만들었다고 알려져 있다. 하지만 산케이 뉴스에 따르면 후쿠야마시는 "(영화제작 관계자가) 도모노우라를 영화의 무대라고 단언하고 있지 않다"는 이유로 영화를 이용해서 관광객들을 유치하는 것에 소극적이고, 지브리 측은 "영화의 모델이 된 장소를 특정화시키면 팬들이 많이 몰려 피해를 줄 수도 있다"고 전하고 있다. 현지에서는 교통체증 완화를 위해 항구의 일부분을 아울러 다리를 놓는 계획에 대한 반대운동이 전개되는 상황이고, "(후쿠야마시 쪽에서는) 매립 계획에 전국적인 관심이 집중되는 것을 피하고 싶다는 의도가 있는 것 같다"는 현지 NPO의 발언도 보도하고 있다(2008년 9월 23일 배신).

이 기사와 함께 주목하고 싶은 것은 2006년 10월 24일의 『요미우리신문』의 기사이다. 제목은 「모토노우라의 경관 지키고 싶다. 미야자키 감독 등 기금조성」이다. 세토우치(瀬戸内)의 경승지 모토노우라의 경관을 보존하기 위해 미야자키 하야오 감독과 오바야시 노부히코(大林宣彦)들이 현지 NPO와 협력해서 기금 「도모·마치야 에이드(鞆·町屋エイド)」의 설립준비를 진행 중이라는 것이다. 예전의 모습을 잃어가는 것에 위기감을 느낀 현지 주민들이 NPO법인을 설립해서 개수사업에 착수했는데 이러한 움직임을 알게 된 미야자키 감독이 모토노우라를 방문하는 사이에 NPO 사람들과 만나서 경관을 보존할 기금에 대한 이야기를 나눴다는 것이다. 미야자키 감독은 "지역 전통이 남아있는 모습이 점점 일본에서 없어지고 있다. 모토노우라는 생활에 기초한 오래된 역사가 있기 때문에 그것을 소중하게 지키고 다음 세대에 전해줄 수 있으면 좋겠다"고 현지 NPO 대표에게 이야기한다.

2006년에 『요미우리신문』이 전하는 미야자키 감독의 의도에 따르면 「벼랑 위의 포뇨」의 무대 공식발표는 기금조성을 위한 좋은 홍보의 기회가 되었을 것이다. 더구나 미야자키 감독은 「이웃집 토토로」의 무대가 된 사야마 구릉(狭山丘陵)을 위해 「토토로의 고향 기금(トトロのふるさと基金)」으로 협력한 전례가 있다. 영화 속에서 그려진 1950~60년대의 농촌 풍경은 결과적으로 「토토로의 숲 기금(トトロの森基金)」의 홍보에 크게 기여했다. 하지만 이 사례와 유사하게 특정한 경관이 부각됨에도 불구하고, 「벼랑 위의 포뇨」를 홍보하면서 도모노우라라는 지명을 공식적으로 언급하지 않았던 배

경에는 어떤 사정이 개재되고 있었다고 생각하는 것이 적절할 것이다. 2006
년과 2008년의 보도기사에 등장하는 현지 NPO 대표자는 같은 인물이다. 따
라서 2008년의 기사에서 현지 NPO 대표가 말한 "(후쿠야마시 쪽에서는) 매
립계획에 전국적인 주목이 집중되는 것을 피하고 싶다는 의도가 있는 것 같
다"는 부분을 미야자키 감독이나 스튜디오 지브리 쪽에서 다시 생각해보려
고 한다.

아래의 사진은 2010년에 촬영된 도모노우라이다. 여기에 '생활권 우선'이
라는 간판이 보인다. 참고로 이 사진 오른 쪽에 보이는 건물은 소스케가 다

니는 보육원을 상기시
키는 '모토노우라 보육
원'이 있다. 필자가 모
토노우라를 방문했을
때, 현지 관광과의 설
명에 따르면 항구의 일
부를 메워 다리를 놓을
계획(바이패스 계획)
을 원하는 현지 사람들
의 목소리가 제기되고 있다는 것이다. 바이패스가 생기면 대형 차령의 왕래
가 가능해지고 소방차나 응급차가 다닐 수 있어서 안심이 되기 때문이다. 그
러면 세토우치의 경관을 보존하자는 문화인들의 목소리는 바이패스를 원하
는 현지 사람들한테는 고맙기는 하지만 부담이 될 수도 있다. 이 영화의 무
대 공식발표 회피의 배경에는 이 영화가 정치적으로 이용될 수 있다는 것에
대한 신중한 자세가 있는 것 같다.

방재를 위해 거대한 방파제를 만들면 경관이나 환경의 파괴를 피할 수 없
다. 동일본대지진은 인간과 자연의 공생이라는 보편적인 주제의 중요성을

세계에 던졌다. 그런 의미에서 자연과 인간의 관계나 환경을 생각할 때 「벼랑 위의 포뇨」라는 애니메이션 영화는 문제를 제시해주는 유의미한 텍스트가 될 것이다.

# 슬픈 일본과
# 공생의 상상력

## 12장
## '도노 모노가타리'를 통해 본
## 인간과 자연의 공생 관계

김용의

### 1. 『도노 모노가타리(遠野物語)』─신·인간·자연의 윤환적 세계

2011년 3월 11일 일본의 도호쿠(東北)지방을 강타한 지진 및 쓰나미(津波) 피해는 우리들에게 인간과 자연의 공생관계에 대해 근본적으로 다시 생각하게 만드는 계기가 되었다. 말하자면 우리는 오랜 인류역사를 통해 인간이 구축해온 문명이란 것이 자연의 거대한 힘 앞에서 얼마나 보잘 것 없는 것인가를 바로 눈앞에서 목격한 셈이다.

본고에서 주목하는 『도노 모노가타리(遠野物語)』에는 단편적이긴 하지만 쓰나미에 관해서 언급된 부분이 있다. 즉 제99화에 쓰나미에 관해서 언급하고 있다.[1] 잘 알려진 바와 같이 『도노 모노가타리』는 이와테현(岩手縣) 도노(遠野) 출신의 사사키 기젠(佐々木喜善)이 이 지역에 전승되던 이야기를 구술하고, 민속학자 야나기타 구니오(柳田國男)가 이를 듣고 다시 정리하여 성립된 구전설화집이다.[2]

---

[1] 여기 언급된 쓰나미는 메이지 29년(1896)에 이와테현(岩手県)을 중심으로 산리쿠(三陸) 연안을 덮친 쓰나미이다. 익사자가 이만 이천 명 정도나 되는 큰 피해가 발생하였다.

[2] 『도노 모노가타리』 텍스트의 변천과정 및 수록된 설화 내용의 차이에 관해서는 石井正己(1997)에 자세히 언급되어 있다. 국내에서는 김용의(2009)가 한국어로 번역하여 소개하였다. 서지정보 및 성립과정에 대한 국내 논고로는 김용의(2007a), 김용의(2007b)를 참조.

『도노 모노가타리』는 초판(1910)이 출판된 이후에 일본민속학의 출발을 알리는 기념비적 작품이라는 민속학 분야의 평가와 함께, 뛰어난 문학작품으로 간주하는 문학자들의 평가가 더해지며,[3] 오늘날에 이르기까지 일본의 인문사회과학 분야의 많은 연구자들에 의해 지속적으로 연구되고 있다.[4] 예를 들면 초판이 발행된 직후에 이를 읽고 평한 문학자 이즈미 교카(泉鏡花)의 글을 참고하기로 한다.

최근에 재미있는 책을 읽었다. 야나기타 구니오(柳田國男) 씨의 저서『遠野物語』이다. 두 번, 세 번 반복해서 읽어도 질리지 않는다. 이 책은 리쿠추(陸中) 가미헤이군(上閉伊郡)에 도노고(遠野郷)라는 깊은 산 속 벽지에 전해지던 전설, 이문(異聞), 괴담을 그 지역 사람이 구술한 것을 야나기타 씨가 펜을 들어 생생하게 묘사한 것이다. 감히 생생하게 묘사했다고 표현했다. 그렇지 않다면 요괴들이 나와서 어찌 이토록이나 활약할 수 있었겠는가.

이 책의 서두는 그 지세(地勢)에서 시작된다. 신의 기원, 마을신, 가택신 그리고 덴구(天狗), 야마오토코(山男), 야마온나(山女), 무덤과 숲, 혼령의 행방, 환상, 유키온나(雪女), 갓파(河童), 원숭이, 이리, 곰, 여우 종류에서부터 옛날 옛적의 노래에 이르기까지 119가지 이야기가 실려 있다. 헤이가와(閉伊川) 연못에 사는 갓파가 괴상한 물갈퀴 소리를 내며 그리고 쓰쿠모우시(附馬牛) 산에 사는 야마오토코가 무서운 기세로 숨을 몰아쉬며 지면을 빠져나와 눈앞에 나타나는 모습이 유쾌하고 근래에 보기 드물게 기관(奇觀)이다.[5]

---

3) 예를 들면 桑原武夫는「遠野物語から」(1937: 78)에서 "『도노 모노가타리』는 우선 무엇보다도 하나의 뛰어난 문학서이다. 그런데 아쿠타가와 류노스케(芥川竜之介) 한 사람을 제외하고는 일본 문단에서 이 작품의 아름다움을 인정한 사람이 없다는 점이 오히려 내게는 불가사의하다"라고 평가하였다. 본고에서는 石內徹(1996: 127)에 수록되어 있는 텍스트를 참고하였다.

4) 연구사에 관해서는 石內徹,「『遠野物語』研究小史」,『柳田國男遠野物語作品論集成 I』(1996: 1~37)에 상세하게 정리되어 있다. 石內徹는 연구사를 제1기 초판 평가 시기, 제2기 재판 평가 시기, 제3기 재평가 시기, 제4기 평가 확립시기, 제5기 연구심화와 다양화의 시기라는 다섯 시기로 나누어 분석하였다.

5) 泉鏡花(1910: 264). 본고에서는 石內徹(1996: 91)에 수록되어 있는 텍스트를 인용하였다.

앞의 인용문을 보면 이즈미 교카가 『도노 모노가타리』를 얼마나 감명 깊게 읽었는가를 알 수 있다. 이즈미 교카는 인간, 신, 요괴, 동물 즉 인간과 자연이 함께 어우러져 생동감 있게 전개되는 『도노 모노가타리』의 세계를 접하고, 여기 등장하는 주인공들이 "지면을 빠져나와 눈앞에 나타나는 모습이 유쾌하고 근래에 보기 드물게 기관(奇觀)"이라고 감명을 받은 것이다.

그런데 『도노 모노가타리』 이야기를 구성하는 인간, 신(요괴), 자연(동물)이라는 삼자는 민속학이라는 학문을 설명하는 중요한 요소이기도 하다. 예를 들면 민속학자 다니카와 겐이치(谷川健一)는 민속학에 대해서 다음과 같이 설명한다.

> 인간과 동물의 교류를 주제로 한 소론(小論)을 시작하면서 『도노 모노가타리』를 선택한 것은 다른 이유에서가 아니다. 그 안에서 내 주장을 뒷받침하는 수많은 사례를 발견할 수 있기 때문이다.… (중략) …나는 '민속학이란 무엇인가'라고 질문을 받았을 때에 인간과 신, 인간과 인간, 인간과 자연의 생물, 이 삼자 사이의 교섭에 관한 학문이라고 답하고 있다. 이 삼자는 상호 간에 대립적인 존재이지만 대립의 전제로 상호 간에 강한 친화력을 지니고 있다는 점을 놓치지 말아야 한다.[6]

다니카와 겐이치의 민속학에 대한 설명 방식은 단지 민속학에만 해당되지는 않을 것이다. 인간, 신, 자연이라는 삼자는 인류 역사에서 어느 것 하나 소홀히 할 수 없는 핵심 요소로 모든 학문 분야의 연구대상이기 때문이다.

일찍이 인류학자 레드필드(R. Redfield)는 인간, 자연, 신이라는 삼자를 종교적 세계관을 구성하는 주요 요소로 파악하였다.[7] 그런데 종교적 세계관을 구성하는 인간, 자연, 신이라는 삼자는 결코 평등한 관계가 아니다. 어느 하나가 다른 것을 지배하는 더욱 강력한 힘을 지니고 있다. 그리고 이 삼자 중에서 어느 것 하나가 다른 둘에 대해서 우위성을 차지하는 형태로 상호 간에

---

6) 谷川健一(1986: 13).

7) R. Redfield(1953: 84~110).

연결됨으로써 종교적 세계관이 성립한다. 그 때문에 이 삼자 중에서 어느 쪽이 우위성을 차지하는가에 따라서 종교적 세계관을 유형화할 수도 있다.[8]

일본의 경우에는 인간, 신, 자연이라는 삼자의 관계가 원환적(圓環的)이자 가역적(可逆的)이다.[9] 이 같은 인간, 신, 자연의 원환적 관계가 잘 드러나 있는 것이 『도노 모노가타리』이다. 특히 『도노 모노가타리』의 경우에는 인간 대 자연, 즉 신을 자연의 영역에 포함시키는 이분법적 고찰도 가능하다. 왜냐하면 동물(자연)이 단순한 생물학적 동물이 아닌 신격을 지닌 신령한 동물로 등장하는 경우가 흔하기 때문이다. 다시 말하자면 인간이 신, 요괴, 동물을 포함하는 자연계와 어떤 방식으로 공생해왔는지, 그 다양한 공생관계가 생생하게 드러나 있는 텍스트가 바로 『도노 모노가타리』이다. 이 점에 관해서 인간과 동물, 인간과 신, 인간과 요괴 순으로 나누어 구체적인 사례를 통해 고찰하기로 한다.


## 2. 인간과 동물의 공생관계

인류 역사에서 인간과 동물은 다양한 관계를 맺어왔다. 그 다양한 관계에 대해서 프랑스의 중세사 연구자 로베르 드롤(Robert Delort)은 인간과 동물의 관계를 인간이 동물에게 희생되는 관계, 동물이 인간에게 희생되는 관계 그리고 동물이 인간에게 길들여지고 가축화되는 관계로 크게 나누어 단계

---

8) 宮家準(1998: 366)를 참조. 宮家準는 레드필드(R. Redfield)의 설명을 인용하여 신이 우위성을 차지하는 a유형, 인간이 우위성을 차지하는 b유형, 자연이 우위성을 차지하는 c유형이라는 세 유형으로 나누어 설명한다. 그의 설명에 따르면 이 중에서 a유형은 기독교와 같은 일신교의 경우가 대표적이다. b유형은 근대 합리주의에 기반을 둔 사고방식이다. 그리고 c유형은 아시아의 민속종교 등에서 흔히 확인된다. 위 세 가지 유형에서 일본은 c유형에 속한다.

9) 谷川健一(1986: 3).

적으로 설명하였다.[10] 그리고 나카무라 데리(中村禎里)는 일본의 동물설화에 나타난 '변신(變身)'을 통시적으로 분석하여 서구인과 비교되는 일본인의 동물관의 특징을 제시하였다.[11]

『도노 모노가타리』에는 여러 동물들이 등장하여 인간과 다양한 공생관계를 유지하고 있다. 여기서 말하는 공생관계란 인간과 동물 사이에 숭배, 결투, 퇴치, 기만, 변신, 혼인 등을 포함한 넓은 의미에서의 공생이다. 다시 말하자면 인간과 동물의 관계는 결코 평화로운 공생만을 의미하지는 않는다. 동물은 인간이 극복해야 할 위협적인 존재로 인식되는 경우가 많기 때문이다. 예를 들면 제42화에는 이리와 결투를 벌이다 죽은 데쓰(鉄)라는 남자의 이야기, 이어지는 제43화에는 곰과 결투를 벌인 구마(熊)라는 남자의 이야기가 생생하게 서술되어 있다.

〈표 1〉은 필자가 『도노 모노가타리』에 수록된 동물 이야기를 등장동물별로 정리한 결과이다. 동물에 관한 이야기 총 25편 중에서 이리 7편, 원숭이 5편, 여우 5편, 새 3편, 사슴 2편, 뱀 1편, 곰 1편, 말 1편으로 이리에 관한 이야기가 가장 많이 수록되어 있다.[12] 그 뒤를 이어 원숭이 및 여우가 자주 등장하였다. 이는 일반적으로 일본설화에 등장하는 동물들의 빈도 순위와 크게 다르지 않은 결과이다.[13]

〈표 1〉을 보면, 본고의 주제인 윤환적 관계라는 관점에서 볼 때에 제51화 〈옷토새(オット鳥)의 유래〉와 제52화 〈우마오이새(馬追鳥)의 전조〉가 특히

---

10) Robert Delort, 桃木曉子譯(1998: 81).

11) 中村禎里(1984)는 『그림 동화집』과의 비교에 근거하여 서구쪽 이야기에서는 인간이 동물로 변신하는 이야기가 풍부한데 비해서 일본 이야기에서는 동물이 인간으로 변신하는 이야기가 풍부하다는 결론을 도출하였다.

12) 1편의 이야기에 여러 종류의 동물이 등장하는 경우에는 이야기의 중심에 있는 동물에 한정하여 편수를 집계하였다.

13) 예를 들면 김용의(2001: 112)에서 『日本の民話』(전 26권)를 대상으로 하여 일본의 민담에 등장하는 동물의 빈도 순위를 조사한 적이 있다. 조사 결과에 따르면 1위 원숭이, 2위 참새, 3위 두견, 4위 새, 5위 이리, 6위 여우 순으로 자주 등장한다.

주목된다. 이 두 이야기는 공통적으로 새로 변한 인간의 이야기이다.

[사례 1] 제51화 옷토새(オット鳥)의 유래
산에는 여러 종류의 새가 살았는데 가장 구슬픈 소리를 내는 것은 옷토새(オット鳥)이다. 이 새는 주로 한여름 밤에 운다. 짐바리꾼이 오즈치(大槌)해변 쪽에서 고개를 넘어오면 저 계곡 밑에서 새 우는 소리를 들을 수 있었다고 한다.
옛날에 어떤 장자(長者)의 딸이 있었다. 다른 장자(長者)의 아들과 친해져서 산에 가서 놀곤 했다. 그런데 하루는 남자가 사라져 버렸다. 해가 지고 밤이 지나도록 남자를 찾아다녔지만 결국 발견할 수 없었다. 결국 여자는 옷토새(オット鳥)가 되었다고 한다. '옷톤(オットーン) 옷톤'하고 우는 소리는 옷토(夫)를 의미한다. 마침내 목소리가 잠겨서 처량한 울음소리로 변했다.[14]

[사례 2] 제52화 우마오이새(馬追鳥)의 전조
우마오이도리(馬追鳥)는 두견새와 닮았지만 조금 더 크고 날개는 붉은 빛에 갈색을 띠고 있다. 어깻죽지에 말을 끄는 고삐와 같은 무늬가 있다. 가슴 부근에 구쓰고코(クツゴコ, 口籠) 비슷한 것이 달려 있다. 어떤 장자(長者)의 하인이 말을 산으로 끌고 가서 풀을 먹이다가 집으로 돌아가려고 보니 말이 한 마리 부족했다. 밤새도록 말을 찾아서 헤매다가 마침내 새가 되었다. '아-호- 아-호-'하며 우는 소리는 이 지방에서 들판의 말을 쫓아다니는 소리이다. 우마오이도리가 마을에 나타나서 우는 것은 기근(飢饉)의 전조(前兆)라고 한다. 깊은 산에는 우마오이도리가 늘 살고 있어서 우는 소리를 들을 수 있다.

[사례 1]은 어느 장자의 딸이 친하게 지내던 남자가 보이지 않자 찾아 헤매다가 결국 '옷토새(オット鳥)'라는 새가 되었다는 이야기이다. [사례 2]는 어느 장자의 하인이 말에게 풀을 먹이기 위해 산으로 데려갔다가 말을 한 마리 잃어버리고, 말을 찾아다닌 끝에 〈우마오이새(馬追鳥)〉라는 새가 되었다는 이야기이다.

---

14) 이하『도노 모노가타리』본문 인용은 필자의 번역(2009)에 의함.

[사례 1] 및 [사례 2]의 인간이 새로 변신하는 이야기를 통해서 『도노 모노가타리』라는 설화의 세계에서는 인간이 새로도 변신할 수 있는, 바꾸어 말하자면 인간과 동물의 경계마저도 넘나들던 윤환적 관계를 확인할 수 있다.

〈표 1〉 『도노 모노가타리』의 등장 동물

| 번호 | 제목 | 등장 동물 | 비고 |
|---|---|---|---|
| 1 | 제20화 〈마고자에몬(孫左衛門) 집안의 몰락과 뱀의 전조〉 | 뱀 | 집에서 발견한 뱀을 죽인 것이 원인이 되어 집안이 몰락 |
| 2 | 제21화 〈마고자에몬(孫左衛門)의 이나리 신〉 | 여우 | 여우를 숭배 |
| 3 | 제32화 〈사냥꾼과 흰 사슴〉 | 사슴 | 흰사슴을 시스케곤겐(死助権現)으로 숭배 |
| 4 | 제36화 〈후타쓰이시야마(二ッ石山)의 이리〉 | 이리 | 소학교에서 돌아오던 아이가 이리들을 목격 |
| 5 | 제37화 〈마부들을 덮친 이리떼〉 | 이리 | 이리들이 마부 일행을 습격 |
| 6 | 제38화 〈오토모촌(小友村)의 이리〉 | 이리 | 술에 취해 이리 우는 소리를 흉내 내자 이리들이 마구간을 습격하여 일곱 마리 말을 모두 잡아먹다. |
| 7 | 제39화 〈사슴을 잡아먹은 이리〉 | 이리 | 이리가 사슴을 잡아먹다. |
| 8 | 제40화 〈몸을 숨기는 이리〉 | 이리 | 이리가 털 색깔을 바꾸어 숨다. |
| 9 | 제41화 〈도노지역(遠野郷)에서 사라진 이리〉 | 이리 | 이리 떼가 도노에서 사라지는 광경을 목격하다. |
| 10 | 제42화 〈이리떼의 습격〉 | 이리 | 데쓰(鉄)라는 남자가 이리와 결투를 벌이다 죽다. |
| 11 | 제43화 〈곰 사냥〉 | 곰 | 구마(熊)라는 남자가 사냥을 가서 곰과 결투를 벌이다. |
| 12 | 제44화 〈하시노(橋野) 마을의 원숭이 홋타치(猿の經立)〉 | 원숭이 | 원숭이 홋타치(猿の經立)라는 요괴를 목격하다. |
| 13 | 제45화 〈원숭이 홋타치(猿の經立)의 생긴 모습〉 | 원숭이 | 원숭이 홋타치(猿の經立)라는 요괴의 특성 |
| 14 | 제46화 〈피리 부는 사냥꾼과 원숭이〉 | 원숭이 | 무서운 원숭이를 목격하다. |
| 15 | 제47화 〈롯코우시산(六角牛山)의 원숭이〉 | 원숭이 | 사람을 보면 나무를 던지며 도망치는 원숭이. |

| 16 | 제48화 〈센닌고개(仙人峠)의 원숭이〉 | 원숭이 | 지나가는 사람에게 돌을 던지며 장난치는 원숭이 |
|---|---|---|---|
| 17 | 제51화 〈옷토새(オット鳥)의 유래〉 | 새 (옷토새) | 사랑하는 남자를 찾아 헤매다가 옷토새(オット鳥)라는 새로 변한 여자 |
| 18 | 제52화 〈우마오이새(馬追鳥)의 전조〉 | 새 (우마오 이도리) | 하인이 잃어버린 말을 찾아 다니다가 새로 변한다. |
| 19 | 제53화 〈뻐꾸기와 두견새〉 | 뻐꾸기, 두견새 | 감자를 두고 다투다가 새가 된 자매 |
| 20 | 제60화 〈가헤이(嘉兵衛) 노인과 여우〉 | 여우 | 신령스러운 여우를 만나다. |
| 21 | 제69화 〈오시라사마의 유래〉 | 말 | 노파가 들려준 농부의 딸과 말의 사랑 이야기 |
| 22 | 제61화 〈롯코우시(六角牛)산의 흰 사슴〉 | 사슴 | 신령스러운 흰 사슴 |
| 23 | 제94화 〈기쿠조(菊蔵)와 여우의 씨름〉 | 여우 | 기쿠조(菊蔵)가 여우에게 홀려 씨름을 하다 떡을 잃어버리다. |
| 24 | 제100화 〈시주핫사카(四十八坂) 고개의 여우〉 | 여우 | 아내로 둔갑한 여우를 칼로 찔러 죽이다. |
| 25 | 제101화 〈도요마네촌(豊間根村)의 여우〉 | 여우 | 둔갑한 여우를 몽둥이로 쳐서 죽이다. |

## 3. 인간과 신의 공생관계

일반적으로 일본신화에 등장하는 신은 인도유럽신화에 등장하는 신들처럼 애초에 선신과 악신으로 구분되어 있는 것이 아니라, 모든 신들이 그 내부에 인간에게 길흉화복(吉凶禍福)을 초래하는 두 가지 속성을 지니고 있다는 점이 특징으로 지적된다.[15] 두 가지 속성 중의 한 가지는 인간에게 길과 복을 내리는 속성으로 이를 가리켜 흔히 니기미타마(和御魂)라는 말로 부른

---

15) 이 점에 관해서 구조주의 연구자 北澤方邦는 일본의 뇌신(雷神)을 예로 들어 구조적으로 설명한다. 즉 인간의 논농사에 필요한 적당한 비를 내리는 것도, 논농사를 망치는 홍수나 태풍을 내리는 것도 같은 뇌신이라는 설명이다. 이 점에 관해서는 北澤方邦, 김용의 외역 (2011: 330)을 참조.

다. 그리고 흉과 화를 내리는 다른 한 가지 속성은 아라미타마(荒御魂)라고 부른다. 이는 바꾸어 말하자면 인간과 신이 어떤 관계를 맺느냐에 따라서 인간의 길흉화복이 좌우된다는 점을 설명하고 있다고 볼 수 있다. 즉 일본인들의 신에 대한 관념은 인간과 신의 관계 설정에 따라서 선신(니기미타마)에서 악신(아라미타마)으로 혹은 악신에서 선신으로 전환될 수 있는 여지가 있는 것이다.

『도노 모노가타리』에는 일본의 민속종교에서 자주 거론되는 다양한 신들이 등장한다. 그 신들 중에서 특히 인간과 신의 공생이라는 관점에서 주목할 것이, 도노지역 사람들이 집안에 모셔두고 주거를 같이 하는 이른바 '가택신'의 존재이다. 이 계열에 속하는 신으로는 오쿠나이사마(オクナイサマ), 오시라사마(オシラサマ), 자시키와라시(ザシキワラシ), 가쿠라사마(カクラサマ) 등이 있다.[16] 이들 신들은 인간과의 공생관계가 원만할 때에는 인간에게 여러 방식으로 복을 주고 도움을 주지만, 양자의 관계가 원만치 못할 경우에는 화근으로 작용한다. 사례를 살펴보기로 한다.

[사례 3] 제15화 오쿠나이사마의 모내기

오쿠나이사마(オクナイサマ)를 모시면 많은 행운이 따른다. 쓰치부치촌(土淵村)의 끼세나사기(相婶)에 사는 아베(阿部) 성을 가진 장자(長者)는 마을에서 논이 많은 집안이다. 이 집안에서 어느 해인가 모내기 일꾼이 부족하여 장자가 "내일은 날씨도 좋지 않을 듯한데, 모내기가 다 끝나지 않았네…"하고 중얼거리고 있었다. 그러자 어느 곳에선가 키가 작은 아이가 한 명 나타났다. "나도 돕고 싶

---

16) 김용의(2007b: 97~102)에서는 이 계열에 속하는 신들을 '요괴'에 포함하여 분석한 바 있다. 이는 일본민속에서 신과 요괴의 경계가 분명치 않은 점을 반영한 결과이다. 양자의 관계에 대해서는 일본민속학에서 여러 설이 제기되었다. 예를 들어 柳田國男(1963: 350~351)는 신이 영락한 존재가 바로 요괴라고 설명한 바 있다. 이에 반론을 제기한 小松和彦(1979: 332)는 신과 요괴를 근본적으로 같은 존재로 보고 양자를 구분하는 기준을 제시하였다. 즉 인간이 제사를 지내는 초자연적 존재가 신이며, 인간이 제사를 지내지 않는 초자연적 존재가 요괴라고 구별하였다. 본고 3장에서는 인간과 신의 관계를 고찰하는 것이 목적이기 때문에 오쿠나이사마(オクナイサマ) 등을 신격에 중심을 두어 분류하였다.

어요"라고 말하므로 일을 맡겼다. 점심 때가 되어 밥을 먹이려고 찾아보니 보이지 않았다. 그런데 어디선가 다시 나타나서 종일 써레질을 하며 열심히 일했다. 그날 안으로 모내기가 끝났다. "어디 사는 사람인지는 모르지만 같이 저녁을 먹자"고 권했으나 날이 저물자 다시 모습을 보이지 않았다.

집에 돌아와 보니 툇마루 쪽에 진흙 발자국이 여기저기 찍혀 있었고, 발자국이 점점 자시키(座敷) 쪽을 향해 있었다. 자시키의 오쿠나이사마를 모셔둔 선반에서 발자국이 멈춰 있었다. 혹시 하는 생각에서 신상(神像)이 들어 있는 문을 열어보았더니 신상의 허리 아랫부분이 진흙투성이였다고 한다.

[사례 3]에 등장하는 오쿠나이사마는 오코나이사마(オコナイサマ)라고도 부른다. 특히 일본의 야마가타현(山形縣)에서 많이 볼 수 있는 가택신의 하나이다. 신체(神體)는 뽕나무에 무늬가 예쁜 천을 씌워서 만든다. 혹은 족자처럼 생긴 것도 있다. 일본 각지에 오쿠나이사마와 관련된 여러 유형의 이야기가 전해진다. 인간으로 변신하여 모내기를 돕거나 도둑을 잡았다는 이야기 그리고 화재가 발생했을 때에 불을 껐다는 이야기도 많이 전해진다. 그 중에서 [사례 3]은 오쿠나이사마가 모내기를 도왔다는 이야기이다.

[사례 3]에 구체적으로 언급되어 있지는 않지만, [사례 3]을 통해서 인간과 신의 관계가 매우 원만함을 엿볼 수 있다. 즉 아베(阿部) 성을 가진 장자(長者)가 평소 오쿠나이사마를 집안에 잘 모신 덕분에, 일손이 부족한 모내기철에 아이로 변신한 오쿠나이사마의 도움을 받았다. 그것도 밥도 먹지 않고 일만 도왔으니 그 이상 고마울 수가 없는 존재이다.

[사례 4] 제18화 야마구치 마고자에몬(山口孫左衞門) 집안의 자시키와라시
혹은 자시키와라시가 여자아이인 경우가 있다. 같은 야마구치(山口)에 사는 명문 집안인 야마구치 마고자에몬(山口孫左衞門)이라는 집안에는 두 명의 여자아이 신이 살고 있다고 오래전부터 전해져 왔다.
어느 해인가 같은 마을에 사는 어떤 남자가 읍내에서 돌아오는 길에 다리 부근에서 낯선 아름다운 처자 두 명을 만났다. 깊은 생각에 잠긴듯한 표정으로 이쪽

으로 다가왔다. 남자가 "어디에서 오는 길인가요?"라고 물었더니 "우리는 야마구치에 사는 마고자에몬 집에서 오는 길인데요"라고 대답했다. "어디로 가는 길인가요?"라고 다시 물었더니 "건너편 마을의 아무개 집에 가는 길입니다"라고 대답했다. 아무개 집은 마을에서 조금 떨어진 건너편 마을에 있으며 지금도 집안이 훌륭한 부농(富農)이다. 이제 '마고자에몬 집안도 끝장났구나'라고 생각했다. 얼마 안 있어서 그 집안의 주인과 스무 명이나 되는 하인들이 독버섯을 먹고 하루아침에 모조리 죽어 버렸다. 일곱 살 된 여자아이만이 혼자 남았으나 그 아이도 늙도록 자식이 없다가 최근에 병으로 죽었다.

[사례 4]는 매우 흥미로운 이야기이다. 야마구치 마고자에몬(山口孫左衛門) 집안이 몰락하게 된 원인을 자시키와라시에서 찾고 있기 때문이다. 즉 집안이 몰락하게 된 원인을 자시키와라시가 집에서 나갔기 때문으로 설명하고 있다. 자시키와라시란 일본의 이와테현(岩手縣)을 중심으로 도호쿠(東北)지방의 북부에 널리 전해지는 요괴이다. 자시키와라시(座敷わらし)의 와라시란 '동자(童子)'란 뜻으로 어린 사내아이(童子)나 계집아이(童女)의 모습을 하고 있는 것으로 알려졌다.

[사례 4]에는 어떤 이유에서 야마구치 마고자에몬의 집에 머물던 자시키와라시가 집을 나가게 되었는지에 관해서는 언급되어 있지 않다.[17] 다만 자시키와라시가 집에서 나갈만한 어떤 이유가 있었음이 분명해 보인다. 말하자면 야마구치 마고자에몬과 자시키와라시의 사이에 원만한 관계가 유지되지 못한 셈이다. 그 관계가 파탄에 이른 결과, 야마구치 마고자에몬 집안은 몰락하였다. 반대로 자시키와라시가 새로 찾아간 "건너편 마을의 아무개 집"은 "지금도 집안이 훌륭한 부농(富農)"으로 복을 받았다.

이처럼 [사례 3]과 [사례 4]에는 일찍이 인간과 신의 공생관계가 어떠했는

---

17) 제18화에 이어서 제19화 및 제20화에 집안이 몰락하기 전의 전조 및 그 과정이 구체적으로 서술되어 있다.

지, 일상생활 차원에서 구체적으로 전해진다. 즉 인간과 신의 공생관계가 원만할 때에는 신이 인간에게 여러 방식으로 복을 주고 도움을 주지만, 양자의 관계가 원만치 못할 경우에는 화근으로 작용하였던 것이다.


## 4. 인간과 요괴의 공생관계

일찍이 야나기타 구니오는 "일본의 종교는 신구(新舊)가 혼란스런 상태이다. 오늘날에는 이미 요괴 이야기를 통해서가 아니면 이전 시대 국민들의 자연관을 알 수 없게 되었다"[18]라고 언급한 적이 있다. 요괴연구의 대가인 야나기타 구니오다운 지적이 아닐 수 없다.[19] 여기서 주목할 것은 야나기타 구니오가 요괴를 자연의 영역으로 파악하였다는 점이다. 즉 일반적으로 요괴는 인간의 상상력의 산물이라는 점에서 문화의 영역에 속한다고 볼 수 있지만, 한편 일본에서 널리 알려진 요괴의 대부분이 자연과 밀접한 관계를 맺고 있다는 점에서 자연의 영역에 속한다.

『도노 모노가타리』에 등장하는 요괴를 그 거처를 기준으로 분류하면 산에 사는 요괴로는 야마히토(山人), 야마오토코(山男), 야마온나(山女), 산신(山神), 야마우바(山姥) 등이 등장한다. 동물요괴로는 여우, 사슴, 원숭이가

---

18) 柳田國男(1968: 352).

19) 일본에서 본격적인 요괴연구가 시작된 것은 야나기타의 영향이 절대적이었다고 볼 수 있다. 야나기타 이전에도, 히라타 아쓰타네(平田篤胤)나 이노우에 엔료(井上圓了)의 주목할 만한 연구가 있었다. 그렇지만 야나기타가 제시한 요괴의 유형분류 및 연구방법론을 축으로 하여 한편으로는 계승되고 한편으로는 비판받는 양상을 띠며 논의가 전개되어 왔다. 야나기타는 요괴연구의 필요성에 대해 주로 세 가지 점을 강조하였다. ① 일본의 각지에서 전승되는 요괴의 종류를 채집하여 전국적인 분포를 파악해야 한다. ② 요괴와 유령을 구별하여 설명할 필요가 있다. ③ 요괴와 신(神)을 같은 계열로 파악하여 민간신앙의 신이 쇠퇴한 결과 요괴가 발생하였다고 본 점이 그 것이다. 이후 일본의 요괴연구는 야나기타가 강조한 앞의 세 가지 요점을 중심으로 논의가 전개되었다고 해도 과언이 아니다. 이에 관해서는 柳田國男(1963)를 참조.

등장한다. 집에 사는 요괴(신)로는 오쿠나이사마(オクナイサマ), 오시라사마(オシラサマ), 자시키와라시(ザシキワラシ), 가쿠라사마(カクラサマ) 등이 등장한다. 물에 사는 요괴로는 갓파(河童)가 등장하며, 눈 속의 요괴로는 유키온나(雪女)가 등장한다. 〈표 2〉는 『도노 모노가타리』에 등장하는 요괴를 야나기타 구니오가 시도한 요괴의 유형분류를 참고로 하여 분류한 결과이다.[20] 이 중에서 갓파(河童) 이야기를 소개하기로 한다.

### [사례 5] 제56화 갓파(川童)의 자식 내다 팔기

가미고촌(上郷村)에 사는 아무개 집에서도 갓파(川童)의 자식으로 여겨지는 아이를 낳은 적이 있다. 확실한 증거는 없었지만 몸이 새빨갛고 입이 큰 징그러운 아이였다. 꺼림칙해서 내다 버리려고 아이를 데리고 갈림길로 나갔다. 거기다 버려두고 조금 걸어오다 문득 생각을 바꾸었다. "그냥 버리기는 아까우니까 구경거리로 내다 팔면 돈이 되겠구나" 생각하고서 되돌아갔다. 이미 자취를 감추고 보이지 않았다고 한다.

### [사례 6] 제58화 갓파(川童)의 장난

고가라세천(小鳥瀬川)의 우바코(姥子) 연못 부근에는 신야(新屋)라는 집이 있었다. 어느 날 연못으로 말을 씻기려고 끌고 갔는데 마부가 다른 곳에서 놀고 있는 사이 갓파(川童)가 나타나서 말을 물속으로 끌어들이려 했다. 그러나 오히려 말에게 끌려와서 마구간 앞에서 말구유를 뒤집어쓰고 있었다. 이집 사람들이 말구유가 뒤집혀 있는 것을 이상케 여기고 살짝 들어 들여다보았더니 갓파의 손이 나와 있었다. 마을 사람들이 모여서 죽일 것인지 살려줄 것인지를 의논했다. 결국 앞으로는 마을의 말들에게 장난을 치지 않겠다는 굳은 언약을 받고 풀어주었다. 그 갓파는 지금은 마을을 떠나 아이자와노다키(相沢の滝) 연못에 살고 있다고 한다.

---

20) 이 부분은 김용의(2007a: 102)를 참조. 야나기타의 요괴분류에는 망령(亡靈)이 요괴의 하위분류로 포함되어 있다. 야나기타는 '영괴(靈怪)'라는 항목 밑에 '영이(靈異)'나 '요괴(妖怪)' 등으로 하위분류하고 '영이(靈異)'에 '망령(亡靈)'을 포함시켰다. 여기서는 빈도수를 감안하여 요괴 속에 포함시켜 같이 고찰하였다.' '

앞의 [사례 5]는『도노 모노가타리』제56화이다. 가미고촌(上鄕村)에 사는 아무개 집에 갓파(川童)의 자식으로 보이는 아이가 태어나자 내다버리고자 했다는 이야기이다. [사례 5]만을 보아서는 어느 쪽이 남성이고 여성인지 분명치 않지만, 바로 앞에 나오는 제55화와 대조해볼 때에 갓파 쪽이 남성으로 전해진다.[21] 즉 갓파 남자와 인간 여자 사이에 자식이 태어났다.

이 [사례 5]는 인간과 요괴의 관계가 가장 극적으로 묘사된 경우라고 할 수 있다. 즉 인간과 요괴 사이의 혼인관계가 드러나 있다. 일본설화에서 중요한 비중을 차지하는 이른바 이류혼인담(異類婚姻譚) 계열에 속하는 이야기이다. 설화의 세계에서는 인간과 요괴 사이에 혼인이 맺어질 정도로 긴밀한 관계가 유지되었던 셈이다.

[사례 6]은『도노 모노가타리』제58화이다. 마부가 어느 날 연못으로 말을 씻기려고 끌고 갔다가 그가 다른 곳에서 놀고 있는 사이에 갓파(川童)가 나타나서 말을 물속으로 끌어들이려 했다. 갓파가 말을 물속으로 끌어들이는 습성은 갓파의 대표적인 속성 중의 하나이다. 이외에도 갓파는 인간에게 밥상이나 그릇을 빌려주기도 하고, 힘이 센 인간을 보면 스모(相撲)를 하자고 덤비는 등 여러 가지 속성을 지니고 있다고 전해진다.[22] 이들 갓파의 속성이란 결국 인간과 갓파가 어떤 방식으로 관계를 맺어왔는지, 즉 인간과 갓파의 관계맺기를 의미한다.

[사례 6]에 등장하는 갓파는 말을 물 속으로 끌어들이려다가 오히려 말에게 끌려와서 마구간 앞에서 말구유를 뒤집어쓰고 숨어 있었다. 결국 마을 사

---

21) 〈표 2〉에 표시한 바와 같이 제55화, 제56화, 제57화, 제58화, 제59화가 갓파에 관한 이야기이다. 그 중에서 제55화와 제56화는 이야기의 내용이 연결되어 있다.

22) 널리 알려진 갓파의 속성은 다음과 같다. 1. 물가에서 산다. 2. 밥상이나 그릇을 빌려주며 때때로 물고기를 선물한다. 3. 사람에게 달라붙어 병에 걸리게 한다. 4. 말을 물속으로 끌어들인다. 5. 아이의 시리코다마(尻子玉)를 빼가거나 여자를 희롱한다. 6. 사람에게 스모를 하자고 덤벼든다. 7. 오이를 무척 좋아한다. 8. 불교 상징물 및 수신제(水神祭)의 주물(呪物)을 두려워 한다. 갓파의 속성에 관해서는 石川純一郎(1985), 김용의(2005: 161~167) 등을 참조.

람들에게 발견되어 앞으로는 마을의 말들에게 장난을 치지 않겠다는 굳은
언약을 하고 풀려나왔다. [사례 6]의 갓파는 '굳은 언약'을 하고 풀려나왔지
만, 다른 이야기에서는 '반성문'을 쓰고 풀려나오기도 한다.[23] 인간에게 위해
를 가하려는 갓파를 포획한 마을 사람들이 의논 끝에 다시는 해를 끼치지 않
겠다는 언약을 받고 풀어주는 모습이 듣는 이로 하여금 웃음을 자아낸다.

〈표 2〉『도노 모노가타리』에 등장하는 요괴의 유형

| 요괴의 분류 | 요괴의 종류 | 출전번호 |
|---|---|---|
| 산에 사는 요괴<br>: 총 25편 | 야마히토(山人), 야마오토코(山男), 야마온나(山女),<br>산신(山神) | 3, 4, 5, 6, 7, 9, 28, 29, 30, 31, 34, 35, 48,<br>62, 75, 89, 90, 91, 92, 93, 102, 107, 108,<br>116, 117 |
| 망령(亡靈)<br>: 총 13편 | 망령 | 22, 23, 54, 77, 78, 79, 81, 82, 86, 87, 88,<br>97, 99 |
| 동물요괴<br>: 총 12편 | 여우 | 21, 60, 94, 100, 101 |
| | 사슴 | 32, 61 |
| | 원숭이 | 36, 44, 45, 46, 47 |
| 집에 사는 요괴<br>: 총 10편 | 오쿠나이사마, 오시라사마,<br>자시키와라시, 가쿠라사마 | 14, 15, 16, 17, 18, 69, 70, 72, 73, 74 |
| 물에 사는 요괴<br>: 총 5편 | 갓파(川童) | 55, 56, 57, 58, 59 |
| 소리 요괴<br>: 총 1편 | 괴음(怪音) | 33 |
| 눈(雪)요괴<br>: 총 1편 | 유키온나(雪女) | 103 |
| 기타<br>: 총 6편 | 사무토 할머니 | 8 |
| | 젊은 여자 | 27 |
| | 마요이가 | 63, 64 |
| | 사다토의 어머니 | 65 |
| | 큰 바위 | 95 |

23) 이 '반성문'을 가리켜 '와비쇼몬(詫び証文)'이라 한다. 이야기에 따라서는 '와비쇼몬'을 쓰고
풀려난 갓파가 그 답례로 물고기를 잡아서 선물하기도 한다.

## 5. 신·인간·자연의 공생을 다시 생각하며

설화에는 신, 인간, 요괴, 자연 사이의 관계가 잘 드러나 있다. 설화 속에서 이들 사이의 관계는 숭배, 대결, 퇴치, 기만, 변신, 혼인 등 다양한 형태로 전개된다. 그 다양한 형태의 관계를 한 마디로 요약하자면 인간과 자연의 공생이라 할 수 있다.

특히 일본설화에는 신(요괴), 인간, 자연(동물)이라는 삼자의 관계가 원환적(圓環的)이자 가역적(可逆的)인 양상이 두드러진다. 이 같은 관계가 적나라하게 드러나 있는 것이『도노 모노가타리』이다.『도노 모노가타리』에는 일찍이 근대화 과정을 거치면서 일본인들이 잃어버린 혹은 잊어버린 원초적인 설화적 심성(mentality)이 잘 고스란히 담겨 있다. 초판(1910)이 출판된 이후에 일본의 민속학 분야의 평가를 비롯하여 인문사회과학 분야의 많은 연구자들이『도노 모노가타리』를 주목한 이유도 이 점에 있을 것이다.

특히『도노 모노가타리』의 경우에는 인간 대 자연, 즉 신을 자연의 영역에 포함시키는 이분법적 고찰이 가능하다. 왜냐하면 일본의 민속종교 및 일본설화에 등장하는 많은 신들이 그러하듯이,『도노 모노가타리』에 등장하는 신들은 자연의 소산으로 자연물이 신격화된 경우가 많다. 동물의 경우도 마찬가지이다. 즉『도노 모노가타리』에 등장하는 동물은 자연의 영역에 속하는 생물학적 동물일 뿐만 아니라 신격을 지닌 신령한 동물인 경우가 많다. 따라서 크게 인간 대 자연이라는 이분법적 고찰이 가능하다.

본고에서는『도노 모노가타리』에 나타난 인간 대 자연의 관계를 인간과 동물, 인간과 신, 인간과 요괴로 나누어 관련 사례와 함께 고찰하였다.

인간과 동물의 관계에 대해서는 제51화 〈옷토새(オット鳥)의 유래〉와 제52화 〈우마오이도리(馬追鳥)의 전조〉를 사례로 고찰하였다. 앞의 두 사례는 인간이 새로 변신하는 이야기이다. 두 사례에 등장하는 주인공이 새로 변

신하게 된 동기는 각기 달랐다. 그렇지만『도노 모노가타리』와 같은 설화의 세계에서는 인간이 새로도 변신할 수 있는, 달리 말하자면 인간세계와 동물세계의 경계마저도 뛰어넘는 윤환적 관계를 확인할 수 있다.

인간과 신의 관계에 대해서는 제15화 〈오쿠나이사마의 모내기〉와 제18화 〈야마구치 마고자에몬(山口孫左衛門) 집안의 자시키와라시〉를 사례로 하여 고찰하였다. 오쿠나이사마와 자시키와라시는 양쪽 모두 '가택신(家宅神)'에 속하는 신격으로 인간과 신의 공생관계가 구체적으로 드러나 있다. 즉 이들 신들은 인간과의 관계가 우호적일 경우에는 인간에게 여러 방식으로 복을 주고 도움을 주지만, 양자의 관계가 비우호적일 경우에는 화근으로 작용하기도 하였다.

인간과 요괴의 관계에 대해서는 제56화 〈갓파(川童)의 자식 내다 팔기〉와 제58화 〈갓파(川童)의 장난〉을 사례로 고찰하였다. 제56화의 경우는 인간과 요괴(갓파)의 관계가 혼인이라는 형태로 가장 극적으로 드러난 경우라고 볼 수 있다. 다시 말하자면 일찍이『도노 모노가타리』와 같은 설화의 세계에서는 인간과 요괴 사이에 혼인이 맺어질 정도로 밀접한 관계가 유지되었던 셈이다. 제58화에 서술된 말을 물 속으로 끌어들이고자 하는 갓파의 속성을 비롯하여, 이제까지 널리 알려진 갓파의 속성이란 것도 결국은 인간과 갓파가 어떤 방식으로 관계를 맺어왔는지 그 관계맺기의 다양한 방식을 보여준다고 해석할 수 있다.

『도노 모노가타리』는 현재적 관점에서 주목할만한 설화집이다. 여기서 말하는 현재적 관점이란 생태주의적 관점이다. 생활의 모든 분야에서 생태주의가 강조되고, 인간과 자연의 공생에 대한 여러 대안들이 모색되고 있는 현재적 시점에서『도노 모노가타리』는 일찍이 인간과 자연의 관계가 어떠하였는지를 보여주며, 앞으로 인간과 자연의 관계가 어떠해야 하는지를 설화적 계시를 통해 시사하고 있다.

# 슬픈 일본과
## 공생의 상상력

# 13장

# 사이카쿠(西鶴)의 우키요조시(浮世草子)에서 본 자연
### 『본조이십불효(本朝二十不孝)』의 '천(天)의 용례를 중심으로-

정 형

## 1. 사이카쿠와 자연

에도시대 즉 근세기[1] 일본인의 자연관에 관한 기존의 연구는 일본, 일본인의 자연관 전체를 통시적으로 조감하는 연구[2]에 일부분으로 포함되거나, 일본의 문화나 사상연구에서의 부분적 기술, 혹은 일본 고전문학 작품의 개별적 연구의 일부인 경우가 대부분이다.

본 논고에서 다루고자 하는 이하라 사이카쿠(井原西鶴, 이하 사이카쿠로 줄임)의 경우, 사이카쿠 소설의 주제가 호색, 치부, 불효, 무도(武道)인 것에서도 알 수 있듯이 사이카쿠의 우키요조시(浮世草子)는 당시의 현실을 사실적으로 묘사하는 데 주안이 놓여져 있고, 자연 그 자체가 소설의 주요 모티브[3]가 되기 어렵다는 점에서 사이카쿠의 자연관을 주제로 삼는 논고[4]는 찾

---

1) 일본의 경우 도쿠가와 에도막부가 지배했던 봉건시대를 지칭해 근세라는 용어가 정착되어 있지만 한국의 경우는 이 용어가 정착된 공용어라고 보기 어렵다. 본 논고에서는 논고의 연구대상이 일본에 국한되어 있기에 편의상 근세라는 용어를 사용하기로 한다. 일본근세기에 해당하는 우리의 시대구분 용어는 좀 더 깊은 성찰이 필요함을 절감하고 있다.

2) 伊藤俊太郎 編, 『日本人の自然観 縄文から現代科学まで』, 河出書房新社, 1995 등.

3) 이에 비해 근세기 대표적인 시인인 바쇼(芭蕉)의 경우 하이쿠라는 장르 성립 자체가 자연이라는 모티브를 근간으로 하고 있고 문예적 성격 또한 이것에 규정된다는 점에서 자연과의 관련성을 다룬 수많은 논고들이 나와 있음은 주지의 사실이다. 이 점에서 사이카쿠의 소설 '우키요조시(浮世草子)'와는 크게 대조적이라 할 수 있다.

4) 마쓰다 오사무(松田修), 「西鶴における自然」, 『国文学解釈と教材の研究』 15권 16号, 1970

아보기 어렵다.

본 고찰은 이상 지적한 바와 같이 지금까지 거의 선행연구가 없는 점에 주목해 '사이카쿠 소설묘사에서의 자연'이라는 문제를 고찰하고자 한다. 즉 17세기 후반기를 살아간 근세인 사이카쿠에 있어 '자연'이란 어떤 의미를 지니며 자연에 관한 그의 묘사가 작품세계 안에서 창작의도와 어떤 관련성을 지니고 있는 지에 관해 살펴보고자 하는 것이다.


## 2. 근세기 일본인의 자연관

먼저 사이카쿠의 자연관을 다루기 이전에 그 전제로서 근세기 일본, 일본인의 자연관을 보기로 하자. 주지하고 있는 바와 같이 이른바 한자문명권의 핵심 삼국이라고 할 수 있는 중국, 한국, 일본의 세계관, 자연관의 기저에는 고대 이래 근세기에 이르기까지 주로 중국의 선진문물의 수용과 공유라는 점에서 일정 부분 공통적 요소를 지녀왔다. 특히 일본의 경우 중국이나 한반도로부터 전래된 불교와 유교에서의 우주관, 세계관이 고대 이래의 신도적 세계관과 융합되어 있기에 일본의 자연관을 논하는 데 있어서는 용어 사용에 관한 정리가 필요하다. 현재 우리가 자연이라고 부르고 있는 용어는 '자연의 영위' 혹은 '자연의 섭리' 등의 용례에서 알 수 있듯이 인간과 인간을 둘러싼 인위적이고 가공적인 사물을 제외한, 인간에게 물리적, 추상적, 본원

---

의 고찰이 거의 유일하다. 마쓰다 씨는 자연에 대한 사이카쿠의 묘사에는 비현실적, 초현실적인 현상을 현실적 세계 속으로 끌어들이는 수법이 사용되고 있다고 지적한다. 인간의 힘이 자연을 정복하는 예를 구체적으로 작품 안에서 제시하고 이는 근세일본의 과학적 실용주의의 세계가 작가의 자연관에 영향을 미친 것이라고 보고 있다. 극히 상식적인 지적이라고 볼 수 있으며, 중국 당 말기의 문인화 이래 일관된 자연관조적인 격물치지(格物致知)의 자연관 즉 존재의 심부로 다가서는 자연에의 인식은 사이카쿠의 묘사에서는 찾아볼 수 없다고 하는 점도 같은 차원의 내용이라고 볼 수 있다. 이 외에 우메하라 다케시(梅原猛)가 〈日本人の自然観〉(科学技術政策研究所, 1989)라는 주제로 행한 연설문이 있는 데, 이 글에서도 헤이안문학과 하이쿠에 관한 언급이 있을 뿐이다.

적으로 다가오는 모든 지구적, 우주적 세계를 말한다. 그런데 중, 근세기 이래 자연(自然)이라는 용어는 현대어에서의 '자연(nature)'의 의미가 아니라 중국고전의 수용과 변용에 의해 "인위에 의하지 않고 존재하는 사물과 현상(人爲によらず存在する物や現象)", "의도함이 없이 저절로 자연스럽게 이루어지는 현상(意図することなくおのずからそうなるさま)", "하늘로부터 물려받은 성질(天から授かった性)"[5] 등의 의미로 사용되는 것이 일반적이라고 할 수 있다. 따라서 세계관, 우주관을 상징하는 '자연'이라는 용어는 중세기 이래 에도시대에 이르기까지 '自然'이라는 용어가 아닌 주자학 등의 중국 고전에서 사용되는 '천(天)'과 그 파생어인 '천지(天地)', '천도(天道)', '천명(天命)', '천리(天理)', '천벌(天罰)' 등의 용어로 대용되었고, 근세기 동아시아의 형이상학적 우주관, 세계관을 설명하는 데 주요 키워드로 사용되어 왔다. 즉 일본 근세기에 이르러 중국유학 및 조선주자학의 '이기(理氣)'의 개념에 의해 형성된 도덕적, 관념적인 '천'과 물리적이고 자연적인 현상으로서의 '천지'가 통속적이고 일체적인 관념으로 융합되어 우주관, 세계관, 자연관을 통합적으로 인식하는 '천'과 그 파생어로 정착되었고, 이러한 용어 사용은 근세기의 사상서나 문학작품 등에서 일반화되었다. 17세기 후반기에 창작된 사이카쿠의 문학텍스트에서도 이러한 용어사용이 정착되어 있음을 문론이다.

근세기 동아시아는 기본적으로 농경사회였고 고대 이래 농경사회 속에서 자체적으로 발전되어온 문명과 문화의 토양 위에 중국이나 남방 경유의 서구 과학문명이 도래하면서 17세기 실학시대에 접어들게 된다. 특히 근세일본의 경우 불교와 신도의 영향 아래 일본인의 생존방식의 근간이 되는 농업에서의 자연관에는 합리적이고 주체적인 인간의 노력을 중시하면서도 동시에 전통적인 자연관과의 궁극적 일치를 지향하는 사상적 흐름이 정착하게 된다. 이러한 실학의 발전으로 합리적 탐구영역으로서의 자연의 영역이 확

---

5) 『日本国語大辞典』(小学館), 『角川古語大辞典』 참조.

대되지만 여전히 인간의 지식으로 해결될 수 없는 수많은 자연현상과 불가사의한 우주적 문제들이 병존하고 있었고 이를 바라보는 근세인[6]들의 세계에 대한 시각은 크게 다음 세 가지로 정리될 수 있다.

첫 번째로 당대에 형성되었던 실학적 관점에서 모든 분야에 관해 과학적, 실용적인 탐구를 행하는 이른바 합리주의자들의 시각, 두 번째로 이 세계의 모든 현상을 관념의 영역에서 이해함으로써 인간존재의 근원을 하나의 완성된 체계로 보고자 하는 종교나 사상가들의 시각, 세 번째로 앞의 두 시각만으로 충족되지 못하고 해결되지 못하는 괴기담의 내용으로 충만한 민속세계나 신화의 세계에 대한 경외심을 지니는 민중적 시각이다. 이러한 세 시각이 혼융되고 결합되어 근세기 일본인의 공유하는 자연관, 세계관[7]으로 정착되었다고 볼 수 있다.

사이카쿠의 자연관 내지는 세계관 역시 그가 근세기 일본의 선진지역인 간사이(関西)에서 활동한 시인이며 소설가였고 사상적으로도 상식인에 가까운 인물이었다는 점에서 앞에서 정리한 근세일본의 자연관 즉 근세적 통속적 합리주의적 세계관, 사상가들의 형이상학적 이상주의적 세계관, 괴기담적 신화적 경외심을 내포하는 민속적 세계관의 혼융적 범주 안에 속해 있었음은 어렵지 않게 짐작할 수 있다. 오히려 사이카쿠는 이 혼융적 세계관의 범주를 그의 창작세계에서 활용함으로써 근세기 당대의 독자들의 흥미와 공감을 획득할 수 있었고 그 이전의 중세적 문학과 비교해 독자적인 문학세

---

6) 같은 시기의 동아시아 삼국의 세계관은 앞에서 설명한 바와 같이 기본적으로 중국의 농경문명, 한자문명의 범주 안에 속하면서 상당 부분 공통적 요소를 지니면서 동시에 각 지역에서의 특성적 요소를 내포하고 있다. 삼국의 상이성에 관한 고찰 또한 중요한 과제이지만 본고에서는 다루지 않기로 한다.

7) 구라치 가쓰나오(倉地克直)는 그의 저서『江戸文化をよむ』에서 가이바라 에키켄(貝原益軒)과 이토 진사이(伊藤仁斎)의 주자학에 관한 이해와 변용과 자연관에 관해 상술하고, 천(天)에 관한 시각과 상인출신의 사상가 야마가타 반토(山片蟠桃)는 천의 도덕관념의 세속화와 더불어 근면과 성실의 통속도덕 실천, 자연으로서의 천지에 관한 합리적 인식을 추구해 '대우주론'으로 알려진 합리적 우주관 등을 제시했음을 지적하면서 근세인의 자연관을 알기 쉽게 정리하고 있다.『江戸文化をよむ』, 吉川弘文館, 2006 참조.

계를 구축할 수 있었던 것이라고 볼 수 있다.

따라서 당대인의 혼융적 세계관을 숙지하고 있는 작가가 우키요조시의 창작의 세계에서 자연 즉 '천'을 둘러싼 묘사를 통해 혼융적 자연관의 내실을 어떻게 형상화하고 있는 것인지를 밝히는 것이 가장 중요한 핵심과제가 된다. 선행고전문학에 관한 인용과 인용이 지니는 메타포, 권선징악적 언설과 근세기 현실에 관한 작가의 묘사방식 등에 관한 고찰이 필요하며 이를 분석하기 위한 방법으로 자연 즉 '천'이라는 용례가 자주 등장하는『본조이십불효』를 분석 텍스트로 삼고자 한다. 효의 역설정적인 주제로서 '불효'라는 키워드를 내걸고 있는『본조이십불효』에 등장하는 '천' 내지는 '천명'과 같은 파생어 용례 전체를 대상으로 작품에 내재하는 작가의 자연관과 작품세계 안에서의 수사법적 의미 등을 살펴보고자 하는 것이 본고의 의도이다.

## 3.『본조이십불효』서문에서의 자연관

### 1)『본조이십불효』에서의 자연과 천

선행문예인 오토기조시(お伽草子)『이십사효(二十四孝)』를 의식한 사이카쿠의 역설정적 발상이 담긴『본조이십불효(本朝二十不孝)』는 작품명에서도 드러나고 있는 바와 같이 효의 반대적, 징악적 가치로서 '불효'를 주제로 내걸고 있는 작품이다. 유교의 핵심덕목인 효를 권장하는 교훈문학의 영역 안에서 '불효'라는 반윤리적 행위를 제시하고 권선징악적 결말을 통해 당대의 불효의 실상을 사실적[8]이고 흥미로운 에피소드로 소개하고 있음은 주지

---

8) 불효의 실상을 당대적 현실 그대로 묘사했다는 점에서 사실적이지만 불효의 주체가 권선징악적 결말에 이르는 과정은 불가사의하고 예측 불가능한 하늘(天)의 심판을 받는 경우가 대부분이다.

의 사실이다.

　그리고 이러한 권선징악적 결말 내용에 특히 징악을 행하는 주체로서 등장하게 되는 것이 근세인이 상정하는 자연 즉 '천(天)'[9]이라는 용어이다. 이에 『본조이십불효』에 등장하는 천 혹은 천의 파생어(천지, 천벌 등)가 들어간 묘사 부분 용례를 추출해 보면 이 작품의 서문에서 2용례, 巻1の2에 2용례, 巻2の1, 巻2の4, 巻3の3, 巻4の1에서 각 1용례, 巻4の3에서 2용례 모두 10용례가 등장한다. 이하 2)에서는 서문에서의 '천(天)'의 2 용례들의 분석고찰, 3)에서는 본 작품에 등장하는 '천(天)'의 8 용례의 분석고찰을 통해 일련의 '천'에 담긴 작가의 자연에 관한 인식과 작품구조 안에서의 수사법적 의미를 살펴보기로 한다.

### 2) 『본조이십불효』서문 2용례에서의 천(天)

　　그 옛날 중국의 맹종은 부모를 위해 눈 속에서 죽순을 찾아냈다고 하는데 지금은 얼마든지 채소가게에서 구입할 수 있고, 왕상이 두꺼운 연못의 얼음을 깨부수어 잡았다고 하는 잉어 또한 지금은 어물전 수조 안에서 얼마든지 볼 수 있다. 자연의 현실적 이치를 뛰어넘어 신불에게 기원하면서까지 효행을 하지 않아도 각자 가업에 충실하고 그 돈으로 필요한 것을 갖춤으로써 효도를 다하는 것이 지금의 삶의 방식이다. 그런데 이런 상식적인 길을 걷는 사람은 적고 이 세상에는 불효의 악인이 많다. 이 세상에서 생명을 받고 태어난 모든 인간들은 효도를 알지 못하면 하늘의 천벌을 벗어날 수 없다. 그 예는 너무나 많아서 여러 지방 이야기들을 들어보니 불효자들이 너무도 생생하게 그 죄를 드러내고 있다. 그렇기에 그런 불효자들의 이야기를 모아서 이렇게 작품으로 출간하는 것은 세상 사람들에게 효를 권하는 데 일조가 될 것이다.

---

9) 천의 정체성과 관련해 신도의 '가미(神), 불교의 부처, 유교의 천(天) 특히 주자학에서의 이기(理氣)의 주체로서의 천 등을 중심으로 많은 고찰이 있어 왔다. 특히 『본조이십불효(本朝二十不孝)』에서의 천은 신, 불, 유 혼용 형태의 종교적 상징으로 보는 것이 일반적이라고 할 수 있을 것이다.

雪中の笋, 八百屋にあり, 鯉魚は魚屋の生船にあり. 世に〈天性〉の外, 祈らずと
も, 夫夫の家業をなし, 禄を以て万物を調べ, 教を盡せる人, 常也. 此常の人稀に
して, 悪人多し. 生としいける輩, 孝なる道をしらずんば, 〈天〉の咎を遁るべから
ず. 其例は, 諸国見聞するに, 不幸の輩, 眼前に其罪を顕はす. 是を梓にちりば
め, 孝にすすむる一助ならんかし.[10]


『본조이십불효』의 서문에 해당하는 상기 인용문에 등장하는 '천' 관련 용
례는 2곳 '世に〈天性〉の外'와 '〈天〉の咎を遁るべからず'이다. '天性'은 문자
그대로 '하늘로부터 물려받은 성질'이고 '天'은 '하늘' 혹은 '자연'의 의미로 사
용되고 있음을 알 수 있다. 이 두 가지 '천'의 용법은 일차적 의미해독에서 일
견 모순적 용어인 것에 주목할 필요가 있다.

오토기조시『이십사효』[11]나『몽구(蒙求)』등을 통해 일반에게 알려진 중
국의 맹종(孟宗)과 왕상(王祥)의 고사에 관한 지식을 전제로 하고 있는 상기
서문의 묘사에서 우선 '世に〈天性〉の外'(자연의 현실적 이치를 뛰어넘어)는
"그 옛날 중국의 맹종은 부모를 위해 눈 속에서 죽순을 찾아낸" 행위와 "왕
상이 두꺼운 연못의 얼음을 깨부수어 잉어를 잡은" 행위가 바로 '자연의 현
실적 이치를 뛰어 넘는' 행위임을 일차적으로 언설하고 있다. 작가는 근세
기 당대 일본인들의 자연에 관한 까하저 지(知)의 기문에 서서 '설중 속의 죽
순과 한 겨울 얼음 속의 잉어' 찾기의 지난(至難)함을 지적하고 있다. 그렇다
고 해서 동시에 맹종과 왕상의 효행행위의 실현 가능성 자체를 부정한 것이
라고도 볼 수 없다. 이 묘사는 사이카쿠 특유의 복안적(複眼的), 다원적(多
元的) 자연관의 일환이라고 볼 수 있다. 작가는 일견 초자연적인 힘에 의해

---

10) 이하 작품 원전은『井原西鶴 2』, 新編日本古典文学全集 小学館의『本朝二十不孝』에서 인
   용함.

11) 맹종고사를 사이카쿠가 삼국지나 오지(吳志) 등의 한문 원전을 통해 읽었을 가능성도 배
   제할 수는 없지만 사이카쿠 우키요조시의 작품에 등장하는 여러 묘사들을 고려할 때 오토
   기조시를 통한 수용의 가능성이 높다고 할 수 있을 것이다.

이루어진 것으로 보이는 맹종과 왕상의 효행을 근세 일본의 현실 안으로 끌어들여 또 다른 근세일본의 인위적 자연을 해학적으로 말하고 있다. '자연의 현실적 이치를 뛰어넘는' 효행을 실현하기 위해서는 초자연적 존재인 신불의 힘이 필요하겠지만 그것보다는 17세기 일본의 일상세계에 대한 새로운 인식을 제시함으로써 '자연의 현실적 이치'에 부합하는 효행이 가능하다는 것을 강조한다. 즉 맹종의 죽순 —왕상의 잉어와 당시의 전문적 채소가게— 어물전과의 대비적 묘사가 그것이다. 새롭게 정착되고 있던 이른바 근세전기 상업자본주의의 현실[12]을 체감하고 있는 작가는 이전 세대에서는 오로지 신불의 힘에 의존하는 '자연의 현실적 이치를 뛰어넘는' 지난한 효행이 이제 신불의 영역 외에도 가능한 현실이 공존하고 있음을 지적하는 것이다. 그것은 현실세계에서 가공할 위력을 지니는 '금전' 즉 경제력임에 다름 아니다. 이런 경제력은 "각자 가업에 충실하고 그 돈으로 필요한 것을 갖춤"으로서 가능해진다. 근세일본의 인위적 경제세계인 인위적 자연은 과연 인간의 의지만으로 얼마든지 가능한 현실인가? 이어서 작가는 다시 반전의 언설을 행하고 있다.

"각자 가업에 충실하고 그 돈으로 필요한 것을 갖춤으로써 효도를 다하는 것이 지금의 삶의 방식"이고 바로 이것이 보통 사람의 효행방식일 터인데 그러한 보통사람은 드물고 불효의 악인이 많다는 것이다. 그렇다면 '자연의 현실적 이치를 뛰어넘는' 지난한 효행을 상대화시킨 근세적, 인위적 효행도 현실 세계 안에서 지난(至難)함을 지니고 있다고 말하면서, 인위적 현실세계 역시 초자연적, 추상적 신불세계의 자연을 대체할 수 있는 것은 아니라

---

12) 근세기 천하의 부엌으로 불리었던 오사카(大坂)의 농수산물의 집결과 유통에 관한 연구는 이미 다양하게 이루어져 있다. 오사카 거주의 사이카쿠는 규슈 이남 지역의 물류 유통으로 인해 한 겨울의 죽순과 잉어가 구입가능한 일상 속에 살고 있었고 그러한 경제현실은 이 작품이 간행되기 전인 17세기 초에 정착되었다. 『日本の近世 5』, 「商人の活動」, 中央公論社, 1992와 斎藤善之 編, 『新しい近世史 3』, 「市場と民間社会」, 新人物往来社, 1996 참조.

는 인식을 드러내고 있다. 이것은 "그 예는 너무나 많아서 여러 지방 이야기들을 들어보니 불효자들이 너무도 생생하게 그 죄를 드러내고 있다"는 언설에서 더욱 명확해진다. 그리고 서문 말미에서 작가는 현실에서 노력 여하에 따라서 얼마든지 가능한 '인위적 자연'을 행하지 못하는 불효자들은 〈天〉 즉 자연의 천벌[13]을 벗어나기 어려울 것이라는 이상적, 초자연적 현상에의 인식으로 회귀하는 것이다. 자연세계의 제 현상을 직시하는 작가의 인식은 추상적이고 초현실적인 선행고전의 묘사를 근세적 현실 안에서 상대화하면서 다시 이것을 재상대화하고 반전시키는 수사법을 통해 다원적이고 복안적인 자연관을 노출시키고 있다. 사이카쿠 문학이 창출하는 웃음과 해학의 기저에 바로 이러한 자연관이 내재되고 있음을 확인할 수 있다. 이러한 사이카쿠 특유의 자연관은『본조이십불효』의 선행고전인, 앞에서 제시한 오토기조시『이십사효』「맹종」[14]에서의 '천'의 용법과의 비교를 통해 확연하게 드러난다.

맹종은 대나무밭에 가서 찾아보았지만 눈이 많이 쌓인 때라 어떻게 찾을 수 있으리오. 오로지 하늘의 자비를 빌 뿐입니다라고 기도를 올렸지만 잘 이루어지지 않음을 슬퍼하면서 대나무에 다가가니 갑자기 대지가 열리면서 죽순이 여러 개 솟아나왔다. 맹종은 크게 기뻐하며 바로 죽순을 캐어 집으로 돌아와 맑은 장국으로 만들어 어머니에게 드렸더니 어머니는 이것을 드시고 그대로 병환도 나으셔서 오래 장수를 하셨다. 이것 모두 효행심이 깊은 것을 느끼신 하늘의 자비였다.

孟宗、竹林に行き求むれども、行き深き折なれば、などかたやすく得べき。「ひとへに、天道の御あはれみを頼み奉る」とて、祈りをかけて、おほきに悲しみ、竹に

---

13) 이후의 각 작품에서 불효를 행한 주인공들의 결말은 권선징악적인 작품의 틀 안에서 초자연적인 죽음이나 파멸을 맞게 되는 경우가 대부분이다. 당대의 권선징악적인 작품들과 사이카쿠의 작품이 차별화되는 것은 서문에서 드러나고 있는 복안적인 자연관이 내재되어 있다는 점일 것이다.

14)『二十四孝』, 小学館 日本古典文学全集『御伽草紙集』.

寄り添ひけるところに, にはかに大地開けて, 竹の子あまた生ひ出で侍りける.
おほきに喜び, すなはち取りて帰り, あつものにつくり, 母に与へ侍りければ,
母, これを食して, そのまま病もいえて, 齢を延べたり. これ, ひとへに, 孝行の
深き心を感じて, 天道より与へ給へり.

맹종은 눈이 많이 쌓인 겨울철이지만 모친을 위해 인위적으로 죽순을 찾아보고 발견되지 않자 바로 '하늘의 자비' 즉 천의 초자연적 현상을 기원한다 (天道の御あはれみを頼み奉る). 인간의 인위적, 의지적 행동의 한계성에 슬픔을 표시하고 천의 자비를 기원하자 갑작스러운 죽순의 발현이 이루어지는 괴기적(怪奇的) 상황. 이를 기뻐하는 작품 구조는 인위적 자연세계와 초자연적 천의 세계가 하나의 연결된 세계로 이어지고 있음을 나타내고 있다. 말미에서 이 작품의 결말 내용이 맹종의 효행에 감복한 천의 자비였음을 말하는 작가의 언설은 맹종이 생존하는 현실세계와 천이 존재하는 초현실세계가 동절기 죽림에서 땅이 갈라지고 돌연 죽순이 출현하는 괴기적 자연현상을 통해 하나로 이어지고 있음을 부연하고 있는 것이다.


## 4. 『본조이십불효』 개별 작품 8용례에서의 천(天)

앞에서도 언급한 바와 같이 『본조이십불효』에서는 천(天)에 관한 용례가 서문에서의 2용례 외에 巻1の2에 2용례, 巻2の1, 巻2の4, 巻3の3, 巻4の1에서 각 1용례, 巻4の3에서 2용례 등 8용례가 등장한다.
먼저 巻1の2에 등장하는 다음 2용례를 검토해보기로 한다.

부친에게만 일을 맡기고 자신은 느긋하게 잠만 자고 나팔꽃 핀 것을 제대로 본 적도 없이 "아버지, 이 세상은 이슬과 같은 덧없는 목숨입니다." 그렇게 악착같

이 살아봐야 부질없는 거라고 매섭게 쏘아붙이자 천명을 모르는 놈이라고 주변
사람들은 손가락질을 하며 미워했다.

父親に世をかせがせ, おのれは楽寝して, 朝顔の花つゐに見た事なく, 親仁, 世
は露の命と, ねめまはして, 〈天命〉しらずと, 人みな指をさせど, ふかく悪めど
ままならず.

분타자에몬은 죄를 다 드러냈다. 세상에 유례가 없는 불효자 이야기인데 놀랍게
도 천벌이 바로 내려졌다. 정말 근신해야 할 것이다.

文太左衛門か恥を曝させける. 世にかゝる不孝のもの, ためしなき物がたり, 懼
ろしや, 忽ちに〈天〉, 是を罰し給ふ. 慎むべしべし.


권1-2. 대나무 빗자루를 생업으로 하는 일가의 장남 분타자에몬은 27세의
나이임에도 생업은 뒷전으로 한 채, 부모에게 일을 맡기고 자신은 유흥생활
에 탐닉하다 결국 가업이 기울어 누이동생은 유곽으로 팔려가게 되고 분타
자에몬은 그 돈을 갖고 도주해 양친은 충격으로 자살하고 그 유체는 늑대의
밥이 된다. 그리고 양친이 죽었던 자리를 지나가던 주인공 또한 늑대 밥이
된다는 전형적인 괴기적 불효담이다.
　주인공의 부친 히오케노분스케(火桶の文介)는 후시미(伏見)에 거주하는
빗사루 세송을 하는 장인. 작품의 도입부에서 야마시로(山城)의 후시미 지
역의 유서에 관해 지금은 피폐해 복숭아 산지로 전락했지만 과거에는 이곳
스미조에(墨染)가 벚꽃의 명소라고 설명하면서 고긴와카슈(古今和歌集)의
고전적 배경[15]을 제시한다. 와카가 읊어진 뒤 이 지역에서 갑자기 벚꽃이 피
어나게 되었다는 헤이안시대의 와카의 배경에 자연과 인간세계를 이어주는

---

15) 스미조에의 한 사찰에 남겨진 전설에「深草の野辺の桜し心あらば今年ばかりは墨染めに
　　さけ」(古今和歌集 16 哀傷歌)라는 노래가 읊어진 뒤 이곳의 벚꽃이 피기 시작했다고 하는
　　내용이 전해진다.(『井原西鶴 2 』, 新編日本古典文学全集 小学館의『本朝二十不孝』의 두
　　주 참조)

초자연적 상상력과 전승의 역사가 있음을 암시하면서, 이어서 과수재배라는 현실적 상황에 의해 복숭아 산지로 전락된 후시미의 현 상황을 대조적으로 묘사하고 있다. 스미조에의 과거(초자연적 고전세계)와 현재(실존적 현실)를 묘사하면서 자연세계를 둘러싼 근세인의 다양한 인식이 제시되는 것이다. 그리고 바로 이어지는 불효담의 시작은 복숭아 산지로 전락한 스미조에의 현실의 연장선에서 부친 분스케의 어려운 가업의 실존상황이 사실적으로 묘사된다. 그리고 등장하는 장남 분타자에몬의 가업을 외면하는 불효의 실상에 대해 주위 사람들의 입을 빌려 등장하는 것이 첫 인용문의 '천명(天命)'이다. 짧은 삶의 유한성에 대해 분에 맞지 않는 세속적 환락으로 위안받고자 하는 아들의 불효적 행태에 천명을 떠올리는 것이 바로 근세인의 초자연적, 징악적 발상이다. 자연세계의 유한적 무상성에 인위적 세속적 탐닉으로 대립하는 장남 그리고 다시 초자연적 상상력을 표현하는 주변의 인물들이 대비적으로 묘사되고 있다. 부모의 생존을 위해 딸이 유곽에 몸을 파는 행위는 서문에서의 맹종과 왕상의 초현실적 효행담과 대비되는 대목으로, 근세일본의 현실세계에서 어느 곳에서나 있을 법한 인위적 효행임과 동시에 맹종과 왕상이 겪었을 효행과정보다 더 세속적 고통을 수반하고 있음은 쉽게 읽혀질 수 있다. 그럼에도 이 인위적 효행은 장남이 누이동생의 매신(賣身) 대금을 가로채고 도주함으로써 불발로 끝날 수밖에 없었고, 이후의 장남의 환락행위는 근세 일본의 유흥문화 범주에서 사실적으로 묘사되고 있음을 알 수 있다. 이 부분까지의 묘사의 양이 작품 전체 대부분을 차지하고 양친이 자살한 곳인 오오카메다니(狼谷)[16]에서 늑대에게 물려 죽는 주인공에 대한 징벌적이며 괴기적인 결말은 작품 말미 불과 몇 행에서 제시된다. 그리고 "놀랍게도 천벌이 바로 내려졌다(懼ろしや, 忽ちに〈天〉, 是を罰

---

16) 지명에서 알 수 있듯이 늑대가 많이 출몰했다고 전해지는 지역으로 이 지명을 활용하고 있는 작가의 상상력을 엿볼 수 있는 묘사이다.

し給ふ. 慎むべしべし)"는 언설이 추가됨으로써 권선징악적 불효담이 완성되는 것이다. 초자연적 천에 대한 작가의 괴기적 묘사방식은 세속에서의 주인공의 사실적 행태묘사와 대비되면서 권선징악적 작품의 틀에만 안주하는 오토기조시와 차별화되는 자연관을 내포하고 있음을 확인할 수 있다. 주인공의 세속적 불효담을 묘사하는 과정에서 불효가 행해지는 지역인 스미조에(墨染)의 벚꽃명소로서의 유래를 고긴와카슈(古今和歌集)의 전통적 자연관이 지니는 초자연적 세계로서 제시하고 이를 주인공의 인위적 불효담을 통해 상대화한 후 다시 초자연적, 괴기적 천의 결말로 작품을 마무리 짓는 구조를 확인할 수 있다.

권2-1은 전설적인 도적 이시카와 고에몬(石川五衛門)의 불효로 인해 일생동안 큰 고통을 받는 부친에 관한 묘사가 중심을 이루고 있다. 뱃사공인 부친은 아들의 죄 대신 앙갚음으로 폭행을 당해 전신에 부상을 입고, 고에몬은 여러 가지 악행으로 결국은 붙잡혀 불가마 속에 던져져 죽게 되는데 죽기 직전에도 자기 아들을 밑으로 깔아가며 죽어가는 포악한 행태가 그려지는 불효담이다.

작품의 도입부에 제시되는 "황금가마를 캐낸다는 것은 아무리 효를 해도 지금 세상에 생각할 수 없는 일"이라는 언설은 앞 서문의 예와 마찬가지로 『이십사효』에 등장하는 효자 곽거(郭巨)가 가난한 모친을 위해 아들을 땅에 파묻으려다 황금 가마솥을 발견한다는 효행담을 환기시키고, 동시에 이 작품의 주인공이 악행으로 인해 불가마 솥에서 죽음을 맞는다는 결말을 암시하는 사이카쿠 특유의 함의적 묘사이다.

도입부의 『이십사효』의 초자연적 효행에 관한 환기적 묘사에 이어 다시 근세일본의 세속현실의 일상적 공간 안에서 상대화하는 언설(지금 세상에서 생각할 수 없는 일)로 전환되고, 이어서 재반전되어 일본고전의 패러디를 통한 자연적 세계의 메타포적 묘사 즉 고에몬의 부친이 뱃사공으로 등장하

는 곳을 묘사하는 '濤波や大津の浦より'의 마쿠라고토바(枕詞), 중국고전의
세계를 환기시키는 두보(杜甫)의 시를 패러디하는 날씨묘사 '俄に雲となり'
와 우타마쿠라(歌枕)의 '鏡山'[17] 등 초자연과 현실세계를 오가는 작가의 이중
적인 레토릭이 두드러지고 있음을 알 수 있다.

　주인공의 악행이 세속현실의 구체적인 예로서 계속되고 이에 대해 징악
적 예조(豫兆)로서 다음과 같은 〈천〉의 용례가 등장한다.

> 이 같은 일이 점점 심해지기만 하기에 "하늘의 천벌을 받을 것이다, 사람들이 지
> 켜보고 있으니 어떤 일을 당할지 모를 것"이라고 여러 번 주의를 주었지만 오히
> 려 그걸 기화로 현재의 부모를 밧줄로 묶고
> 此事次第につのれば, 〈天〉の咎, 世の穿鑿, いかなるうきめにあひつらんと, 頻
> に異見するに, 却て怨をなし, 現在の親に縄をかけ, (巻2の1)

　현실세계에서의 고에몬의 악행에 대해 주변인물들이 〈천벌〉을 경고하는
대목은 악행의 극한을 목도하는 근세인에게서 자연스럽게 나올 수 있는 발
상이며, 초현실의 세계를 무의식적으로 상정하는 복안적 발상이라고 할 수
있다. 도적 수괴로 형상화된 고에몬 설화의 전승이 17세기 후반의 현실세계
안에서 사실적으로 재구성되고, 해학적 삽화와 더불어 초자연적인 현상인
천의 응징이 불가마에 태워 죽이는 근세시대의 인위적 사법조치를 통해 이
루어지는 점에서 『이십사효』의 초자연적인 묘사와 대비된다고 할 수 있다.
그리고 이러한 인위와 초자연의 조화는 "부친을 밧줄로 묶는 악행을 한 응보
로 지금 불구덩이 속에 들어가서 타죽고 있는 것인데 더구나 내세에서는 불
구덩이 속에 들어가 귀신이 찢어먹는 안주가 될 것이라며 고에몬을 미워하

---

17) 滋賀県 古来의 우타마쿠라로 알려져 있다.

지 않는 사람이 없었다"[18]라는 말미의 언설은 바로 이러한 당세인들의 천에 관한 복안적 시각을 나타내고 있는 것이다.

권2-4는 부친이 세간을 의식해 4배 이상으로 재산이 있는 것처럼 유언장을 쓰고 죽자 4형제 간에 재산분쟁이 일어나고 동생은 형이 재산을 빼돌린 것으로 오해하고 장남을 몰아세운다. 결국 부친의 거짓행위를 자식된 도리로 밝히지 못하고 오해를 받은 채 장남은 자살을 하게 되는 전형적인 형제 간의 재산분쟁담이다.

이 불효담의 무대는 현재의 시즈오카(静岡)가 위치한 스루가(駿河) 지역. 작품 도입부는 다음과 같이 시작된다.

> 인간은 결국 모두 무상의 연기로 변해버리는 것이다. 어떤 해 후지산에서 불어 내려오는 바람 탓에 감기가 유행하고 많은 사람들이 어려움을 겪은 적이 있었다. 스루가 지역에서도 의사들은 정신 없이 돌아다녔지만 그래도 많은 사망자가 나와 집안 유골을 모시는 절을 찾는 사람들이 줄을 이었다. 무상의 죽음은 언제 찾아올지 모르는 것으로 때 마침 찾아온 찬 하늘 날씨 속에서도 수의 한 벌만이 이 세상에서 저 세상으로 가는 여행복이 되는 안타까운 모습들
> 人はみな, 煙の種ふじの山, はげしき風病はやりて, 難儀を駿河の町に, 医師隙 なく, 檀那寺の門を敲き, 無常はいつをさだめが足し. 折ふしの寒空にも, 経帷 子ひとへを浮世の旅衣

불효담의 주인공의 죽음의 결말을 암시하는 도입부에서도 스루가-후지산-연기-죽음으로 연상되는 고전세계의 연어(縁語)적 창작기법이 제시됨으로써 스루가에서의 단순한 현세적 불효담이 아닌 현세와 내세에 걸친 초자연적 현상이 개재되는 불효담의 묘사를 작가는 의도하고 있다. 불효담의 구

---

18) 원문은 "親に縄かけし酬い, 目前の火宅, なほ又の世は火の車, 鬼の引肴になるべしと, これを悪まざるはなし"로 되어 있다.

체적 상황은 유산액수를 부풀리는 부친의 허영심, 재산분배를 둘러싸고 장남에게 혐의를 두는 동생들의 물욕, 억울한 누명을 뒤집어쓰면서도 부친의 허위를 밝히지 못하는 우직한 장남의 효행적 행동과 자살 등이 세속 세계 안에서 사실적으로 묘사된다. 이러한 상황에 등장하는 '천'의 작품 내의 용례는 다음과 같다.

> 자신 혼자서만 난처한 상황이 되었다. 모두들 다 알고 있는 상태에서 이런 조치를 취한 것인데 거짓이 없는 자신에게 혐의를 뒤집어씌우다니 그래도 천벌을 면할 수 있다고 생각하는가
> 我壱人の迷惑. おのれらも了簡の上にて, 此首尾に済し, いつわりなき某を疑事, 〈天命〉遁るべきか. (巻2の4)

'천명'의 용례를 사용함으로써 징악적 결말을 예상시키는 상투적 문구가 등장하는데, 이 결말은 작품 말미에서 죽은 남편이 부인의 꿈에서 나타나 억울함을 호소하는 내용으로 이어진다. '천명'이라는 초자연적 의지는 부인의 꿈(夢のうち)이라는 현실과 초현실의 접점의 세계에서부터 시작됨을 알 수 있다. 남편의 원한을 갚기 위해 3인의 시동생들을 살해하고 본인은 자살하는 행위 그리고 남겨진 장남의 아들이 재산을 상속하는 결말을 도식화하면 작품 도입부에서 제시되는 고전적 자연세계 ―유산을 둘러싼 부친과 아들들의 세속적 행위― 현실과 초현실의 접점에서 행해지는 천의 징벌적 의지와 내용의 제시라고 볼 수 있을 것이다. 괴기담의 전승적 유형의 불효담으로서 당대인들의 초자연적 현상에 관한 인식이 내재되고 있음은 앞서의 타 불효담의 구조와 일치하고 있다.

권3-3은 산속 늪에서 거대한 옻나무를 발견해 부자가 된 우루시야부타유(漆屋武太夫)가 이를 독차지하려는 욕심에 결국 자신과 아들은 죽게 되었고 도벌의 책임을 추궁당해 집안은 몰락, 거지로 전락한 부인은 시어머니를 구

박했다는 이유로 아무런 적선도 받지 못한 채 굶어죽는다는 불효담이다.

중세, 근세기 이래의 입신출세담[19]의 유형을 다양한 내러티브 구조로 변화시키고 있는 사이카쿠 특유의 입신출세 후 몰락담[20]의 유형이라고 할 수 있다. 이 상인의 치부과정에는 불법적이고 탐욕적인 옻나무의 채취행위가 있었고 이에 대한 천의 용례는 다음과 같다.

> 세상 사람들처럼 분수에 맞는 의복을 입고 조석의 식사로 제 계절의 고기와 생선을 맛보고 가난한 친척들을 돌보고 아랫사람들을 잘 챙기고 신을 잘 모시고 불도의 길을 명심하고 부모를 즐겁게 해드리고 타인과의 의리를 잘 지키고 만사에 솔직하고 유복한 것은 천의 은혜가 충만한 사람인 것이다.
>
> 世間にかはらず, 其身相応の衣類を着て, 朝夕も折ふしの魚鳥を味ひ, 貧なる親類を取立, 下下を憐, 神を祭, 仏の道を願ひ, 親に楽をあたへ, 他人の義理をかかず, 万事直にして富貴なるは, 〈天〉の恵みふかく, (卷3の3)

모범적인 근세기의 상인상[21]을 제시하고 있는 내용으로 우루시야부타유는 용례에서 제시되는 상인의 삶과는 거리가 먼 인물임은 말할 것도 없다. 더구나 그의 부인은 시어머니를 구박하는 불효의 며느리로 묘사되고 있는바, "신을 잘 모시고 불도의 길을 명심하고 부모를 즐겁게 헤드리고 디인파

---

19) 사이카쿠가 의식했던 교훈서로 근세 초기 1627년에 간행된 작자미상의 가나조시 『장자교(長子敎)』를 들 수 있을 것이다. 가마다야(鎌田屋) 등 3인의 부호에게 똑똑한 소년이 찾아가 장자가 될 수 있었던 성공비결을 묻는 내용으로 되어 있음은 주지의 사실이다. 절약, 재각(才覺), 가업충실 등이 치부의 주요요소로 제시되고 있다. 『近世町人思想』, 日本思想大系, 岩波書店.

20) 사이카쿠의 치부담 『일본영대장(日本永代蔵)』에는 당대의 입신출세 후 몰락담과 2대에 걸친 치부성공 후 몰락담의 여러 유형이 묘사되고 있다. 입신출세의 과정이 부정적인 방법으로 이루어졌을 경우 대개는 몰락하는 경우가 많이 제시되고 있다.

21) 정직과 신용으로 가업에 충실하고 초현실적인 행위를 통해 치부를 바라기보다는 현실에 충실하면서 초현실적인 신불의 존재를 믿고 잘 기원해야 한다는 『일본영대장』의 서문 내용과 거의 유사한 내용이라고 볼 수 있다. 현실적인 삶 안에서 초현실적, 초자연적인 세계를 기원하는 근세인의 세계관임에 다름 아니다.

의 의리를 잘 지키고 만사에 솔직하고 유복"하지 못한 사람에게 '천'이 징악
적 결말을 내리는 구조를 지니고 있다. 세속적 인위적 삶의 충실과 초자연적
현상에 대한 경외심이 혼재하는 당대인들의 인식이 형상화되어 있음을 확
인할 수 있다.

권4-1은 향락에 탐닉해 부모를 괴롭히는 두 남자 진시치(甚七)와 겐시치
(源七)의 불효담. 유흥비가 떨어지자 몸이 불편한 노인을 납치해 앵벌이에
활용하는 악행을 행하면서 진시치는 노인을 구박했고 겐시치는 부모를 대
하는 마음으로 효심을 표한 결과 두 사람의 운명이 바뀐다는 선악대비의 구
조이다. 이 두 사람의 행위에 대한 천의 용례는 다음과 같다.

> 하늘은 사람의 진실됨을 살펴보시고 선악을 심판하시는 것일까
> 〈天〉まことを照らし,善悪をとがめ給ふにや. (巻4の1)

천은 과연 선과 악을 구분하여 권선징악의 결말을 보여주는 것일까라는
작가의 언설은 그대로 근세인들의 천과 세속에 대한 복안적 인식일 것이다.
작품 도입부에서 부모를 괴롭히고 유흥에만 탐닉하는 전형적 탕아로 그려
지는 두 남자 진시치와 겐시치의 유형은 한 인간의 내면에 공존하는 모순적
자아로서 그 이전의 고전문학 텍스트에서는 발견될 수 없는 실존적 인간상
이라고 할 수 있다. 천의 의지에 의해서 모든 것이 결정되는 권선징악적 세
계에서 인간의 실존적 현실을 직시하고 이를 다시 천의 초자연적 계시의 결
말적 범주로 수렴해가는 사이카쿠의 묘사는 바로 세속과 초지연적 세계의
경계를 내포하고 있다.

권4-3은 어머니와 사별한 아버지 에노모토 만자에몬(榎元万左衛門)이 후
처를 들이자 정당한(?) 사유 없이 모함하고 괴롭히는 불효를 행해 벼락을 맞
아 죽음을 맞는다는 불효담이다. 이 작품에 등장하는 '천'의 용례는 2용례로

첫 용례가 다음의 묘사이다.

아무런 죄가 없는 데 의심을 받는 것처럼 곤란한 일은 없다. 하늘은 진실을 살펴
보실 것이지만 의심이 풀리기 전에 몸을 잃게 되기도 하니 참으로 슬픈 일이다.
曇りなき身を, うたがはるる程, 世に迷惑なる事はなし. 天まことをてらし給へ
共, 其時節を待ず, 身を失ふも悲し. 心の波風たつも, 人の云なしにして, 是非な
き事有. (巻4の3)

천은 초자연적인 힘으로 진실을 살펴보지만 인간들의 현실 속에서 바로
징악적 세계가 펼쳐지는 것은 아니라는 작가의 언설은 의미심장하다. 세속
의 현실적이고 인위적인 선과 악의 세태는 대부분 세속의 논리 안에서 이루
어지는 것이 일상다반사이고 선과 악에 대한 진실의 구분은 상대적이고 모
호한 것이기에 인간 차원에서 판단하고 느끼는 것이 그대로 천의 세계의 계
시로 이어지는 것이 아니라는 점이다. 실제로 아들의 모함으로 후처는 아
버지의 버림을 받아 출가하게 되고 아들은 후처를 모함한 악행으로 결국 사
람들에게 지탄을 받게 되어 도주를 하던 도중, 때 아닌 벼락을 맞아 괴기적
이고 징악적인 결말을 맞는다. 선행 괴기담[22]의 전승적 수용의 형태로 불효
의 주체인 아들에게는 벼락이 치지 않는 계절에 벼락을 맞아죽는 초자연적
이고 징악적인 천벌이 내려지지만, 이 아들의 행위가 과연 정당한(?) 사유가
없는 것인지가 주목해 볼만한 대목이다.

안스럽기는 하나 말을 하지 않으면 하늘을 배반하는 것이 된다.
迷惑ながら, いはねば天命を背くなり. (巻4の3)

---

22) 낙뢰에 의해 악인이 사망하는 예는 고대 이래 여러 문헌에서 산견되는데, 특히 어머니를
모함한 유무(酉夢)가 벼락을 맞는 내용은 헤이안 말기의 불교설화집 『寶物集一』에 나온
다.(앞의 책, 『本朝二十不孝』 두주 참조)

아버지에게 새어머니가 아들인 자기에게 추파를 던지고 있다고 엉뚱한 모함을 말하는 상황에서 등장하고 있는 위의 천의 용례(천명)는 바로 불효의 당사자인 아들의 입에서 나오는 말이기에 더욱 의미심장하다. 천명의 징악적 대상이 되는 아들이 천명을 운운하고 있는 것이다. 인간의 이면에 있는 인간의 비뚤어지고 배타적인 심성 즉 어린 아들로서 생명과도 같은 어머니를 잃은 트라우마 그리고 아버지가 새어머니를 맞아들이는 데 대한 심리적 반항심과 새어머니에 대한 본능적 증오심이 동시에 묘사되고 있는 것이다. 아들의 철들지 못한 반항심과 불효의 행위 그리고 작품 말미에서 맞게 되는 초자연적 징악의 결말은 사이카쿠의 작품이 단순히 권선징악의 세계를 답습하고 있지 않고 초자연과 자연의 영역을 넘나들며 복안적 시각으로 작품세계를 창출하고 있음을 보여주고 있는 것이다.

## 5. 『본조이십불효』의 창작방법과 자연

이상 『본조이십불효』에서 등장하는 천(天)에 관한 용례 즉 서문에서 2용례, 卷1の2에서 2용례, 卷2の1, 卷2の4, 卷3の3, 卷4の1에서 각 1용례, 卷4の3에서 2용례 등 모두 10용례을 중심으로 '천'에 담긴 작가의 자연에 관한 인식과 작품구조 안에서의 수사법적 의미를 살펴보았다.

17세기 중, 후반 근세일본의 불효의 제상(諸相)을 사실적으로 묘사하면서 동시에 권선징악적 결말을 내용으로 담고 있는 『본조이십불효』에 내재된 작가의 인식은 앞 서문에서 언급한 근세기 일본인들의 '천'에 관한 세 유형의 세계관 내지는 우주관을 복안적으로 내재시키고 있다. 하나는 17세기 동북아시아의 한자문명권에 도래했던 실학적 세계관인바, 세속의 차원에서 과학적, 합리적, 실용적 인식으로 자연의 도리와 이치를 생각하는 세계관이다. 그리고 한편으로 합리적이고 세속적인 세계관만으로는 해명이 다 이루어지지 못하는 우주의 제상(諸相)에 대해 관념적, 형이상학적 영역으로 이해하고자 하는 사상가적, 도덕가적, 종교가적 세계관, 또 한편으로는 앞의 두 세계관 외에 신화나 설화 등을 다양하게 내재시키며 창작되어 왔던 문학작품을 통해 전승되어 온 괴기적, 불가사의적 민속세계의 세계관이 그것이다. 사이카쿠는 근세기 이전의 중국의 고전과 헤이안기 이후의 일본고전의 초자연적 세계를 자신의 소설세계 안으로 받아들이면서 이를 다시 근세기 일본이라는 인위의 세계 속에서 상대화시키는 사실적 묘사를 행한다. 선행 고전문학이 지니는 초자연적이고 낭만적인 문학의 원초적 요소를 기반으로 근세기의 인지(人知)의 영역에서 묘사될 수 있는 부세(浮世)의 사실적인 불효의 행태를 묘사함으로써 선행고전의 초자연적 현상을 상대화하는 흥미를 유발하는 수사법을 제시한다. 그리고 다시 중세의 구태의연한 권선징악적인 묘사방식이 아닌, 근세인의 상상력의 세계 안에서 실존할 수 있고 납득할 수 있는 초자연적인 결말방식을 행하고 있는 것이다. 근세일본 겐로쿠기(元禄期)의 대표적인 이야기꾼인 사이카쿠는 근세기의 세 범주의 혼융적 세계관을 '천'이라는 키워드를 통해 해학적인 상상력과 형상화를 통해 허구적으로 새롭게 제시함으로써 불효담이라는 터부적 주제가 하나의 문학작품으로서 흥미롭게 읽힐 수 있는 가능성을 제시하고 있다.

# 슬픈 일본과
# 공생의 상상력

# 14장

# 조선통신사가 본 일본의 원림(園林)과 환경

### 신유한과 조엄을 중심으로

황 소 연

## 1. 들어가며

한·일·중 삼국을 동아시아, 동북아시아라는 지역적 개념 내지는 한자
문화권, 유교문화권 등 문화적 개념으로 이해하려는 공통의 인식이 이 지역
에서 점차 확대되고 있다. 한·일·중에 있어서 지역을 기반으로 한 공통의
인식이 어떻게 형성되어 왔는가를 살펴보는 작업은 향후 지역의 미래를 모
색하는 데 있어서 중요한 의의가 있다.

특히, 전근대시대에 한국인이 일본이라는 공간을 어떠한 맥락에서 이해
하고 있었는지를 파악하는 데 있어 조선통신사의 사행기록은 한국과 중국
이 관계를 고려하는 데 있어서 활용되는 각종 연행록과 함께 대단히 유효한
기본 자료이다.

일본 사행을 통해 대조적인 관찰기록을 남긴 신유한(1718년)과 조엄(1763
년)의 사행기록은 18세기 조선인이 일본이라는 공간을 어떻게 이해하고 있
었는지 흥미로운 시점을 제공하고 있다. 조엄은 사행임무를 마치고 부산에
도착하기 직전인 1764년 5월 16일에 일본 도포(韜浦)의 대조루(對潮樓)에
올라, "바다 경치와 달빛이 완연히 올 때와 같았다"[1]라고 감회를 토로한다.

---

1) 조엄저 · 김주희 외역(1977), 「海槎日記」, 『국역해행총재Ⅶ』, 민족문화추진회, p. 292.

심복인 최천종(崔天宗)이 오사카에서 살해된 1764년 4월 7일 이후에 처음으로 일본의 풍광에 대해 언급한 말이다. 1763년 8월 3일 서울을 출발해 1764년 7월 8일에 서울에 재입성해 왕에게 귀국보고를 하기까지 그의 통신사행은 결코 순탄치만은 않은 여정이었다.

조엄은 조선통신사와 피랍인들의 기록을 정리한 『해행총재(海行摠載)』를 편집한 인물인 만큼 조선통신사의 일본관의 허실에 대해서 가장 많은 정보를 정리해 일본으로 향한 조선통신사임에 틀림이 없으며 당대 최고의 사행록으로 평가받는 신유한(申維翰)의 『해유록(海遊錄)』도 충분히 참고를 했다고 여겨진다.

신유한은 어느 사행 참가자보다도 적극적인 자세를 보여, "국금에 의해 겹겹의 문 안에 갇혀 있어 감히 시낭(奚囊-시주머니)을 가지고 모든 절과 누각을 두루 구경하지 못하니, 이역의 풍경이 다만 사람의 마음에 슬픔을 더할 뿐이었소"[2]라고 일본의 풍광을 더 탐닉하지 못한 아쉬움을 여과 없이 표현하고 있다. 일본인에 의한 통제가 없었다면 더 많은 풍속과 경치를 시에 담아올 수 있었겠지만 그 뜻을 다 펼치지 못한 것을 못내 아쉬워하는 내용이다.

신유한처럼 적극적으로 일본의 원림과 자연을 즐기고자 했던 인물들이 일본의 자연을 높이 평가하려고 했던 것과는 달리 조엄은 신중한 자세로 일관하는 모습을 보인다. 1763년 사행 길에 오른 조엄은 그 해 12월 29일에, "적간관(赤間關)은 기세는 비록 웅장하나 관방(關防)에 지나지 않으니, 그 승경(勝景)과 가취(佳趣)로 말하면 어찌 감히 우리 쌍호정(雙湖亭)을 당하겠는가? 설령 참으로 아름답다 하더라도 우리 땅이 아닌데 장차 어디에 쓰겠는가? 하물며 우리 쌍호정의 모든 승경은 모두 적간관에는 없음에랴?"[3]라며

---

2) 신유한 저 · 역자미상(1977), 「海遊錄」, 『국역해행총재 I 』, pp. 484-5.
3) 「惟此赤間關. 氣勢雖壯. 不過關防之地. 若其勝景佳趣. 安敢當吾雙湖亭也. 設令信美. 旣非

여행일지로서는 대단히 긴 지면을 할애해가며 조선의 쌍호정의 우월함을 구체적으로 기술하고 있다. 일본에 대한 자신의 평가가 객관적임을 강조하려는 필자의 의지를 강하게 느끼게 하는 부분이다. 동시대의 일본의 모습을 보고서도 무엇이 신유한과 조엄의 인식의 차이를 낳게 한 것인지 두 사행인의 기술을 중심으로 그들이 일본을 어떻게 이해하고 고찰했는가를 생태학적 환경과 문화적 환경의 측면에서 재구성해보고자 한다.

## 2. 일본적 원림(園林)의 특성

일반적으로 원림이라는 용어를 중국에서는 정원의 의미로 사용[4]하고 있으나 일본에 파견된 조선통신사가 남긴 기록물에 등장하는 원림(園林)의 의미는 폭이 넓은 편이다. 『사화기략(使和記略)』에서 "절의 제도는 매우 크고 넓었으며 지대(池臺)와 원림(園林)은 조용하고 깊숙하여 사랑스러웠다"[5]라는 기술에 보이는 원림(園林)[6]은 정원의 의미로도 대체할 수 있으나 『문견별록(聞見別錄)』에서 사용한 원림(園林)은 정원의 의미보다는 꽃과 나무들을 포괄하는 좀 더 큰 의미의 틀로써 사용하고 있다. 따라서 본고에서는 원림을 집안의 정원에 한정시키지 않고 사람의 손길이 미친 식생의 의미로 다루고자 한다.

1935년에 일본을 방문한 카잔차키스의 일본의 원림에 대한 언급은 일본

---

吾土. 將焉用哉. 況吾雙湖亭. 諸般勝景. 皆是赤間關所無也. 以是將此第一關防. 謂不若弊廬者. 事近妄矣. 人或以私於己有笑之. 而第爲記之. 因要副從使及幕僚輩之他日來觀湖亭後評論之. 未知其果如何也.」(한국고전종합DB). 조선통신사의 원문기록은 『국역 해행총재』와 한국고전번역원의 「한국고전종합DB」를 통해 비교적 간단하게 확인이 가능하므로 생략함.

4) 박희성(2011), 『원림 경계 없는 자연』, 서울대학교출판문화원, p. 5.

5) 박영효 저 · 이재호 역(1977), 「使和記略」, 『국역해행총재 XI』, p. 333.

6) 남용익 저 · 이영무 역(1977), 「聞見別錄」, 『국역해행총재 VI』, pp. 92-4.

정원문화의 핵심을 언급한 내용으로 주목할 만하다. 일본의 정원사가 정원을 가꾸는 모습을 보면서 카잔차키스는 다음과 같이 기술하고 있다.

> 마침 정원사가 작은 매화나무의 가지들을 쓰다듬으며 휘어 매화나무가 축 처진 버드나무같이 인상적이며 멋진 형태를 갖도록 손질을 하는 중이었다. 나는 한동안 그곳에 서서 늙은 정원사의 가늘고 솜씨 좋은 손가락들이 그토록 사랑스럽게 자연을 길들이는 것을 보고 경탄했다.[7]

아름다운 정원을 위해 나무를 길들이는 일본인 정원사의 모습을 보면서 카잔차키스는 경탄에 찬 수사를 늘어놓는다. 일본인이 자연을 미적인 관점에 맞춰 변형시킨다는 내용을 조선통신사의 기록에서 찾는 것은 그다지 어렵지가 않다. 1655년의 사행록인『문견별록』에서, "집집마다 정원에는 반드시 꽃나무를 심는데, 재배하고 가꾸는 것이 아주 교묘하고 기이하다"[8]라고 묘사하고 있으며, 1711년의『동사일기(東槎日記)』에서도, "정원에는 반드시 화초를 심어 그 가지와 줄기를 다듬으니 그 모양이 매우 교묘하다. 또 물을 끌어다가 곡지(曲池)를 만들고, 돌을 모아 가산(假山)을 만든 것이 곳곳에 있다"[9]고 했다. 신유한은『해유록』에서 "화원(花園)에는 수사앵(垂絲櫻), 수사해당(垂絲海棠) …(중략)… 어애황(御愛黃), 불두백(佛頭白) 두 종류가 더욱 아름다웠다"[10]라며 화원을 통해 유통되는 일본의 화초에 대해 언급하고 있다. 그 밖에도 일본의 정원과 화초에 대한 조선통신사의 언급은 그 예가 상당히 많은데 정원과 함께 감탄한 것은 인공적으로 조성한 담장의 모습이나 조화(造花)를 활용해 장식한 상 등, 자연을 실생활에 재현하고 활용하

---

7) 카잔차키스 저 · 이종인 역(2008),『일본 · 중국 기행』, 열린책들, p. 134.
8)「聞見別錄」, pp. 92-4.
9) 임수간 저 · 이진영 외역(1977),「東槎日記」,『국역해행총재IX』, p. 276.
10) 신유한 저,「海遊錄」, pp. 480-1.

는 기술들이다. 당대의 일본은 화원을 통해서 식물을 재배하고 판매하는 시스템이 잘 구축되어 있었듯이 일본인의 취미가 상당히 시장경제화의 과정을 통해서 이루어지고 있었음을 실감케 하는 내용이다.

① 정원의 경계(庭際)에는 삼목(杉木)을 틀어 담을 만들었는데, 그 주밀하고 방정한 것이 마치 먹줄을 치고 대패로 깎은 것 같다. 그리고 높이는 1장(丈)이나 되고 길이는 거의 수십 길이나 되었다.[11]

② 조화인 매화, 국화, 모란꽃 등속이 있는데 그 줄기와 잎 꽃이 꼭 생화와 같아 보는 사람들이 대개 생화로 오인하였다. 이 나라 풍속이 기괴한 것을 좋아하고 교묘한 것을 숭상함이 대개 이와 같았다.[12]

③ 화상(花床)에 각각 진찬(珍饌)을 담고 그 가운데 꽃나무를 심었는데, 꽃술과 잎사귀가 갖가지로 빛나 마치 천연적인 것처럼 교묘하여 자세히 보지 않으면 자못 진가를 분간할 수 없었다. 이리하여 비로소 사람의 기묘한 솜씨도 자연(化工)의 묘기를 투득(偸得)할 수 있다는 것을 알았다.[13]

일본인의 기교는 정원과 그 주변을 단순히 가꾸는 일에 한정된 것이 아니라 그것을 재현하는 기술에 있어서도 탁월한 능력을 발휘해, 조선통신사가 '자연의 묘기' 즉 '조물주의 조화'로까지 감탄할 정도이다.

조엄의 경우는, 1763년 12월 15일에 "봉행(奉行) 평여민(平如敏)이 귤(柑子)과 노송분(老松盆)을 바치므로 귤은 받고 소나무는 보지 않고 돌려보내며 말하기를, 나는 본디 화초에 대한 성벽(性癖)이 없으니, 당신이 즐기는 것이 좋겠다"[14]라며 거절의사를 분명히 밝힌다. 정사인 조엄이 일본 측의 분재

---

11) 조엄 저,「東槎日記」, p. 169.

12) 신유한 저,「海遊錄」, p. 416.

13) 임수간 저,「東槎日記」, p. 173.

14) 조엄 저,「海槎日記」, p. 115. (奉行平如敏. 呈柑子老松盆. 柑則受之. 松則不見而還之日. 我則本無花草癖. 汝自玩也.)

선물에 대해 화초를 애호하는 마음이 없다는 이유로 거부의사를 밝힌 내용이다. 조엄이 처음에는 일본의 화초에 대해서 관심이 없다고 밝혔지만 사행이 진행되면서 점차 다른 조선통신사처럼 일본의 정원 내지는 그 주변의 식생에 대해서 대단히 구체적이고 다양한 기술을 남기고 있다. 1764년 3월 14일의 기록을 보면,

그 뜰에 맑은 샘이 있고 샘을 따라 작은 못을 만들었는데 노는 물고기들이 모이를 다투어 먹었으며, 기이한 화초가 집을 둘렀고, 울룩불룩한 돌들이 또한 기관(奇觀)을 도왔다. 환궤(圜闠: 거리) 가운데에 이런 절경이 있으리라고는 생각하지 못했다.[15]

거리의 한가운데 위치한 저택에 절경의 원림을 꾸며 놓은 솜씨에 감탄하면서 일본인의 기묘함을 숭상하는 문화에 대해 놀라움을 표현하고 있다. 이러한 일본인의 원림에 대한 집착은 조선통신사를 접대하기 위해 조성됐다고 보기보다는 당대 일본인의 삶의 자연스러운 반영이며 일본인의 원림에 대한 자긍심과 기술력의 발현으로 이해하는 것이 타당하다고 본다.

사가의 산그늘에 별장을 마련해 교토를 내려다보고 아라시야마를 정원으로 끌어들이고 오오이가와의 물이 샘물로 흐르게 하였다. 3월 3일에 그곳에서 연회를 열었는데 아직 복사꽃이 피질 않았다. 이 상태로는 흥취가 나지 않는다며 기타노의 종이 공예가를 불러 조화로 복사꽃을 만들게 했다.[16]

---

15) 조엄 저, 「海槎日記」, p. 166.

16) 冨士昭男外訳注(1992), 『男色大鑑』(決定版對譯西鶴全集六), 明治書院, p. 148.
   (嵯峨の山陰に座敷をしつらひ, 都を目の下に詠めおろし, 嵐の山を庭に取, 大井川を泉水に仕かけ, 弥生の三日爰に噪て, いまだ其年は桃花もまだしく, けふの風情の興なきとて, 北野なる紙細工, 幾人か俄によびよせ, 桃の唐花をつくらせ).

사이카쿠(西鶴)의 『남색대감(男色大鑑)』에 나오는 내용이다. 조선통신사가 감탄한 일본의 원림과 조화는 당대 일본인들도 감상하고 싶어 했던 문화이며 자랑거리이기도 했다는 것을 알 수 있다. 당대의 일본인들이 기묘한 화초와 원림을 조성하는 것을 부와 권력의 상징으로 삼고 있었다는 것을 사이카쿠의 문학이나 『송음일기(松蔭日記)』[17] 등에서 확인하는 것이 가능하다.

자연을 재구성하는 일본의 원림문화에 대한 조선통신사들의 반응은 놀라움 그 자체였으나 그 놀라움이 일본의 원림문화를 전적으로 인정하는 차원의 언급이 아니었음을 조엄의 기술을 통해서 엿볼 수가 있다. 조엄은 "호사가(好事者)들은 대부분 화초를 숭상하여 한 풀, 한 나무의 약간 볼 만함이 있는 것이면 배식(培植)하지 않는 일이 없고, 혹은 매기도 하고 당기기도 하여 다양하게 기교를 부려서 거의 그 본성을 온전케 한 것이 없으니, 그는 쓸 데 없는 곳에 힘을 낭비한다고 할 만하다"라고 일본의 원림문화가 식생의 본성에 반하는 행위이며 힘의 낭비라고 폄하하고 있다. 인공적인 원림의 조성과 조화를 만드는 기술의 정교함에 대해 감탄을 하면서도 자연의 본성을 왜곡하는 행위라고 인식하는 조엄의 입장은 양국의 자연관의 차이를 드러낸 구체적인 예라고 할 수 있다.


## 3. 생태적 환경과 문화적 이상향

일본의 원림과 생태적 환경에 대한 조선통신사의 경탄과 찬사는 정도 이상의 것이었다. 특히 주목되는 내용은 일본의 식생을 접한 조선통신사의 감회가 문화적인 감흥으로 연결되고 있다는 것이다. 신유한은 호기심이 왕성한 관찰자였는데 목수(木秀)라는 나무를 보고서는, "왜인들의 말이, 이것은

---

17) 上野洋三校注(2004), 『松蔭日記』, 岩波書店.

가을과 겨울 사이에 엄한 서리를 맞아야 비로소 꽃이 피는데, 꽃이 담자색(淡紫色)으로 복숭아꽃과 같고 향기가 사랑스럽다는 것이다. 오랑캐의 풍속이 괴이한 것을 좋아하는데 하늘이 낸 식물도 또한 이상한 것이 많다"[18]라고 식생과 일본인의 기질을 연결시켜 이해하고 있다. 조선통신사들이 일본의 다양한 식생을 접하면서 한국 내에서는 직접 감상하지 못하고 중국의 문헌 내지는 시를 통해서 인지하던 식물과의 만남이 일본 땅에서 이루어졌다는 것이다. 조선통신사들이 읊은 시를 보면,

(1) 종려(椶櫚)[19]
두자미(杜子美)시 가운데 촉(蜀)땅의 종려나무(子美詩中蜀椶木)
이제 일역에 와서 참 모양을 보았네(今來日域見眞身)
-하략(下略)

(2) 비파편(枇杷篇)[20]
내가 일찍 촉도부를 읽어 보니(嘗讀蜀都賦)
중략(中略)-
비파란 무슨 물건인지 몰라서(枇杷是何物)
문견이 좁은 것을 탄식했더니(坐井良可嗟)
이제 해외의 나라에 와서(今來海外國)
마침 비파가 익을 때라(正值枇杷熟)
도주가 한 바구니를 선사하기로(島主餉一籠)
-하략(下略)-

---

18) 신유한 저, 「海遊錄」, pp. 443-4.
19) 조경 저 · 양주동 역(1977), 「東槎錄」, p. 41.
20) 조경 저, 「東槎錄」, p. 42.

(3) 양매(楊梅)[21]

이백(李白) 시에 나오는 옥소반의 양매를(玉盤楊梅李白詩)

이 아침에 보았네, 동해 가에서(今朝見之東海湄)

-하략(下略)-


중국의 문헌과 시를 통해서 종려나무, 비파, 양매를 접했던 조선통신사가
일본에 와서 비로소 그 실체를 접하게 됐다는 내용이다. 관념적으로 이해하
던 중국문화속의 식생을 일본의 생태적 환경을 통해서 처음으로 정확하게
인식하기 시작한 것이다. 이처럼 조선통신사의 일본 방문은 한국과는 이질
적인 기후를 접하면서 동아시아의 생태적 특성과 중국적인 문화관의 의미
를 재인식하는 과정이라고도 할 수 있다.

　문헌을 통한 시적 세계의 지식을 잘못 적용한 대표적 사례가 일본의 '원산
(猿山)'을 둘러싼 오해이다. 원산은 원숭이가 많이 사는 산이라는 뜻에서 붙
여진 이름이다. 원숭이는 한국 내에서는 접하기 어려운 동물이었던 이유로
조선통신사가 관심을 표명했을 가능성도 있지만 중국의 시적 정취를 너무
적극적으로 일본의 산야에 적용시키는 과정에서 발생한　해프닝으로 이해
된다. 1643년 사행에서 '원산(猿山)'[22]에 대해서 읊은 시를 보면,


　원산(猿山)

　산협 사이 맑은 강에 석양이 비꼈는데(峽裏淸江帶落暉),

　구슬픈 잔나비 울음이 지나는 돛을 전송하네(哀猿啼送暮帆歸)

　-하략(下略)-

---

21) 조경 저, 「東槎錄」, p. 56.

22) 조경 저, 「東槎錄」, p. 156.

중국의 시인 이백[23]이 읊은 '아침 일찍 백제성을 출발하다(早發白帝城)'에
서의 '양쪽 언덕의 원숭이 울음소리 계속 들으며(兩岸猿聲啼不住)'를 의식한
내용이다. 중국의 시인들이 전통적으로 많이 다루는 시재(詩材)인 원숭이와
원숭이의 울음에 대한 정취를 살리면서 일본의 원산(猿山)을 대상으로 조
선통신사가 읊은 시이다. 1643년의 『계미 동사일기(癸未東槎日記)』에서도,
"일본에는 원숭이가 원래 많지만 그 중에서도 이 산에 가장 많다고 한다"[24]라
고 기술하고 있다. 원산에 대한 인식을 후대의 조선통신사들이 함께 공유하
다가 1718년 사행에 참가한 신유한이 아메노모리 호슈(雨森芳洲)와 이야기
를 나누는 과정에서 그 오해가 밝혀진다.

> 일찍이 들어보니 적간관의 동쪽에 猿山이 있는데 산에 원숭이가 많이 산출되어
> 원숭이의 소리가 들을 만 하다는데, 어느 곳이 猿山입니까? …(중략)… 전하는
> 사람이 한번 잘못하여 猿字를 만들었고, 두 번 잘못하여 원숭이기 산출된다고
> 전하였으며, 또 원숭이 소리가 들을 만하다고 보태었으니, 이것은 弄璋의 그릇
> 된 것보다 심하니, 참으로 사람으로 하여금 포복절도할 일이었다.[25]

일본의 원산(猿山)에 대한 명성이 단순한 오해에서 비롯된 것임을 지적하
고 있다. 조선통신사들은 처음으로 접하는 일본의 생태적 환경에 대해서 서
로 정보를 주고받으면서 중국의 자연 내지는 한국의 자연과 비교하면서 평
가하는 입장을 보인다. 일본에 대해서 부정적이며 유보적인 입장을 견지하
던 조엄도 시간이 경과함에 따라 일본의 생태적 환경에 의미를 부여하며 시
적 해석을 더하는 모습을 보인다. 조엄이 1764년 1월 11일에 도포를 보면서
지적하고 있듯이, "전후의 신사들이 다 도포(韜浦)를 일본연로의 제일 명승

23) 松浦友久 編訳(1997), 『李白詩選』(岩波文庫赤5-1), 岩波書店, p. 9.
24) 저자미상·이민수역(1977), 「癸未東槎日記」, 『국역해행총재V』, p. 248.
25) 신유한 저, 「海遊錄」, p. 459.

지라고 하여 혹은 동정호(洞庭湖)에 비유하고 악양루(岳陽樓)에 비유했다. 동정호와 악양루는 아직 목격하지 못하였으니 그 우열을 평가할 수는 없으나 …(중략)… 참으로 좋은 강산에 좋은 누대였다." 조엄은 솔직하게 중국의 동정호나 악양루를 보지 못해 비교할 수 없으나 도포의 풍광이 빼어남은 인정하고 있다. 이러한 조엄의 자세는 1월 29일에 비파호(琵琶湖)를 보면서도, "동정호에 비유하더라도 그 우열이 과연 어떠할지 알지는 못하겠다"라고 조심스럽게 일본의 풍광을 인정한다. 2월 11일, 에도로 가는 길에 들렀던 청견사(淸見寺)를 보고서는 "비록 듣던 바만은 못하나 또한 흔히 있는 게 아니라 하겠다"라며 청견사의 경치를 인정하면서도 이전의 조선통신사보다는 인색한 입장을 취한다. 에도에서 임무를 마치고 귀국길에 청견사를 다시 방문한 1764년 3월 20일에는 다소 입장의 변화가 보인다. "매화는 비록 떨어졌지만 연약한 푸른 잎은 그늘을 이루고, 괴이한 화초는 새잎이 많이 돋았으며, 폭포는 비 뒤에 수세를 더했다. 절은 더욱 깊숙하고 경치는 퍽 그윽하였으니, 푸른 그늘 꽃다운 풀, 꽃피는 시절보다 낫구나(綠陰芳草勝花時)라는 것은 참으로 헛말이 아니다"[26]라고 귀국길에 다시 들린 청견사에서 왕안석의 '초여름에 부쳐(初夏卽事)'의 싯구인 '짙은 그늘 그윽한 풀이 꽃보다 좋은 시절이구나(綠陰幽草勝花時)'를 인용[27]해 청견사의 빼어난 풍광과 원림을 어금히고 있다. 소엄은 1764년 4월 1일에 비파호의 망호정(望湖亭)에 올라서도 "백로주가 하나의 물줄기를 중분하였네(一水中分白鷺洲)."[28] "동정호의 군산(君山)이 혹시 이와 같을 런지"하면서 이백(李白)의 '금릉의 봉황대에 올라(登金陵鳳凰臺)'의 시구(詩句)를 인용하면서 비파호의 풍경을 동정호에 비유해 언급하고 있다. 조엄을 비롯해 많은 조선의 통신사가 일본의 풍광을 읊

---

26) 조엄 저, 「海槎日記」, p. 234.
27) 유영표 편저(2003), 『王安石詩選』, 문이재, p. 75.
28) 松浦友久 編訳(1997), 『李白詩選』(岩波文庫赤5-1), 岩波書店, p. 155.

으면서 중국의 예를 빗대어 표현하고 있는 것은 일본의 생태적 환경을 전통적인 문화관 안으로 편입시키려는 시도로 이해할 수 있다. 이러한 작업을 통해 조선인들에게 무의미하고 생경했던 일본의 생태적 환경이 하나의 의미 있는 공간으로 기능하기 시작한 것이다.

일본의 생태적 환경을 접하면서 조선통신사는 경탄을 금치 못하는데 중국적인 문화관으로의 단순한 편입에서 한 발 더 나아간 사람들이 있다. 그들은 중국적인 지리관을 단순하게 적용해 해석하기보다는 중국적인 지리관의 한계를 넘어 일본의 풍광을 설명하고자 하는 적극성을 보이고 있다. 1624년 『동사록(東槎錄)』에서, "호수에 비친 동정호의 악양루인들 어찌 이보다 좋겠는가? 지나온 길에서 본 부사산(富士山), 상근호(箱根湖), 청견사의 번매(幡梅), 비파호 등은 참으로 천하장관이었다"[29]라고 했다. 후지산(富士山)을 보면서는, "곽박(郭璞)이 산해경(山海經)을 지을 때 눈이 넓지 못하여, 한갓 오악(五岳)만을 삼공(三公)에 열거했네"[30]라고 중국 중심의 지리관의 한계를 지적하며 일본의 생태적 환경을 이상향으로 비유하고 표현하는데 주저하지 않는 행보를 보인다.

① 대나무와 곡식이 무성하여 푸른빛이 구름을 연하였으니 참으로 이른바 낙토(樂土)라 하겠다.[31]

② 산 아래 큰 촌락을 지나는데 밀감과 귤이 울타리를 이루었고 시냇물이 졸졸 흐르니 바로 별세계였다.[32]

29) 조경 저, 「東槎錄」, p. 250(부분생략).
30) 조경 저, 「東槎錄」, p. 71.
31) 저자미상, 「癸未東槎日記」, p. 256.
32) 남용익 저 · 성락훈 역(1977), 「扶桑錄」, 『국역해행총재V』, p. 549.

③ 십주(十洲)에 아름다운 곳이 이만한 데가 몇 군데나 되는지 알 수 없지마는, 바로 마고(麻姑), 영랑(永郎)의 무리로 하여금 손잡고 오게 하더라도 다소 머뭇거리며 바라보게 되지 않을 것인가?[33]

④ 대울타리와 꽃동산을 보니 눈에 보이는 것마다 그림과 같았고, 사람들이 혹 마주앉아 바둑을 두는데 소리가 땅땅하여 바로 소동파(蘇東坡)의 백학관(白鶴觀)이 생각났었다.[34]

『동사일기』의 저자를 포함해 신유한에게 일본의 생태적 환경은 말 그대로 감탄의 대상이자 이상적인 세계의 한 모습이었다. 이러한 이상적인 세계의 인식 과정에서 조선통신사는 지진, 화산과 같은 물리적 현상도 함께 목격한다.

① 미시에 큰 지진이 일어나 1천여 간이나 되는 큰 집이 흔들려 쓰러지려 하니 실로 평생에 보지 못하던 일이었다.[35]

② 부사산은 하루에 절로 솟아났고 비파호는 하루 동안에 절로 열렸으니, 이것은 신령의 조화로 설치된 것이므로 사방에서 유람하러 오는 자가 반드시 재계한 뒤에야 양화를 면하는데, 부사산은 제계를 별을 동안 하여야 되고 비파호는 하루 동안 재계하여도 된다.[36]

지진과 화산은 두려운 경험이지만 조선통신사가 감탄했던 경치는 모두가 화산, 지진과 관련이 깊은 장소이다. 화산과 지진이 아름다운 일본의 생태

---

33) 신유한 저, 「海遊錄」, p. 435.
34) 신유한 저, 「海遊錄」, p. 434.
35) 임수간 저, 「東槎日記」, p. 194.
36) 신유한 저, 「海遊錄」, 『國譯 海行摠載Ⅱ』, p. 34.

적 환경을 이루는 기초였음을 조선통신사도 감지하고 호기심과 함께 그 원리를 이해하려고 노력하고 있었음을 조엄의 기술을 통해 알 수 있다. 조엄은 "부사산 역시 그 머리가 희고 꼭대기에는 또 못이 있다고 하니 그도 역시 백두산의 아손일는지?"[37]라고 의문을 품으면서 후지산이 백두산과 같은 계통일 것이라는 사뭇 과학적인 추측을 하고 있다. 결국은 일본의 지형에 대해, "물리(物理)에는 더러 이해하기 어려운 것이 있으니 화산이나 온천 같은 유가 이것이다"[38]라고 자신의 인식의 한계를 인정하고 있다.[39]

일본의 생태적 환경은 일본인에게 두려움이자 신앙의 대상이었지만 신유한과 같은 조선통신사는 그 곳에서 이상적인 세계를 발견하고자 했지만 신유한 등의 기록을 숙지하고 있던 조엄은 이상향의 낭만적인 예찬보다는 한국의 지형과의 연속성 속에서 일본의 물리적 특성을 파악하려는 노력을 했다는 것은 흥미로운 사실이자 양자의 커다란 차이점이다.


## 4. 일본의 환경과 조선통신사의 역할의 인식

일본을 이상향으로 보고 시를 읊는데 온 정열을 바친 조선의 통신사행인을 꼽는다면 신유한만한 인물이 없을 것이다. 그는 일본의 생태적 환경을 다양한 수사를 통해 묘사했는데 남도(藍島)를 보면서 "만약 내 일생 백 년 즉, 3만 6천일에 길이 이 속에서 앉아서 살 수 있다면 바로 겨드랑이에 날개가 생겨 신선이 되어 올라갈 것이다"[40]라고 일본의 환경을 이상화하고 있

---

37) 조엄 저, 「海槎日記」, p. 183.

38) 조엄 저, 「海槎日記」, p. 182.

39) 일본의 지진과 온천에 대한 현재적인 이해를 얻기 위해서는 1912년 베게너가 발표한 대륙이동설을 기다려야 했다.

40) 신유한 저, 「海遊錄」, p. 435.

다. 일본의 자연에 대한 높은 평가와는 달리 그 자연 속에서 생을 영유하는 사람의 평가에는 대단히 인색했다. "나는 개연히 어떤 오랑캐가 이 좋은 강산을 맡았는가 하고는 탄식하며 갔다"[41]는 표현 속에서 일본에 거주하는 사람들에 대한 그의 의식의 한 단면을 인식할 수가 있다. 신유한이 일본의 생태적 환경과 문화적 환경을 분리해서 사고하고 있었음을 느끼게 하는 발언이다.

> 옛적에 해상에 자라가 다섯 산을 머리에 이고 있다고 전하는데 일본 사람들이 자기네끼리 부사산 (富士山), 열전산(熱田山), 웅야산(熊野山)으로써 봉래(蓬萊), 방장(方丈), 영주(瀛州)라 한다. 그러나 나는 산의 형상을 가지고 볼 때는 부사산을 원교(圓嶠)라 불러야 하겠고, 상근산(箱根山)은 방호(方壺)라 부름이 합당하겠다. 이것은 조물주가 비밀히 아껴서 구주의 밖에 두어서 중화의 높은 선비로 하여금 생각해도 보지 못하게 하고, 또 왜속(倭俗)으로 하여 금 보고도 그 이름을 알지 못하게 하였으니 동일하게 불우한 것이다.[42]

전대의 통신사들이 일본을 이상향으로 보고 기이하게 여겼던 일본의 생태적 환경에 대해 신유한은 적극적으로 긍정을 하면서 조물주가 중국인은 이 경치를 보지 못하게 했으며 일본인은 스스로 이 경치를 대외적으로 읊어 내지 못하고 있는 상황이라고 규정했다. 자신만이 이 아름다운 생태적 환경을 문화적인 한시(漢詩)로 표현해 낼 수 있다는 자긍심의 표현으로도 해석할 수 있는 내용이다. 이처럼 일본의 생태적 환경과 문화적 환경의 불균형을 언급한 내용이 신유한의 기행문에서는 빈번하게 등장한다.

이 항구의 경치를 만약 장안의 귀공자로 하여금 자기 근방에 갔다 놀 수 있었다

---

41) 신유한 저, 「海遊錄」, p. 504.
42) 신유한 저, 「海遊錄」, p. 519.

면 마땅히 금수(錦繡) 같은 누대와 주옥 같은 문장으로 천하에 자랑하게 되어 천하에서 이름을 아는 사람들이 날마다 천만 명씩이라도 가보게 될 것인데 불행히도 먼 바다 밖에 버려져 있어 욕되게 이무기와 고래의 소굴이 되어 있다.[43]

신유한의 시적 열정은 아마도 중국과 일본 사이에서 일본의 생태적 환경과 중국적인 문화적 환경을 조화시킬 수 있는 존재로써의 자기인식과 역할을 충분히 인지하고 있었기에 가능한 것이 아니었을까 생각한다. "국금에 의해 겹겹의 문 안에 갇혀 있어 감히 시낭을 가지고 모든 절과 누각을 두루 구경하지 못하니, 이역의 풍경이 다만 사람의 마음에 슬픔을 더할 뿐이었소"[44]라는 신유한의 호소는 일본 유람의 한계와 제약에 대한 갈증이자 분절된 동아시아 세계에서 자유롭게 꿈을 펼치지 못하는 자신의 입장에 대한 종합적인 인식 위에서 이루어진 것이라 판단된다. 이러한 신유한의 태도와는 대조적으로 조엄은 일본인과 한국인의 이상향에 대해 사뭇 비판적인 자세를 견지한다. 신유한의 사행기록을 숙지했을 조엄은 이상향의 자국화 내지는 일본에 적용시키려는 의도에 대해서 비판적인 자세를 취했다. 2월 9일 후지산을 지나면서 조엄은 다음과 같은 기술을 남긴다.

부사산(富士山), 열전산(熱田山), 웅야산(熊野山) 등 세 산을 봉래산(蓬萊山), 방장산(方丈山), 영주산(瀛州山)이라고 한다는데, -중략- 그러나 삼신산(三神山)이란 말은 본디가 황당한 말에 가깝다. 그런데 또 다 일본 땅에 있다는 것은 어떻게 믿겠느냐? -중략-제주의 한라산(漢拏山)과 고성(高城)의 금강산과 남원(南原)의 지리산(智異山)을 세상에서 삼신산이라고 칭하는데, 이 말 역시 꼭 믿을 수는 없다.[45]

---

43) 신유한 저, 「海遊錄」, p. 394.
44) 신유한 저, 「海遊錄」, pp. 484-5.
45) 조엄 저, 「海槎日記」, p. 175.

일본의 산들이 전설적인 이상향이 아니듯이 조선의 명산 또한 이상향이 아니라고 부정하는 조엄의 태도는, '설령 참으로 아름답다 하더라도 우리 땅이 아닌데 장차 어디에 쓰겠는가?'라고 생태적인 환경에 국토의 개념을 적용해 평가했다. 실증적인 내용이 아니면 언급을 피하려고 했던 조엄의 절제된 사고방식에 기인하는 바가 크다고 여겨진다.

신유한이 자신의 역할을 특정한 국가영역에 한정시키지 않고 국경을 초월한 동아시아적 관점에서 인식하고 있었다고 한다면 조엄은 조선의 책임 있는 관료이자 사대부로써의 삶에 상당한 비중을 두고 있다고 할 수 있다. 조엄은 자신이 그냥 지나친 영조원(靈照院)의 경치가 뛰어나다는 말을 듣고, "강산은 역시 사람에 의해서 그 이름을 얻기 마련이니, 영조원이 이름을 낼 시기는 아직 뒷사람을 기다려야 될 모양인가?"[46]라고 했다. 이러한 조엄의 언급 속에서도 일본의 생태적 환경에 대한 평가와 문화권으로써의 평가가 일치하지 않고 있음을 알 수가 있다.

즉, 신유한이 일본의 생태적 환경과 문화적 환경의 부조화를 조정하는 조정자로서의 자신의 역할을 적극적으로 의식하고 표현했다고 한다면 조엄은 훗날의 사람들에게 그 역할의 여지를 남겨두자는 절제된 자세를 취한다. 이러한 신유한과 조엄의 태도의 차이는 단순한 일본의 생태적 환경에 대한 평가의 문제에 국한되기보다는 국내에서의 입지의 차이와도 밀접한 관계를 맺고 있다고 본다. 일본 사행이 서얼 출신의 제술관인 신유한에게는 자신의 문명을 높이고 훌륭한 유람의 기회였겠지만 사행의 책임자인 조엄에게는 무사히 왕명을 수행해야 하는 사무적인 일 이상의 의미는 아니었을 것이다. 두 사람의 처해진 환경과 일본에서의 경험의 차이가 관찰기록과 역할의 이해에서의 차이를 보이게 된 직접적인 원인으로 파악된다.

---

46) 조엄 저, 「海槎日記」, p. 241.

## 5. 나오며

일본의 원림과 환경에 대해 조선통신사는 관찰자로써 충실한 기록을 남기고 있다. 신유한으로 대표되는 일군의 사행인은 일본의 원림은 물론 생태적 환경의 아름다움 속에서 동양적인 이상향을 발견하고 노래한다. 일본을 이상향으로 평가하는 신유한의 태도는 중국인이 아직 경험하지 못한 미지의 세계, 일본에 사는 사람들이 아직 노래하지 못하는 세계를 종합할 수 있는 자신의 시적 능력과 경험에 대한 자부심이 강하게 작용하고 있다. 신유한은 전근대 동아시아에 있어서 가장 적극적으로 자신의 역할을 발견한 동아시아인 중에 한 명이라고 할 수 있을 것이다. 이에 반해 조엄은 신유한과는 대조적으로 일본에 대한 평가보다는 자국에 대한 자부심과 객관적인 관찰자적 태도를 통해 일본을 평가하려는 자세를 유지한다. 일본에 대한 그의 평가 역시 생태적 환경에 대해서는 평가를 하고 있으나 문화적 환경에 대해서는 그다지 후한 점수를 주지 않은 것만은 명확하다.

일본의 생태적 환경과 문화적 환경이 불균형을 이루고 있다는 평가에서는 두 사람의 견해가 상당히 유사한 성격을 보이는데 이들의 견해는 당대 조선인의 일반적인 이해라고 봐도 크게 어긋나지는 않을 것이다. 그 불균형을 어떻게 해소할 것인가에 있어서는 커다란 입장의 차이가 있었다고 생각되는데 신유한은 자신이 그 불균형을 조정하는 조정자이자 시인이 되고자 했다면 조엄은 후인의 일로 남겨두고 남의 땅에 대한 자신의 감정 이입을 절제하는 태도를 보였다.

두 사람의 성향의 차이를 시대적 배경 내지는 사회적 입지의 차이에서 구하는 것이 타당한 접근방법이지만 사행록이 사행을 마치고 최종적으로 정리하는 글인 만큼 개인적인 환경과 통신사행을 통해 겪은 체험이 최종적인 내용과도 밀접한 관계가 있다고 본다.

# 15장

# 정원도시 에도의 형성과 성장과정

한경자

## 1. 정원과 같은 도시 '에도'

현재 일본의 수도 도쿄(東京)의 외관적 특징으로 공원과 정원을 비롯한 녹지대가 많다는 점을 들 수가 있다. 이 점에 관해서는 에도(江戶)시대 말기부터 메이지(明治)시대에 걸쳐 에도[1]를 방문한 서양인도 에도에 비슷한 인상을 받았었다는 것을 그들의 견문록에서 확인할 수가 있다. 이들 견문록에는 에도의 경관에 관한 기술이 많이 등장하는데, 특히 에도라는 도시가 수목이 우거지고 정원이 도시 곳곳에 배치되어 아름다운 모습을 보이고 있으며, 그 곳에 사는 사람들도 화초를 가꾸는 것과 감상하는 것을 좋아한다고 하는 것을 그 첫 인상으로 기술하고 있다.

그렇다면 에도의 이러한 모습은 언제부터 어떤 과정을 거쳐 형성이 된 것일까?

오타 도칸(太田道灌)이 1457년에 에도성을 축성할 당시 "내 암자는 솔밭

---

* 이 논문은 『일본문화연구』 27(동아시아일본학회, 2008년 7월)에 게재된 원고를 가필 수정한 것임.

1) 메이지시대이후 에도의 명칭은 도쿄로 바뀌나, 본고에서는 에도로 통일하여 사용하기로 한다.

이 이어지며 바다가 가깝고, 후지산의 높은 봉우리가 처마 끝에 보인다"라고 읊은 것처럼 에도는 변두리에 지나지 않은 모습을 하고 있었다. 이후 도쿠가와 이에야스(德川家康)가 에도를 본거지로 하게 되는 1590년경까지만 해도 그 모습은 크게 변함이 없었다. 이러한 에도의 모습은 에도성을 개축하고 조카마치(城下町)가 건설되고 에도막부가 수립되자 인구의 집중과 번영으로 인해 급격히 변화하게 된다. 『부코 연표(武江年表)』에 "1591년 … 그 무렵은 성 주변, 갈대 늪, 조숫물이 드는 땅으로 논밭도 많지 않고 농가, 사원조차 군데군데 산재했던 것을, 게이초(慶長, 1596-1615) 시기가 되자 비로소 산을 깎고 땅을 골라 강을 매립하여 수로를 파서 무사와 서민들이 살 곳을 정하니 만세불역(萬世不易)의 대도시가 되었다"라고 기술되어 있듯이 아무 것도 없었던 도시 에도에 인구가 늘어나 도시정비를 하게 되면서 대도시가 되어갔던 것이다.

즉, 지금과 같은 녹지가 풍부한 모습을 가지게 된 것은 에도시대부터인 것이다. 이는 참근교대(參勤交代)에 의해 에도에 각 번들의 저택이 지어진 데에 기인한다. 지금 현재 도심에 있는 공원, 예를 들어 고이시카와코라쿠엔(小石川後楽園), 신주쿠교엔(新宿御苑), 리쿠기엔(六義園), 하마리큐(浜離宮) 등은 그 전신이 모두 다이묘(大名)들의 야시키(屋敷), 즉 저택이던 자리이다. 지금은 신궁인 메이지신궁(明治神宮)도 오미(近江) 히코네번(彦根藩)의 시모야시키(下屋敷)였던 곳이다. 에도의 토지 중 다이묘들의 저택지인 무가지(武家地)[2]는 60%를 넘게 차지하고 있었고, 그 다음으로 신사와 사원이 차지하는 비중이 20%이었다. 즉, 에도는 도시의 약 80%를 무사들의 저택과 사원, 신사들이 차지하고 있었던 것이다. 이들 정원은 언덕과 숲 등 도시

---

2) 다이묘 저택의 규모는 1000평 이상에서 2500-3500평이었으나, 에도중기 이후는 2500평 이상인 경우가 대부분. 에도의 무가지의 면적이 68%였는데 그 반 정도가 다이묘 저택이다. 小木新造 外編, 『江戸東京学事典』, 三省堂, 2003, pp. 82-83.

원래의 지형을 수용하는 형태로 조성되었으며, 야마노테(山の手)의 다이묘 저택(大名屋敷)이 늘어선 지구(地區)는 장대한 정원의 양상을 띠었고, 곳곳에 있는 신사와 사원들도 정성스럽게 정원을 가꾸었기 때문에, 결과적으로 녹지대가 풍부해져 도시전체가 잘 정비된 정원과 같은 양상을 띠게 되었다. 이로 인해 에도는 '정원도시'라고 불리게 되는 것이다.

일본의 정원조성 자체의 역사는 오래전으로 거슬러 올라갈 수 있다. 일본 최고(最古)의 정원서인『사쿠테이키(作庭記)』가 이미 헤이안(平安)시대에 만들어졌듯이, 일본의 고도(古都) 교토(京都)에서는 일찍이 귀족들을 중심으로 정원 만들기가 성행했었다. 이후 정토교와 선종 등 종교의 영향을 받으며, 다양한 건축양식을 지닌 정원들이 곳곳에 조성되었고, 이로 인해 교토도 역시 정원도시라 불린다. 교토는 오랜 기간을 통해 사원이나 신사, 또는 각 개인의 필요성과 취향에 의해 정원이 조성되었다고 한다면 에도는 막부가 수립되면서 새로이 중심도시로 형성되었기 때문에 공간의 배치와 규모에 있어서도 정책적인 영향을 받을 수 밖에 없었다는 차이가 있다.

이에 본고에서는 교토와 달리 단기간에 조성된 도시인 에도가 정원도시로서 성장하게 된 배경과 형성, 성장과정을 살펴보고자 한다.


## 2. 서양인의 눈에 비친 에도

서양인이 받은 에도에 대한 인상을 언급하기에 앞서, 당시 신흥도시 에도에 대해서 일본인들은 어떻게 인식하고 있었는지를 보도록 하겠다.

앞서 언급하였듯이, 에도시대 초기의 모습은 허허벌판이었으나, 인구의 증가와 더불어 점차 도시의 모습이 되어간다. 근세 초기의 소설장르 가나조시(仮名草子)에 나오는 에도는 일시적으로 머무는 장소, 도피처, 피난처,

은둔지로 그려지는 경우가 많으나, 도야마 도야(富山道冶)의 『지쿠사이(竹齋)』(1623년경)에서는 안주할 만한 곳으로 그려지고 있다. 돌팔이 의사 '지쿠사이'가 교토의 생활에 절망한 나머지 여러 지방을 편력하다 에도로 도착하는 이야기인데, 여기서 에도를 어느 도시보다 태평하고 안주할 만한 곳이라고 표현하고 있다. 그러다 점차 참근교대(參勤交代)로 무사들이 모이고, 대도시 생성에 따라 상인들이 모이는 장소로 변화해간다. 예를 들어 사이카구(西鶴)의 소설 우키요조시(浮世草子)에서는 에도가 전국 각지로부터 돈이 모이고 소비되는 대도시로 설정되어 있으며, 그 안에는 어떻게 해서든지 돈을 벌려고 하는 에도인의 돈에 대한 집착을 자세히 묘사하고 있다.

또한 에도는 도시명에 '어(御)'가 붙는 유일한 곳인데, 이는 전국에서 온 다이묘(大名)나 가신들이 장군에 관한 모든 것에 '어'라는 경어를 붙여서 불렀넌 당시의 관습에서 유래한 것이다. 즉, 에도가 장군이 있는 도시였기 때문에 '오에도(御江戶)'라고 불리게 된 것이다. 이것이 18세기 후반이 되자 에도의 성장(지역적 확대, 인구증가)과 에도 상인들의 경제력 강화에 따라, 오에도(大江戶)라고 불리게 되었으며 경제적인 측면에서도 에도를 자부하며, 에도를 '번영의 도시 에도(花のお江戶)'라고 부르게 된다. 이렇게 해서 18세기에는 가미가타(上方) 중심으로 발전하던 문화가 전해져오는 것이 아니라, 본격적으로 에도를 중심으로 한 독특한 문화가 형성되게 되었다.

1860년을 전후로 하여, 에도시대 말기에는 외교교섭을 위해 방일한 관리들과 그 수행원들, 학자들이 에도에 머물며, 곳곳의 명소들을 구경하며, 그 인상들을 기록하고 있는데, 특징적인 것은 공통적으로 에도의 경관을 높이 평가하고 있다는 점과 그것을 '정원'으로 표현하고 있다는 점이다.

영국의 식물학자 로버트 포춘(Robert Fortune)[3]은 유럽에 없는 식물의 종

---

3) 포춘 이전에도 독일인 의사이자 박물학자인 켄펠과 시보르트 그리고, 스웨덴의 식물학자이자 의학자인 쓴베르크 등이 일본에 체재하며 일본의 식물에 대해 조사하고 기록하고 있

류가 풍부하며 아름답고 유용한 식물이 많은 일본에 오랫동안 관심을 가져왔으며, 1860년에 식물을 수집할 목적으로 일본을 방문하였다. 그는 일본과 중국(청)의 수도를 중심으로 식물채집여행을 하는데, 그 견문기인 *Yedo and Peking*(1863)에는 일본과 중국의 수도의 경관에 대해 상반되는 인상을 기록하고 있다는 점에서 주목된다. 우선 에도에 대해서는, 다음과 같이 기술되어 있다.

> 에도는 완만하게 기복하는 땅과 작은 언덕이 각 방면에 점재하고, 떡갈나무와 소나무 등의 상록수가 관(冠)처럼 무성하고, 일대에 정원이 여기저기 흩어져있는 것처럼 보였다.[4]

> 도시는 깊은 수로, 둑, 다이묘 저택, 넓은 거리 등으로 둘러싸여 있다. 수목으로 둘러쳐진 조용한 길과 상록수로 된 생울타리 등의 아름다움은 세계 어느 도시도 미치지 못할 것이다.[5]

에도에 대해서는 에도 곳곳에 있는 언덕들을 상록수들이 마치 관처럼 덮고 있고, 거리도 저택들을 포함해 에도 도시 전체가 정원처럼 보이며, 이는 세계 어느 곳보다도 아름답다고 격찬하며 에도의 전경에 대해 서술하고 있다.

또한 일본으로 향하는 선상에서 처음으로 규슈의 섬들을 바라본 포춘은 "이들 섬들은 정원취향이라고 하기보다 오히려 자연의 정원 그 자체였다"고 말하고 있다. 소나무에 뒤덮인 섬을 마치 중국과 일본의 정원에서 흔히 보이는 돌과 흙 등으로 산처럼 만든 축산(築山)처럼 느낀 것이다. 한편, 같은 책

---

었다. 포춘은 일본은 거친 파도로 인해 많은 배들이 난파된다거나 하룻밤에 수천 피트나 되는 산이 생겨나는 지진이 있다는 등 일본에 대한 지식을 시보르트의 『일본식물사(日本植物史)』를 비롯한 일본에 관한 서적들을 통해 사전에 가지고 있었다.

4) ロバートフォーチュン 著, 三宅馨訳 『江戸と北京』, 廣川書店, 1969, p. 89.

5) ロバートフォーチュン 著, 三宅馨訳 『江戸と北京』, pp. 197-198.

안의 중국에 대한 기술은 이와 상반된다.

　　성벽에 둘러싸인 톈진의 거리는 매우 빈약한 외관을 하고 있다. … 중국의 도시
　　는 대체로 깨끗하지 않다. 아니 그뿐만 아니라 불결함과 악취가 난다는 점에서
　　는 유명하다. 그러나 내 중국여행 전체를 통해, 또 다른 나라에서도 톈진만큼 폐
　　가 나빠질 것 같은 더러운 곳에 간 적은 없었다. … 광대한 토지는 불모의 땅이
　　며 땅 사이에서 빛나고 있는 소금은 지면이 마치 서리로 덮여 있는 것 같이 보인
　　다. 이 평야는 수목이 매우 드물어 … 매우 황량한 조망이 될 것이다.[6]

　　포춘은 전체적으로 중국의 거리는 경관이 황량할 뿐만이 아니라 위생상
태까지도 불결하다고 하고 있으며, 특히 톈진에 대해서 혹평하고 있다. 한편
수도였던 베이징에 대해서는 다음과 같이 기술하고 있다.

　　이 광대한 도시(베이징)를 바라보면 중국의 다른 도시처럼 단층으로 된 집이
　　많고, 가옥의 높이가 대체로 비슷하여, 도시 전체에 녹색 나무들이 우거져 있
　　었다.[7]

　　포춘은 나가사키, 요코하마를 거쳐 에도를 방문하고 있는데, 일본의 도시
에 대해서는 대체적으로 깨끗한 인상을 받은 반면, 중국의 도시에 대해서는
매우 불결한 인상을 강하게 받았다는 것을 알 수 있다. 이곳에서도 정원과
포도원, 묘목재배지 등도 방문하였으나, 그 기술마다 더러운 곳이었다고 표
현하고 있다. 또한 북위가 높은 곳에 위치한 톈진은 겨울에 식물들이 다 시
들어 황폐해지는데, 광활한 평지인 톈진의 모습을 "지평선에 눈이 닿는 한
녹지와 수목은 보이지 않게"되고 "지구의 끝"에 있는 것과 같은 황폐한 느낌

6) ロバートフォーチュン 著, 三宅馨訳『江戸と北京』, p. 3.
7) ロバートフォーチュン 著, 三宅馨訳『江戸と北京』, pp. 297-298

이라고 서술하고 있다. 그러나 수도인 베이징에 대해서는 거대한 성벽, 망루(望樓), 곧게 뻗은 넓은 길을 중국의 어느 도시에도 없는 장관이라 표현하고, 역시 식물학자답게 황제의 궁궐, 사원 등의 정원 등에 깊은 관심을 나타내고 있다.

에도를 정원처럼 녹지와 수목이 우거진 공간으로 본 것은 식물학자인 포춘만이 아니였다. 프로이센의 외교사절단의 일원으로 일본을 방문한 베르너 함장은 다이묘들의 저택뿐만 아니라 서민들의 정원에 대해서도 언급하고 있다.

> 시가지는 성 및 그 주변과 함께 이 수도의 중핵을 이루고 있으며, 어느 지구에도 사람이 살고 있다. 이 주위를 둘러싼 인접지역에는 상인과 직인이 밀집해 사는 지역과는 달리, 광대한 사원과 몇몇 다이묘의 저택이 있다. 사원은 대부분 언덕 위에 위치해 있고 상록수로 안보이게 덮여있고, 널찍한 묘지로 둘러싸여 있다. 다이묘 저택들도 훌륭한 숲과 정원으로 둘러싸여있다. … 일본가옥에 특별한 매력을 더하는 것은 작은 정원이 갖추어져 있다는 것이다. 탁자 크기의 넓이면 된다. 빈터가 있으면 가옥의 뒤에 정원이 만들어진다. 거의 빈터가 없더라도 집안의 어딘가 작은 장소가 선택되어, 거기에 놀랄 만한 섬세함으로 우아하고 아름다운 작은 정원이 만들어진다.[8]

사원과 다이묘들의 저택에만 녹지공간이 조성되어 있는 것이 아니라, 일반서민들의 집처럼 아주 좁은 공간에도 나무와 화초가 심어져 아름다운 정원을 가꾸고 있는 모습에 감탄하고 있다. 이러한 에도의 사람들이 화초와 수목을 가꾸는 것을 좋아하는 성격이 에도를 정원도시로 만드는 데에 일조를 하고 있는데 이 점에 대해서는 뒤에 언급하도록 하겠다.

---

8) 白幡洋三郎, 「植物を愛でる都市」, 『文明としての德川日本』, 中央公論社, 1993, p. 390에 인용한 프로이센의 사절단의 보고서(Die Preussische Expedition nach Ost-Asien, 1864)에서 재인용.

## 3. 정원도시형성의 정책적 배경

에도가 정원도시로 형성되어 가는 데에는 여러 요인이 있는데, 크게 막부에서 도시계획차원에서 행한 정책적인 면과 에도사람들의 정서, 취향 등의 내면적인 면으로 구분할 수 있을 것이다. 전자에는 우선 참근교대로 인해 각 번 번주들의 저택이 지어지고, 인구의 증가에 따라 신사 사원들도 잇따라 지어지며 그 부지 내에 정원들이 조성된다는 점이 있다. 그뿐만 아니라 에도는 화재가 자주 발생하는 화재도시였기 때문에 연소를 방지할 공간을 확보하려했다는 점, 각 장군들의 의도적인 식수, 군식(群植) 등도 이에 포함된다. 후자에는 에도 사람들이 꽃 재배를 좋아하는 성품을 지녔었다는 점과 그로 인해 원예붐이 일어났다는 점 그리고 꽃을 감상하기 좋은 곳들을 에도의 명소로 만들어갔다는 점 등을 들 수가 있다.

### 1) 방화(防火)정책

에도는 유난히도 화재가 빈번히 발생한 화재의 도시이기도 했다. 메이레키(明曆, 1655-1658)의 대화재(1657)[9] 이후 방화대책의 일환으로 다이묘 저택들이 에도의 도심에서 외곽으로 이전하게 된다. 아울러 가미야시키(上屋敷: 번주와 그 가족이 생활), 나카야시키(中屋敷: 隱居, 嗣子가 생활), 시모야시키(下屋敷: 바닷가나 강변에 위치, 창고용, 피난용, 휴식용 별장, 정원)제도가 정비되어 모든 다이묘가 가미야시키, 나카야시키, 시모야시키를 가지게 된 것도 이 화재이후의 정책에서 비롯되었다.

메이레키의 대화재 이후 에도막부는 대규모로 도시정비계획을 하게 되었는데, 그 하나가 화재 확산방지용 부지의 조성이었고, 다이묘의 저택 등도

---

9) 혼고(本鄕)의 혼묘지(本妙寺)로부터 화재가 일어남.

곳곳에 배치하여 화재 연소방지의 역할을 하게 하였다. 또한, 도시부흥의 차원에서 일어난 조원(造園)붐에 의해서, 에도 내에 많은 정원이 조성되었다. 후카가와(深川)와 무코지마(向島)에는 메이레키의 화재 후 시모야시키가 증가하여 많은 정원들이 만들어지는데, 포춘이 그곳을 "아름다운 그림과 같다", "전체가 마치 일대정원같다"라고 표현할 정도였다. 에도의 지형은 원래 기복이 많았고 에도 근교의 언덕에 위치한 시모야시키는 절벽과 같은 경사지를 저택 내에 넣어 그곳을 연못과 숲으로 활용했는데 이로 인해 정원적 경관을 지니게 되었다.

이렇게 에도는 메이레키의 대형화재로 인해 저택 안에 정원이 조성되게 되면서 도시 전체가 정원화되는 계기가 되었던 것이다.

## 2) 장군의 식수(植樹)정책과 하나미(花見)공원의 조성

에도시대 초기에는 교토를 의식한 도시조성이 이루어지는데, 3대장군 이에미쓰(家光, 1623-1651)는 요시노(吉野)에서 우에노로 벚나무를 이식하였다. 히에이잔(比叡山)의 벚나무를 모방하여, 우에노의 도에이잔(東叡山: 寬永寺)에 심은 것이다. 또한 4대장군 이에쓰나(家綱, 1651-1680)는 무코지마(向島)에 벚나무를 식수하였다.

에도 내에 본격적으로 벚나무의 명소가 곳곳에 세워진 것은 8대장군인 요시무네(吉宗)에 의해서이다.

『도쿠가와실기(德川実紀)』에는 다음과 같은 기록이 보인다.

아스카야마는 교호 5년 9월부터 심기 시작하여 대략 벚나무 270그루, 단풍 100그루, 소나무 100그루 심었는데, 벚나무는 특히 해마다 가지와 나뭇잎이 무성해지고 꽃필 때는 찬란하게 아름다운 경관을 이룬다. … 이는 에도부 내 근처에 명

승지를 개발해야한다고 하셨다고 한다.[10]

1720년부터 아스카야마에 나무를 심었다는 기술이 보이는데, 요시무네는 그 전인 1717년경에 이미 스미다강(隅田川) 강둑에 벗나무를 심었었다. 그러나 인용문에서도 알 수 있듯이 이 아스카야마는 '명승지'를 개발해야 한다는 의식 아래 계획적으로 조성된 하나미공원이었다. 그 외 무코지마 모쿠보지(向島木母寺)와 이어지는 장군의 휴게소인 스미다가와고텐(御殿)정원 및 선착장에서 고텐까지의 연도(沿道)와 시나가와고텐야마(品川御殿山)도 요시무네의 시대에 벗나무가 심어진 것이라고 한다.

하나미자체는 『쓰레즈레구사』(1331년경)에도 기술이 보이고, 16세기에 제작된 교토를 그린 낙중낙외도(洛中洛外圖)병풍에서 볼 수 있듯이, 교토와 오시카 지역에서는 이미 에도시대 이전부터 서민들도 즐기는 여가였으나, 에도에서는 18세기에 들어서야 성행하게 되었다.

에도에 있어서의 하나미 행사는 교호기(享保期: 1716~1736)경부터 서민층으로 확대되어갔다. 그때까지는 우에노(上野)의 산이 있기는 했었으나, 도쿠가와 일가의 보리사(菩提寺)라는 성격상 서민들이 즐기기에는 어려움이 있었다. 다이묘들의 정원은 일반서민들에게 개방되지 않았으며, 사원이나 신사의 정원들이 서민에게 개방된 공간이었다. 이들 사원과 신사는 참배객의 유치를 위해서도 꽃과 나무를 심었었다. 그러다가 교호기에 들어서자 신사, 사원 외의 서민을 위한 휴식처로 무코지마, 아스카야마, 시나가와고텐야마 등지에 공원이 조성되기 시작한 것이다.

또한, 우에키야(植木屋: 화분상이며 정원수를 심기도 함)의 화원도 공원화되는 경향이 있었으며, 사원과 신사 내의 정원도 요리점과 찻집을 두는 경우도 있었는데 이 요리점들이 손님을 끌기 위해 정원을 만드는 등, 에도

---

10) 『德川実紀』, 吉川弘文館, 1998.

의 공간에 있어서 정원이 차지하는 비율이 높아갔다. 그 외 가메이도(亀戸)의 매화와 등나무, 소메이(染井)의 철쭉, 호리키리(掘切)의 창포, 햣카엔(百花園)의 나나쿠사(七草), 단고자카(団子坂)의 국화 등, 에도시대에 만들어진 꽃의 명소는 도쿄의 관광명소로도 이어져갔다.

도다 모수이(戸田茂睡)의 에도 소개서적인 성격을 지닌 수필『무라사키노 히토모토(紫のひともと)』(1683)에는, "도에이잔 기요미즈의 뒤에 막을 둘러치고 구경하는 사람이 많다. 막이 많을 때는 300여 개, 적을 때는 200남짓 … 사방에서 모여드니 바싹 다가붙어 있어서 움직일 수도 없다"라고, 우에노의 벚꽃을 많게는 300이 넘는 집단이 구경하러 온다고 묘사하고 있다. 이에 미쓰에 의해 우에노에 군식(群植)된 벚나무가 이 수필이 쓰여진 1680년대가 되자 대목(大木)으로 자라, 그 아래에서 군중에 의한 하나미가 가능하게 되었다는 것을 의미한다.

## 4. 정원도시형성의 내면적 배경

### 1) 원예와 감상을 즐기는 정서와 취향

에도가 정원도시로 일컬어지는 데는 단순히 정책적인 면만이 있는 것이 아니라, 일본인, 특히 에도에 사는 사람들의 내면적인 정서와 취향에 기인하는 부분도 크다. 꽃을 좋아하는 기질은 꼭 에도에 사는 사람에 한정된 것은 아니지만, 에도시대에는 오사카나 교토보다 에도에서 더 원예가 발달했었다는 점은 유의할 만하다.

미우라 조신(三浦浄心)의 『게이초견문집(慶長見聞集)』(1614)에는 "지금 보니, 에도의 조닌(町人)은 부자도 가난한 사람도 다정하다. 자그마한 뜰의 구석에도 꽃과 나무를 심어두고 노래를 읊는다"라고 에도의 사람들은 꽃과 나무를 가꾸는 일 그리고 감상하는 것을 좋아한다고 표현하고 있다.

그 외에도 앞서 언급한 외국인에 의한 에도 여행기에는 에도를 정원도시라고 표현한 것 외에도 에도 사람들이 식물을 재배하고 감상하는 것을 좋아하는 특징이 있다고 기술하고 있다.

> 일본인의 두드러진 특색은 하층계급도 모두 꽃을 좋아한다는 것이다. 언제나 좋아하는 식물을 키우며 무상의 즐거움으로 삼고 있다. … 인간의 문화의 수준을 꽃을 즐기는 행위로 가늠할 수 있다면 일본은 틀림없이 영국보다 뛰어나다.[11]

일본인은 꽃을 매우 좋아하며 에도 근처의 꽃가게들은 겨울에도 꽃을 재배하고 대량으로 공급하고 있다. 꽃장수는 시내를 행상하며 가난한 사람들이 사는 지역에서도 확실히 사는 사람을 찾을 수가 있다.[12]

에도의 사람들이 신분에 상관없이 모두가 꽃을 좋아하는 모습이 영국인 식물학자인 로버트 포춘뿐만 아니라 이태리 통상사절의 눈에도 두드러지게 비춰진 것이다. 서민들이 원예를 즐겼다는 것은 사원의 엔니치(緣日)의 모습에서도 확인할 수가 있다. 사원의 엔니치에는 사원 안팎에 다양한 상인들이 물건을 파는데, 『에도메이쇼즈에(江戸名所図会)』의 나가타노바바 산노 오타비쇼 야쿠시도(永田馬場山王御旅所 薬師堂)의 설명 부분에 "매월 8월 12일 약사여래의 엔니치에는 화분을 파는 일이 매우 많아, 참배자들이 군집해서 부쩍거린다"라고 기술되어 있어, 일반서민들에게도 식물의 재배가 보편화되어 있었다는 것을 알 수가 있다.

---

11) ロバートフォーチュン 著, 三宅馨訳, 『江戸と北京』, p. 93.
12) V.F.アルミニョン, 『イタリア使節の幕末見聞記』, 講談社, 2000, p. 77.

## 2) 조원붐과 원예붐의 조성

에도시대에는 원예붐과 조원붐이 일어나, 화초, 수목에 대한 기초정보와 재배방법 등이 기재된 서적이 출간되고, 정원사, 화분상인 등 전문인이 등장하게 되었다.

### (1) 원예붐

에도시대에는 세키가하라(関が原)의 전투의 승리 후 평온한 시대를 맞이하면서 원예붐이 조성이 되었는데, 2대장군 도쿠가와 히데타다(德川秀忠)가 각 지방에서 진기한 나무와 화초 등의 수집에 열중하였고, 이것이 에도시대 정원 조성붐의 계기가 되었다고 한다. 우선 간에이(寬永, 1624-1644)년 간에는 동백꽃 재배가 유행하게 되는데, 히데타다와 이에미쓰(家光)는 특히 동백을 선호하여 분재를 진열한 정원을 7명의 경비를 두어 관리하게 했다는 일화까지 남아 있다.

도쿠가와 장군 중 1대장군 이에야스(家康), 2대장군 히데타다(秀忠), 3대장군 이에미쓰(家光)는 유난히 식물을 좋아했었다고 한다. 그들은 기종(奇種), 진종(珍種)의 식물을 수집하기도 하였고, 게다가 다이묘들이 헌상품(獻上品)도 들어와, 에도성 내에는 많은 감상용 식물이 모여졌으며, 이들 명목(名木)들을 모아 정원을 가꾸어 나갔다고 한다. 특히 이에야스는 명나라 이시진이 쓴 『본초강목(本草綱目)』을 곁에 두고 장수연년을 희구했다는 일화가 있을 정도로 화초에 관심이 많았고, 이후 일본에서 중세 이래의 본초학(本草學)이 더욱 발전하는 계기가 되기도 하였다.

에도에 있어서의 원예의 동향을 보면 18세기 중반을 기점으로 정원수를 중심으로 한 것에서 화분에 기이한 나무나 화초를 가꾸는 것으로 원예문화가 변화하였다. 전기의 원예가 에도의 무가(武家)의 저택이나 사원의 정원

등과 연결된 지배계급을 중심으로 한 것이었다고 한다면, 후기의 화분원예
는 무가계급뿐 아니라 서민들에게까지 확산되어 있음을 의미하고 있다.

일본인의 꽃재배 시초는 헤이안시대까지 거슬러 올라간다. 국화는 오래
전부터 재배되어 왔는데 특히 헤이안시대에는 귀족사이에서 국화의 감상이
성행하였고 와카(和歌)를 곁들이는 '기쿠아와세(菊合せ)'라는 궁중행사가 8
세기말부터 거행되어왔다. 국화재배가 유행하게 된 것은 에도시대에 들어
선 18세기, 교토가 중심이었다. '기쿠아와세'는 에도시대에 들어와서부터는
와카를 곁들이지 않고 국화의 우열을 가리는 품평회로 바뀌며, 진기(珍奇)
한 품종을 재배하고 감상하는 문화로 변화되었다.

에도에서는 분카(文化: 1804~1818)년간에 교토와 오사카를 능가하는 우
에키야가 생겨났는데, 특히 이 시기에는 국화가 인기를 얻어 국화인형(菊人
形)이라는 특수한 감상문화가 생겨나게 되었다.[13]

여름의 풍물시인 나팔꽃의 재배붐은 분카(文化: 1804~1818)년간인 19세
기 초에 일어났다. 이는 1806년에 일어난 화재를 계기로 해서 일어난 것인
데, 화재로 인해 공터가 된 곳에 나팔꽃이 재배되기 시작한 것이다. 이후 품
종개량이 다양하게 일어나 진기한 품종이 많이 나왔다. 국화와 마찬가지로,
나팔꽃도 애호가들이 모여 진기한 꽃들을 진열하여 하나아와세(花合わせ)
를 행하였다. 이 하나아와세는 진기한 꽃을 재배하는 기술을 향상시키는 등
원예문화를 비약적으로 발전시켰다는 평을 받기도 한다. 이러한 진기한 품
종의 감상을 선호하는 것은 일본적 특성이라 말해지는데, 『초목기품가아견
(草木奇品家雅見)』 등의 기이한 꽃의 그림과 해설이 기재된 서적과 재배방
법 등이 기재된 『아사가오수이칸(朝顔水鑑)』(1818)과 『국화단양종(菊花壇

---

13) 『武江年表』에는 "국화를 가지고 사람, 짐승 등을 만들어 사람들에게 보이니, 에도의 사람
들이 모두 모여 구경하니, 해마다 번성해져서 50 몇군데 … "라고, 당시 에도의 국화인형
의 인기를 기술하고 있다.

養種)』(1848)과 같은 서적이 간행되기도 하였다. 그 외에 나무와 꽃의 순위를 표시한 반즈케(番付) 같은 출판물도 나왔다.

이렇게 식물재배에 관심이 높아지면서, 전문적인 우에키야와 정원사가 증가하게 된다. 『인륜훈몽도휘(人倫訓蒙図彙)』의 직업에 관한 분류가 기술되어 있는 부분에 정원사(庭造)와 우에키야가 다른 항목으로 분류되어 있는 것으로 보아 17세기에는 소위 정원사가 정원을 조형하는 사람과 식물을 가꾸는 사람으로 구분이 되어 있었다는 것을 알 수가 있다. 세분화될 만큼 원예가 발달하고 있다고 할 수 있을 것이다. 메이레키의 대화재로 인한 다이묘 저택, 사원과 신사의 이전에 의해 정원수와 꽃의 수요가 증가함과 동시에 다양화됨에 따라 이에 관련된 직업도 다양화(식목, 화분, 기품재배, 식목의 재배, 화초의 행상 등)되었고 이들에 의해 원예붐이 지속될 수가 있었다.

### (2) 조원붐

#### ① 다이묘정원

앞서 언급했듯이 가미야시키, 나카야시키, 시모야시키를 배정받은 다이묘들은 경쟁하듯 정원을 가꾸어나갔다. 이들 정원을 다이묘정원이라 한다. 특히 시모야시키의 정원은 무술과 마술의 단련, 유흥과 향유등 사교의 장으로서의 역할을 지녔다. 시라하타 요자부로(白幡洋三郎)는 다이묘 정원을 '향연을 위한 공간'이라 규정하며 다이묘와 장군, 다이묘와 다이묘사이, 또는 번주와 가신사이의 사교의 공간으로서 필요했다고 설명한다.[14)]

지금도 남아있는 리쿠기엔[5대장군 쓰나요시의 側用人 야나기사와요시야스(柳沢吉保)의 시모야시키], 하마야시키[고후(甲府)제상 마쓰다이라 쓰나시게(松平綱重)의 시모야시키], 고이시카와고라쿠엔[미토가(水戸家)가미야시키], 시바리큐, 진잔소(椿山荘) 등 다이묘들의 정원은 경쟁하듯 가꾸

---

14) 白幡洋三郎, 『大名庭園-江戸の饗宴』, 講談社, 1997. pp. 12-13.

어져 갔고, 일반 서민들에게도 개방하여 감상할 수 있게 한 경우도 있었지만 대부분의 경우가 다이묘들의 도락에 지나지 않거나 권세를 과시하는 역할을 했다.

또한, 장군이 종종 다이묘의 저택을 방문하였기 때문에 이들 정원은 장군과 다이묘 간의 사교의 장으로 기능하였고, 그로 인해 다이묘들은 더욱 정원 가꾸기에 힘을 기울였다.

짓포안 게이쥰(十方庵敬順)이라는 스님의 기록『유력잡기(遊曆雜記)』초편(1836)을 보자.

> 오쿠보(大久保) 햐쿠닌초(百人町) 이지마 부에몬(飯島武右衛門) 구미야시키(組屋敷)
>
> 철쭉이 유명하고 … 그 색이 진홍색이고 꽃 모양이 이형인 것은 실로 희대의 장관이다. … 좌우에 크게 자란 나무가 수천 그루, 심어놓은 정원의 폭은 동서로 8칸, 남북으로 대략 2정(町) 남짓, 그 사이 양쪽 모두는 철쭉만이 있다. 안에 작은 샛길이 있는데 폭은 단지 3척 정도, 일대에 한창 피어있는 모습은 오직 불타는 것처럼, 구경꾼들이 술취한 모습과 비슷하다. … 꽃이 다 피었을 무렵은 … 에도 제일의 장관이라 할 수 있다. 누구나 다 오로지 이런, 이런이라고만 말하면서 감상하며 입을 다물며, 심취한 듯 망연자실하여 … 입하 무렵에는 다이묘와 가로(家老)의 부인들을 비롯하여, 가마를 타고, 무사 서민에 이르기까지 날마다 아침부터 끊임없이 군집하여, 혹은 이 저택의 정원 안에서 종일 심취하여 또는 시가 렌파이(詩歌連俳)에 날이 저무는 것을 원망하는 자들도 있었다.[15]

구미야시키는 하급무사들이 한 조가 되어 살던 집으로, 햐쿠닌초의 구미야시키는 다른 구미야시키보다는 훨씬 규모가 컸고 일이 많지 않은 최하급의 무사들이 살았기 때문에 이러한 대규모의 철쭉 재배가 가능했다. 게이쥰

---

15) 十方庵敬順,『遊曆雜記』, 初編(1836) 東洋文庫, 平凡社, 1989, pp. 26-27.

은 햐쿠닌조의 구미야시키의 철쭉을 보며, 에도에서 제일의 장관이라는 감상과 이곳에서는 무사부터 서민에 이르기까지 많은 사람들이 모여들어 여가를 즐기고 있다고 기술하고 있다.

② 신사와 사원 경내의 정원

사원자체도 에도의 인구의 증가에 따라 늘어났으며, 종교적으로 참배하였던 것이 점차 정원이 가꾸어져 나가면서 꽃구경의 명소로 되어갔다.

신사와 사원용지는 에도의 20%를 차지하는 면적을 지녔다. 경내는 널찍하여 정원식으로 가꾸어졌고 에도 서민들의 행락지가 되었다. 예를 들면 에도 우에노(上野)의 간에지(寛永寺)는 이에미쓰(家光), 이에쓰나(家綱), 쓰나요시(綱吉), 요시무네(吉宗) 등 역대 장군의 영묘(靈廟)가 있는 보리사(菩提寺)이고, 시바(芝) 조조지(增上寺)는 히데타다(秀忠), 이에노부(家宣), 이에쓰구(家継) 등의 장군들의 보리사였는데, 하나미 시즌에는 아침 6시부터 오후 4시경까지 개방했었다고 한다.

이러한 사원과 신사는 종교적인 목적 외의 하나미로 에도의 명소가 되어갔는데, 이에는 에도의 경관, 이미지로서, 각 사원과 신사 내의 화초, 수목과 정원에 대한 기술들이 게재된 서적(에도의 명소를 기록한 메이쇼즈에와 같은 서식과 그 외, 지방인들의 견문록, 일기 등)들이 한몫을 했다.

『에도메이쇼하나고요미(江戸名所花暦)』(1827)에는 가이안지(海晏寺)에 대해 "이 산은 에도 제일의 단풍의 명소이다. … 단풍나무 100그루를 심어 봉래산이라 이름지었다"고 기술하고 있으며, 또한 이 절에 대해『에도메이쇼즈에(江戸名所図会)』에서는 「단풍구경 그림(紅葉見之図)」이라 하여 단풍구경의 모습을 삽화를 넣으며 설명하고 있다. 이러한 명소기(名所記)들이 소위 가이드북으로 서민 사이에 화제가 되어 에도의 신사, 사원들이 꽃과 단풍을 구경하는 여가의 장소로 더욱 알려지게 되었다. 이에 대해서는 다음 항에서 다루기로 한다.


(3) 명소기(名所記)류의 발간─에도인의 에도사랑

꽃 재배방법이 실린 원예관련 도서만이 아니라, 꽃의 명소가 실린『에도메이쇼즈에』와『에도메이쇼하나고요미』,『에도메이쇼키(江戸名所記)』(1662),『에도스즈메(江戸雀)』,『무라사키노히토모토(紫の一本)』,『에도가노코(江戸鹿子)』(1687) 등 계절마다의 명소를 소개하는 서적들도 다양하게 간행되었다.

에도에 인구가 늘어나자 에도를 안내하는 책자가 다양하게 나오기 시작하였다. 명소인 메이쇼(名所)는 원래 나도코로(などころ)라 하여,『하치다이슈(八代集)』와 같은 고전 시가에서 읊어진 우타마쿠라(歌枕)의 장소를 가리키는 말이었다.[16] 그것이 에도시대에 들어와 사적지와 신사, 사원 그리고 행락지 등지가 서민들에게도 사랑받는 관광의 명소로 바뀌게 되면서 메이쇼라 불리게 되었고, 에도시대에 이르러 메이쇼는 실제로 가서 보아야 할 대상으로 바뀌게 된다.[17] 그래서 메이쇼키도 우타마쿠라만을 모아 실었던 것에서 신사나 사원, 꽃의 명소 등 삽화가 있는 에도 안내서의 성격을 지닌 책자로서 간행되게 되며, 지방으로의 선물이 되기도 하였다. 에도의 안내서는 일찍이『시키온론(色音論)』(1643)이, 이어 아사이 료이(浅井了意)의『에도메이쇼키』가 나왔었다. 전자는 소설(가나조시)로 지방에서 에도를 구경하러 나온 얘기를 줄거리로 하고 있다. 후자는 최초의 본격적인 에도 안내서라는 평가를 받는데 이 역시 가나조시로 분류되며 소설과 지지(地誌)의 중간적인 성격을 지닌다. 본격적인 지지와 지도 등 실용적인 것 외에 명소를 그

---

16) 加藤貴,「江戸名所案内の成立」瀧澤武雄 編,『論集中近世の資料と方法』, 東京堂, 1991, p. 27.

17) 水江漣子,「近世初期の江戸名所」,『江戸の民衆と社会』, 吉川弘文館, 1985, p. 55

린 우키요에(浮世絵) 판화등도 나오게 된다.

우선 본격적인 지지의 성격을 지닌 에도 안내서인『에도가노코』1권을 보면 언덕, 수로, 연못, 폭포, 우물, 물, 나무, 산, 돌, 계곡 등으로 상세하게 나누어 그 유래 등을 설명하는 형식을 지니고 있다. 2권 이후로는 에도성, 연중행사, 신사 사원 등, 에도에 관한 다양한 사항에 대해 총괄적으로 기술되어 있다. 1권 중에는 명목(名木)이라는 표제 아래 "곤노자쿠라(金王桜), 이는 시부야군 고노마루(金王丸)가 심어놓은 벚꽃나무라 한다. 꽃 색깔은 희다. 봄 무렵에는 에도의 모든 사람들이 여기에 와서 유흥을 한다."라든지, "구라카케마쓰(鞍懸松) 센다가야(千駄ヶ谷)에 있다. 그 고장사람은 옛날 우대장 요리토모(頼朝)가 오슈(奥州) 정벌할 때 이 들판에 와서 도히쓰키게(土肥月毛)라는 말을 이 나무에 메고, 또한 안장을 이 나무에 걸었다고 한다. 이 나무는 가지가 처진 모습이 재미있고, 유례를 볼 수 없는 소나무이다"라고 나무 하나하나에 대한 유래를 기술하고 있다는 점에서 특기할 만하다.

이러한 에도 안내서에서 나아가 꽃과 나무만을 별도로 발췌한 형식의 책자까지 나오게 된다.『에도메이쇼하나고요미』는 봄, 여름, 가을, 겨울의 부로 나누어져 있으며 각 계절에 걸맞는 화조풍월(花鳥風月)의 명소를 소개하고 있다. 1권의 봄의 부를 보면 휘파람새, 매화, 동백, 복숭아꽃, 벚꽃 등의 봄을 대표하는 것들을 들며 각각에 대해 향유할 수 있는 곳들에 대한 소개를 하고 있다. 예를 들면 벚꽃에 대해서는 도에이잔 우에노를 첫 번째로 들며, "산의 벚꽃 종류가 다양하여 개화가 빠르고 늦은 것이 있기는 하지만 모두 여기에 들기로 한다. 이 산은 에도 제일의 꽃의 명소로서 히간자쿠라(彼岸桜)부터 피기 시작하여 히토에(一重) 야에(八重)가 잇따라 피고, 3월까지 꽃이 끊임없이 피어있다"라고 설명하고 있다.

우키요에 화가 우타가와 히로시게(歌川広重: 1797-1858)는 에도와 교외의 명소를 소재로「에도메이쇼 100경(名所江戸百景)」을 그렸는데, 그 안에는 호리키리의 창포꽃(掘切花菖蒲)처럼 창포의 명소, 센조쿠연못의 소나무(千束の池袈裟懸松)와 핫케이자카의 소나무(八景坂鎧掛松), 아카사카 오동나무밭(赤坂桐畑)처럼 소나무, 오동나무로 유명한 곳, 센다기단고자카 하나야시키(千駄木団子坂花屋敷), 가마타의 매화원(蒲田の梅園), 가메이도 매화원(亀戸梅屋敷) 등 화원으로 꾸며진 곳과 다마가와둑의 꽃(玉川堤の花)과 같은 새로운 벚꽃의 명소와 이미 벚꽃의 명소가 되어 있었던 시나가와 고텐야마(品川御殿山), 우에노 기요미즈도 시노바즈노이케(上野清水堂不忍池) 등도 소재로 하고 있다.

이렇듯, 여러 서적, 출판물에서 에도사람들의 꽃에 대한 각별한 지식과 관심의 깊이를 엿볼 수 있다.


## 5. 정원도시 '에도'에서 '도쿄'로

이상과 같이, 에도시대 말기에 서양인들이 에도의 인상을 '정원'이라고 표현하고 있다는 점에 주목하여, 에도가 어떻게 정원도시로 형성되고 성장되어가는지 그 과정에 대해 고찰하였다.

우선 정책적으로는 참근교대 제도로 인해 에도의 도시 내에 다이묘들의 저택들이 곳곳에 배치되었는데, 특히 시모야시키에는 많은 정원수와 화초들이 심어지며 아름다운 정원으로 가꾸어져 갔다. 다이묘들이 여러 곳에 저택을 가지게 되는 곳은 빈번히 발생하는 화재로 인해 건물들이 연소하는 것을 예방하기 위한 정책에서 비롯된 것이었다. 또한 에도시대 초기에는 교토를 의식하며 도시를 조성하게 되는데, 장군들이 곳곳에 벚나무를 심어 서민들이 하나미를 즐길 수 있게 하였다.

또한, 서양인의 눈에는 에도에 사는 사람들이 원예를 즐기는 성향을 지녔다고 비쳐졌었다. 에도시대에는 원예기술이 발달하여 원예붐과 조원붐이 일어나 다양한 종류의 화초와 재배법이 개발되기도 하고 그것들을 기재한 서적들이 출판되기도 하였다. 조성된 정원들은 일부를 제외하고는 서민들에게도 개방이 되었으며, 각 정원들에 대한 정보들은 관광안내서와 같은 역할을 한 메이쇼키와 같은 지지(地誌), 꽃핀 명소를 그린 우키요에 등을 통해서 지방에 있는 사람에게도 알려졌었다. 특히 화초, 수목의 종류별로 정원의 순위를 매긴 반즈케(番付)와 계절별로 어느 정원(또는 신사나 사원)의 어느 꽃이 감상하기에 적당한지 분류해 기재한 『에도메이쇼하나고요미』와 같은 책의 존재에서 일본인의 독특한 꽃의 감상문화를 엿볼 수 있었다.

에도시대의 정원들은 현재에도 공원으로 그 모습을 유지하고 있는 곳들이 있다. 도쿄의 공원은 메이지 6년의 태정관포달(太政官布達)에 의해 우에노공원, 시바공원, 센소지 등 5개의 공원이 개설되었다. 이들은 앞서 보아왔듯이 에도시대에 이미 행락지, 사원, 신사 등으로 서민들과 친숙한 곳이었다. 메이지시대에는 일본도시계획 제도의 기원이라고 할 수 있는 도쿄시구개정이라는 도시계획사업이 계획되었다. 이는 도쿄전체의 모습을 염두에 둔 본격적인 도시건설의 시작이라 할 수 있는데, 19세기 중반에 이루어졌던 파리의 시가지 개조에 착목하여, 아사쿠사, 시바 공원은 몬소공워, 우에노공원은 브로뉴의 숲, 황거주변은 루브르, 튜이류리공원 등 파리의 공원을 모델삼아 조성하게 되었다고 한다.

이렇듯, 현재 도쿄의 공원, 정원 등은 에도적인 것이 그대로 유지되어 있는 곳과 메이지시대를 거쳐 서양의 공원양식을 따라 새로 조성된 곳도 있다. 그러나 우에노공원처럼 메이지시대에 전쟁으로 인해 황폐해진 후, 우여곡절 끝에 공원으로 재생된 곳도 있다. 현재에도 하나미의 명소로 유명한 우에노는 에도시대로부터 연속해서 존재한 것이 아니라 한 때 단절되었다가 공원으로 다시 조성된 것이다. 연속 유지되어 있다고 여겨지는 정원들은 '에도'에서 '도쿄'로 바뀌며 어떤 과정을 거쳐 지금의 모습으로 변화했는지에 대한 검토는 다루지 못했다. 또한, 에도, 도쿄의 지형적 요건, 도시구성원과 도시구조의 차이에 의해 오랜 전통도시인 교토와 오사카, 조카마치였던 가나자와(金澤) 등의 다른 도시와 정원, 공원의 조성에 있어서 어떠한 차이가 생겼는지에 대한 검토는 앞으로의 과제로 하겠다.

4부
지배와 언어

# 슬픈 일본과
# 공생의 상상력

16장
# 식민지와 독립의 사이
이토 통감의 한국 지배와 교육

이성환


## 1. 근대국가와 교육

근대 국민국가 성립의 기초가 되는 '국민' 형성에 있어서 교육은 가장 중요한 요소의 하나였다. 따라서 국민국가의 성립 과정에는 국민이라는 균질한 인간을 창출하기 위한 대중적 공교육이 필요하게 된다. 여기에서 균질한 인간이란 공통의 언어와 이데올로기의 주입으로 창출된 다수의 피지배자를 의미한다. 이러한 측면에서 지배자에 의한 근대 공교육은 그 자체가 민중의 일상을 지배하는 것이었다.

근대 일본의 경우, 명치유신 직후 1872년 신정권 형성과정에서 국민 개교육(皆教育)을 표방한 학제(學制)를 발포하고 전국적으로 학교를 설립한 것도 이러한 이유 때문이다. 같은 맥락에서 일본은 한국에 식민지 지배체제를 형성하는 과정에서 교육을 '성패의 근본'으로 인식하고 있었다.[1] 이러한 의미에서 한국의 식민지화가 본격적으로 시작된 이토 히로부미(伊藤博文)의 통감부시대 교육정책은 한국 식민지화의 본질적 구성요소라 할 수

---

1) 大野謙一(1936), 『朝鮮教育問題管見』, 朝鮮教育會, pp. 2-3.

있다.[2] 본고에서 한국의 식민지 지배체제의 형성기에 해당하는 통감부시기를 이토 히로부미의 교육론을 중심으로 분석하는 것을 목적으로 하는 이유이다.

통감부 시기의 '보호국' 내지 '보호정치'는 이념적으로는 양의성(兩義性)을 가지고 있다. 한편으로는 병합(식민지)의 전 단계로서의 의미를 가지며, 또 다른 한편으로는 독립에 대한 기대와 가능성이 상존하고 있다. 따라서 이 시기에는 일본의 식민지화와 한국의 독립이라고 하는 두 가지 상반되는 측면이 첨예하게 대립, 착종하고 있었다. 전자는 이토의 한국 지배 정책의 전개로 나타났으며, 후자는 애국계몽운동과 의병운동의 형태로 구체화되었다. 양자는 상호 대립과 상승작용을 일으키며 언론, 교육 등에서 종래에 볼 수 없었던 사회적 분출 현상을 노정했다. 본 논문에서는 이 두 가지 상반되는 현상이 상호작용하면서 식민지화로 경사되어 가는 과정을 이토 히로부미의 교육 정책을 통해서 검토한다.

이토의 한국 통치에 관해서는 지금까지 많은 연구가 이루어져 왔다. 그러나 그것은 주로 통감부를 중심으로 한 이토의 한국 침략정책에 집중되어 왔으며, 교육 부분에서도 이토의 식민지 교육정책을 중심으로 전개되어왔다.[3] 본고에서는 이토의 교육정책 내지는 침략정책의 본질을 형성하는 그의 교육론이 어떠한 형태로 한국에서 변용되어 정책화하고, 실현되었는지를 살펴볼 것이다.

---

2) 이 시기에 일본은 한국의 교육을 식민지적 교육으로 재편하려는 시기이며, 한국은 교육을 통해 일본의 침략을 각성시키고 민족주의의 배양을 통해 국권을 수호하려는 시기였다. 차석기(1982), 『한국 민족주의 교육의 연구 ─ 역사적 인식을 중심으로』, 진명출판사, p. 124.

3) 이토 히로부미의 한국 통치 내지는 지배정책에 관해서는 이성환, 이토 유키오 편(2009), 『한국과 이토 히로부미』, 선인출판사가 있다. 이는 한국과 일본에서의 이토의 한국 지배정책에 대한 연구 경향과 수준을 잘 보여주고 있다.

## 2. 이토의 문명관과 고등 교육론

원래 존황양이론자였던 이토는 1863년 5월 밀항을 하여 영국에 유학했다. 당시의 이른바 지사(志士)들은 존황양이를 외치면서도 서양의 근대문물에 대한 관심이 강했다. 이를 계기로 이토는 서양문명을 접하게 되었고, 그 이후 그는 적극적인 개국론자로 바뀌었다. 이 때의 경험과 명치유신을 연결하여 그는 당시의 경험을 다음과 같이 술회했다.

> 지금부터 37년 전(1863년-필자) 처음으로 서양으로 가서 유럽 제국의 정체(政體)를 보게 되었으며, 점점 자신의 소견(所見)이 잘못되었음을 확신하고, (중략) 유럽열국의 문물의 발달 및 상하의 실력(實歷)을 조사하여 곧바로 나는 유럽으로부터 돌아와 보니, 일본에서 양이론이 활발히 전개되고 있었다. 우리들은 이것이 결국 나라를 망치는 결과를 가져올 수밖에 없다고 생각하여, 귀국하여 양이론이 크게 잘못되었다는 것을 설파했다. (중략) 그 이후 결국 봉건제도를 폐지하고 (중략) 국민교육을 하지 않으면 안 되며, 국민의 발달을 도모하지 않으면 안 되며, 국가를 통일하여 병력재력을 통솔하여 열국 사이에서 자립을 하여 자국(일본-필자)을 지키지 않으면 안 된다는 것을 창도한 것이 명치원년의 시작이다."[4]

이토는 영국 유학의 경험을 통해 적극적인 개국론자가 되었다. 동시에 교육의 중요성을 체득했으며, 이것은 그의 문명론의 기초가 되었다. 명치유신 직후의 1872년 12월 14일 그는 이와쿠라(岩倉) 사절단의 부사(副使)로서 미국과 유럽을 순회한다. 첫 기착지인 샌프란시스코 환영회에서 행한 연설(일반적으로 일장기 연설이라 알려져 있음)에서 그는 "오늘날 일본 정부 및 인민의 가장 열렬한 희망은 선진 제국이 향유하는 문명의 최고점에 도달하는 것"이며, "개인으로서도 사절로서도 우리들의 최대의 희망은 일본에 유익하

---

4) 滝井一博編(2011), 『伊藤博文演説集』, 講談社, pp. 157-158.

고, 물적(物的)으로 지적(智的)으로 영구적 진보에 공헌할 수 있는 자료를 가지고 귀국하는 것이다"고 역설했다.[5] 즉 그에게 있어서 일본이 지향해야 할 목표는 서양국가와 같은 문명국이 되는 것이었다. 그리고 그는 문명화를 통한 국가발전을 위해서는 학문이 필요하다고 아래와 같이 강조했다.

> 지금은 점점 학술을 발전시켜 진보의 정치를 하고, 국가의 근본(國本)을 확실하
> 게 함과 동시에 국력을 증진시켜 가지 않으면 안 된다. 국력 증진에는 학술이 필
> 요하다. 농학으로 농업을 발전시키고, 기계학으로 기계를 발전시키고, 상업학으
> 로 상업을 발전시키고, 모든 것이 학술을 응용하는 것이다.[6]

즉 근대화를 통한 국력증진을 위해서는 '학술'이 필요하다는 것이며, 여기에서 학술은 서양의 실용적인 학문과 교육을 의미했다. 그는 "과거의 학문은 십중팔구 허학(虛學)이다"라고 하면서 "오늘날 학문은 전부 실학(實學)이다. (중략) 사실(事實) 응용을 할 수 있는 학문을 해"야 한다고 강조했다.[7] 예를 들면 1879년에 그가 바람직한 교육에 대해서 상주한 건백서 「교육의(敎育議)」에서 "고등학문을 배우고 싶은 자는 오직 실용을 기해야 한다", "고등 생도를 훈도하기 위해서는 부디 이것을 과학으로 나아가게 해야 하며, 정담(政談)으로 유도해서는 안 된다. 정담을 하는 사람들이 너무 많으면 국민의 행복이 아니다"[8]고 밝히고 있다.

또 그는 일본과 중국의 근대화 차이를 비교하면서 교육과 교육에서의 실학의 중요성을 다음과 같이 설명했다.

---

5) 滝井一博編, 앞의 책, pp. 13-15.
6) 「長野 答礼会に於て(명치 42년 4월 12일)」, 滝井一博編(2011), 『伊藤博文演説集』, 講談社, p. 173.
7) 『東京日日新聞』(1899), 『伊藤侯演説集 第3』, p. 40, 滝井一博編, 앞의 책, p. 311.
8) 春畝公追頌会(1940), 『伊藤博文伝』(중), 統正社, p. 149.

중국의 학문이 허학(虛學)에 빠져 있는 것에 대해 그들도 크게 탄식하고 있다. 그렇지만 그 학풍을 일변(一變)하여 오늘날 유럽 문명의 학문을 수입하는 것은 불가능하다고 하는 형편이다. 일본은 다행히 이러한 장애가 없고 오늘날 새로운 학문을 일본에 유도(誘導)할 수가 있었으며, 그러한 학문 유도(誘導)의 힘으로, 일본의 지도를 펴보면, 각종 사업이 전개되고 있다. 첫째, 철도이며 그리고 전신우편 그 외 각종 제조 사업 등 헤아릴 수 없을 정도이다. 이것을 다른 사람의 힘을 빌리지 않고 운용해갈 수 있는 것은 곧〔그것과〕함께 학문을 도입했기 때문이다. 지금 중국의 경우는 철도를 부설했으나, 중국인이 이 철도를 운용하지 못한다. (중략) 서양인의 힘을 빌리지 않으면 운용이 안되는 형편이다. (중략) 적당한 교육을 제공하고 실용의 지식을 제공하지 않았기 때문에 불가능하다. 그렇기 때문에 교육은 참으로 중요하며, 서생(書生)이 학문을 하는 것은, 앞에서도 이야기한 대로, 장래 각종 사업에 종사하기 위한 수단, 방법이라고 하는 이유이다.[9]

요약하면, 문물(철도)과 학문을 동시에 도입한 일본은 근대화에 성공했으나, 그렇지 못한 중국은 실패했다는 것이다. 나아가 이토는 일본이 서양 문명국과의 불평등 조약개정을 실행할 수 있을 정도로 "비견할 지위를 차지"한 것도 근대 문명을 낳은 서양의 새로운 학문을 도입하고 장려했기 때문이라고 했다.[10]

이러한 교유관을 기초로 이토는 국가 통치와 관련해서는 특히 내략교육을 강조했다. 이토는 일찍이 1869년 효고현(兵庫縣) 지사 때 판적봉환(版籍奉還)을 주장하는 건백서「국시강목(国是綱目)」에서 대학의 필요성을 설파했다. 국시강목에는 판적봉환과 함께 문명개화의 정치를 강조하면서 "전국 인민을 세계만국의 학술에 통할 수 있도록 하고, 그러기 위해서는 동서남경(東西南京, 동경과 교토-필자)에 대학교, 정(町)과 촌(村)에 소학교를 설치하

---

9) 滝井一博編, 앞의 책, p. 312.

10) 위의 책, pp. 312-313.

여 신분 거주지에 관계없이 교육을 제공해야 한다"고 주장했다.[11] 이러한 그
의 생각은 1882년 헌법조사를 위해 유럽에 체재하면서 약 2개월간 사사를
받은 독일의 법학자 로렌츠 본 슈타인(Lorenz von Stein)의 영향으로 더욱
강화되었다. 이토가 일본 헌법을 제정할 때 독일식 입헌체제를 염두에 둔 것
도 슈타인의 영향이었다.

　이토는 슈타인을 일본으로 초청하여 "학교의 창설, 조직, 교육 방법에 대
해 실제로 계획을 세우게 하는 것을 주(主)로 하고, 현재의 법도(法度)정황
에 대해 정부의 고문으로 삼으면 단순히 현재의 편익(便益)을 얻을 뿐만 아
니라 〔국가〕 백 년의 기초 또한 견고하게 할 것"이며,[12] "만약 묘의(廟議)에서
그를 고용하여 대학을 지배하게 하여 학문의 방향을 정하면 실로 지금의 폐
해를 교정하고 장래를 위해 좋은 결과를 얻을 것임은 의심의 여지가 없다"고
역설했다.[13] 그러나 슈타인은 고령을 이유로 이토의 초청에 응하지 않았으
나, 일본 유학생의 대학 입학을 도와고 그들의 학업을 장려함으로써 "그들을
후일 일본에 대학을 만들 기초가 되는 매개자로 만들겠다. 그들의 지식 발달
을 도모하는 것은 〔일본에〕 대학을 만드는 것과 다르지 않다."는 편지를 이
토에게 보냈다.[14]

　이토는 대학 교육에 대해 슈타인의 견해에 따라 "견고한 정체(政體)의 기
초가 되어야 하는 관리를 양성하는 것은 대학의 임무라고 한다. 그렇기 때문
에 대학교는 정치〔政社〕에 관한 긴요한 목적을 가지는 것으로 단지 학술만
을 가르치는 것을 목적으로 하는 것은 아직 그 목적의 반이며, 완전한 주의

---

11) 春畝公追頌会, 『伊藤博文伝』(상), p. 416. http://www.ja.wikipedia.org/wiki/%E5%9
　　B%BD%E6%98%AF%E7%B6%B1%E7%9B%AE
12) 春畝公追頌会, 『伊藤博文伝』(중), 앞의 책, p. 318.
13) 위의 책, pp. 305-306.
14) 위의 책, pp. 329-330.

(主義)를 갖추었다고 할 수 없다"[15]고 이해하고 있었다. 학문뿐 아니라 국가
운영을 위한 엘리트 창출조직으로서의 대학의 필요성을 강조한 것이다.

그 연장선상에서 이토는 수상에 취임한 직후 제국대학령을 제정하고,
1886년 3월 제국대학(오늘날의 동경대학)이라는 고등교육체제를 구축했다.
다음해 3월에는 동경대학 법과대학의 연구단체로 국가학회가 창설되었으
나, 여기에는 이토의 적극적인 지원이 있었다. 이토는 당시 동경대학 와타나
베 총장에게 "지금 나라의 헌법전 발포가 가까워졌는데 국민으로 하여금 국
가의 사상을 이해시키지 않으면 이것을 운용하기 어렵다. 따라서 이것의 연
구기관으로서 학회를 설치할 필요가 있다"고 권유했다고 한다.[16] 그는 1902
년 12월 9일 국가학회에 참석하여 "학문상 지식과 실험을 통해 얻은 지식으
로 다수의 국민을 유도(誘導)하고, 사회 전반을 개발(啓發)하여 국가의 장래
를 그르치지 않게 하는 것이 가장 중요하다"고 하면서 국가운영에 있어서 엘
리트의 역할을 강조했다.[17] 국가학회는 일본에서 국가운영을 위한 최초의
씽크탱크 역할을 담당했으며, 이는 대학교육 즉 고등교육을 통해 국가발전
을 꾀하려는 이토의 의도가 반영된 것이다. 이토의 국가통치 방책과 대학교
육의 관련성을 잘 보여주고 있다.

그렇다고 이토가 보통교육의 보급 그 자체를 등한시한 것은 아니나, 국가
발전과 통치라는 측면에서 이토는 상대적으로 보통교육에 큰 의미를 부여하
지 않았다. 1899년 5월 야마구치 심상중학교에서 행한 연설에서 이토는, 보
통학교 교육은 부모가 담당해야 할 것을 국가가 대신하는 것이라고 하면서,
보통교육을 가정교육 정도로 평가했다. 따라서 보통교육은 부모와 '알력을

---

15) 『伊藤博文文書』234—1, 2, 滝井一博(2010), 『伊藤博文一知の政治家』, 中央公論, p. 84 재인
용. 이 문서는 『伊藤博文文書』234—1, 2에 「スタイン氏講義筆記」上・下의 형태로 남아
있으나, 반드시 이토의 기록인지는 알 수 없지만, 이토의 생각에 가까운 것으로 생각된다.

16) 滝井一博(1999), 『ドイツ国家学と明治国制』, ヴァミネルヴァ書房, p. 253. 재인용.

17) 平塚篤 編(1930), 『伊藤博文秘録』, 이등박문연설집, 春秋社, p. 195.

가져오지 않는 범위'에서 매우 평범한 내용이어야 하며, 보통학교에서 너무 높은 교육을 실시하는 것은 위험하다고 경고했다.[18] 부모의 가업을 계승할 정도의 순종적인 인간을 만드는 것이 이토가 말하는 보통교육의 이념이었다. 이토의 말을 빌리면, 일반국민은 "국가의 구성분자이기 때문에 자기 나라에 대해 의무를 다하는"[19] 피치자(被治者)를 양성하는 것이 보통교육인 것이다.

이상의 이토의 생각을 정리하면, 국가의 문명화=근대화를 위해서는 실용적인 고등교육(대학교육)이 중요하며, 피치자의 양성을 위해서는 보통교육이 필요하다는 것으로 요약된다. 이를 통치론과 관련시키면, 이토는 1차적으로 대학교육을 통해 국가를 운영할 엘리트를 창출하고, 2차적으로 민중일반으로 문명화를 확산시켜 근대국가를 만들어 간다는 위로부터의 국가발전전략이라고 할 수 있다.[20]


## 3. 이토의 한국 통치와 교육정책

### 1) 이토의 한국 통치와 보통교육론

그러면 이상과 같은 이토의 교육론이 그의 한국통치에는 어떻게 적용, 실현되었을까. 1906년 3월 한국통감에 취임한 이토는 제1회 「한국 시정개선에 관한 협의회」(이하 시정개선협의회라 함)에서 "[내가] 이 땅에 온 것은 한국을 세계의 문명국으로 만들고 싶기 때문이"[21]며, 그러기 위해서는 "교육을 향

---

18) 平塚篤編, 위의 책, p. 126.

19) 滝井一博編, 앞의 책, p. 152.

20) 滝井一博(2009), 『伊藤博文―知の政治家』, 中公新書, p. 256.

21) 金正明編(1964), 『日韓外交資料集成』 제6권(상), 巖南堂書店, p. 274.

상시키지 않으면 도저히 한국의 발달을 기할 수 없다"[22]고 밝혔다. 즉 이토의 레토릭은 교육을 통해 한국을 문명국으로 발전시켜야 한다는 것이며, 표면 적으로는 일본에서의 그의 교육론 및 통치론과 맥을 같이하는 것이다. 이러 한 방침 하에 통감부는 1906년 7월 학부령을 반포하고 13개 지방관찰 도(道) 소재지에 보통학교(초등학교)를 설치하기로 했다.

그리고 이토는 "한국인은 도저히 신교육을 운영할 수 있는 능력이 없다"면 서 각 학교에 우선 1명의 일본인을 파견하기로 하고,[23] 일본인 파견 교사들 에게 "최근의 서양 문명을 참작하여 그〔한국인의〕지덕을 계발"할 것을 주문 했다.[24] 1907년 4월, 보통교육에 종사하는 일본인 교사들에 대한 훈시에서도 그는 "한국인은 문명으로 나아갈 자질이 없는 것이 아니다. 제군들이 충분 한 열성을 가지고 교도(敎導)하면 원만한 효과를 거둘 수 있다고 생각한다" 면서 "교육이 효과를 거두지 못하면 일본제국은 한국을 계발(啓發)하지 못 한다"고 역설했다.[25] 교육을 통한 한국민의 잠재력 개발을 한국 통치와 관련 시키고 있다.

그러면서 이토는 3월 13일 시정개선협의회에서 "교육을 실시하면 아동은 스스로 왜 국민은 조세를 부담해야 되는가에 대한 이유를 이해한다. (중략) 한국민은 교육을 받지 못했기(無敎育) 때문에 얼마 되지 않은 조세를 올려 도 인민은 쓸데없이 주구(誅求)를 당한다는 생각을 가진다"[26]며, 교육이 필 요한 이유를 설명했다. 국가가 부과하는 세금을 불만 없이 수용하는, 즉 국 가에 대한 의무를 수행하는 수동적인 인간의 창출이다. 다시 말하면, 통감부

22) 金正明編, 앞의 책, p. 221.
23) 學部(1909), 『韓國敎育』, p. 9; 이계형(2007), 「대한제국기 통감부의 식민교육정책 연구」, 국민대학 박사학위논문, p. 72.
24) 原田豊次郎(1909), 『伊藤公と韓国』, 同文館, p. 14.
25) 內藤憲輔編(1910), 『伊藤公演說全集』, 博文館, pp. 206-207.
26) 金正明編, 앞의 책, p. 133.

통치에 순응하는 피통치자를 창출하는 것이 한국에서의 이토의 교육론이었으며, 이는 한국에서의 보통교육 중시 정책으로 구체화되었다.

이러한 이토의 한국교육정책은, 앞에서 언급한 바와 같이, 일본에서 대학교육의 중요성을 역설한 것과는 배치된다. 일본과 한국에서 교육의 역할은 달라야 한다는 것이 이토의 기본 인식이었다. 구체적으로는, 한국을 운영하고 문명을 보급할 고등교육 출신자는 일본인으로 충당하며, 한국인에게는 피치자로서의 보통교육이 중요하다는 것이다. 결론적으로 이야기하면, 한국의 문명화는 통감부를 중심으로 한 일본이 담당하고, 한국인은 보통교육을 통해 통감부 통치를 수용할 정도의 수준이면 충분한 것이다. 고등교육을 중시한 그의 교육론이 한국에서는 보통교육을 강조하는 것으로 변용된 것이다. 이토의 모순적인 식민지 교육관을 보여주고 있다.

같은 맥락에서 이토는 한국의 독자적인 교육 정책에도 소극적이었다. 1906년 8월, 제10회 시장개선 협의회에서 이완용 학부대신이 "교육확장을 실시함에 있어서는 다시 널리 조칙을 발포할 것을 주청해야 한다"고 하자, "칙어의 내용 여부에 따라"라며 명확한 태도를 보이지 않았다.[27] 한국에서의 교육은 통감부의 통치에 순응적인 피지배자의 양성을 목적으로 해야 한다는 이토의 교육관에서 보면, 한국의 교육은 어디까지나 통감부가 주도해야 하며, 한국 정부의 독자적인 교육 보급은 결코 바람직한 것이 아니었다. 그리고 학부대신 이재곤이 고등교육의 보급을 역설했음에도 불구하고 한국에는 고등교육보다는 보통교육에 치중하는 것이 중요하다며 이를 거부했다.[28]

이상과 같은 이토의 교육론은 그의 한국에 대한 인식과 깊은 관련성을 가지고 있다.[29] 이토는 기본적으로 한국의 지배층과 피지배층을 분리하여 이

---

27) 金正明編, 앞의 책, p. 340.

28) 이계형, 앞의 논문, pp. 92-93.

29) 이에 대해서는 이성환(2011), 「이토 히로부미의 문명론과 한국통치」, 『일본사상』 제20호 참조.

분법적으로 인식했다. 한국 통치에 즈음하여, 이토는 한국이 오랜 역사를 가진 국가이며, 일반 한국민들은 높은 잠재력을 가지고 있다는 내용의 언설을 반복하고 있다. 반면에 한국의 정치를 담당하고 있는 지배층에 대해서는 매우 부정적인 평가를 했다. 1906년 10월 동경대학교에서 식민지 정책을 강의하고 있던 니토베 이나조(新渡戸稲造)가 한국을 방문하여 이토와 개인적으로 나눈 대화에서 이를 여실히 엿볼 수 있다.

> 한국에 일본인을 이주시키자는 논의가 많으나, 나(이토-필자)는 이를 반대하고 있다. (중략) 자네(니토베-필자). 한국인은 위대하다. 이 나라의 역사를 보아도 일본보다 훨씬 진보를 보인 시대도 있다. 이 민족이 이 정도의 나라를 스스로 경영하지 못할 이유는 없다. 재능에 있어서는 결코 일본에 뒤질 이유가 없다. 그런데 오늘날과 같이 된 것은 인민이 나빠서가 아니라 정치가 나빴기 때문이다. 나라가 안정되면 인민은 양이나 질에서 부족함이 없다.[30]

일반 한국민과 지배계층을 구분하는 이토의 이분법적인 한국인식은 한국의 쇠퇴를 정치를 담당하고 있는 지배층의 책임으로 돌리고 있다. 이는 새로운 지배자로서의 일본의 등장을 합리화하고 통감부 통치에 정당성을 부여하는 논리로 발전한다. 다시 말하면, 일본이 한국 통치는 무능한 지배층으로부터 한국 인민을 구제한다는 의미를 내포하고 있는 것이다.[31]

통감부가 보통교육의 보급에 힘을 쏟은 것은 이러한 이분법적 인식에 기초한 이토의 한국 민중에 대한 긍정적 인식이 반영된 것이라 할 수 있다. "일본인에게 뒤지지 않는" 잠재능력을 가진 한국민에게 피치자로서 필요한 교

---

30) 新渡戸稲造(1970), 『新渡戸稲造全集』 제5권, 教文館, pp. 550-551.

31) "일본의 보호국화가 한국민들을 양반의 지배에서 구해냈다"고 논하는 외국의 평가도 있다 (Marius B. Jansen(1964), "Japanese Imperialism: Late Meiji Perspectives" Roman H. Myers and Mark R. Peattie ed., The Japanese Colonial Empire, 1895-1945, Princeton University, p. 64).

육을 제공하면 한국 민중은 통감부 통치를 이해하고 수용할 것이라는 낙관
론이다. 이러한 낙관론은 이토가 한국통치의 비용은 한국 인민의 자력(資力)
을 증진시켜 한국민이 부담하도록 해야 한다는 그의 한국 통치구상과도 연
결이 된다.[32] 앞에서 언급한 바와 같이, 그가 한국에서의 교육 목적을 한국민
이 왜 "조세를 부담해야 되는가에 대한 이유를 이해"하도록 하기 위해서라고
밝힌 것도 같은 맥락으로 읽힌다. 이토의 이러한 인식에서 본다면 한국에서
고등교육은 불필요한 것이다. 통감부는 "전에 한국 폐하가 대학 재건의 조칙
을 내렸을 때, 통감부로부터 특별히 한국조정(韓廷)에 충고하여, 대학재건에
대해 한국조정이 독단이 없도록 경계"[33] 하고, 한국이 필요로 하는 대학교육
을 억제한 것도 이 때문이었다. 한국에 대학교가 설립된 것은 1924년이 되어
서였다.

## 2) 통감부의 보통교육의 보급 실태

이토는 제1차 시정개선협의회에서 한국에는 "간이(簡易)한 교육을 시행
할 것을 가장 필요로 한다"[34]며, 이른바 '임시학사확장사업'을 추진할 방침을
밝혔다. 여기에서 간이한 교육은 보통교육을 의미했다. 이 방침에 따라 학
부(學部)는 1906년 8월 27일 학교령을 제정, 공포하여,[35] 번문(繁縟)한 학제
를 '간이'하게 했다. 종래의 보통과 4년, 고등과 2, 3년, 즉 6, 7년제로 되어있

---

32) 이토 통감은 1906년 1월 하순 경까지는 이러한 통치 방침을 정한 것 같다. 같은 해 1월 25
일의 『東京日日新聞』에는, 최근 내방한 손님에게 이토 통감은 한국에서는 행정·재정 정
리도 시작하고, 그 외 경영해야 하는 여러 사업도 적지 않다, 이들 경영에 많은 경비가 필
요하나 일본 정부는 도저히 자금을 공급할 여유가 없기 때문에 그 경비는 한국의 '자치력'
으로 한국의 능력에 맞게 외채나 그 외의 방법으로 처리할 생각이라고 말하고 있다 라는
기사가 있다.

33) 金泰勳(1996), 『近代日韓教育関係史研究序説』, p. 95 재인용.

34) 金正明編, 앞의 책, p. 128.

35) 學部, 앞의 책, pp. 17-18.

던 소학교를 4년제 보통학교로 바꾼 것이다. 중학교의 경우는 심상과 4년, 고등과 2년 즉 6년제로 되어 있던 것을 통합하여 4년제로 축소하고 명칭도 고등학교로 바꾸었다. 즉 전체적으로 종래보다 학제를 3분의 2로 단축하고, 소학교를 보통학교로, 중학교를 고등학교로 각각 명칭을 바꾸고, 고등학교 과정을 없앴다.

이상과 같은 학제개편에 대해 학부(學部)의 「학제정리 대강(学制整理の 大要)」은 다음과 같이 밝히고 있다.

> 복잡한 학제와 종업(從業)연한이 긴 학교를 존치하는 것이 오히려 한국교육의 실제(實際)에 적합하지 않은 것을 고려해, 학제를 단순하게 하고 과정(課程)을 간이(簡易)하게 하여, 오직 실용에 적합하게 하는 데 있다. 즉 정리의 기초를 보통교육에 두고 그 종업(終業) 연한을 4년으로 단축하고, 나아가 고등교육(일본에서 중등교육)을 받으려는 자는 같은 정도의 학교에 연락〔연결〕되도록 하여 3년 또는 4년의 종업(終業) 연한을 마치고, 통산 7, 8년 후 고등교육(중학교-필자)을 마친 자로 하여 사회의 실무에 종사하도록 한다.[36]

요약하면, 학제개편의 핵심은 한국의 교육을 간이한 보통교육으로 재편하고, 중학교(고등학교)를 최종 교육으로 한다는 것이다. 덧붙여 중학교를 고등학교로 명칭을 바꾼 것은, "중학교라고 할 경우 중간학교처럼 들려, (중략) 중학교 그 자체를 완성적인 성격을 지닌 것으로 하는 것이 조선을 위해서 좋다"라는 의미에서였다고 한다.[37] 즉 중학교는 고등교육을 위한 중간 단계의 의미를 가지기 때문에 고등학교로 명칭을 변경함으로써 더 이상 높은 단계로의 교육을 억제하는 효과를 노린 것이다. 대학교가 설치되지 않은 상

---

36) 學部, 앞의 책, p. 3.

37) 幣原坦, 『極東文化の交流』 関書院, 1949, p. 165; 정재철, 「일제의 학부참여관 및 통감부의 대한국 식민지주의 교육 부식정책」, 『한국교육문제연구소논문집』 제1집, 1984, p. 9.

황에서 고등학교(실제는 중학교)를 한국민의 최종교육기관으로 자리매김하여 고등교육을 억제하는 수단으로 삼은 것이다. 통감부가 한국민에 대해 고등교육을 억제하기 위해 얼마나 고심했는가를 알 수 있다.

보통학교는 일상생활에 필수인 보통의 지식 및 기예를 가르치는 것을 목적으로 했으며, 교과목에는 일본어, 수신, 국어 및 한문 등이 포함되었다. 일본어를 필수과목에 포함시켜, 국어와 동등하게 매주 6시간을 배정하고 있는 것이 특징이다. 보통학교에 일본어를 교과목에 포함시킨 의미에 대해 동경고등사범학교 부속 소학교가 편찬하는『교육연구』는 다음과 같이 적고 있다. "〔종래〕일본이 한국에 접촉하면 반드시 피를 흘리는 역사였다. (중략) 그들〔한국〕의 소학교(보통학교)의 교과목에 일본어 한 과목을 더한 것은 근본적으로 그 장애를 제거한 것이다."[38] 다시 말하면 일본어의 보급으로 일본은 피를 흘리지 않고도 한국을 침략할 수 있다는 의미이다. 통감부의 교육정책에서 일본어의 보급은 그 만큼 중요한 것이었다. 그리고 조선교육령에서 "국어(일본어-필자)는 국민정신이 존재ᄒ 바이고"라고 밝히고 있듯이, 일본어는 한국인의 일본화를 위해서 반드시 필요한 것이었다.

그리고 정미 7조약으로 한국의 내정권을 장악한 이후, 한국에 대한 전반적인 정책을 논의하는 원로회의가 1907년 8월 30일 수상관저에서 열렸다. 여기에서 이토는 "신협약(정미 7조약-필자)에 기초해 통감이 직접 한국의 정치에 관계하게 된 이상 반드시 국면을 전환하려고"한다며 한국에 대한 지배권 강화방침을 분명히 했다. 그리고 그 일환으로 교육부분에서는, 한국의 교육에서 기독교의 영향을 매우 우려하면서, 한국의 교육은 "중학교로 그치고", "가능하면 일본어를 장려하고 교과서도 일본의 교과서를 사용"하게 하

---

38)「韓国教育と日本語」,『教育研究』제17호, 1905년 8월; 金泰俊(1996),『近代日韓教育関係史研究序説』, p. 97, 재인용.

며, "보통의 지식 학술을 가르쳐"야 한다는 방침을 밝혔다.[39]

임시학사확장사업은 갑오개혁 이후 대한제국이 설립하여 운영하여 오던 공립소학교를 수리, 확장하는 등의 방법으로 이루어졌다.[40] 새로운 학교를 설립하는 것이 아니라 기존의 학교를 일본식으로 재편성하는 작업이었다고 할 수 있다. 그 결과 1906년에 관립(신설학교) 9개교, 공립 13개교, 1907년에 공립 28개교, 1908년에 공립 9개교가 새로 문을 열었다.[41] 통감부가 실제로 새로 설립한 학교는 1906년의 관립 9개교뿐이다.

그러나 보통교육의 보급은 통감부가 의도한 성과를 거두지 못했다. 예상과는 다르게 보통학교의 학생 모집이 매우 부진했다. 당시의 상황을 후루카와(古川宣子)는 다음과 같이 묘사했다. "스스로 입학하러온 자는 극히 드물어서 모집이 매우 곤란했다. (중략) 경찰력을 빌어 강제적으로 모집을 한다거나 군수에게 의뢰하여 강제적으로 모집하거나 군수와 도모하여 각 면에 5명씩 학도를 의무적으로 입학시켰다."[42] 보통학교의 취학이 부진한 이유는 우선 통감부에서 추진한 교육정책에 대한 반감이 컸기 때문일 것이다. 수업료와 교과서를 무료로 제공했음에도 중산층 이상의 자제들이 보통학교 취학을 꺼렸다는 점에서도 이를 알 수 있다.[43] 당시 한국인에게는 일본인 교원으로부터 일본어로 된 교육을 받아야 할 필요가 없었던 것이다. 바꾸어 말하면, 한국 민중은 통감부가 기대하는 '국민'으로 재창출되는 것을 거부한 것이다.

---

39) 牧野伸顯文書 523号, 「韓国経営に関する元老大臣会議に於ける伊藤統監演説要領(明治43年 8月 30日)」(日本国立国会図書館). 이 문서의 정리 표제에는 1910년 8월 30일로 되어 있으나, 내용으로 판단했을 때, 1907년 8월 30일로 판단됨.

40) 갑오개혁 이후 대한제국에 의해 설립된 소학교의 수는 약 50개 정도로 추정되고 있으나, 실제로 어느 정도로 기능을 하고 있었는지 등에 대한 자세한 상황은 불명확함.

41) 學部, 앞의 책, pp. 19-20; 백광렬(2005), 「일제의 대한 식민지 교육체계의 구상과 실현」, 서울대학교 석사학위논문, p. 43.

42) 古川宣子(1996), 「일제시대 보통학교체제의 형성」, 서울대학교 박사논문, p. 57.

43) 『황성신문』 1908년 5월 31일.

특히 일본어 교육에 대한 반감이 매우 컸다. 학부(學部)『한국교육의 과거와 현재』에 보면 일본어 교육에 대해 한국인은 "(일본이) 한국을 그 영토로 하기로 하고, 영토로 하기 위해서는 먼저 국어를 일어로 변경할 생각을 가진다", "한민(韓民)의 국민성을 상실케 하고, 일본의 국민성을 습득할 위험이 있다"[44]는 등의 반응을 보이고 있었다고 적고 있다. 당시 한국인은 보통학교에서의 일본어 교육을 식민지화의 일환으로 받아들이고 있었던 것이다.

한편 통감부는 고등학교(실제는 중학교) 설립에는 매우 소극적이었다. 종래 서울에 있던 관립중학교를 1906년 고등학교령에 따라 관립 한성고등학교(정원 176명)로 개편하고, 1909년 4월 관립평양일어학교를 관립 평양고등학교(정원 117명)로 개칭한 것이 전부였다. 그러나 고등학교는 보통학교와 달리 희망자가 많아 입학하지 못한 사람도 많았다. 한성고등학교의 경우 1909년 입학희망자는 194명이었으나, 입학자는 50명에 그쳤다.[45] 그리고 1895년에 설립된 한성사범학교를 사범학교령에 따라 관립한성사범학교로 개편했다. 한성사범학교에는 경쟁율이 10대 1을 넘을 정도로 입학열이 강했다. 그 외 수원농림학교, 공업전습소, 선린상업학교가 설립되었다. 공업전습소의 경우는 50명 모집에 1,200명이 지원할 정도였다.[46] 이들 학교는 보통학교 졸업생들이 입학하는 중학교였으나, 입학 경쟁률이 매우 높았다는 것을 알 수 있다.

이상과 같이 당시 식민지화의 위기 앞에서 당시 한국이 필요로 했던 것은, 일본이 그랬던 것처럼, 근대적 문명화와 새로운 국가경영을 담당할 엘리트 양성을 위한 중학교 이상의 고등교육이었다. 그러나 이토의 통감부는 이를

---

44) 學部(1909),『韓國敎育の既往及現在』, pp. 28-31.

45) 學部(1909),『韓國敎育』, pp. 27-28.

46) 『황성신문』 1907년 4월 2일.

억제하고 보통교육만을 강조하는 교육정책을 전개했다. 그 이유는 앞에서 언급한 바와 같이, 통치의 객체인 한국인을 순응된 피통치자로서 양성하기 위해서는 고등교육은 필요하지 않았기 때문이다.


## 4. 민족독립운동으로서의 사립학교설립 운동

한편, 시기적으로 통감부 통치의 전개와 함께 한국 사회에는 국가 독립을 실현하기 위한 애국계몽운동이 활발해졌다. 애국계몽운동은 교육을 통해 실력을 양성하고, 나아가 국권을 회복하는 데에 목표를 두고 있었다. 실학사상에 기초한 애국계몽운동을 전개한 이기(李沂)는 '일부벽파론(一斧劈破論)'에서 "近日 論恢復國權者 莫不曰學問 曰敎育"라하며 교육의 중요성을 강조했다. 또 서우(西友)사범학교를 설립한 서우학회의 취지서가 "아동포(我同胞) 청년의 교육을 개도면려(開導勉勵)ᄒ야 인재를 양성ᄒ며 중지(衆智)를 계발ᄒ이 즉시(卽是) 국권을 회복하고 인권을 신장ᄒ난 기초라"고 밝히고 있는 바와 같이,[47] 당시 설립된 대부분의 학교(사립학교)는 국권회복을 그 목표로 하고 있었다. 애국계몽의 교육운동은 국권회복운동 그 자체였던 것이다.

애국계몽운동이 중심리 역할을 한 대한자강회는, 국권 회복을 위해서는 전국민에 대한 교육이 필요하다는 인식에서 1906년 8월 정부에 '의무교육실시 건의서'[48]를 제출했다. 의무교육이 실현되지는 않으나, 애국계몽운동과 교육의 관련성을 상징하고 있다. 이러한 교육에 대한 인식은 민간의 사립학교 설립운동으로 전개되었으며, 1906년 이후 한국 역사상 가장 활발하게 사

---

47) 『대한매일신보』 1906년 10월 16일, 『西友』 제1호, 1906년 12월, p. 1.

48) 大韓自强會(1907), 『大韓自强會月報』 제8호(1907년 2월 25일), pp. 40-42; 국사편찬위원회 (1972), 『고종시대사』 6, 정음문화사, pp. 524-525.

립학교 설립이 이루어졌다. 이용익의 보성학교, 황실의 후원으로 설립된 명신여학교, 유광열의 중동학교, 민영휘의 휘문의숙(이상 1906년), 안창호의 대성학교, 이종호의 경성(鏡城)학교, 이승훈의 오산학교, 김구가 책임자로 있었던 양산학교(이상 1907년) 등이 대표적이다.

1906년 학부(學部)의 정식 인가를 받아 설립된 사립학교는 63곳에 달했으며,[49] 1908년까지 약 4, 5천 개의 사립학교가 설립되었다.[50] 특히 1907년 군대해산 이후 급증했으며, 지역적으로는 민족의식이 강했던 서북지방에서 사립학교 설립운동이 활발히 전개되었다.[51] 학부의 보고에 의하면, "사립학교 설립은 통감부설치 전후부터 급격히 증가해 오늘날에는 거의 수천을 헤아리는 상태"였으며,[52] 1910년에는 통감부의 승인을 받은 사립학교만도 약 2,225개에 달했다.[53] 사립학교의 폭발적인 증가는 적어도 표면적으로는 이토의 보통교육 보급과 일치하는 것이었기 때문에 통감부는 초기에는 사립학교 설립을 억제하지 않고, 방관하는 태도를 취했다.[54]

『대한매일신보』는 1906년 3월 18일의 논설「찬한민지향학(贊韓民之向學)」은 당시의 사립학교 설립운동을 "신조약[을사조약-필자] 체결에 분개하여 (중략) 국권회복과 민지(民智)계몽의 심정으로 전국적으로 거의 매일같이 학교가 세워지고 있다는 소식이다. 인재를 배출하여 문명의 효과와 실력 양성을 달성할 수 있는 날도 멀지 않았다"고 전하고 있다.[55] 그리고 1906년 9

49) 국사편찬위원회, 앞의 책, p. 548.

50) 朝鮮總督府(1917), 『韓國の保護及併合』

51) 윤완(1997), 「조선 통감부기 민립사학의 교육구국활동에 관한 연구」, 건국대학교 박사논문, p. 55.

52) 學部(1909), 『韓國教育』, p. 33.

53) 渡辺学, 安部洋, 『日本植民地教育製作史料集成(朝鮮編)』66권, 「各種教育統計」, p. 3.

54) 學部(1911), 『韓國教育ノ現狀』, pp. 56-57.

55) 『대한매일신보』, 1906년 3월 18일 "新條約勒成으로 衆心之憂遑憤激이 (중략) 國權回復과 民智啓發로作爲一身柱子키로 四方立學之報가 紛然相續하여 殆無虛日하니 (중략) 人材輩出하야 文明之效果와 實力之養成을 庶幾指日可睹할지니."

월 평안북도 구성군(龜城郡)은 23개의 학교에 1,387명이 재학하고 있다고 학부에 보고하고 있다.[56]

사립학교의 폭발적 증가는 통감부의 지배가 본격화하여, 국가적 위기가 현실화되고, 또 통감부의 식민지화 교육정책이 구체화하면서 그에 대한 반작용으로써 교육을 통한 국권 회복 운동이 활발해졌기 때문이다. "독립을 추구하여 자유를 얻으려고 하면 이것을 (통감부의) 관공립학교에서는 바랄 수 없다. 반드시 사립학교가 아니면 안된다"는 분위기가 형성되었다.[57] 반면에 통감부가 설치한 보통학교 취학은 애국심이 부족한 것으로 여겨져 취학을 기피했다.[58]

사립학교의 교육 내용도 통감부의 보통학교와는 많이 달랐다. 대부분의 사립학교 설립취지서가 국권회복을 표명하고 있듯이, 교육과정도 민족주의를 고취하고 민족 지도자를 양성하는 데 그 목적으로 두고 있었던 것이다.[59] 요컨대 이토의 보통교육은 통감부 통치를 정당화하기 위한 지배원리를 주입하기 위한 것이었으나, 사립학교 교육은 통감부의 지배에서 벗어나 독립을 실현하기 위한 이념을 고취하고, 국권회복을 위한 지도자 양성에 그 목적이 있었다. 이처럼 양자는 정반대의 방향성을 가지고 있었으며, 따라서 두 개의 교육운동의 충돌은 불가피했다.[60]

---

56) 위의 책, p. 511.

57) 朝鮮総督府内務学務局, 『公立普通学校学監講習会演説集』, 1911, p. 418.

58) 弓削幸太郎(1923), 『朝鮮の教育』自由討究社, p. 86; 이계형(2007), 「대한제국기 통감부의 식민교육정책 연구」, 국민대학 박사논문, p. 116.

59) 윤완(1997), 앞의 논문, pp. 76-79; 김호일(1973), 「근대 사립학교의 설립 이념 연구건」, 『사학연구』 제23집, p. 114.

60) 차석기(1976), 『한국민족주의 교육의 연구』, 진명문화사, p. 124.

## 5. 사립학교의 포섭과 식민지적 지배체제의 형성

지금까지 살펴본 바와 같이, 이토의 보통교육 보급은, 이에 대항하듯이, 한국의 사립학교 설립 운동으로 발전해갔다. 통감부의 보통학교 확대정책은, 통감부의 의도와는 다르게, 결과적으로 사립학교의 폭발적인 증가로 연결된 것이다. 사립학교 설립을 통한 급속하고 광범위한 교육의 보급은 그 자체로 사회적으로 민족주의를 확산시키고 고양하는 토대를 형성하게 된다. 더구나 대부분의 사립학교가 국권회복을 목표로 하고 있었다는 점에서는 사립학교의 증가가 통감부의 지배정책 그 자체를 직접 위협하는 요소로 작용하게 된다. 1907년초 국채보상운동이 전국적으로 전개되어 통감부의 지배정책을 위협한 것도 사립학교의 증가를 배경으로 폭넓게 민족주의가 확산되었기 때문에 가능한 것이었다.[61]

이러한 상황에서, 앞에서 검토한 바와 같이, 통감부 통치에 대한 지지를 이끌어내기 위해 전개한 보통학교의 보급은 한국 민중의 지지를 거의 받지 못했다. 역설적으로 이야기하면, 통감부통치에 대한 정당성을 확보하기 위한 보통교육 보급정책은, 결과적으로 사립학교의 증가와 함께 한국민족주의를 광범위하게 확산시키게 된 것이다. 이는 이토의 보통학교 보급정책이 실패했으며, 현실적으로도 더 이상 보통학교를 보급하는 것이 어렵게 되었다는 것을 의미한다.

이러한 상황에서 1908년 6월 17일, 이토의 주도로 제1회 전국 관찰사 회의가 열렸다. 거기에서 이토는 교육과 관련하여 다음과 같이 당시의 상황인식을 표했다.

---

61) 이에 대해서는 이성환(2009), 「이토 히로부미의 한국 통치와 한국민족주의」; 이성환 · 이토 유키오 편저(2009), 『한국과 이토 히로부미』, 선인출판사 참조.

한국 내에는 학교라고 칭하는 것이 엄청나게 많다. 학문을 원래부터 전부 나쁘다고 단언할 수 없다. 그러나 이들 소위 학교라는 것이 과연 오늘날의 급무(急務)인지 아닌지는 더 고려해 봐야 한다고 믿는다. 오늘날 급무는 한인(韓人)으로 하여금 우선 의식(衣食)에 궁핍하지 않도록 하고, 그 후에 그 능력을 신장할 교육을 실시해야 한다. 〔한국의 사립 학교가〕오직 독립을 외치지만 유식타면(遊食惰眠)하면 국가를 위해 아무런 이익도 없다. (중략) 보통교육을 마친 후에는 식산공업에 관한 교육을 실시하면, 빈민에게는 의식을 구할 방도를 제공하고, 부자는 더욱 부자가 된다. 어린아이가 성장하면 부모에게 도움이 되고 일가(一家)가 스스로 생활고를 벗어날 수 있다. 그렇기 때문에 실업교육은 한국에게 가장 필요한 것이다.[62]

위 인용문에서 이토가 말하는 학교는 사립학교를 가리킨다. 이토는 학교교육의 확대에 근본적인 의문을 제기하면서, 사립학교는 독립심만 고취시키고 한국민을 무위도식하게 만들뿐이라고 강하게 비판하고 있다. 그러면서 굳이 교육이 필요하다면, 의식주 해결을 위한 실업교육을 강화해야 한다고 주장한다. 그에게 교육은 의식주 해결의 수단일 뿐이며, 사립학교가 목표로 하고 있는 국권회복 즉 구국(救國)을 위한 교육은 무위도식에 지나지 않는 것이었다. 이러한 상황인식은 사립학교에 대한 통제의 필요성으로 연결된다. 이디한 이토의 생각을 학부(學部)는 사립학교의 "폐해를 교정하고 선도함과 동시에 학교 감독상의 필요"라는[63] 이유를 들어 사립학교에 대한 통제정책으로 구체화시키게 된다.

학부는 1908년 8월에 사립학교령과 학회령을 공포하고, 이어 9월에는 교과용도서검정규정을 공포하여 본격적으로 사립학교에 대한 통제체제를 구축한다. 이른바 '사립학교령체제'이다. 이와 동시에 현실적으로 어렵게 된

---

62) 滝井一博編, 앞의 책, pp. 395-396.

63) 學部(1909), 『韓國教育』, p. 33.

관립과 공립 보통학교의 설립정책을 사실상 중단했다. 여기에는 한국 민중의 반감을 사고 있는 보통학교를 보급하기보다는, 사립학교를 통제하여 통감부의 지배체제로 포섭하는 것이 정책적 효율성이 있다는 상황인식이 작용한 것이다.

사립학교령은 사립학교 설립에 학부의 승인을 얻도록 함으로써 사립학교를 통감부의 통제하에 두는 것을 목적으로 하고 있다. 이를 위해 이 시기를 전후해 학정참여관으로 보통학교 설립을 적극적으로 추진했던 다와라(俵孫一)를 학부 차관으로 임명하는 등 학부 직원의 반을 일본인으로 채워, 학부를 실질적으로 장악했다(전체 74명 가운데 일본인이 36명).[64] 특히 교과서의 편찬, 검정위원의 대부분이 일본인으로 채워졌다는 점은 매우 중요한 의미를 가진다. 사립학교령에 의해 사립학교에도 학부에서 편찬하거나 인가(검정)를 받은 교재를 사용하도록 되어 있었기 때문에 교과서 편찬이나 검정은 학교교육의 일본화에 직접 영향을 미치기 때문이다.

이러한 조치로 인해 사립학교는 일본어 교육을 포함해 통감부의 교육과정을 따르고, 성향이 불량한 자를 교사로 임용할 수 없다는 규정 등을 수용하면서 통감부 체제에 포섭되어 가게 된다. 이것은 실질적으로 사립학교를 통감부가 추진해온 보통학교로의 전환을 의미하는 것이었다.

통감부의 사립학교 통제는 주로 세 가지 형태로 이루어졌다. 첫째, 통감부는 1902년 2월 27일 「기부금품취체(取締)규칙」을 공포하여, 기부를 받을 경우는 반드시 내부대신 및 주무대신에게 허가를 받도록 하여 사실상 사립학교에 대한 기부를 통제하여 재정을 압박했다. 그 대신 사립학교보조규정을 통해 보조금을 지급함으로써 재정적으로 사립학교를 통제했다. 둘째, 교과과정에 대한 통제이다. 사립학교령에는 모든 사립학교는 교과용 도서를 학부에서 편찬한 것이나 학부대신의 인가(검정)를 받은 것만을 사용하도록 했

---

64) 學部(1909), 『學部職員錄韓』; 金泰俊(1996), 『近代日韓敎育関係史研究序説』, pp. 204-205.

다. 사립학교가 사상적으로 반일운동의 근거지가 되는 것을 차단하기 위해 '교과용도서 검정 규정'의 내부지침으로 "애국심 및 배일사상 고취를 엄격히 금지"했다.[65] 마지막으로 사립학교 출신자의 관직 진출의 제한이다.[66] 통감부는 1908년 7월 23일 문관임용령을 공포하여, 관립고등학교 또는 이와 동등한 자격을 인정받는 공·사립학교 졸업생은 무시험으로 판임관에 임용할 수 있게 했다. 그러나 실제로 사립학교는 제외했다. 문관임용령은 통감부의 교육체제 속에서 양성한 인간을 판임관으로 임용하여 그들의 지배 도구로 삼으려는 의도였다고 하겠다.

정확한 숫자를 알 수는 없으나 사립학교령에 따라 학부에 등록한 학교는 전체 사립학교의 약 반에도 못 미쳤다고 한다. 예를 들면 1909년 6월까지 1995개의 사립학교가 등록요청을 하였으나, 820개교(약 41.1% 정도)가 학부의 인가를 받았다.[67] 1910년 현재 학부에 등록된 사립학교는 2,225개(그 중 종교계통학교가 823개교)이다. 이를 인가율 41%로 환산하면, 실제 사립학교는 적어도 약 5,500개 정도였다고 추정할 수 있다. 등록 신청을 하지 않은 학교도 다수 있었을 것이기 때문에 실제 사립학교 수는 이보다 훨씬 많았을 것으로 추산된다. 등록 신청을 하지 않거나 신청했어도 인가를 받지 못한 학교의 행방에 대해서는 자세한 자료가 없으나, 통감부의 탄압이나 재정난 등으로 폐쇄했거나 서당 등의 형태로 운영되었을 것으로 추론하고 있다.[68]

이상과 같은 과정을 거쳐 사립학교는 사실상 통감부 체제에 포섭되어 갔

65) 高橋濱吉(1927), 『朝鮮敎育史考』, 帝国地方行政学会朝鮮本部(渡部学, 阿部洋 編, 『日本植民地教育政策史料集成: 朝鮮篇』 第27巻, 竜渓書舍, 1989, 복각), pp. 177-178.

66) 이계형, 앞의 논문, pp. 145-146.

67) 財團法人友邦協會(1974), 『統監府時代の財政』, p. 430.

68) 1910년의 관공립(보조지정 사립학교 포함) 학교의 학생수는 17,046명, 사립학교 학생 수는 8만여 명이었다(弓削幸太郎〔1923〕, 『朝鮮の教育』, 自由討究社, pp. 85-86). 또 1911년의 통계로는 141,640명이 16,540개의 서당에 다니고 있었다고 한다(송건호〔1979〕, 『한국현대사론』, 한국신학연구소출판부, p. 28).

으며, 사립학교 설립을 통한 애국계몽운동도 급격히 약화될 수밖에 없었다. 이는 일본으로서는 한국의 식민지 지배체제 구축을 위한 사회적 장애를 제거한 것이 된다. 1907년 7월의 정미 7조약이 내정을 장악하여 한국의 국가 권력을 해체하는 것이었다면, 1908년 8월의 사립학교령은 사립학교의 보통학교화를 통해 사회적으로 한국 사회의 '국민'을 해체하는 것이었다. 이를 통해 한국은 전체적으로 독립의 가능성은 줄어들고 식민지화로 경사되어 가게 된다.

그러면 국권회복을 목표로 한 사립학교들이 왜 사립학교령을 수용하면서까지 일본의 식민지 체제에 포섭되어 통감부의 '보통학교'화 되어 갔는가다. 후루카와는 이를 보통학교의 근대성을 강조하면서 "일제의 보통학교가 비록 반민족적이긴 하지만 동시에 근대적이었기" 때문이라고 분석했다.[69] 즉 통감부 체제하에서 근대적 교육을 보급하기 위해서였다는 것이다. 물론 이러한 측면을 완전히 부정할 수 는 없으나, 이를 전적으로 받아들인다면, 사립학교령 공포 이전에 한국 민중이 왜 보통학교가 아닌 사립학교로 집중했는가를 설명할 수 없다. 또 1910년 한일병합 이후, 학부에 등록되지 않은 서당으로 학생들이 모여든 것도,[70] 설명하기 어렵다.

이에 대해서는 교육과 근대성 그 자체에 내포되어 있는 합리적 비판정신에서 그 이유를 찾아야 할 것이다. 근대국가 형성에 있어서 교육은 균질화된 피지배자를 창출하는 프로세스이지만, 동시에 그것은 합리적 이성을 싹트게 하는 기제이기도 하다. 교육과 근대성이 가진 양날의 칼이다. 따라서 사립학교로서는 학교가 폐쇄되기보다는 통감부의 지배체제에 일시적으로 포섭되더라도 교육을 통해 일본의 지배체제에 대한 비판과 저항이 싹틀 수 있을 것이라 판단했을 것이다. 또 한일병합 이후 서당이 활성화된 것은 통감부

---

69) 古川宣子, 앞의 논문, p. 53; 백광렬, 앞의 논문, p. 64.

70) 안병직 · 이영훈(2007), 『대한민국 역사의 岐路에 서다』, 기파랑, pp. 139-140.

지배하에서 실시된 '사립학교령 체제'하의 사립학교 교육이 국권회복에 실패한 데 대한 반동으로써 민족교육으로 회귀한 현상이라 볼 수 있다.


## 6. 지배이데올로기로서의 식민지교육

일본이 한국을 식민지화하는 과정은 국가 차원의 무력 전쟁 없이 조약이나 협정을 통해 점진적으로 이루어졌다는 데 그 특징이 있다. 이는 한국의 내부적 국가통치 시스템의 장악과 사회적 저항 시스템의 붕괴를 통한 식민지화라고 규정할 수 있다. 그 일환으로 이토는 한국에서 보통교육의 보급을 통해 통감부의 지배에 순응하는 '국민'을 창출하려 했다.

그러나 이토의 의도와는 달리, 통감부의 보통학교 보급정책의 시행과 거의 대응하는 형태로 한국에서는 사립학교 설립운동이 폭발적으로 전개되었다. 그 결과 통감부의 통제를 벗어난 사립학교의 활성화는 통감부의 지배체제 그 자체를 불안정하게 하는 요인으로 작용했다. 이에 대해 통감부는 사립학교령을 통해 사립학교를 통감부의 지배체제 내로 강제 포섭하는 정책을 취하게 되었다. 이른바 사립학교령체제이다.

사립학교령에 의한 사립학교의 강제 포섭은 국권회복을 목표로 하고 있던 애국계몽운동의 쇠퇴를 초래했다. 그 결과 독립과 식민지화 사이에서 유동적이었던 한국 사회의 독립지향성은 급격히 약화되면서 한국사회는 전체적으로 식민지화에 수렴되어 갔다.

이상을 이토의 한국통치론과 관련시켜 정리하면 다음과 같다. 이토는 기본적으로 국가의 문명화를 위한 고등교육을 중시했으나, 한국에서 그의 교육정책은 보통교육 중시로 변용되어 실현되었다. 이러한 사실은 그의 교육정책이, 그가 반복해서 설파한 것과는 다르게, 한국의 문명화를 위해서가 아나라 통감부 통치의 효율성을 높이기 위한 것이었다는 것을 말해준다. 바꾸어 말하면, 한국에서의 그의 교육론은 한국 통치를 위한 지배 이데올로기를 형성하기 위한 것이었다.

야마다 간토(山田寬人)

## 1. 왜 '일본어학습'인가

이 글에서는 조선인에 의한 일본어학습이라는 현상을 식민지 조선이라는
시공간(時空間)에서 특수하고도 예외적인 문제로 보는 것이 아니라, 다언어
사회(多言語社会)에서의 언어권 문제라는 보편적으로 보는 시점에서 다시
파악하고자 한다. 그렇게 함으로써 근대국가가 갖는 폭력성을 보다 일상적
인 것으로써 파악할 수 있지 않을까 생각하기 때문이다.

여기에서는 우선 제목 속의 '일본어학습', '권리'라는 표현에 대해 간단히
설명해두고자 한다.

### 1) '일본어학습'이라는 표현

일본에 의한 조선의 식민지지배를 다룬 논문에서는 조선인이 일본어를
배운다는 실태를 제시하면서 '학습'이라는 표현은 주의 깊게 회피되었고, 대
신 '교육', '보급', '강제' 등의 표현이 사용되고 있다. 예컨대 국립국회도서관
의 잡지기사색인에서 검색해보면, 1992-2010년에 발표된 논문 가운데 제목

에 '식민지'와 '일본어교육'이 포함된 것이 28건인데 비해, '식민지'와 '일본어학습'이 포함된 것은 1건에 불과하다.[1] 게다가 그 1건의 제목은 '식민지기 조선에서 일본어학습서의 분석'으로 일본어학습의 실태분석이 아니라 일본어학습서의 분석을 수행한 논문이었다. 즉 이 시기를 다룬 논문에서는 적어도 그 제목에 '일본어학습'이라는 용어를 사용한 것은 거의 없다고 할 수 있다.

그것은 '학습'이라는 말에 주체적, 적극적, 자주적이라는 뉘앙스가 포함되어 있기 때문이다. 일본에 의한 식민지지배, 그것에 동반된 일본어의 보급정책, 그러한 역사적 배경을 전제로 한다면 조선인이라는 주체가 스스로의 의사로 적극적으로 일본어를 배운다는 표현의 방식이 받아들여질 수 없었다는 점도 충분히 이해할 수 있다.

그러나 이러한 표현이 회피됨에 따라 실태의 파악이 충분히 이루어지지 못했다는 점도 부정할 수 없다. 적어도 표면적으로는 조선인이라는 주체가 스스로의 의사로 적극적으로 일본어를 배운 것처럼 보이는 실태가 있었기 때문이다. 그리고 1990년대 이후 이런 실태를 다룬 연구가 나타났다.

예를 들어 후루카와 노부코(古川宣子)는 "병합 후, 일본어가 '국어'로서 강제되는 가운데 일본어의 습득이 사회에서 지위획득에 불가결한 상황이 만들어지고, 학교교육에 대한 수요는 사립학교로부터 보통학교로 서서히 이행해 갔다고 생각된다."[2] 또한 김경미도 "보통학교에서의 일본어교육의 효용성이 나타나자 일부 조선인들의 보통학교에 대한 반응은 조금씩 변화하기 시작했다. 순사(巡査), 헌병보조원(憲兵補助員), 여러 관위(官衛)의 고용인, 또는 판임관(判任官) 등의 채용에 일본어가 조건으로 내걸렸고, 당초 일본어를 혐오했던 사람들 가운데에서도 자진해서 보통학교에 아이를 입학시

---

1) http://www.opac.ndl.go.jp/Process(2011年 8月 22日時点).
2) 古川宣子, 『日帝時代 普通學校體制의 形成』(서울大學校 大學院 教育學博士學位論文), 1996年, 107頁.

키는 자들도 나타났다"라고, 요시카와와 같은 지적을 하고 있다.[3]

이들 연구에서도 역시 '학습'이라는 용어는 사용되고 있지 않지만, 일본어를 배우지 않는 것이 불이익에 연결되는 사회상황이 만들어진 결과, '스스로 적극적으로 보통학교에 아이를 입학시키는 사람이 나타났다'는 서술에서 보는 것처럼 조선인의 일본어에 대한 주체적이고 자주적인 대응이 묘사되고 있다.

또한 오성철은 식민지 시기의 조선교육사를 서술하면서 종래의 연구에서는 "일제는…" 혹은 "조선총독부는…"과 같이 지배자측이 주어가 되고 있었다는 점을 지적하며, 이것은 거꾸로 조선인을 역사의 '객체'로 만들어 버리는 함정에 빠졌다고 지적한다. 그 위에서 조선인의 '교육행위'라는 말을 제안하며, 조선인의 주체성을 전면에 내세운 기술을 시도하고 있다.[4]

여기서 한 발 더 나아간 기술로서 김부자(金富子)의 연구를 들 수 있다.

> 입신출세를 위해서가 아니라, [ … ] 조선이라는 식민지사회 자체가 일본어의 언어·식자 능력이 필요한 사회상황으로 이행되어 가고 있었으며, 보통학교에 대한 교육욕구로써 '국어' 습득에 자의적이라 볼 수 있는 측면이 강해졌다고 생각한다.[ … ] '학력(学歷)' 취득뿐만 아니라 식민지사회를 살아가기 위한 전략으로써 아이들도 '국어' 습득을 '기꺼이(好あかみ)' 하고, 게다가 '강필이시 실하는 현상이 1935년 시점에 확실히 존재했었다는 것이다.[5]

여기에서는 '학습', '자의적', '기꺼이'라는 말이 사용되고 있다. 이 시기의 실태를 그리려 한다면 조선인의 주체성, 적극성, 자주성을 나타내는 표현은

---

3) 김경미, 「보통학교제도의 확립과 학교 훈육의 형성」(연세대학교 국학연구원 편, 『일제의 식민지배와 일상생활』, 혜안, 2004, 492頁.

4) 오성철, 『식민지 초등 교육의 형성』, 교육과학사, 2000, pp.10-12.

5) 金富子, 『植民地期朝鮮の教育とジェンダー』, 世織書房, 2005, 155-157頁.

피할 수 없다. 그렇다고 해서 이것이 식민지지배와 일본어보급정책을 긍정하는 논의에 연결되는 것은 아니다. 선행연구에서도 지적되고 있듯이 표면적으로 보면 자주적으로 보이는 일본어학습의 배경에 일본어능력의 유무가 사회생활을 좌우하는 지배의 구조가 있었다는 것을 논의의 전제로 인식해 둘 필요가 있다. 이 글도 그러한 전제 위에서 이 '일본어학습'이라는 표현을 사용한다.

### 2) 왜 '권리'인가

일본이 지배하고 있던 식민지조선이라는 사회는 조선어와 일본어라는 복수의 언어가 존재하는 다언어사회였다. 일반적으로 다언어사회에서 소수언어 화자의 언어권은 항상 위협받고 있다. 여기에서 말하는 소수언어란 화자수가 적은 언어라는 의미가 아니라, 피지배자측의 사람들의 언어라는 의미이다. 언어권이란 다음과 같이 정의된다.

> 언어권은 전형적으로는 어느 국가의 법적 · 실질적인 공용어 이외의 언어(를 갖는 집단)에 귀속의식을 갖는 사람이 스스로의 (귀속의식을 갖는 집단의) 언어를 학습 · 사용함과 동시에 공용어 또한 학습하여 사회생활에 참가할 수 있는 권리로서 이해되어 왔다. 어느 한 쪽이 아닌 양 쪽의 언어에 대한 접근이 필요시 된다.[6]

언어권이라 하면 소수언어 화자가 스스로의 언어를 학습 · 사용하는 권리만을 떠올리는 경향이 있지만, 공용어가 지배하는 사회에서 공용어의 운용능력을 충분히 습득할 수 없으면 사회생활을 하는 데 있어서 큰 불이익을 당하게 된다. 따라서 공용어를 학습 · 사용하는 권리도 중요한 것이다.

---

6) 木村護郎クリストフ, 「日本における「言語権」の受容と展開」, 『社会言語科学』 13-1, 2010, 6-7頁.

이것을 식민지조선에 입각해 말하자면, '일본어를 학습·사용할 권리'라는 의미가 되는데, 이 표현에는 저항감이 있을지도 모르겠다. 그것은 '일본어 강제'라는 언설에서 연상되는, '일본어를 강제적으로 배운 객체로서의 조선인'이라는 이미지가 뿌리 깊게 자리 잡고 있기 때문이다. 그러나 식민지조선은 일본어가 지배하는 사회였고, 일본어를 학습·사용하는 권리가 부정되면 살아가기 곤란한 시공간이었다. 식민지조선보다도 훨씬 일본어의 지배가 강고했던 '내지'에 사는 조선인에게도 이 권리가 더욱 절실했음은 두말할 나위도 없다.

1969년 오사카의 덴노지(天王寺) 중학교에 설립된 야간학급에서 일본어를 가르쳤던 이와이 요시코(岩井好子)는 일본어의 읽기와 쓰기를 배울 기회를 박탈당한 재일조선인의 여성의 모습을 묘사한 바 있다.[7] 일본어가 지배하는 사회 속에서 일본어의 읽기쓰기가 불가능하다는 것이 일상생활에 초래하는 곤란은 매우 심각한 것이었다. 거기에서 그려지고 있는 조선인 여성은 '스스로의 (귀속의식을 가진 집단의) 언어'인 조선어만이 아니라, '국가의 법적·실질적인 공용어'인 일본어를 학습하는 권리도 박탈당한 상태였다. 일본어가 지배하는 사회에서는 일본어를 익히는 것은 살아가는 권리의 하나인 것이다. 소수언어 화자는 국가어에 의한 통합을 지향하는 국가에 휘둘리기만 하는 객체가 아니라, 스스로의 의사로 스스로의 언어와 국가어를 학습·사용할 권리를 요구할 수 있는 주체인 것이다.

## 2. 일본어 보급률의 변천

여기에서는 우선 일본어 보급률을 보여주는 통계에 대해 설명하고, 그것

---

7) 岩井好子, 『オモニの歌—四十八歳の夜間中学生』, 筑摩書房, 1989.

이 보통학교의 취학률과 깊은 관련성을 가지고 있다는 점을 지적하고자 한다. 이어서 분석의 시점을 제시하고자 한다.

## 1) 일본어 보급 실태를 나타내는 통계

일본어 보급 실태를 나타내는 통계로서 가장 대표적인 것은 '국어를 이해하는 조선인의 수'이다(〈표 1〉). 참고로 '약간 이해할 수 있는 자'(1931-1936년도말)과 '보통회화에 지장이 없는 자'(1935-1936년도말)의 수치는 『조선통독부시정연감』 1931-1936년판에서 공란으로 되어 있고, 〈표 1〉에서는 1937년도 이후의 것에 게재되어 있던 것을 사용했다. 이런 문제가 있지만, 일본에 의한 지배의 거의 전 기간에 걸쳐 파악된 통계로서 이것 이상의 것은 찾을 수 없기에 하나의 기준으로 삼을 수 있다.

〈표 1〉 국어를 이해하는 조선인 수

| 년말 | 조선인 총수 | 약간 이해할 수 있는 자 | 보통회화에 지장이 없는 자 | 계 | % |
|---|---|---|---|---|---|
| 1913 | 15,169,923 | 63,092 | 29,171 | 92,261 | 0.61% |
| 1919 | 16,891,289 | 200,195 | 101,712 | 301,907 | 1.79% |
| 1920 | 16,916,078 | 244,643 | 122,722 | 367,365 | 2.17% |
| 1921 | 17,059,358 | 290,707 | 150,517 | 441,224 | 2.59% |
| 1922 | 17,208,139 | 386,158 | 178,871 | 565,029 | 3.28% |
| 1923 | 17,446,913 | 485,260 | 227,007 | 712,267 | 4.08% |
| 1924 | 17,619,540 | 549,137 | 268,860 | 817,997 | 4.64% |
| 1925 | 18,543,326 | 615,033 | 332,113 | 947,146 | 5.11% |
| 1926 | 18,615,033 | 690,448 | 374,998 | 1,065,446 | 5.72% |
| 1927 | 18,631,494 | 755,643 | 426,372 | 1,182,015 | 6.34% |
| 1928 | 18,667,334 | 817,776 | 472,465 | 1,290,241 | 6.91% |
| 1929 | 18,784,437 | 900,157 | 540,466 | 1440,623 | 7.67% |

| 1930 | 19,685,587 | 997,423 | 629,713 | 1,627,136 | 8.27% |
| 1931 | 19,710,168 | 1,026,498 | 697,711 | 1,724,209 | 8.75% |
| 1932 | 20,037,273 | 825,506 | 716,937 | 1,542,443 | 7.70% |
| 1933 | 20,205,591 | 817,984 | 760,137 | 1,578,121 | 7.81% |
| 1934 | 20,513,804 | 857,268 | 833,612 | 1,690,880 | 8.24% |
| 1935 | 21,248,864 | 962,982 | 915,722 | 1,878,704 | 8.84% |
| 1936 | 21,373,572 | 1,052,903 | 1,051,059 | 2,290,241 | 10.72% |
| 1937 | 21,682,855 | 1,201,048 | 1,196,350 | 2,578,121 | 11.89% |
| 1938 | 21,950,616 | 1,326,269 | 1,391,538 | 2,717,807 | 12.38% |
| 1939 | 22,093,310 | 1,491,120 | 1,577,912 | 3,069,032 | 13.89% |
| 1940 | 22,954,563 | 1,730,758 | 1,842,580 | 3,573,338 | 15.57% |
| 1941 | 23,913,063 | 1,884,733 | 2,087,361 | 3,972,094 | 16.61% |
| 1942 | 25,525,409 | 2,353,843 | 2,735,371 | 5,089,214 | 19.94% |

출전:『朝鮮總督府統計年報』, 各年版(朝鮮人總数)('약간 이해할 수 있는 자', '보통회화에 지장이 없는 자').또한 □로 표시한 부분은 매년 게재되었던 것이 아니고 1937년판에서 거슬러 올라가 게재된 것이다.

그런데 이 통계의 '국어를 이해하는 자'라는 기준은 무엇에 근거한 것일까. 이 점에 관해서는 아래와 같은 설명이 있다.

> 1943년말의 572만 2,448명 가운데 '국어를 약간 이해할 수 있는 자(초등학교 4년 十묘 싱노를 표준으로 함)'가 257만 603명이고, '보통회화에 지장이 없는 자(초등학교 6년졸업 정도를 표준으로 함)'이 314만 1,845명이다.[8]

초등학교란 종래의 보통학교의 이 시점에서의 호칭이다.[9] 즉 '국어를 이해하는' 이라는 기준은 초등교육을 수료한 정도였다. 그 조사방법은 분명하지 않지만,

---

8)「第八十六回帝国議会説明資料」朝鮮総督府, 1944年 12月(熊谷明泰,『朝鮮総督府の「国語」政策資料」, 関西大学出版部, 2004, 534-535頁 所収).

9) 1938년의 교육령개정에 따른 종래의 소학교(국어를 상용하는 자)와 보통학교(국어를 상용하지 않는 자)의 구별이 폐지되었던 것에 의해 명칭이 소학교로 통일되었고, 또한 1941년의 개정에서 소학교가 국민학교로 되었다.

오노(大野) 학무국장에 의한 다음과 같은 설명이 있다.

쇼와 17년말 현재 국어를 이해하는 자의 수는 약 5백만 명, 조선내 조선인 총인구 약 2천5백만 명의 약 2할 [ … ] 조선에서 국어보급률의 조사에서는 나도 일찍이 의문을 갖고 있었기에 지금 별도의 방법으로 조사해보았다. 즉 국어교육을 받은 자 및 받고 있는 자의 수를 조사한 것입니다. 그 조사의 개요를 말씀드리면,

ㄱ 시정 이래 초등학교을 졸업한 자 약 2백5십만 명

ㅁ 현재 초등학교 재적자 약 2백3십만 명

ㅅ 청년특별연성소(錬成所) 및 여자청년연성소 수료자 및 재적자 약 3십5만 명

계 5백15만 명이고, 그 가운데는 이미 사망한 자도 있을 것이기 때문에 위에서 말한 수자와 거의 일치합니다.[10]

이상의 설명에서 보면 이 통계는 전수조사에 의한 것이 아니라, 초등교육(보통학교~초등학교)을 받은 자의 누계 인원수에 근거해 작성된 것으로 보인다. 한편 진수조사로는 1930년의 조선국세조사가 있는데, 여기의 수치에는 조선인 중 '가나를 읽고 또 쓸 수 있는 자'의 비율은 6.8%였다.[11] 이쪽의 통계도 조사의 기준은 분명하게 제시되어 있지 않다.

〈표 1〉은 보통학교(각주에서도 설명한 것처럼 조선인의 초등교육기관의 명칭에는 변천이 있고 번잡한 면이 있어 이 글에서는 '보통학교'라는 명칭을 일관되게 사용하도록 한다)의 졸업생 수를 기준으로 해서 작성된 것이었다. 따라서 보통학교 취학률은 일본어 보급률과 깊이 관련되어 있다고 볼 수 있다.

보통학교는 일본어교육을 수행하는 기관으로서는 최대 규모이고, 거기에서는 '국어'에 다른 교과목보다도 많은 수업시간이 할애되었고, 다른 교과목에서도 일본어에 의한 교육이 이루어지고 있었다. 보통학교에서 배운다는 것은 일본어를 배우는 것이 아니라 일본어로 배운다는 것을 의미하고 있었

---

10) 大野学務局長, 「昭和十九年七月 四日於中樞院会議 学務局主管事務の概況に就て」, 『文教の朝鮮』 224, 1944, 3頁.

11) 朝鮮総督府, 『昭和五年 朝鮮国勢調査報告 朝鮮編』 第二巻, 記述報文, 1935, 273頁.

다. 이러한 실태를 고려해 다음으로는 양자를 관련시켜 보통학교의 취학률의 변천을 보여주는〈표 2〉를 근거로 조선인 측의 태도와 그것에 대한 식민지 권력 측의 대응을 분석해보고자 한다.

〈표 2〉 보통학교의 취학률(상단: 년도, 하단: %)

| 1910 | 11 | 12 | 13 | 14 | 15 | 16 | 17 | 18 | 19 | 20 | 21 | 22 | 23 | 24 | 25 | 26 |
|------|------|------|------|------|------|------|------|------|------|------|------|------|------|------|------|------|
| 1.0 | 1.5 | 1.9 | 2.1 | 2.2 | 2.4 | 2.7 | 2.9 | 3.1 | 3.1 | 4.1 | 6.0 | 8.9 | 11.2 | 12.5 | 14.0 | 15.1 |
| 1927 | 28 | 29 | 30 | 31 | 32 | 33 | 34 | 35 | 36 | 37 | 38 | 39 | 40 | 41 | 42 | 43 |
| 15.5 | 15.9 | 16.1 | 15.9 | 16.3 | 16.5 | 17.8 | 19.9 20.5 | 21.7 22.7 | 24.0 25.5 | 26.6 28.4 | 30.6 32.8 | 35.2 37.7 | 38.6 41.4 | 42.0 45.0 | 44.4 47.4 | 49.0 51.3 |

출전: 古川宣子, 「民地期朝鮮における初等教育－就学状況の分析を中心に」, 『日本史研究』 370号, 1993年, 40－41頁.
* 1934~1943년의 하단은 간이학교(簡易学校)의 학생 수도 포함한 경우의 취학률.

## 2) 분석의 시점

종래의 연구에서는 '동화교육의 중심을 이룬 것은 조선어의 박탈과 일본어의 강제였다',[12] '일본어의 습득이 강제되는 한편, 조선어 및 조선역사의 말살이 획책되었다'[13]와 같이 '일본어강제'라는 말이 자명한 사실을 표현하는 것으로 사용되었다.

'일본어강제'라는 언설이 문제인 것은 첫째로 실태를 하나의 측면에서만 보고 있다는 것이다. 이 표현에는 식민지 권력 측이 일방적으로 조선인에게 일본어를 배우게 했으며, 조선인이 스스로의 의사로 주체적으로 일본어를 배웠다는 측면은 드러나 있지 않다. 둘째, '강제'라는 말에는 식민지 권력 측의 일본어교육에 대한 적극적인 측면만이 강조되고 있고, 조선인에 대한 교

---

12) 趙文渕, 「日本帝国主義のいわゆる「文化政治」の本質」, 『歴史評論』 248, 1971, 82頁.

13) 尹健次, 『朝鮮近代教育の思想と運動』, 東京大学出版会, 1982, 424頁.

육을 제한했다는 소극적인 측면은 보이지 않는다.

조선인의 주체성에 관해서는 앞서 언급했으므로 여기에서는 조선인에 대한 교육의 제한이라는 점에 관해 간단히 살펴보고자 한다. 이 점에 관해서 종래의 연구는 '우민화'라는 표현으로 총독부에 의한 교육정책을 비판해 왔다.[14] 거기에서는 중등·고등교육기관의 수가 적고, 보통학교의 수업연한이 짧고, 보통학교의 취학률이 저조하다는 것 등이 주요한 비판의 대상이 되고 있다.

오천석은 총독부의 교육정책의 제한적 측면에 관하여 '일본과 동등한 교육제도를 마련하는 데에는 막대한 비용이 필요하다.[ … ] 위정자는 식민지의 민중에 대해서 그러한 거액의 자금을 투자할 필요는 느끼지 않았다'[15]고 말하고 있다. 다른 한편 '일본어를 강요하고 일본의 문물을 주입하고, 일본인 교사를 고용하고, 교과서를 통제하고, 또 한국인 교사와 학생의 사상을 감시하는 등 모든 노력을 기울여 〈충량한 국민〉의 양성에 전념했다'[16]고 적고 있다.

조선인의 교육에 대해 '거액의 자금을 투자할 필요는 느끼지 않았던' 지배자가 '모든 노력을 기울여 〈충량한 국민〉의 양성에 전념했다'는 것은 어떤 것인가. 종래의 연구에는 이러한 서로 모순되는 주장을 일본의 지배를 비판하기 위해 제시하는 경우가 많았다. 그것은 '우민화'교육을 실시하고 있던 지배자가 '일본어강제'를 행했다와 같은 기술에 전형적으로 나타나 있다. 물론 이들 주장이 서로 모순되기 때문에 의미가 없다는 것은 아니다. 실태의 어떤 일부분에 주목하면 어떤 경우에는 교육을 제한하는 면이 강하게 보일

---

14) 吳天錫著, 渡部学·阿部洋訳,『韓国近代教育史』高麗書林(1997, 138-139頁), 姜在彦,『近代における日本と韓国』, すくらむ社(1981, 98頁), 鄭在哲,『日帝의 對韓國植民地教育政策史』, 一志社(1985, 300쪽) 등 참조.

15) 吳天錫,『韓国近代教育史』, p. 240.

16) 吳天錫,『韓国近代教育史』, p. 268.

것이고, 어떤 경우에는 적극적으로 교육을 수행하는 면이 강하게 보일 것이다. 현실이라는 것은 그렇게 복잡한 것이다. 그런 복잡한 실태에 대해서 어떤 형태든 평가를 내리려 한다면, 서로 모순된 주장이 나오게 된다.

이 글에서는 보통학교의 취학률의 변천의 배경을 지배자 측 및 피지배자 측이 서로 어떻게 대응했는가라는 시점에서 분석하고자 한다. 종래의 연구에서는 조선인은 지배의 대상인 객체로서 총독부의 교육정책에 휘둘리는 존재로 그려지는 경향이 있었다. 그러나 총독부의 교육정책에 주체적으로 대응하는 조선인의 모습에 주목하면, 거꾸로 총독부 측이 조선인의 대응 앞에 우왕좌왕했던 모습도 볼 수 있다.

이처럼 종래의 연구에서는 간과되었던 조선인의 주체성, 총독부의 소극적인 태도에도 주목하면서 주로 일본어학습의 장에서 일어난 보통학교 취학률의 변천을 분석하고자 한다.


## 3. 보통학교 취학률의 변천

한국병합 이듬해인 1911년에 공포된 조선교육령(朝鮮敎育令)에서 보이는 총독부의 교육방침의 주심은 '충량(忠良)한 국민'의 요성과 '시세(時勢)와 민도(民度)'에 걸맞은 교육이었다. '충량한 국민'의 육성이란 조선인을 통화시킨다는 것으로, 교육의 적극적인 면을 나타내고 있다. 한편 '시세와 민도'에 걸맞은 교육이란 일본인과 같은 정도의 교육내용과 교육기간을 부여한다는 것이 아니라, 조선인의 현상에 맞춰 실시한다는 것으로 교육의 소극적인 면을 나타내고 있다. 이와 같은 적극적이고 동시에 소극적인 교육방침은 그 후의 교육정책 속에서 식민지 권력 축의 편의에 맞춰 구분해서 사용되었다. 한편 조선인은 그러한 교육정책에 대해서 거부하거나 수용하거나 혹은 비판하거나 요망을 표출하거나 하는 형태로 주체적으로 개입해며 총독부의 교육정책에 다양한 변경을 불러왔다.

이하에서는 취학률의 변화를 반영한 시대구분에 따라 시기를 따라는 방식으로 분석하고자 한다.

### 1) 1910~1919년

식민지기 초기 단계에서는 취학률이 아주 미미한 상승밖에 보이질 않았다. 1910~1919년 사이에 취학률은 연평균 약 0.2% 증가했다.

식민지 지배에 착수한 지배자에 대한 조선인의 초기의 반응은 냉담했다. 전통적인 교육기관인 서당과 사립학교에 다니는 자는 증가 경향에 있었고, 새롭게 설치된 보통학교를 기피하는 경향이 강했다. 그것에 대해 총독부는 다양한 대책을 강구했다. 당초 수업료는 무료였고 교과서도 무료로 지급되었다. 식비와 학용품이 지급되는 학교도 있었다고 한다.[17] 또 생도획득을 위해 조선어 교육을 받은 경찰관과 교원이 동원되기도 했다.[18]

이러한 대책으로 서서히 취학률이 올라갔다. 그에 맞춰 총독부는 그때까지의 수업료 무료화를 재검토하여 수업료를 징수하는 쪽으로 변경했고, 1915년 시점에서 수업료가 유료화된 보통학교는 70%를 넘었다. 또 교과서도 서서히 자비구입으로 전환되었다.[19]

이러한 정책의 변화가 있었지만 취학률은 내려가지 않았다. 여기서 조선인 측에서도 보통학교 교육에 대한 태도가 서서히 기피에서 수용으로 이동했다는 것을 알 수 있다. 이처럼 1920년대가 시작되는 '교육열'의 기반은 이 시기에 이미 마련되고 있었던 것이다.

---

17) 古川宣子, 『日帝時代 普通學校體制의 形成』, p. 99.

18) 山田寬人, 『植民地朝鮮における朝鮮語奨励政策—朝鮮語を学んだ日本人』, 不二出版, 2004, 97頁.

19) 古川宣子, 『日帝時代 普通學校體制의 形成』, pp. 99-104.

## 2) 1919~1926년

이 시기의 취학률은 연평균 약 1.7% 증가했고, 최초의 급성장기에 해당
한다. 그 주요한 요인은 1919년 3·1독립운동 후 조선인 사이에 '교육열[20]'이
높아졌다는 것에 있었다. 일본어가 지배하는 사회가 앞으로도 계속될 거라
는 전망을 많은 조선인들이 갖게 되었기 때문이다.

이 시기에 보통학교에서 교육을 받으려고 하면 수업료와 교재비 같은 교
육비가 경제적으로 큰 부담이 되었다. 한우희의 추계(推計)에 따르면, 이 시
기의 보통학교의 교육비는 평북(平北) 영변군(寧辺郡) 소작인(小作人)의 연
평균 생활비의 약 17.4~23%나 됐다고 한다.[21] 그럼에도 불구하고 늘 정원을
초과하는 지원자가 쇄도했던 것은 개인적인 사회상승 지향이 강했다는 것
을 나타내고 있다.

그러나 '교육열'은 개인적인 수준에서만 그치는 것이 아니었다. 학교설립
운영비에 관해서는 1911년에는 「공립보통학교비용령(公立普通学校費用
令)」, 1920년에는 그것을 대신해 「조선학교비령(朝鮮学校費令)」이 제출되
었다. 1910년대부터 20년대에 걸쳐 국고보조금과 지방비보조금 등의 비율
은 감소하는 한편으로, 수업료 등의 수익자 개인의 부담이 증가했을 뿐만 아
니라, 오세(戸税)·가옥세(家屋税)·지세(地税)에 부과되는 부과금의 비율
도 증가함에 따라 지역주민 전체의 부담은 무거워져 갔다.[22] 그럼에도 불구

---

20) '교육열'이라는 용어에 관해서는 당시의 동아일보의 기사에 따르면 교육열이란 지원 아동
수의 격증(激增)을 가리키는 말로 사용되었다. 이 이외에도 학교설립 행위, 학교설립을 위
한 기성회(期成会), 후원회를 결성하여 기부금을 내는 행위, 학교의 신·증축에 노동력을
제공하거나 직접 학생을 모아 가르치는 행위 등을 가리키는 말로써도 사용되었다」라는
설명이 있다. (한우희, 「일제식민통치하 조선인의 교육열에 관한 연구-1920년대 공립보통
학교를 중심으로」, 『교육사학연구』 2-3집, 1990), p. 122.

21) 한우희, 「일제식민통치하 조선인의 교육열에 관한 연구-1920년대 공립보통학교를 중심으
로」, p. 130.

22) 박진동, 「일제강점하(1920년대) 조선인의 보통교육요구와 학교설립」, 『역사교육』 68,
1999, pp. 66~70.

하고 보통학교설립을 요구하는 운동이 끊이질 않았던 것은 지역공동체 전체의 발전을 촉진하는 원동력으로써 보통학교 교육이 자리매김 되고 요구되었다는 것을 보여준다.

이러한 조선인의 '교육열'은 총독부의 학교증설계획에도 큰 영향을 주었다. 1918년에는 삼면일교계획(三面一校計画)이라는 보통학교 증설계획이 세워졌다. 정무총감(政務総監)으로부터 각 도 장관 앞으로 보낸 통첩(通牒)에 의하면, 1918년 시점에 6면 당 일교(一校)(469교)이었던 것을 1919년도부터 8년간 매년 50교씩 증설하여 3면 당 일교까지 증설한다는 계획이었다.[23] 이것은 '시세와 민도'에 맞춘 소극적 계획이었는데, 더 많은 증설을 요구했던 조선인에게는 받아들이기 어려운 것이었다. 결국 조선인 측 요구에 대응하여 앞의 삼면일교 계획은 1919~1922년까지의 3년 안에 끝내도록 기한이 대폭 단축되었고, 실제로도 1922년도에는 900개 교로 계획이 달성되었다.

또 조선인들은 수업연한의 연장도 요구했다. 1911년의 조선교육령에서는 보통학교 수업연한 4년으로 되어 있었다. 조선에 있었던 일본인 소학교와 '내지'의 소학교는 수업 연한이 6년간이었지만, '시세와 민도'에 걸맞은 조선인 교육에는 4년이면 충분하다고 여겨졌던 것이다. 그러나 일본인 소학교와의 격차, 4년제 보통학교가 상급학교와의 연결 없이 그것만으로 완결되어 버리는 교육기관이었다는 이유 등으로, 보다 평등하고 보다 충실한 교육내용을 요구하는 조선인 측은 4년제에서 6년제로의 연장을 요구하였다. 그 결과 1922년의 교육령개정에서는 수업 연한의 연장이 인정되었다. 단, 모든 보통학교가 일제히 6년제로 이행되었던 것은 아니었다.

---

23) 渡部学,「朝鮮に於ける初等教育の普及拡充」(『朝鮮』 349, 1944年 6月, 3頁)에서 재인용.

〈표 3〉보통학교 6년제/4년제 학교 수・학급 수 비교

| | 학교 수 비교 | | | | | 학급 수 비교 | | | | |
|---|---|---|---|---|---|---|---|---|---|---|
| | 전체 | 6년제 | % | 4년제 | % | 전체 | 6년제 | % | 4년제 | % |
| 1922 | 873 | 345 | 39.5 | 528 | 60.5 | 4,708 | 2,647 | 56.2 | 2061 | 43.8 |
| 1926 | 1,336 | 795 | 59.5 | 541 | 40.5 | 7,803 | 5,990 | 76.8 | 1,813 | 23.2 |
| 1927 | 1,419 | 950 | 66.9 | 469 | 33.1 | 8,147 | 6,633 | 81.4 | 1,514 | 18.6 |
| 1928 | 1,505 | 1,060 | 70.4 | 445 | 29.6 | 8,257 | 6,997 | 84.7 | 1,260 | 15.3 |
| 1929 | 1,584 | 1,139 | 71.9 | 445 | 28.1 | 8,486 | 7,155 | 84.3 | 1,331 | 15.7 |
| 1930 | 1,726 | 1,120 | 64.9 | 606 | 35.1 | 8,789 | 7,249 | 82.5 | 1,540 | 17.5 |
| 1931 | 1,856 | 1,157 | 62.3 | 699 | 37.7 | 9,074 | 7,410 | 81.7 | 1,664 | 18.3 |
| 1932 | 1,973 | 1,181 | 59.9 | 792 | 40.1 | 9,355 | 7,527 | 80.5 | 1,828 | 19.5 |
| 1933 | 2,100 | 1,218 | 58.0 | 882 | 42.0 | 9,690 | 7,723 | 79.7 | 1,967 | 20.3 |
| 1934 | 2,216 | 1,256 | 56.7 | 960 | 43.3 | 9,989 | 7,885 | 78.9 | 2,104 | 21.1 |
| 1935 | 2,358 | 1,296 | 55.0 | 1,062 | 45.0 | 10,651 | 8,341 | 78.3 | 2,310 | 21.7 |
| 1936 | 2,498 | 1,330 | 53.2 | 1,168 | 46.8 | 11,358 | 8,821 | 77.7 | 2,537 | 22.3 |
| 1937 | 2,601 | 1,499 | 57.6 | 1,102 | 42.4 | 12,527 | 10,070 | 80.4 | 2,457 | 19.6 |
| 1938 | 2,707 | 1,844 | 68.1 | 863 | 31.9 | 14,340 | 12,352 | 86.1 | 1,988 | 13.9 |
| 1939 | 2,852 | 2,271 | 79.6 | 581 | 20.4 | 16,609 | 15,202 | 91.5 | 1,407 | 8.5 |
| 1940 | 2,996 | 2,550 | 85.1 | 446 | 14.9 | 18,962 | 17,871 | 94.2 | 1,091 | 5.8 |
| 1941 | 3,128 | 2,833 | 90.6 | 295 | 9.4 | 21,520 | 20,761 | 96.5 | 759 | 3.5 |
| 1942 | 3,263 | 3,263 | 100.0 | 0 | 0.0 | 24,242 | 24,242 | 100.0 | 0 | 0.0 |
| 1943 | 3,856 | 3,837 | 99.5 | 19 | 0.5 | 25,934 | 25,877 | 99.8 | 57 | 0.2 |

출전: 오성철, 『식민지 초등 교육의 형성』, 교육과학사, 2000年, p. 121.

〈표 3〉에 따르면, 교육령개정의 해에는 학교수에서 39.5%, 학급수에서 56.2%가 6년제로 이행했을 뿐이다. 게다가 6년제 보통학교는 규모가 크고 학급수도 많았기 때문에 학교수 비교보다도 학급수 비교의 수치 쪽이 크게 되었다. 그 후 1926년에는 학교수 59.5%, 학급수에서 76.8%가 되었다.

그 외에도 보통학교에서의 교수용어를 일본어가 아니라 조선어로 해야한 다는 요구가 나오는 경우도 많았지만, 이것이 받아들여지지는 않았다. 이것

은 거꾸로 말하면 조선인은 조선어에 의한 교육을 받을 수 없다는 것을 알면서도 지원을 계속했다는 것을 보여준다.

### 3) 1926~1932년

이 시기는 연평균 약 0.2% 증가로 취학률은 정체의 양상을 보였다. 그것에 관해서는 다음과 같은 설명이 있다.

> 1920년대, 30년대 초반, 경제상황이 악화되고 가계는 곤경에 처했다. 조선의 1인당 실질 국내순생산의 연평균 생산율은 1924-32년 마이너스를 기록했다. 게다가 농산물의 가격은 공산물의 가격에 비해 크게 하락했기 때문에 다수의 조선인(농민)의 가계소득은 감소했다. 소득감소는 수업료 등 교육비 부담력의 저하, 나아가 취학자수의 정체의 원인이 되었다.[24]

1929년의 광주학생사건을 계기로 항일운동이 활발해지고, 그 결과 보통학교에서는 동맹휴교라는 학생 스트라이크가 종종 일어난 것도 취학률 정체의 원인 가운데 하나였다.[25]

그럼에도 불구하고 조선인의 '교육열'은 식지 않았다. 〈표 4〉는 보통학교 입학지원자 수와 실제 입학자 수의 차, 즉 입학을 희망해도 입학하지 못한 아이들의 수(A-B)와 그 비율(A-B/A)를 보여주고 있다. 이것을 보면 보통학교 지원자 수는 실제 입학자 수를 항상 상회하고 있었다. 확실히 입학을 희망했지만 입학하지 못한 자의 비율은 이 시기 떨어지고는 있지만, 그럼에도 그 추이는 15% 이상에서 유지되고 있다. 상당히 심각한 경제상황에도 불구

---

24) 木村光彦,「韓国(朝鮮)における初等教育の普及――一九一一~一九五五年」,『アジア研究』 34巻 3号, 1988年, 77頁.

25) 木村光彦,「韓国(朝鮮)における初等教育の普及――一九一一~一九五五年」, 77-78頁.

하고 정원을 대폭적으로 상회하는 보통학교 지원자가 계속 존재했으며, 그 것에으로부터도 조선인의 높은 '교육열'을 엿볼 수 있다.

〈표 4〉 보탕학교 입학상황

| | A) 지원자수 | B) 입학자수 | A-B | A-B/A(%) |
|---|---|---|---|---|
| 1915 | 24,846 | 21,441 | 3,405 | 13.7 |
| 1916 | 28,316 | 24,195 | 4,121 | 14.6 |
| 1918 | 32,054 | 25,809 | 6,245 | 19.5 |
| 1919 | 26,900 | 23,268 | 3,632 | 13.5 |
| 1920 | 47,838 | 37,195 | 10,643 | 22.2 |
| 1921 | 81,809 | 53,041 | 28,768 | 35.2 |
| 1922 | 140,079 | 75,145 | 64,934 | 46.4 |
| 1923 | 127,958 | 83,503 | 44,455 | 34.7 |
| 1925 | 90,890 | 77,368 | 13,522 | 17.5 |
| 1926 | 94,520 | 79,292 | 15,228 | 16.1 |
| 1927 | 100,880 | 85,581 | 15,299 | 15.2 |
| 1928 | 115,693 | 93,223 | 22,470 | 19.4 |
| 1929 | 123,264 | 98,549 | 24,715 | 20.1 |
| 1930 | 130,114 | 103,592 | 26,522 | 20.4 |
| 1931 | 130,644 | 103,499 | 27,145 | 20.8 |
| 1932 | 127,364 | 103,866 | 23,498 | 18.4 |
| 1933 | 150,769 | 120,127 | 30,597 | 20.3 |
| 1934 | 197,737 | 141,225 | 56,512 | 28.6 |
| 1935 | 242,674 | 150,413 | 92,261 | 38.0 |
| 1936 | 321,545 | 165,265 | 156,280 | 48.6 |
| 1937 | 363,639 | 189,708 | 173,931 | 47.8 |
| 1938 | 406,179 | 237,579 | 168,600 | 41.5 |
| 1939 | 425,513 | 270,038 | 155,475 | 36.5 |
| 1940 | 465,683 | 301,041 | 164,642 | 35.3 |

출전: 古川宜子, 「植民地期朝鮮における初等教育─就学状況の分析を中心に」, 『日本史研究』370号, 1993, 46-47頁.

## 4) 1932~1937년

이 시기의 취학률은 간이학교를 포함해 연평균 약 2.4% 증가율을 보였다. 그 요인은 경제불황을 벗어났다는 점이 있는데, 1931년 만주사변을 계기로 하는 전시체제로의 전환에 의한 점이 크게 작용했다. 결코 조선인측이 요구한 교육의 질을 높여달라는 요망에 대한 응답의 결과는 아니었다.

예를 들어 총독부에서는 1929년~1936년에 걸쳐 매년 130여 개, 합계 1,074개의 학교를 증설한다는 일면일교계획이 수립되었다. 실제 증설수는 불황의 영향도 있어 914교에 머물렀지만 계획에 근접한 증설수를 보였다. 그러나 증설된 학교의 내역을 〈표 3〉에서 확인하면, 6년제가 191교, 4년제가 723교로 4년제 보통학교가 극단적으로 많다. 즉 보다 비용이 들지 않는 4년제 보통학교의 증설을 통해 취학률의 정체시기를 벗어난 후, 다시 증가한 취학률을 흡수한 것은 6년제 보통학교가 아니라 주로 4년제 보통학교였던 것이다.

게다가 1934년에 시작된 간이학교라는 제도는 그런 경향을 더욱 부채질했다. 이 간이학교는 입학연령 10세를 기준으로 교원은 1교 1명, 수업연한은 2년간의 완성교육의 형태로 상급학교에 연결되지는 않았다.[26]

결국 총독부가 요구한 조선인의 학력은 4년제 보통학교와 2년제의 간이학교에서 습득하는 정도로 충분했던 것이다. 일본어능력의 수준이라는 점에서 말하면 '국어를 이해하는 조선인'이라는 통계의 기준인 '보통회화에 지장이 없는 자(초등학교 6년 졸업 정도를 표준으로 함)'가 아니라, '국어를 약간 이해할 수 있는 자(초등학교 4년 수료 정도를 표준으로 함)' 혹은 그 이하로 충분했다고 할 수 있다.

이 시기의 양상을 보면 선행연구가 총독부의 교육정책을 '우민화교육'이라고 비판한 것에도 일정하게 설득력이 있다고 볼 수 있다.

---

26) 吳天錫, 『韓国近代教育史』, p. 285.

## 5) 1937~1945년

1931년의 만주사변 이후 일본과 중국 간의 대립이 격화되었고, 1937년의 노구교사건(盧溝橋事件)을 계기로 중일전쟁이 시작되자 본격적인 전시체제로 돌입했다. 그 전년인 1936년에 조선총독이 된 미나미 지로(南次郎)에게는 이 전쟁에 조선인을 동원하는 것은 중요한 과제였다. 1938년 2월에는 육군특별지원병령(陸軍特別志願兵令)이 공포되었고, 같은 해 3월에는 조선교육령이 개정되어, 이른바 황민화(皇民化)정책이 시작되었다. 이것을 계기로 보통학교의 취학률은 폭발적으로 상승해 1937~1943년 동안 연평균 3.8%의 증가율을 보였다.

이 시기는 아래의 인용에서 보는 것처럼 그 이전에 비해 일본어의 보급과 동시에 조선어의 사용이 제한되는 경향이 강해졌다.

> 국어보급운동이 상용운동을 동반함에 따라 조선어사용을 엄금하는 방향으로 나아간 탓에 어떤 군에서는 조선어사용 징벌위원회가 설치되고, 어떤 학교에서는 생도가 조선어를 사용했다는 이유로 질책을 받고, 어떤 도청에서는 전화가 국어가 아니면 응대하지 않고 진정도 국어가 아니면 접수하지 않는 사례조차 니디以미.[27]

또 1938년의 교육령개정에 따라 그때까지 필수과목으로 존속되었던 조선어가 선택과목이 되었고, 실제로 조선어 수업이 폐지되는 학교가 늘어났다.

이처럼 일본어가 강제되고 조선어의 사용이 제한되는 사회상황이 되자, 그것에 대해 비판하는 조선인도 늘어났다. 그러나 이런 상황 속에서도 조선인의 높은 '교육열'은 변함이 없었다. 〈표 4〉를 보면, 보통학교 입학을 지망

---

27) 『日本人の海外活動に関する歴史的調査』, 通巻第4冊朝鮮 編 第3分冊, 1947, 55頁.

했으나 입학하지 못한 자의 비율은 1935년~1940년의 6년간 항상 35%를 넘고 있다. 이것은 그 이전 시기와 비교해도 오히려 높은 편이다.

한편 1937년 8월에 학무국(学務局)에 제출된 '(秘)국민교육에 대한 방책' 속의 '국민교육의 보급정비계획'[28]에 따르면, 보통학교의 취학률, '국어를 습숙(習熟)한 조선인 수', '징병 적령자의 국어습득율'은 상호 강한 관련을 갖고 있는 것으로 파악하고 있다.

이렇게 조선인 측이 학교증설을 요구한 이유와 총독부가 학교를 증설한 이유는 전혀 달랐지만, 증설할 필요가 있다는 점에서 양자의 생각은 일치하고 있었다. 그런 가운데 '보통학교의 배화(倍化) 확충계획'(1937~1942년)이 세워졌다.[29] 이 계획은 1936년(학교수 2,417교, 아동수 76만 5,706명)을 기준으로 1942년까지 학교수와 아동수를 두 배로 늘린다는 것이다. 실제로 1942년에는 학교수 3,110교, 아동수 170만1,187명이 되어 아동수에 관해서는 배이상의 결과를 보였다. 그 후 제3차 조선인 초등교육 확충계획(1943~1946년)에 따라 의무교육을 실시할 예정이었다. 또 '국어를 습숙(習熟)한 조선인 수'는 1952에는 809만 6,092명, 6~49세 가운데 42%에 달할 예정이었다. 게다가 1962년에는 징병 적령자의 78%가 '국어를 이해하는' 상황이 되고, 당연 징병제도의 실시가 충분히 가능하게 될 예정이었다.


## 4. 일본어강제의 근대성과 폭력성

식민지라는 시공간은 지배자 측의 언어를 피식민지의 인간이 배운다는

---

28) 学務局, 「(秘)国民教育＝対スル方策」, 1937年 8月(「朝鮮人志願兵制度＝関スル件」(国立国会図書館憲政資料室所蔵, 陸海軍文書)所収).

29) 学務局, 앞의 자료.

행위를 '권리'로 만들어버리는 폭력적 구조를 가진 것이었다. 언어권이라는 사고방식도 일국가 일언어라는 근대국가가 가진 폭력의 존재가 있어 비로소 성립하는 것이다. 일본이 지배했던 식민지 조선도 실로 그러한 시공간이었다.

지배의 초기에는 보통학교를 기피하는 경향이 있었지만, 이미 1910년대 후반부터 수업료와 교과서비 등 과중한 부담을 떠안고서도 자식들을 입학시키려는 사람들이 늘어나고 있었다. 일본어 능력의 유무가 사회생활을 영위하는 데 중요한 지표가 되고 있었기 때문이다. 오쿠마 시게노무(大隈重信)는 병합 직후에 이미 그것을 지적한 바 있다.

> 국어의 문제는 가장 긴요하다. 그러나 병합된 오늘날 조선인은 모두 일본인이기 때문에 일본어를 배우지 않을 수 없다. 그들은 비록 일본의 교육자가 절대로 일본어를 가르칠 수 없다고 말해도 배워두지 않으면 자신에게 불이익이다. 일본의 국어를 배워두는 편이 그들에게도 이익이 된다. 지방의 관리만이 아니라, 상인으로서 가게를 가져도 농부여도 일본인을 접하는 이상 그들은 일본어를 몰라서는 모든 일에서 형편이 어렵게 된다. 단지 일본국민이 되었기 때문에 라고 말할 생각은 아니다. 이해관계에서 보아도 이제부터 조선인은 어떻게든 일본어를 배워두지 않으면 안 된다. 게다가 조선인은 어학의 천재이기 때문에 2, 3년만에 금방 훌륭하게 일본어를 말하게 된다. 형편이 좋은 사람이 어학에 능통하다면, 형편이 나쁜 국어보다도 그쪽이 더 쓰일 것임은 분명하다. 이렇게 2대, 3대 계속되면 조선인은 모두 일본어를 말하게 된다. 조선인이 모두 남김없이 일본어를 말하게 되고 조선어보다 그쪽이 편리하다고 생각하게 됨에 따라 결국 일본어만을 사용하게 된다면 여기에 병합의 진정한 목적이 달성되는 것이다.[30]

조선인은 '비록 일본어 교육자가 절대로 일본어를 가르칠 수 없다고 말해

---

30) 大隈重信, 「朝鮮人は日本語を学ばねばならぬ」, 『朝鮮』35, 1911年 1月, 21-22頁.

도 배워 두지 않으면 자신에게 불이익이다'라고 생각해 스스로의 의지로 배우려 할 것이라는 지적은 병합 직후 곧 현실이 되었다. 선행연구에서 '우민화교육'이라 비판받은 것처럼 총독부의 교육정책은 비용이 드는 학교의 증설에는 소극적이었다. 그것에 대해 조선인 측은 학교의 증설, 정원의 확대, 수업연한의 연장을 지속적으로 요구했다. 3면1교계획(1918)의 조기 실시는 총독부의 소극적 자세와 조선인의 '교육열'과의 상호작용을 보여주는 사례의 하나라고 할 수 있다.

1920년대 후반부터 1930년대 초반에 걸쳐 불황의 영향으로 취학률은 정체했지만, 1930년대에는 대폭적인 증가로 전환된다. 이 시기에 총독부가 보통학교의 증설을 추진한 것은 만주사변, 중일전쟁, 아시아태평양전쟁으로 이어지는 전쟁으로의 인력동원을 목적으로 한 것이다. 조선어의 사용은 제한되었고 일본어의 사용이 강제된 것도 이 시기이다. 이러한 상황에도 불구하고 보통학교 입학지원자는 증설의 속도보다도 훨씬 급격한 속도로 증가했다.

이것도 또한 조선인이 총독부의 교육정책에 일방적으로 휘둘리기만 했던 존재가 아니었음을 보여주는 사례라 할 수 있다. 그런데 한국에서는 일본의 지배정책에 협력한 조선인이 '친일파'로서 규탄되었다. 확실히 '친일파'로 불린 조선인의 협력에 의해 일본의 지배가 지탱된 측면도 있다. 한편, 보통학교 입학을 지원하고, 다른 아이들을 물리쳐서라도 입학하려고 했던 방대한 수의 조선인 아이들과 부모들의 행위는 '친일파'의 행위와 비교해 본질적으로 다르다고 말할 수 있을까.

일본이 지배하는 식민지 조선이라는 사회에서 일본어를 배우는 행위는 자신의 사회적 지위를 향상시키기 위한 것이며, 따라서 권리이기도 했다. 그러나 그것과 동시에 지배구조를 뒷받침하는 것에 연결되는 행위이기도 했다. 일본어 능력을 가진 다수의 졸업생들은 식민지의 행정기관만이 아니라 식민지 사회 전체를 지탱하는 원동력이 되었기 때문이다. 따라서 '친일파'를 비판하는 것은 '교육열'에 의한 조선인의 주체적인 교육에 대한 행위를 비판하는 것이 되어 버린다.

그러나 이 시기의 조선인에게 일본어를 배우지 않는다는 선택은 스스로의 사회적 지위를 낮추고 사회활동의 범위를 좁히는 것으로 귀결되었다. 거꾸로 일본어를 배워 안정적인 생활을 획득해도 그것은 일본에 의한 식민지 지배를 지탱하는 것에 이어졌다. 조선인은 이러한 이중의 구속 상태에 놓여 있었다.

한편, 일본어를 강제적으로 조선인 아이들에게 요구해서 비판받은 일본인 교사도 이 이중 구속의 상태에 놓여 있었다고 할 수 있다. 조선의 아이들의 장래를 진심으로 걱정해서 근무시간 이외의 시간을 할애하여 일본어를 가르쳤던 일본인 교사도 다수 있었다. 그런 열의로 인해 과거 생도였던 다수의 한국인들이 전후에도 일본인 교사와의 사이에 편지를 주고받거나 동창회 등에서 교류를 이어갔다. 그러나 이렇게 일본어를 가르치는 행위도 지배 구조 속에서는 조선인을 지배자 측의 요구에 맞춰 동원가능하도록 만든다는 의미를 띠고 있었다. 반면 역으로 일본어를 가르치지 않으면 그 아이의 상태가 위태롭게 된다.

비판할 점은 당연하게도 조선인을 그런 상태로 몰아넣은 지배자 측이다. 그러나 지배자로서도 일국가 일언어라는 근대국가의 근간을 흔드는 방법으로 지배를 지속하는 것은 불가능하다. 지배자가 피지배자의 언어권을 인정한다는 행위도 또한 일국가 일언어라는 시스템을 유지하기 위한 것이기 때문이다.

식민지 조선에서 조선인은 보통학교에서 일본어를 배운다는 권리를 지속적으로 요구했으며, 총독부는 그것에 대해 부분적으로 수용하는 형태로 대응했다. 그러나 비록 총독부가 보통학교의 수업료를 무료화하고 의무교육을 완성시켜 '국가의 법적·실질적인 공용어'인 일본어를 배우는 권리를 완전히 보장하고 나아가 언어권의 중요한 또 하나의 요소인 '스스로의 (귀속의 식을 가진 집단의) 언어'인 조선어를 배울 권리도 보장했다 하더라도 일국가 일언어라는 시스템은 여전히 그대로이다. 여기서 지배하는 측도 지배받는 측도 그 속에 놓어버리는 일국가 일언어라는 근대국가의 폭력성이 있다.

사실상 일본의 식민지지배에서 해방되어 독립국가가 된 대한민국에서도 이 시스템에 의해 국가의 통합이 이루어졌다. 나아가 시야를 확장하면 국가의 틀을 넘어선 영어의 지배라는 문제에도 연결된다.

이러한 언어지배의 구조는 그 사회 속에서 생활하고 있는 사람들에게는 너무나도 당연한 현실이어서 의심할 여지가 없는 것으로 인식되기 쉽다. 여기서 다른 형태의 지배와 구분되는 언어지배의 교묘함이 숨겨져 있다. 현재 자신의 생활과 학업과 일을 위해 영어를 배우는 일본인과 한국인이 적지 않다. 하지만 그 지배의 구조를 자각하고 있는 경우는 많지 않다. 또 일본에서 일본어 이외의 언어를 모어로 하는 사람들과 한국에서 한국어 이외의 언어를 모어로 하는 사람들의 언어권에 강한 관심이 존재한다고 보기도 어렵다.

식민지 시기의 조선에서 일본어의 지배도 마찬가지의 문제를 안고 있었다고 생각된다. 그렇기 때문에 피자배인 조선인이 적극적으로 일본어를 배우고 지배자 측인 일본인 교사가 조선인 아이들을 위해서라는 선의 위에서 일본어를 가르치는 현상이 발생한 것이다.

이러한 과거의 역사와 현재도 계속되는 일국가 일언어라는 근대국가의 시스템과 영어에 의한 세계지배의 실태를 어떻게 묶어서 사고할 것인가가 되물어지고 있다.

# 18장
# 언어정책은 어떻게 일상을 '지배'하는가
### 무라카미 히로유키(村上広之)의 논의를 중심으로

야스다 도시아키(安田敏朗)

## 1. '일상의 지배'란

조선총독부의 언어정책에 의해 일상이 어떻게 지배되었는가라는 시점에서 무엇인가를 논하는 것은 예상외로 어렵다. '지배'란 무엇인가라는 버거운 논의가 필요한 것은 물론이지만, 식민지지배의 모든 것이 지배라고 한다면, 거기서 실시된 정책은 모두 지배이며, 제도적으로 책정된 언어정책도 당연 지배이다. 그러나 정책이 구석구석까지 미치는 것이, 즉 일상의 지배의 완료라고는 말할 수 없기에 이것으로는 어떤 논의도 성립하기 어렵다.

언어정책의 의미를 넓게 간주해 검열과 밀고 등을 포함시키면 일상은 보이지 않는 구속 속에서 지배되는 셈이 된다. 또 특정의 언어변종(예를 들면 일본어와 표준어 등)의 사용을 강제하거나 특정 언어나 방언의 사용을 금지하는 것도 언어정책의 실행이라고 한다면, '지배'되고 있는 것은 틀림없다. 하지만 그 것의 전제로 어떠한 장면에서 어떤 행위가 이루어지고 있는 것이 일상의 지배인가라는 세심한 논의가 필요하며, 논의가 심화될수록 그 증명은 더욱 곤란하게 된다. 식민지통치하의 일상생활에 관한 논의는 근래 다방면에서 축적을 보여주고 있지만, '정책에 의해 지배된다' 혹은 '일상의 지배를 시도한다'와 같이 지나치게 직접적인 연관을 추구하는 이런 시각은 푸코

류의 규율권력 개념의 차용을 둘러싼 타당성을 포함해 얼마나 유효한지 따져볼 필요가 있다. 이 글에서 다루고 있지는 못하지만 이런 점은 좀 더 검토되어도 좋을 것이다.

그런데 일상의 지배에 관해 생각한다면 지배되고 있다는 의식을 어느 정도 갖고 있는가를 밝힐 필요가 있다고 생각되는데, 그것 또한 증명이 곤란하다. 노골적인 지배에 대해서는 노골적인 대항도 가능하다. 한편으로는 반감을 가지면서도 인내하며 침묵하는 선택지도 있다. 가장 파악하기 어려운 것은 '지배'되고 있다는 의식을 갖지 못한 채, 그 '지배'에 따르는 것이고 그것을 가능케 하는 구조이다. 오히려 일상은 그러한 구조 속에 있는 것이 아닐까. 물론 이런 것도 자료적으로 증명하기란 쉽지 않다. 예를 들어 지금 현재를 생각해보아도, 일본의 경우라면 한자의 수나 자체(字体)가 제한되고 있는 것을 지배라고 할 수 있을지, 또 PC에 특정의 문자가 실리지 않은 것을 갖고, 혹은 이른바 차별어가 바로 한자변환이 되지 않도록 제작자가 자주규제하고 있는 점을 들어 표현의 자유가 침해되고 있다고 느끼는가 등, 기술적인 측면을 포함해서 언어정책에 의해 일상이 지배되고 있다고 단언하기란 그리 간단한 문제는 아니다.

그렇다면 무엇을 어떻게 논해야 하는가. 여전히 막연하지만 우선 말할 수 있는 것은 조선총독부의 언어정책에 관한 연구는 자료적인 제약도 있어 필연적으로 제도적인 것이 되지 않을 수 없다는 것이며, 일상의 지배라는 측면에 대한 언급은 상당히 곤란하다는 점이다. 물론 국어보급정책과 조선어(억압/교육)정책 등에 관해서는 한국에서도 일본에서도 상응하는 연구의 축적이 있다. 또한 조선총독부의 언어정책에 대한 반응에 대해서도 예를 들면 조선어학회 등의 대항담론이 자주 거론되지만[1] 일상의 지배라는 측면은 그 차

---

1) 물론 조선어학회가 단순히 '저항'하지만은 않았다는 점에 관해서는 김철, 「갱생의 도(道) 혹은 미로(迷路)」, 『민족문학사연구』 28호, 2005.

원이 다르다.

일상의 지배를 묘사하는 것에 조금은 회의적인 결론이 되어 버렸지만, 앞서 '정책이 구석구석까지 미치는 것이, 즉 일상의 지배의 완료라고는 할 수 없다'고 말한 것에 따른다면 언어정책의 경우도 그 목표인 국어보급이 조선 사회의 구석구석까지 미쳤다고 해도 그것을 가지고 일상의 지배가 완료되었다고는 역시 말할 수 없을 것이다. 정책주체가 요구하는 '말을 하는 것'과 '일상의 지배'는 직접적으로는 연결되지 않기 때문이다.

이 글에서는 조선총독부의 언어정책이 과연 어느 정도까지 유효하게 기능하고 있었는가를 검증하고자 한다. 이를 위해 조선에서 국어교사를 역임했던 일본인의 논의에 착목한다. 검증방법은 뒤에서 보는 것처럼 실지조사에 근거한 독특한 것이었는데 국어보급의 달성이 그대로 일상지배의 완료로 이어지지 않는다는 점을 이 인물은 깨닫고 있었던 것처럼 보인다. 그러면 어떻게 하면 일상지배가 완료되는가 하면, 그것은 '언령의 동화'라는 진부한 논리에 그치고 있을 뿐, 일상을 지배한다는 것이 무엇인가에 관한 논의까지 나아가지는 않는다. 하지만 언어정책의 유효성이라는 현상인식에서 출발한 논의라는 점에서 특수성을 가진다고 생각된다. 이하의 순서에 따라 이 인물의 논의글 소개하고자 한다.

## 2. 무라카미 히로유키라는 인물

### 1) 언어정책은 어디까지 유효한가

식민지 조선에서 국어교육에 종사했던 무라카미 히로유키[2]라는 인물은

---

2) 이 글에서 인용하는 무라카미 히로유키의 글은 아래와 같다.

아래와 같이 조선총독부의 언어정책의 유효성에 의문을 나타내고 있다. 예를 들어 1937년의 글에서 아래와 같이 말하고 있다.

식민지에서 국어정책의 이름하에 기존에 취해져왔던 문제의 대부분은 국어교수 (교육이라기보다는 차라리)의 기본적 기술과 (조선 보통학교에서 가나(仮名)사용법, 送仮名法 등의 완충적 편법 등의 문제도 포함해서) 그 위에 서있는 국어 사용, 장려 강화의 명령(공용어, 교육어, 재판어로서)이었다고 해도 과언은 아니라고 생각한다. 이 같은 문제도 정치적 입장에서 중요하다는 것은 말할 나위도 없지만, 그것이 걸핏하면 현실을 망각한 관념적, 기계적 약점 위에서 공전하기 쉽상인 구체적 현상에 당면한 때, [ … ] 지금 적어도 우리 조선에서 국어정책의 문제는 원숙한 국어교수의 기교와 엄숙한 명령을 가지고서는 아무래도 해결하기 어려운 새로운 문제에 당면하고 있다고 반성할 때가 아닌가 생각한다. 언령(言靈)의 동화 없이 쓸데없는 국어화법의 교묘함과 치밀함은 일견 내지인과 구별하기 어렵고 성가시기 그지없는 마음속의 벌레를 배양하는 결과가 될 수도 있다. 현실에서 유리된 명령에는 의식적 반발을 거친 이후의 겉으로의 복종만이 있을 뿐이다. 일상 언어의 범주에서 내선양어의 물과 기름과 같은 배리는 이상과 같은 태도의 하나의 현상이 아닐까. 명령은 항상(특히 언어문제와 같은 문화좌정에 있어서는) 즉, 현실에 입각한 지도적 명령이 아니면 안 될 것이다.([1937b: 71-72])

1937년이면 큰 흐름에서 말하면 식민지 조선은 총력전체제에 편입되어 국어상용·전해(全解)운동이 전개되던 상황이었다. 이 글이 발표된 것은 8월인데, 10월에는 '황국신민의 맹세'가 발표되어 이른바 황민화운동의 소용돌

村上広之(1936)「朝鮮に於ける国語純化の姿—主として漢字による固有名詞について」, 『言語問題』2卷 6号.
———(1937a)「半島漫筆」『言語問題』3卷 1号.
———(1937b)「朝鮮に於ける国語問題—主として日常鮮語に取入れられてる国語について」,『国語教育』22卷 8号.
———(1938a)「朝鮮に於ける国語問題—日常鮮語の国語同化, 特に数詞について」,『国語教育』23卷 1号.
———(1938b)「植民地における国語教育政策—主として朝鮮語方言化, 国語標準語化の問題について」,『教育』 6卷 6号.
———(1939)「植民地国語同化における—契機としての「功利性」の問題について—主として朝鮮における国語政策と文化施設について」,『教育』7卷 8号.
———(1940)「半島に於ける日本学教授に訊く」,『緑』5卷 7号.

이 속에 빠져들어가던 시기였다. 그런 가운데 언어정책을 정비한다 해도 '구체적 현실'에 입각하지 않는다면 반발을 초래할 뿐이라고 종래의 국어정책에 대해 솔직하게 회의를 표명하고 있기 때문에 그의 논리에는 주목하지 않을 수 없다.[3] 그렇다고는 해도 조선인 측의 입장에 선 논의가 아닌 것은 '언령의 동화없이 쓸데없는 국어화법의 교묘함과 치밀함은 일견 내지인과 구별하기 어렵고 성가시기 그지없는 마음속의 벌레를 배양하는 결과가 될 수도 있다'는 것에서 분명히 알 수 있다. 무라카미는 '언령의 동화'를 지향하고는 있지만, '성가시기 그지없는 마음속의 벌레'라는 표현에서 알 수 있는 것처럼 조선인에 대한 본질적인 거절의식 또한 갖고 있었다. 이러한 의식은 다른 곳에서 '우리들 친밀함을 갖고 반도에서 생활하는 자에게는 세세한 것을 포함해 일상다반의 관행과 말투에, 혹은 어떤 때는 과연이라고 생각하고 또 어떤 때는 동조(同祖)까지 가지 않더라도 상당히 친밀한 관계였음에 틀림없는 자신의 선조에 대해 무조건 미묘한 싫증에 직면하는 일이 적지 않다'([1937a: 39])고 말하는 것에서 조선인과 일본인이 '닮아 있는' 것에 대한 '친밀함'을 나타내는 무라카미의 생활자로서의 또 다른 면을 볼 수 있다.

그런 가운데 '겉으로만의 복종'이 되는 것을 피하고, '물과 기름과 같은 배리'가 되지 않노록 아기 위해 이떻게 히면 좋을까. 무라카미는 계속해서 이렇게 쓰고 있다.

> 그렇다면 이 경우, 현실이란 무엇을 의미하는 것일까. 국어에 의한 민족동화의 이상이 국어의 장점을 알리고 국어에 대한 사랑을 양성하는 데 있다는 것은 논의할 필요도 없지만, 그 방법이 의식적 이지(理智)에 의존하는 한, 거기에는 쓸

---

3) 인용문 속의 '가나사용법'이라는 것은 보통학교 국어독본에서의 가나사용이 표음적인 것에서 시작해 학년이 올라가면 내지와 마찬가지로 이른바 역사적 가나사용법(歷史的仮名遣い)으로 변하는 것을 가리킨다. 또 같은 인용문 속의 '공용어, 교육어, 재판어'와 같은 것은 용어는 국어학자 호시나 고이치(保科孝一, 1872-1955)가 당시 자주 논했던 구분을 그대로 채용한 것이다.

데없이 의식적인 반발만이 결과될 수밖에 없다. 여기에서는 무의식적 유도가 유일의 원칙이지 않으면 안 된다. 저들이 일상적 현실에서 무의식적으로 내지는 자발적으로 사용하고 있는 국어를 검토해 국어 섭취의 바탕에 흐르는 법칙성을 파악, 그 법칙성에 따라 국어사용을 강화, 조성, 발전하지 않으면 안 된다고 생각한다.([1937b: 71-72])

노골적인 명령은 반발을 살 수 있기 때문에, 우선은 사용되고 있는 국어의 실태를 분명히 하고, 그 위에서 대책을 강구해야 한다고 하는 것이다. 노골적인 '지배'라는 인상을 주지 않고, '무의식적 유도'에 의해 '국어의 장점을 알리고 국어에 대한 사랑을 양성'해야 한다는 것은 진부한 논의처럼 보인다. 하지만 '지배와 언어'라는 어떻게 해도 관념적인 것이 되어버리기 쉬운 테마에 관해 현실에 근거한 위에서 의식되지 않는 지배의 관철을 주장하고 있는 점에 주목해보고 싶다. 무라카미가 본 '현실'이란 무엇이며, 그것으로부터 그는 어떠한 '지배와 언어'의 구도를 도출하고 있는가.

### 2) 무라카미 히로유키의 약력

실제로 무라카미 히로유키라는 인물의 실상은 잘 알려져 있지 않지만, 그 자신이 말한 것에 따르면,

다이쇼 4년(1925) 센다이의 제이중학으로부터 이고의 문과를 거쳐, 쇼와 3년 (1928) 동경대 문과 구와다 요시조(桑田芳蔵, 1882-1967 민족심리학[4]), 마스다 고레시게(增田惟茂, 1883-1933 실험심리학[5]) 양 교수의 아래에서 심리학을 전

---

4) 1905년 도쿄제국대학 문과대학 졸업. 라이프치히로 유학. 빌헬름 분트(1832-1920)의 가르침을 받았다. 1911년 『영혼신앙과 조상숭배(靈魂信仰と祖先崇拜)』로 문학박사 획득. 도쿄제국대학 교수를 1943년 퇴임. 1948년에는 신설된 오사카 대학 법문학부 교수, 부학장. 1954년 퇴임.
5) 1908년 도쿄제국대학 문과대학 졸업. 미국에 유학. 동물행동연구에 관여한 것으로 알려짐. 일본심리학회 설립에 진력. 1922년 도쿄제국대학 강사, 조교수. 1933년 『심리학연구법―특히 수량적 연구에 관해서』로 문학박사 획득. 같은 해 병사.

공, 동 6년 도호쿠 대학으로 옮겨 오카자키 요시에(岡崎義惠, 1892-1992) 선생의 지도하에 국문학을 공부했습니다. 동 9년 졸업과 동시에 대학원에서 「일본 고대에서의 감정」의 연구에 몰두했습니다. 조선으로 건너온 이후 「이민족접촉에 의한 문화변용」의 문제를 중심으로 조선에서의 국어문제의 고찰에 전념하고 있습니다.([1940: 45], 괄호안은 인용자)

라고 되어 있다. 이 문장은 녹기연맹의 기관지 『녹기(綠旗)』에 게재된 「반도에서 일본학 교수에 묻다」라는 앙케이트에 대한 회답니다. 이것에 따르면 심리학을 배운 후 일본문예학으로 주목을 받았던 오카자키 요시에 아래에서 공부한 흥미로운 경력을 갖고 있다.『도호쿠제국대학일람』 각 연도에 따르면 '무라카미 히로유키(미야기)'는 1934년 3월 도호쿠제국대학 법문학부를 졸업, 문학사 칭호를 수여받았지만, 대학원생 명부에는 게재되어 있지 않다. 『일람』 작성 당시에는 이미 조선에 건너와 교직에 몸담고 있었는지도 모른다. 도쿄제국대학에서 사사한 구와타 요시조는 빌헬름 분트(Wilhelm Wundt)의 심리학을 소개한 인물인데, 그의 저서 『분트의 민족심리학』(1924) 속에서 '별론'으로 「문화와 역사」를 설정해 해설하고 있고, 또 『민족정신의 발달』(1931)에서는 사회의 발전에 따라 문화도 발달한다는 분트의 사고방식을 소개학고 있다. '문화'에 관해 사고하는 심내 무다끼미는 친근함을 느낀 것으로 생각된다. 무라카미가 한반도로 건너간 뒤의 '이민족접촉에 의한 문화변용'이라는 테마는 '문화'를 균열이 없는 한 덩어리와 같은 것으로 파악하는 것이 일반적이었던 당시에는 놀라울 정도로 현대적이라고 할 수 있다. 특히 문화인류학의 입문서에 따르면 acculturation이라는 말은 미국에서 1930년대에 주목을 받았는데, 그것의 번역어로 '전후 직후 문화변용으로 번역된 이해, 이 번역어가 거의 고정되어 사용되었다'고 되어 있다. 그런 의미에서 무라카미의 용례는 그 이전의 것이 되는데, '식민지에서 이민족접촉에 의한 문화변용'이라고 하면 지금도 통용되는 테마라고 할 수 있다(물론 식민지라는 이민족접촉의 '장'의 존재방식과 그 등장의 배경에 대한 고찰이 불가결함은 두말할 나위도 없다). 그러한 '문화변용'에 관한 하나의 사례로서 '국어문제'를 위치 짓고 있는 점도 오늘날의 방식으로 말하면 '제2언어 학습론'에도 관련되며, 사회언어학적 시점을 갖고 있다고 할 수 있다.

그런 관점에서 실제 무라카미는 국어와 조선어의 관계를 논한 여러 편의 글을 남기고 있다(1936년부터 1940년에 걸쳐 확인할 수 있는 것만도 7편이다. 논문 발표 시에 기재된 소속을 알 수 있는 범위에서 제시하면 아래와 같다.

1938년 1월 숭실전문학교 교수
1938년 6월 평양사범학교 교론
1939년 8월 경성광산전문학교 교수
1940년 7월 경성광산전문학교, 숙명여자전문학교

또한 한국역사정보통합시스템(http://www.koreanhistory.or.kr)에서 검색하면 1940년 6월 6일까지 경성광산전문학교 교수와 경성고등학교 생도주사를 겸임했고, 이후 경성광산전문학교 교수전임이 되어 1943년에도 동교에 재직하고 있었음을 확인할 수 있다.

한편 일본의 『토야마대학오십년사』에 따르면 토야마고등학교에 재직하고 있던 무라카미 히로유키라는 인물이 있고, 구제도야마고교가 신제도야마대학 문리학부가 되었을 때 국문학의 조교수가 되었는데(1950년 3월 31일), 이듬해인 1951년 8월 28일에 서거한 것으로 되어 있다. 참고로 『도야마고등학교 도야마 현립고등학교 일람』 1943년도판에는 무라카미 히로유키의 이름이 게재되어 있지 않다. 그리고 국문학의 조교수가 된 것을 생각하면 무라카미 히로유키는 경성광산전문학교에서 1944년 이후 도야마고등학교로 이동한 것으로 보인다. 그렇다면 40세 후반에 세상을 떠난 연구자가 되는 셈이다. 업적을 추적하기 어려운 것도 그 때문이 아닐까 생각된다.

### 3) 무라카미 히로유키 논문의 구성

무라카미는 앞서 소개한 인식 아래서 몇 편의 논고를 발표하고 있는데, 이들 논고의 관련에 대해 스스로 다음과 같이 정리하고 있다. 앞서도 본 것처럼 '이민족접촉에 의한 문화변용'을 국어문제와 관련시켜 논의하는 것이 무라카미의 연구테마였기 때문에 어떤 민족이 다른 민족의 언어를 사용하는 것에 의한 '문화변용'의 양상을 탐색하게 된다. 그 전제로서 무라카미는 '식민지에서 토착민이 국어사용권에 들어가는 방식'을 세 가지의 동기로 분류한다.

> 외재적 교육어. 재판어 등 명령주체에 대한 복종
> 중간적 공리적 목적을 위한 수단으로 국어에 귀추(帰趨)하려고 한다
> 내재적. 순수정신적 자발적으로 국어에 귀의(村上[1938b: 34])

'국어사용권'이라는 용어도 같은 시기 다른 논자에게는 보이지 않는 것으로 언어사용의 장을 가리키는 것으로 생각된다.[6] 내재적 동기만으로 모든 식민지 사람들이 국어사용권에 들어온다면 언어정책 상 어떤 문제도 없다. 물론 그런 경우는 거의 생각하기 어렵기 때문에 '명령'이 나오게 된다. 언어정책이란 명령의 집적이라고 한다면, 외재적 동기에는 '복종'이라는 대응이 제시되기 때문에 그렇다면 내재적 동기의 환기에는 이르지 못한다. 구체적으로 고등교육 정도가 되면 국어를 적극적으로는 사용하지 않게 된다는 지

---

6) 무라카미가 사용하는 '사용권'이라는 용어는 현재 일본의 사회언어학에서는 영어권 사회언어학의 domain의 번역어인 '영역'이라는 용어에 해당한다. 일부러 '영역' 등의 번역어를 만들 필요는 없지만, 이것은 일본의 사회언어학의 성립(전전과의 단절과 연속을 어떻게 파악할 것인가)과도 관련된 문제이다.

적이 있다. 즉 '국어사용의 교묘함에서 보통학교 생도가 최우수라는 일견 기묘한 역전현상은 뭇사람의 견해와도 일치하는 소견'이라고 말한다(村上 [1938b: 36-37]).

무라카미의 논의는 위의 세 가지 동기에 관한 것으로 집약된다. 즉 '외재적 동기'에 의한 국어사용의 현황에 관해서 무라카미는 약간 거론하고 있다. 또 '내재적 동기'에 의한 국어사용을 '부분적 자발적 사용'(이것을 나아가 '어(語) 적 요소'와 '문(文)적 요소'로 나눈다. 이것들은 村上[1936], [1937b], [1938a]에서 논해지고 있다)과 '전체적 자발적 사용'(이것을 주로 논한 것이 村上[1938b])으로 구분한다. 그리고 '중간적 동기'의 검토가 불가결하다고 주장하는데, 그것에 관해서는 '공리성'이라는 용어를 사용해 논하고 있다(村上[1939]).

무라카미의 논의의 특징은 실지조사에 근거해 이루어지고 있는 점이다. 예를 들면 「조선에서 국어문제(朝鮮における国語問題)」를 예로 들면 '조선의 한자의존율은 국어를 훨신 능가한다는' 것을 보여주기 위해 '조선언문신문사설한언대비표'와 '주요국어신문사설한자가나대비표'를 각각 3가지 신문을 대상으로 작성하여, 전자에서는 한자와 한글이 거의 1대1의 비율인 것에 비해, 후자에서는 한자와 가나의 비율이 1대2라고 제시한다([1937b: 72-73]). 또 남자고등보통학교 생도의 자유상기와 지시판별법에 의해 조선어 속에서 사용되고 있는 일본어 단어를 들어 논하고(1937b: 74), 그런 일본어가 사용되는 장면을 열거해 분석해간다(1937b: 75). 유효성은 접어두고 이런 분류·조사에 대한 지향이라는 것을 우선 해석할 필요가 있다.

사회학자 다나베 주리(田辺寿利, 1894-1962)는 메이지서원(明治書院)의 국어과학강좌라는 시리즈 속에서 '언어사회학'이라는 권을 1933년에 집필했다. 이것은 프랑스에서 언어사회학의 연혁을 기록한 것인데, 언어사회학이란 '국어(langue nationale)'와 '국제어(langue internationale)'의 문제 해결이 긴요한 오늘날의 상황에서 필요한 학문이라는 것이다. 왜냐하면 '이들 문제는 단지 논리에 따라서 처리할 문제가 아니라, 사회의 현실 그 자체에 기초를 두고 처리하지 않으면 안 되는 문제이기 때문'이다. 그러나 '우리의 국어 즉 일본어는 거의 사회학적으로 연구되고 있지 않다'고 한탄한다(田辺[1933: 106-107]). 무라카미가 이것을 읽었는지는 알 수 없지만, '사회의 현실 그 자체'로부터 '국어'의 문제를 파악한다는 점에서 무라카미를 일본의 사회언어학자의 효시로 자리매김하는 것도 가능할지도 모르겠다.

특히 무라카미는 「식민지에서의 국어교육정책」(1938b), 「식민지국어동화에서 한 계기로서의 '공리성'의 문제에 대해」(1939)라는 글을 발표했는데, 모두 이와나미서점이 간행하는 잡지『교육』에 게재된 것이다. 이『교육』은 교육과학연구회(1937-1941)의 기관지의 역할을 수행했다(기관지는『교육과학연구』). 교육과학연구회는 교육사학자 사토 히로미(佐藤広美)에 의하면 '전전의 교육학의 주류인 관념적, 사변적 교육학에 대항해, 교육의 실증적, 과학적 연구를 지향하며 교육현실의 구체적, 실제적 연구를 기초로 교육정책에 대한 비판과 제언을 수행하는 것을 운동의 목표로 한' 조직이다. 무라카미 히로유키가 이 조직과 어떻게 관련되어 있었는지는 분명하지 않지만, 교육과학연구회와 도쿄제국대학 문학부 심리학과의 졸업생과의 관계는 깊고, 심리학과에 새삭했던 무라가미의는 어떤 형태로든 관계가 있었던 것으로 생각된다. 또 무라카미의 이하의 논의는 '실증적, 과학적 연구'를 지향한 것이라고도 말할 수 있는데, 이 교육과학연구회의 지향과 일치하고 있다. 사토는『교육』에 게재된 무라카미의 논의를 간단히 '조선인의 보다 높은 문화·교양의 향수를 위해 국어의 표준어화와 조선어의 방언화'를 제창했다고 정리하고 있다. 물론 '잡지『교육』에는 식민지교육정책에 대한 비판 논문이 게재되고 있었다고는 해도 일본제국주의의 식민지통치를 옹호, 추진하는 것이 다수를 점하고 있었다는' 것은 부정할 수 없지만, 이하 무라카미의 논의 특히 '내재적 동기', '중간적 동기'에 관한 논의에 근거해 검토하고

자 한다.[7]


## 3. 무라카미 히로유키의 논리[8]

### 1) '부분적 자발적 사용'에 관해서—한자 읽는 법

무라카미가 국어사용권 참여에 관한 '내재적 동기'의 하위구분으로 '부분적 자발적 사용'과 '전체적 자발적 사용'을 설정했다는 것은 앞서 소개했다. 이 '부분적 자발적 사용'을 조사할 때에 그가 주목한 것이 한자의 읽는 법이었다.

물론 조선총독부 간행의 『국어독본』에서 한자의 음훈은 일본어의 것이었다. 하지만 그는 그것이 일상에서 어떠한 문맥에서 어떻게 발음되고 있는가를 파악함으로써 언어정책의 효과와 정책을 생각하려고 한 것이다. 「조선에서의 국어순화의 모습」([1936])에서 무라카미는 조선인이 한자음을 조선어음으로 읽는 것을 '대단히 강인한' 개성이라고 정의한다. 그 '개성에 의한 한자 및 한자에 의한 국어의 조선적 변모'에 주목해 그것이 '조선에서의 국어교육에 많은 중요한 문제를 제기한다'고 말한다([1936: 2-3]). 즉 조선인이 말하는 일본어 속의 한자가 일본 한자음이 아니라 조선한자음으로 발음된다는 것이다. 조선한자음으로 읽는 예로서 들고 있는 것은 '小使', '算盤', '案内' 등이고, 반면 '下駄', '羽織' 등 '그들의 생활로부터 분명히 차단 구별된 물건의 대부분은 국어로 읽는 경향이 강하다'고 말한다. 그러나 외래의 것을 모두 그 음에 가깝게 읽을 것은 아니며, '麻雀', '基督教'는 조선한자음으로 읽혀

---

7) 무라카미와 교육과학연구와의 관련성에 관해서는 심포지엄 당시 지정토론을 맡아주었던 정준영 씨로부터 받은 코멘트에 가필한 것이다. 감사의 뜻을 전한다.

8) 이 절은 安田, 『『多言語社会』という幻想—近代日本言語史再考IV』(三元社, 2011의 第9章 第4節「混乱する漢字音—村上広之と国語政策論」에서의 논의를 토대로 덧붙인 것이다.

지는 경향이 강하다고 말한다([1936: 3]). 여기서 무라카미는 약 천 명의 조선인 중학생을 대상으로 앙케이트 조사를 실시한다. 일본의 지명, 인명을 조선어로 쓰고 말하는 중에 어떻게 발음하는가에 관한 조사이다. 그 결과 東京·京都·富士山·門司·仙台·熊本·福岡·大阪·横浜·下関 등은 대부분 조선어로 발음되고, 横須賀·箱根·熱海 등은 일본어로 발음된다. 인명에 관해서는 佐藤·齋藤·宇垣·高橋가 조선한자음으로 (齋藤, 宇垣은 조선총독), 鈴木은 일본어 읽기, 佐々木은 반반이라는 경향이 있다고 한다. 어느 정도 실증적인가는 알 수 없지만, 결론적으로 '주지(周知)의 정도'가 늘어나면 조선어 읽기의 경향이 강해진다는 것이었다([1936: 4-7]). 일본어의 음으로서 유입되어도 한자로 쓰여진 것이 침투하면 일본어음은 조선어음에 자리를 내준다는 것이었다.

이듬해 공표한 「조선에서의 국어문제」([1937b])에서도, '국어와의 공통적 요소로서 일견 국어화(국어적 한자음독화)의 점이(漸易)를 생각게 하는 한자가 사실은 국어동화 가운데에서도 가장 곤란한 것으로 보이는 사정이 놓여 있다'([1937b: 72])고, 한자를 공유하는 것이 오히려 국어학습의 장애가 되고 있다고 지적한다. 무라카미가 묘사한 구도는 국어 속에서 음독하는 한자는 조선 한자로 음독하는 것이 기본이지만, 일상회화에서는 일본어 고유명사나 수사, 특정의 명사 등이 서서히 일본어 읽기 쪽으로 이행하고 있다는 것이다. 하지만 佐藤를 '사토'로 발음하고, 보족으로서 조선어음을 붙이는 경향이 생겨나고 있지만, 재차 조선음독으로 돌아가는 경향이 있다는 식이다([1937b: 73]). 일본어 문맥에서의 훈독한자에 관해서는 음독한자가 조선어음으로 읽혀지는 것과 비교하면 일본어음 그대로 읽는 경우가 많다고 한다. 여기에서의 무라카미의 조사는 고등보통학교 남자생도 412명을 대상으로 조선어회화 속에서 등장하는 국어의 단어를 자유상기시키는 약 2천 단어 중 상위 300단어로부터 재차 사용 회수가 높은 것을 선택한 것이었

다. 자연담화로부터 채취한 것이 아니라서 어느 정도 실태를 반영하고 있는지는 모르지만 이렇게 선택된 250단어 중 음독의 것은 68단어, 훈독의 것은 74단어(나머지는 음훈혼효나 가타가나어 등)였다. 게재된 리스트(자료 1)를 보면, 현재의 한국어에서도 사용되고 있는 '아싸리(アッサリ)' 등이 들어가 있어 흥미롭다. 여기에 그러한 '일용에서 조선어화하는 국어를 그 말이 속한 사회적 범주에 따라 분류'해간다. 사회적 범주란 예를 들어 官庁, 交通機関, 郵便, 電気水道, 裁判, 軍隊, 職業 등과 같은 것이다.([1937b: 75])

이러한 추출방법(자료 1, 자료 2 말미 참조)와 분류방법은 무라카미가 도쿄제국대학에서 배운 심리학의 수법과 통한다고 할 수 있다. 여기에서도 '국어의 섭취에 대한 선택의식 즉 심리적 지향[ … ]의 본질의 구명 없이 국어의 동화경향만을 강화하는 것은 뿔을 바로잡으려고 소를 죽이는 우를 범하는 것이다'([1937b: 76])라고 심리학적 수법에 입각한 접근법의 중요성을 주장하고 있다. 구체적으로는 '외래어 수수에 대한 동인'을 분류하여 '조선어화하는 국어'를 분석해간다([1937b: 76-77])].

여기서 이루어지고 있는 논의를 간단히 소개하면 다음과 같다. 우선 무라카미는 구두어적일수록 일본의 한자음으로 읽혀지는 경향이 있다고 말한다. 예를 들면 '算術', '代數', '英語' 등 교과목과 같은 구두어로부터 거리가 있는 단어는 조선어음으로 읽히고, '方程式'(이것이 구두어적이라는 근거는 나와 있지 않지만) 등은 일본의 한자음으로 읽히는 경향이 있으며, '機関銃'은 조선어음인 반면 '鉄砲', '喇叭' 등은 일본한자음으로 읽혀지는 경향이 있다는 것이다. 또한 앞서 언급한 자유상기로 쓰인 단어 가운데 한자로 쓰여야 할 말의 약 90%가 가타가나로 쓰였다는 점에 주목해, '金剛山', '世界的', '一', '米', '六十', '糎', '林', '首相', '十二', '時', '弁当', '華麗'라는 단어를 조선어의 문장에 한글로 일본어 읽기를 표기하는 형태로 삽입해 잘못되어 있다는 인식이 어느 정도 있는지를 조사하고 있다. 숫자나 단위에 관해서는 70% 이상이 잘못되지 않다고 판단했고, '金剛山', '林首相'도 80% 이상이 틀리지 않다고 판단하고 있다. 즉, 'imsusang'이 아니라 'hayasisyusyuoo'라는 발음으로 조선어 문맥 속에서도 의식되고 있다는 것이다. '弁当'에 이르러서는 전원이 'bentoo'라는 발음으로 괜찮다고 인식하고 있다. 다만 앞서 보았듯이 '富士山'을 조선어 발음으로 읽는 경향이 있는 것 등을 감안한다면 '그들의 현재 언어사용에 대한 귀추의 의식표준이 극히 동요하기 쉬운, 단순한 상태에 있다'(村上[1937b: 78])고 하면서 명확한 방침 하에서의 언어정책이 취해져야 한다는 주장을 이끌어내고 있다.

다음으로 동명의 논문인 「조선에서의 국어문제」([1938a])에서의 논의를 소개하고자 한다. 우선 수사(數詞)는 일본어 읽기의 경향이 강하다고 지적하며, 한자의 음은 조선어로 읽어왔다는 강한 원칙에도 강약이 있다고 말한다. '수사는 품사 중 가장 비감정적인, 민족개성에서는 관계가 먼, 역으로 말하자면 보편성이 강한 성질의 말'이기 때문에 이러한 품사가 일본어 읽기로 '자연스레' 유입되고 있다는 것을 제도적으로 보증하지 않으면 안 된다고 하면서, 외국어식으로 읽는 것(米, 粳, 哩 등)은 '한자를 피하고, 가타가나에 의해'야 하며 '외국식이지 않은 것도 가급적으로 한자를 벗어나는 것이 타당한 방법'([1938a: 41])이다고 밀린다.

이처럼 한자를 공유하기 때문에 일본어음, 훈과 조선어음의 사이에서 혼란이 있고, 또한 문자표기를 거치지 않고 음성으로서 변용되어 가는 일본어와의 사이에서도 혼란이 생긴다는 상황을 무라카미는 묘사하고 있다. 하나의 한자에 일본한자음, 조선한자음 그리고 훈의 세 가지로 읽는 방법의 가능성이 생겨나 또한 국어와 조선어라는 두 언어를 문맥에 따라 가려서 사용해(혹은 혼용해서)온 것이 요구되어 왔던 중에 한자음을 둘러싼 혼란이 있다는 것을 구체적으로 보여주고 있다는 점에서 귀중한 논의이다.

무라카미는 자신이 가르치는 생도들을 대상으로 다양한 조사를 수행하면서 국어사용의 실태를 어느 정도 감안한 언어정책을 제창하고 있다고 할 수 있다.

하지만 그것은 철저한 조선어의 배제라는 입장에 서있는 것이었다. 원칙이 명확하지 않기 때문에 생도들의 국어사용이 불안정한 상태가 되었다는 것이다.

조사에 근거한 화자의 심리에 착목한 논의를 전개하고는 있지만, 결국은 '국어에 대한 사랑을 어떻게 양성할 것인가, 이것이야말로 종국적으로 중대한 문제이며, [ … ] 언어를 중심으로 생각할 때 국어가 가진 모든 장점과 미덕을 이지적으로가 아니라, 현실에 근거해 인식시키는 것이며 그것을 위해서는 국어의 모든 장점과 미덕을 살려 혹은 이용하지 않을 수 없었던 일본민족의 심근(언령)을 이해시키는 것의 필요가 제기된다'([1937b: 77])라는 논의로 귀결시키고 있다.

## 2) '전체적 자발적 사용'에 관해서 — 조선어 방언화론

'현실'을 조사하는 것을 통해 무라카미는 어떤 종류의 자신감을 품었던 것처럼 보인다. 예를 들어 「식민지에서의 국어교육정책」([1938b])에서 일본어와 조선어의 이중어 사용이라는 주장 혹은 '조선은 조선어로'라는 주장[9]을 보지 않은 폭론이라고 비난한다. 또한 유태인민족은 공통의 언어가 없어도 '뚜렷하게 민족의식이 현존'한다고 민족적 일체감을 갖고 있음을 지적하면서도, 그것이 '국어통일강화가 불필요함'을 의미하는 것은 아니라고 말한다. 즉 '조선민족을 국어에 의해 통일하고, 조선어를 상실시킴으로써 조선민족성의 상실을 기대하는 것의 불가능함을 한탄하기에 앞서, 민족성이 어떠한가와 관계없이 국어로의 통일동화에 의한 일본국민(일본민족이 아니다)으

---

9) 예를 들어 법학자 호쓰미 시게토(穂積重遠)의 주장(穂積, 『日本の過去現在未來』(岩波書店, 1937). 이 부분의 초출은 1926년인데, 법정의 언어를 조선어로 하자고 주장했다.

로의 지양의 가능성과 중대함을 생각하지 않으면 안 된다'라는 것이다. 그때 '국어사용을 향한 걸음은 본국의 지도문화를 중심으로 하는 사랑(愛)과 정신적 공리성(문화향수)을 계기'로 해야 한다는 것이다([1938b: 37]). 이 인용에서 알 수 있는 것처럼 무라카미는 민족과 국민을 구별하고, 또 복수국어제는 스위스의 예를 들어 부정하고 있다. 다만 복수가 아닌 단일 국어 아래서 복수의 민족어가 존재하는 것은 허용된다. '민족의 국민으로의 지양동화가 민족의 부정을 의미하지 않는 것처럼 민족언어의 국어로의 지양도 또한 민족언어의 부정이 될 수 없다'고 하여 '조선어방언화, 국어표준어화'를 제창한다. 이런 의미에서는 무라카미가 조선어 그 자체의 존재를 부정한 것은 아니다([1938b: 38]). 그러나 철학, 과학을 조선어로 논하는 것이 곤란한 이유는 철학과 과학이 보편의 학문으로 '방언으로서의 조선어와는 거의 인연이 먼 성격의 학문'이기 때문이다([1939: 59])라는 것에 구하는 등 '보편'이라는 말에 의한 차별을 견지하고 있음은 분명하다.

이상과 같은 무라카미의 주장을 뒷받침하는 '현실'이란 다음과 같이 추출된다. 우선 '공사립 남자 전문학교, 중학교 생도 162명'에 대해 어떤 언어를 사용하고 있는가라는 의식조사를 실시했다. 거기에서 그들이 일본어를 사용한 상면과 의식이 일본어 방언 화자가 표준어를 사용하는 장면과 의식과 유사하다고 하는 주장에 연결시킨다([1938b: 40-44], 자료 2 참조).[10]

지금의 시각에서 보면 조작성이 높은 불충분한 것이며, 무라카미의 주장은 국어상용 · 전해운동(全解運動)을 지탱하는 것에 불과하지만, 보다 믿을 만한 언어변종(표준어, 국어)의 당시의 사용의식을 끄집어낼 수 있는 사회언어학적인 조사로서 흥미롭다.

---

10) 무라카미와 당시 다른 논자를 포함해 '조선어방언화론'에 관해서는 安田, 『植民地のなかの 『国語学』—時枝誠記と京城帝国大学をぬぐって』(三元社, 1997) 참조.

또한 동기의 '외재/내재'를 '양적 헤게모니/질적 헤게모니'[11]로 치환해 조선어 화자가 국어를 사용하는 경우 '질적 헤게모니'(국어에 대한 사랑의 표현으로, 동경, 진보, 우위, 미감 등)가 '양적 헤게모니'(내지인과의 명령적 접촉)에 의해 저해되어 반동적인 감정을 낳지 않도록 주의해야 한다고 주장한다. 그것을 위해서라도 '자발적 공학을 애구(愛求)하는 것에 대한 기회의 개방이 그 원칙이 되지 않으면 안 된다. 거기에는 내지인 자제의 겸허하고 부단한 향상이 전제되지 않으면 안 된다'고 제언하고 있다([1938b: 46]).

이상의 논의에 근거하여 무라카미는 이 논문의 부제인 '조선어방언화, 국어표준어화'를 언어정책의 기반에 두고, 도시부와 중류지식계급으로부터 중점적으로 신문, 라디오, 영화, 백화점과 교육령까지를 포함해 이 방향으로 나아갈 것을 견지할 것을 주장한다. 그리고 이 정책이 달성되면 어떻게 되는가에 대해, 이를테면 '한 사람의 조선청년이 다른 교양 있는 조선청년 사이의 국어회화에 의해 국어에 대한 적극적인 감정을 품기 시작할 때 비로소 그 미래를 엿볼 수 있게 되었다고 말할 수 있는 것이다. 그 맹아가 미약하지만 보이기 시작한 것이다'라고 말한다([1938b: 46]).

### 3) '공리적 목적을 위한 수단'으로서의 국어사용

'사랑과 문화변용'이 있다면, 모두 적극적으로 국어를 사용할 것이다. 그러나 사태가 그렇게 간단한 것만은 아니다. 무라카미에게 가장 중요한 문제는 공리적 목적을 위한 국어사용을 어떻게 '질적 헤게모니' 안에 집어넣을 것인가였다([1939]). '식민지에서 국어정책의 방기는[ … ]국가주체의 방기이고,

---

11) '헤게모니'라는 단어가 이 시기 사용되고 있는 것에 약간 놀랄지도 모르겠으나 이 수년 후에 발행된 일반적 사전에는 '헤게모니(독일어 Hegemonie[명사] 패권, 지도권'이라는 항목이 기술되어 있다.(金田一京助 編, 『明解国語辞典』, 三省堂, 1943년)

토착민의 국민적 생활의 방기이다'라고 말하며, 자신을 '〈조선에서는 조선어로〉라든지 〈국어와 조선어의 알맞은 평등〉과 같은 견해가 어떻게 민족동화의 이상을 손상시키는 편견인가를 확실히 보는 자'([1939: 56])라고 규정하는 것에서, 그가 언어정책 그 자체를 의문시하는 것이 아님을 알 수 있다. 여기서 무라카미의 입장은 '문화에 의한 헤게모니의 확보'가 국어사용의 존재방식에도 관여한다는 것이다([1939: 65]). 따라서 조선어신문이 일부를 제외하고 '내지관계 고유명사의 국어읽기'를 행하지 않는 것은 '헛된 민족의식의 고집'의 발로이고, 1927년 개시한 라디오 방송(JODK)이 후에 청취율을 높이기 위해 조선어로 제2방송을 만든 것은 언어정책의 목적을 이해하지 못한 이윤추구행위에 불과한 것이다([1939: 59]). 라디오, 레코드 등은 조선어로 감상할 수 없는 것만을 조선어로 내보내면 된다는 것이고, 그 이외에는 국어로 충분하다는 의식인데, 이것이야말로 '문화에서의 헤게모니 확보'였다. 영화에서도 배우가 누구든지 '국어 발성영화'로 만들어야 하며, 따라서 조선어 발성영화는 '공리'에 지나지 않는다고 말한다. 또한 식당의 메뉴에서 조선어의 단어를 가타가나로 표기한 것이 있다(예를 들면 'キムチー' 무라카미는 이것을 '국어적 조선어'라고 한다)는 지적이 있지만, 그것은 '영업정책적 정신(공리성)'에 의한 것이라고 믿는다. 그러니 일방적으로 이러한 '공리성'은 부정하는 것이 아니라 '공리성'도 언어정책 안에 거두어들여, 예를 들면 조선어의 가타가나 표기를 확립하는 것으로 '내선일체를 희구하는 위에 하나의 장애가 되는 음운의 어긋남을 해결하는 것이 하나의 방도'가 될 수 있다는 논의도 전개하고 있다([1939: 65]).

무라카미의 '조선어방언화론'이란 조선어의 존속을 부정하는 것은 아니었다. 하지만 여기서 조선어의 음운체계의 파괴라는 판단은 작동하지 않고 있지만, '국어, 조선어 공통어휘의 증대 및 음운의 국어화 등의 노력'이 필요하다고 주장한다([1938b: 46]). 즉, 국어의 음운체계에 맞춰 공통어휘를 늘리는 것이 '내선일체'였다. 조선어를 가타가나로 표기함으로써 조선어로부터 한자를 잘라낸다는 의도가 작동하고 있음을 상상하기란 어렵지 않다. 가타가나의 침투를 통해 조선어를 국어와 접속시킨다는 것이다. 이것도 또한 '공리적'이기는 하다. 덧붙여 조선어에서 한자어의 어휘를 고유조선어로 바꾸는 것에 관해서는 '순수조선어 사용에 대한 경향은 국어와의 공통요소인 한자로부터의 이탈이기 때문에 국어동화에서 볼 때 역행이라고 말하지 않을 수 없다'라고 부정적이었다(1937b: 75).

## 4. 일상을 거론하는 것의 한계에 관하여

무라카미의 논의는 현재의 시점에서 보자면 조사방법이나 정밀도에 관해서 의문이 적지 않다. 또한 조사대상이 중등교육을 받은 생도에 제한되어 있는데, 애당초 이들의 국어능력은 높았다. 따라서 사회 전체의 상황이 반영되고 있다고 할 수는 없지만, '현실'의 묘사 방식이란 원래 그런 한계가 있다는 점은 지적해둘 필요가 있을 것 같다.

다만 무라카미는 언어정책이 유효하게 작동하지 않는 것을 명확히 지적하고 있다.

> [ … ]국어사용의 면에 관해서는 적어도 당국자의 의식적 영역에서는 명확한 실패이고, 의외의 무위의 족적으로 지금과 같이 25년의 과거를 반성한다는 어쩔 수 없는 궁지에 서있다는 것이 목하의 반도의 솔직한 현상은 아닌가 생각한다 ([1938b: 35]).

그리고 '공리적 목적을 위한 수단으로서의 국어사용'이 존재하는 것을 명시한다. 그렇다고는 해도 거기서 언어정책의 무효를 말하는 것도 아니고, 언어정책에서의 이념을 부정적으로 파악하는 것도 아니었다. 오히려 이 '공리적 목적'을 효과적으로 가지고 들어오는 것이 언어정책의 성공을 생각할 때 중요하다고 주장한다.

반복되지만 무라카미의 일련의 문장은 1937년 10월에 '황국신민의 맹세'가 제정되는 등, 황민화 시기에 들어서 국어보급정책이 강화되던 시기에 집중적으로 쓰였다. 그러한 정책과의 연관성을 명확히 이끌어내는 것은 어렵지만, '공리적 목적'의 국어사용이 '자발적'인 것으로서 언어정책에 교묘하게 들어온 때 '일상적 지배'가 완성된다면, 신체적 동원이 강화되어온 1940년 이후는 그런 느긋한 논의를 기대할 수 없었던 것은 분명하다. 왜냐하면 '양적 헤게모니(명령주체에 대한 복종)'가 중대했기 때문이다.

경성제국대학의 국어학자 도키에다 모토키(時枝誠記, 1900-1967)는 1943년에 국어는 국가적 가치가 있기 때문에 조선인은 주체적으로 조선어를 버리고 국어에 귀일하는 것이 무엇보다 이득이라고 서술하며, 무라카미 식으로 말하면 '국어의 전체적 자발적 사용'을 이끄는 논의를 전개하며 이런 관점이 없는 총독부의 언어정책을 비판한다(時枝[1943], 安田[1997]). 무라카미는 도키에다의 논의의 전제를 조금 더 상세히 설명했다고 위치지을 수 있다.

1940년 이후 무라카미가 남긴 것이 만약 있다고 한다면, 과연 거기서 무엇을 말하고 있을지 흥미롭다. 극히 단편적이지만 '일본학과 조선에 관해서 특히 느끼고 있는 것'이라는 앙케이트에 답하는 가운데 '일본학은 주체적 실천의 학문이기 때문에 만약 반도의 동포가 우리와 주체가 다르다는 관념에 선다면 [ … ] 무의미한 것이 됩니다. 내선일체라는 것은 여기서는 조금의 가차(假借)도 허락하지 않는 '행위'의 영역에 들어옵니다'([1940: 45])라고 쓰고 있다.

무라카미는 조선인에게 국어란 공리적으로 익힐 수밖에 없다고 생각한 것은 아니었을까. 그렇기 때문에 그 '공리성'의 도입 방식을 생각했을 것이다. 언어정책에서 말하자면 무라카미가 말하는 '외재적'인 요소밖에 생각할 수 없었던 당시, 혹은 그런 '외재적' 압력이 '내재적' 동기에 당연하게 전화해 가는 것이라고 생각했던 당시, 그것만으로는 어떤 것도 불가능하다고 간파했던 무라카미의 논의는 그 한계와 함께 역시 기억할 필요가 있다. 남긴 것이 그다지 많지 않은 무라카미 히로유키이지만, 남겨진 물음은 적지 않다고 할 수 있다.

〈자료1〉 (村上[1937b: 74]에서 인용. ( ) 안은 원문대로. [ ]는 원문에서는 첨자 표기.

(四) 자유연상법에 의한 일상 조선어 회화에서 들어와 있는 국어의 조사표

乗換, お茶, 葉書, 切手, 書留, 弁当, 赤帽, 為替, 踏切, 飛降リ(乗リ), 待合室, 切符, 軍旗, 振替, 駅前, キザミ(煙草), 中折, 座布団, 烏打, 寝衣, 袷, 褌, 鞄, 猿又, 羽織, 袴, ヅボン, シヤツ, 靴, 襟, 足袋, 帽子, 背広, 上衣, 地下足袋, 袖, 手拭, 木綿, 風呂敷, 折襟, 爪切リ, 羽二重, 縮緬, 莫大(メリヤス)小, ボタン, タオル, ネクタイ, パンツ, 洋服掛ケ, セル, サージ, 靴直シ, マッチ, ポスト, 痰壺, 眼鏡[メガネ], 曹達, 腕巻, 電池, ネジ廻シ, セルロイド, ブリキ, カーバイト, 蓄音機, 魔法瓶, 同類項, 時計, 額縁, 工夫, 銅板, 黴菌, 揮発油, ゴム管, 数字(一, 二, 三), 針金, 錐モミ, 直径, 円, 三角形, 地図, 分度器, 捕虫網, 酸素, 炭酸瓦斯, 睡眠剤, 蚊取線香, 紫外線, 太陽灯, 編上ゲ, 現金払渡, 即時払, 利廻, 株, 本立, 筆立, 机, 給仕, 小使, 白墨, 鉛筆, 定規, 襟章, 早引, 居残リ, 算盤, 絵具, 油絵, 消シゴム, 黒板, 教壇, 楷段, 物サシ, 吸取紙, 参考書, 放課後, 課外, 単語帳, 手本, 字引キ, 控室, 筆, 本棚, 本箱, 競争, 試合, 止レ, 進メ, 駈足, 速足, 綱引キ, 縄飛ビ, 逆立チ, 肋木, 高飛, 巾飛, バスケット, バレー, 掃除, 呼鈴, 頤ヒモ, 日覆, 小刀, ナイフ, 槍投, 棒高跳, ペン軸, 砲丸投, 円盤投, 遅刻, 三段飛, 握リ飯, 廊下, 腰掛, 硯, 半紙, ザラ紙, 窓掛, 紙ハサミ, 起立, 気ヲツケ, 着席, 休メ, 廻レ右, 鉄砲, 喇叭, 時間割, 夏休ミ, 欠席届, 放送番組, 蒼氓, 桜音頭, 桜, 畳, 下駄, ×× さん(様), アッサリ(副詞ノ), サムライ, 双六, 尺八, ハイ(応答), 納豆, 沢庵, 三味線, 車(クルマ), 押入レ, 襖, ヒサシ髪, 横笛, 日本刀, 箪笥, 味の素, 油揚ゲ, 竹刀[シナイ], 神様, 浪人, 馬鹿, 畜生, 歌舞伎, 日ノ丸, 桜ンボ, 花見, サヨナラ, オハヨー, 勘定, おまけ, チリ紙, 肩書, 噴水, 見込ミ, 素見[ヒヤカシ], 歯(ハ)刷子[ブラシ], 胴上ゲ, 鋏, 豆本, 按摩, 鍬, ホミ(農具), ゾウリ, 仲居, 球[ミ ], 薬缶, 朴, 植木鉢, 水, 袋叩キ, 煙草[タバコ], オカミサン, 見習ヒ, 素人[シロウト], 玄人[クロウト], お土産品, 漫画, ケチンボ, 貸家, 拳[コブシ], ハイカラ, オイ(呼掛ケ), 朝顔, ボカス(動詞), ワイロ, 和製, 舶来, 生菓子, スキヤキ, スシ, ウドン, オモチヤ, 焼芋, 煎餅,


　이상은 모두 공사립남자고등보통학교 생도를 대상으로 한 조사에 따른 것이다.

　실업학교, 남/녀 성별, 연령차, 지방별, 직업별 등에 따라 현저한 차이가 있지만, 여기에서는 일단 비교적 중견시만을 대표한다고 간주되는 고등보통학교를 대상으로 했다.

제4표(상기의 四는)는 자유연상에 의해 나타난 2천여 단어(생도는 420명) 중 지수가 큰 300단어를 취해 (최저지수 108), 이것을 다시 지시판별법에 의해 회답시켜 지수가 큰 250을 선택한 것이다. 외래어도 그들의 의식에 따라 국어로서 채용했다.

〈자료 2〉村上(1938b: 43, 47)에서 인용.

| A 방언인의 표준어 사용에 대한 의식감정 | A′ 조선인의 국어사용에 대한 의식감정 |
|---|---|
| 상대의 표준어에 대한 자기의 의식감정 | 상대의 국어사용에 대한 자기의 의식감정 |
| 1 상대가 표준어인인 경우<br>　우위, 미, 안정, 진보, 동경 | 1′ 상대가 내지인인 경우<br>　당연(우위, 미, 진보, 동경) |
| 2 상대가 방언인인 경우<br>　부화경솔, 경멸, 부자연스러움, 미, 진보 | 2′ 상대가 조선인인 경우<br>　부화경솔, 경멸, 부자연스러움(진보, 미) |
| 자기의 표준어 사용에 대한 의식감정 | 자기의 국어사용에 대한 의식감정 |
| 3 상대가 표준어인 경우<br>　불안, 수치, 압박 | 3′ 상대가 내지인인 경우<br>　당연(불안, 수치, 압박) |
| 4 상대가 방언인인 경우<br>　부자연스러움, 뽐냄, 미, 우월 | 4′ 상대가 조선인인 경우<br>　부자연스러움, 비하, 뽐냄 |
| 제3자를 의식하는 표준어사용에 대한 의식감정 | 제3자를 의식하는 국어사용에 대한 의식감정 |
| 5 제3자가 표준어인이고 상대도 표준어인인 경우<br>　압박, 수치, 불안 | 5′ 제3자, 상대 모두 내지인인 경우<br>　당연(불안, 압박) |
| 6 제3자가 표준어인이고 상대가 방언인인 경우<br>　부화경솔, 부자연스러움, 불안, 압박, 수치 | 6′ 제3자가 내지인이고 상대가 조선인인 경우<br>　친화(불안, 압박, 수치) |
| 7 제3자가 방언인이고 상대가 표준어인인 경우<br>　우위, 미, 진보, 압박, 수치, 불안 | 7′ 제3자가 조선인이고 상대가 내지인인 경우<br>　당연(우위, 진보, 불안) |
| 8 제3자, 상대가 모두 방언인인 경우<br>　우위, 미, 진보, 안정, 뽐냄, 부자연스러움 | 8′ 제3자, 상대 모두 조선인인 경우<br>　압박, 부화, 뽐냄, 부자연스러움(진보, 미) |

| B 어떤 특정의 경우에 방언인의 방언사용에 대한 의식감정 | B′ 어떤 특정의 경우에 조선인의 조선어 사용에 대한 의식감정 |
|---|---|
| 상대의 방언사용에 대한 자기의 의식감정 | 상대의 조선어사용에 대한 자기의 의식감정 |
| 9 상대가 표준어인인 경우<br> 익살, 친화 | 9′ 상대가 내지인인 경우<br> 모멸 |
| 자기의 방언사용에 대한 의식감정 | 자기의 조선어사용에 대한 자기의 의식감정 |
| 10 상대가 표준어인인 경우<br> 수치, 불안, 비하 | 10′ 상대가 내지인인 경우<br> 곤혹, 수치(당연) |
| 제3자를 의식한 방언사용에 대한 의식감정 | 제3자를 의식한 조선어사용에 대한 의식감정 |
| 11 제3자가 표준어인이고 상대가 방언인인 경우<br> 압박, 불안, 수치 | 11′ 제3자가 내지인이고 상대가 조선인인 경우<br> 당연(압박, 수치, 비하) |

　괄호 안은 2차적 사용 또는 잠재적 의식감정(주: 국어 및 조선어에 대한 그들의 의식감정은 직접적인 조사가 불가능하기에 간접적, 유도적 조사, 회답에 의한다.)

# 슬픈 일본과
## 공생의 상상력

19장

# 지배의 역설·광기의 식민지

나카시마 아쓰시『순사가 있는 풍경』에서의 제국·천황·타자

서동주

## 1. '1923년'의 '조선인 순사'

나카지마 아쓰시(中島敦, 1909~1944)의 문학은 제국일본의 변경을 향한 이동 그리고 그곳에서 이루어진 정주의 체험과 깊이 관련되어 있다. 경성을 배경으로 일본인 소년 '나'와 조선인 '조대환'의 우정을 그리고 있는「호랑이 사냥」(虎狩)의 상상력이 1920년부터 시작된 6년간의 조선체험에 의존하고 있다면, 영국의 모험소설가 스티븐슨(Robert Louis Balfour Stevenson)의 남 양생활기라는 형식을 취하고 있는 장편소설『빛과 바람과 꿈(光と風と夢)』의 창작은 1941년 6월부터 약 반 년에 걸쳐 남양청의 국어교과서 편집서기로서 '남방'의 파라오에 머물렀던 나카지마의 이력 없이는 생각할 수 없다. 여기에서 다루게 되는『순사가 있는 풍경―1923년 한 개의 스케치(巡査の居る風景――一九二三年の一つのスケッチ)』『교우회잡지(校友会雜誌)』(322호, 1929년 6월, 이하『순사가 있는 풍경』)는 이렇게 식민지에서의 체험이 상상력의 근원을 이루는 나카지마 문학의 출발점에 위치한다.

일본근대문학에서는 드물게 피식민자의 내면을 초점화 하고 있는 이 소설은 '조교영(趙教英)'과 '김동련(金東蓮)'이라는 두 명의 주인공이 민족의식

에 눈을 뜨고, 급기야 제국일본의 '식민체제'로부터 '주체적'으로 이탈해가는 모습을 그리고 있다. 그리고 식민체제의 말단을 구성하는 조선인순사 조교영의 '독립운동가'로의 '전향'과 남편의 죽음이 일본인들에 의한 '학살'때문이라는 사실을 알게 된 후 광기어린 모습으로 은폐되었던 학살의 진상을 고발하기에 이르는 김동련의 결단은, 작자 나카지마의 시선이 무엇보다도 피식민자에 대한 차별 위에서 작동하는 식민체제의 불안과 동요를 응시하고 있음을 보여준다.

이 소설에 관한 선행연구는 예외 없이 소설의 내적 세계가 작자 나카시마의 6년간의 조선에서의 체험 위에서 구상되었다는 전제 위에서 전개되고 있다.[1] 하지만 『순사가 있는 풍경』이라는 소설이 담아내고 있는 세계는 작자의 조선 체험의 단순한 반영을 넘어서고 있다. 여기에 재현된 식민지의 세계는 작자의 실제 체험에 기반을 두면서도, 그것에 결코 수렴될 수 없는 어떤 구조적 인식을 내포하고 있다. 본론에서 언급하는 바와 같이, 이 소설의 근저에는 무엇보다도 작자 나카지마가 '열도=일본'과 '반도=조선' 사이를 '왕복'하는 가운데 획득한 어떤 '현실인식'이 작동하고 있다. 여기서 말하는 현실인식이란, 이를테면 '제국'의 테두리 안에서 조선과 일본의 '동일성'을 주장하면서도, 다른 한편으로 일본을 '내지'라 하고 조선을 '외지'로서 구분하고 그 위에서 양자를 '차별적'으로 위치짓는 제국의 지정학적 배치와 이러한 지정학적 상상력 위에서 모순적으로 행사되는 권력에 관한 비판적 인식을 가리킨다.

따라서 이 글이 설정하는 분석의 시점은 식민지에서의 체험을 포괄하는 정주의 경험(현실)과 소설의 내적 세계(상상=허구) 사이의 연관을 향하고 있다. 그리고 이러한 연관 관계의 해명을 위해, 여기에서는 소설의 제목과

---

1) 이 소설에 관한 주요한 선행연구로는 鷲只雄, 『中島敦論—「狼疾」の方法』(有精堂出版, 一九九〇年)과 南富鎭, 「中島敦の初期と朝鮮その浮遊する朝鮮人像」(『稿本近代文学』, 一九九五年 十一月) 등을 들 수 있다.

부제목에서 보이는 '(조선인)순사' 그리고 '1923년'이라는 설정에 주목하고자 한다. 왜냐하면 이러한 설정은 앞서 언급한 작자 나카지마의 '현실인식'이 가져온 필연적 결과로서 간주되기 때문이다. 결국 이 글의 문제제기는 다음과 같은 질문으로 수렴된다. 즉, 나카시마는 왜 '1929년'이라는 시점에서 조선체험의 기억을 '1923년'이라는 시간적 배경 속에서 재현하려 했으며, 그 재현의 중심에 왜 '조선인순사'를 두어야만 했던 것일까?

## 2. 순사가 '보는' 풍경—차별과 동화의 사이에서

나카지마 아쓰시는 왜 식민지 조선의 풍경을 '조선인순사'라는 존재를 통해서 그려야만 했을까? 이 문제를 해명하기 위해서는 우선 조선인순사가 식민지 조선에서 어떠한 존재였는가를 이해할 필요가 있다. 조선인순사는 피식민자의 출신으로서 식민자 측에 가담하고 있다는 점에서 '식민지 내부의 모순을 상징하는 존재'라고 할 수 있다. 한편 역사적으로 볼 때 조선인순사는 3·1운동 이후 피식민자에 대한 차별을 부인하는 제국의 공식담론에 의해 키워짐으로 등장한 존재이기도 하다. 즉, 그것은 이른바 '문화정치' 속에서 태어난 역사적 존재인 것이다. 1935년 조선총독부가 편찬한 『시정25년사(施政二十五年史)』는 조선인순사의 등장과 관련한 역사적 경위를 다음과 같이 기록하고 있다.

> 중앙정부는 총독정치의 근본적 혁신과 함께 해당 제도를 보통경찰제로 변경할 필요를 인정하여, 다이쇼 8년 8월 19일 총독부 관제의 개혁에 즈음하여…종래 조선인에 한하여 임명했던 순사보(巡査補)를 폐지하고, 내선인을 모두 일률적으로 순사로 하여 차별철폐의 뜻을 분명히 하였다.[2]

2) 朝鮮総督府 編, 『施政二十五年史』, 一九三五年, 三三一頁.

여기에서 말하는 '총독정치의 근본적 혁신'이란, 3·1운동 이후 새로 부임한 사이토 마코토(斉藤実) 총독이 천명했던 '무단정치'에서 '문화정치'로의 전환을 의미한다. 사이토 총독은 부임 직후 발표한 성명을 통해 '총독정치 혁신'의 일환으로 추진되는 '관제개혁의 취지는 금상폐하의 말씀(優詔)이 보여주는 바와 같이, 일한병합의 근본이념(本旨)인 일시동인(一視同仁)'에 있다고 전제한 뒤, 그것의 '궁극적 목적'은 '조선인을 유도(誘導)·제시(提撕)하고, 이를 통해 (조선인의) 행복과 이익의 증진을 도모하며, 장래에 문화의 발달과 민력의 충실함에 따라 정치상·사회상의 대우에서도 내지인과 동일하게 대하는 것'에 있다고 밝히고 있다.[3] 덧붙여 사이토의 부임 성명에서 언급되고 있는 '금상폐하의 말씀'이란 다이쇼 천황이 1919년 8월 19일 발표한 '조선총독부관제개혁조서(朝鮮総督府官制改革の詔書)'를 가리키는데, 이 조서 안에는 조선인에 대해 '일시동인'에 입각하여 '신민으로서 추호도 차별이 없도록 하겠다'는 의지가 표명되어 있다.

이렇게 조선인순사의 등장을 가져온 관제개혁의 배후에는 조선인을 '보편적' 왕권으로서의 천황이 통치하는 제국일본의 '신민'으로 재편시키는 아이덴티티를 둘러싼 정치역학이 작동하고 있었다. 달리 말하면 이러한 역학의 기본적 논리란, 민족의 차이를 초월한 왕권에 의한 '차별해소'를 '공식화'하면서 '조선인'이라는 내셔널 아이덴티티의 포기 그리고 제국의 신민으로서의 '일본인'으로의 전환을 요구하는 이른바 '동화주의'적 발상이라고 할 수 있다.

그러나 일본인 상관으로부터 일방적으로 면직을 통보받는 소설의 주인공 조교영의 예가 보여주는 것처럼, 실제로 조선인순사의 급여는 일본인순사의 절반에 지나지 않았으며, 임면권이 도지사와 경찰서장에게도 있었던 탓에 신분은 언제나 불안정한 상태에 처해 있었다.[4] 분명 1920년대의 조선인

---

3) 朝鮮総督府, 『朝鮮総督府官報』, 一九一九年 九月 四日.
4) 국사편찬위원회편, 『한국독립운동사 4』, 正音文化社, 1986.

순사는 차별의 해소를 표방한 제도의 산물이었다. 그러나 그것은 변함없이 건재한 차별의 현실에 노출되어 있다. 즉, 역사적 존재로서의 조선인순사는 이처럼 새롭게 복속된 이민족에 대한 제국일본의 양면적 대우 —차별을 부정하면서 동시에 차별을 지속시키는 양면성(ambivalence)— 을 상징하는 존재라고 할 수 있다.

그리고 소설의 주인공인 조선인순사 조교영의 눈을 통해 그려지는 식민지 조선의 세계 또한 차별의 철폐를 공언하는 공식적인 '평등의 담론'과 식민자인 일본인의 '차별의 시선'이 어지럽게 교차하는 풍경이기도 하다. 소설 속에서 조교영의 시선은 일본인이 발신하는 평등의 담론에 편승하여 '일본인에게 '일본인(천황의 신민)'으로 인정받고 싶은 조선인'을 향하고 있다. 예를 들어 다음의 인용에서 보듯이 전차 안에서 조선인을 향해 '여보(ㅋ ボ)'라 부르는 일본 여성에게 항의하는 조선인 청년도 그 가운데 한 명이다.

> —여보씨 자리가 비었으니 앉으세요라고 친절하게 말했는데 왜 화를 냅니까?
> 차내 여기저기서 실소(失笑)가 일어났다. 청년은 포기한 듯이 잠자코 이 무지한 여자를 노려보았다. 교영은 다시 우울해졌다. 왜 이 청년은 저런 논쟁을 하는 것일까? 이 온건한 항의자는 왜 자신이 타인이라는 것을 그렇게 영광스럽게 생각하는 것일까? 왜 자신이 자신인 것을 부끄러워하는 것일까?[5]

인용의 후반부에 주목해본다면, 조선인 청년이 일본인 여성에게 항의한 이유는 그녀가 조선인을 향해 '여보'라는 차별적 의미가 담긴 말을 사용했기 때문만은 아니다. 항의를 촉발시킨 보다 근본적인 동기는 '여보'라는 표현이 '말하는' 일본인과 '듣는' 조선인이라는 관계를 전제로 하는 까닭에, 거기에는 항상 조선인을 일본인으로부터 구별하는 의식을 동반한다는 점에

---

5) 『中島敦全集 第二巻』, 筑摩書房, 一九七六年, 五二頁.

있다고 할 수 있다. 따라서 항의하는 조선인 청년의 논리는 다음과 같은 것이다. 즉, 한일병합 이후 조선인도 일본제국의 신민이 되었다면, 조선에서 태어난 사람들을 일본인과 구별되는 존재로 환기시키는 용어를 사용해서는 안 된다는 것이다. 따라서 조교영에게 비친 청년의 심리란, '조선인'(자신)이라는 사실을 수치스러워 하고, '일본인'(타인)으로 인정받는 것에서 영광을 느끼는 것이 되는 것이다.

보편적 왕권의 통치에 의해 보증되는 제국의 신민으로서의 '일본인'이 아니라, 여전히 '조선인'으로 구별되고 있다는 것에 항의하는 조선인 청년의 모습에서 깊은 '우울'을 느낀 조교영은, 며칠 전 경성부회의원 선거연설장에서 '능숙한 일본어'로 자신의 포부를 밝히던 조선인 후보를 머릿속에 떠올린다. 연설 도중 일본인으로부터 '닥쳐, 여보인 주제에'라는 야유를 들어야 했던 조선인 후보는, 야유한 일본인이 연설회장 밖으로 끌려나가자 '한 층 더 큰 목소리'로 다음과 같이 외친다.

> ―저는 지금, 대단히 유감스런 말을 들었습니다. 그러나 저는 저희들도 또한 영광스런 일본인이라는 것을 굳게 믿고 있습니다.
> 그러자 곧이어 연설회장 일각에서 우렁찬 박수가 일어났다.[6]

일본인들을 향해 자신은 영광스러운 일본인이라는 것을 굳게 확신한다고 외치는 조선인 후보의 태도가 '친절한' 일본인과 말다툼을 벌였던 조선인 청년의 심리와 동일한 성격의 것임은 두말할 나위도 없다. 즉, 두 사람 모두 일본인에게 '일본인' ―제국일본의 신민― 으로 인정받고 싶다는 욕망에 구속되고 있다. 달리 말하면 이들은 조선인의 일본인화를 이념으로 하는 동화주의의 논리를 내면화 한 피식민자라고 할 수 있다.

---

6) 『中島敦全集 第二巻』, 五三頁.

그렇다면 항의하는 청년과 조선인 후보처럼 문화정치의 시대 속에서 일본인이 되고자 하는 조선인, 즉 동화주의의 논리를 내면화한 피식민자를 주인공 조교영은 어떤 시선으로 바라보고 있는 것일까? '일본인'이 되고 싶다는 욕망을 드러낸 두 사람의 조선인을 향했던 조교영의 시선은 결국 조선인으로서 일본인을 위해 '순사'로 살아가는 자신으로 옮겨 간다.

> 그는 지금 그 일을 떠올렸다. 그리고 그 후보를 이 청년과 비교해보았다. 그리고
> 다시 한 번 일본이라는 나라(国)를 생각해보았다. 조선이라는 민족을 생각해 보
> 았다. 자신에 대해서도 생각해보았다. 나아가 자신의 직업을 그리고 지금 자신
> 이 돌아가려고 하는 아내와 자식을 떠올렸다.
> 사실 그의 마음은 요즘 '무언가를 잃어버렸을 때 사람이 느끼는' 왠지 차분하지
> 못한 상태였다. 이루지 못할 의무의 중압감이 언제나 머리 어딘가에 무겁게 자
> 리 잡고 있는 느낌이기도 하다. 그러나 그 무겁고 괴로운 압박이 어디서부터 오
> 는지, 애써 물으려 하지 않았다. 아니, 그것이 두려웠던 것이다. 자기 자신을 눈
> 뜨게 하는 것이 무서운 것이다. 자기 자신을 자극하는 것이 두려웠던 것이다.[7]

조교영이 두 명의 조선인을 통해 떠올린 '일본이라는 나라'가 조선인도 '일본인'이라 말하면서 한편으로 변함없이 차별을 지속하는 '제국일본'을 가리킨다면, '조선이라는 민족'이란 아마도 일본인으로부터 차별을 받으면서도 '일본인'으로서 일본인에게 인정받고 싶다는 욕망을 버리지 못하는 조선인을 의미할 것이다. 그리고 그는 자신 또한 일본인으로부터 '일본인'으로서 인정받고 싶다는 욕망에 이끌리고 있지 않은지 되묻는다. 인용의 후반부에서 알 수 있듯이, 조교영은 순사로서 살아가는 자신에게도 조선인 청년과 조선인 후보자가 드러냈던 '일본인이 되고 싶다'는 욕망이 자리잡고 있음을 인지하고 있다. 그러나 그는 그 이상 사고를 진전시키지 않는다. 즉 조교영은

---

7) 『中島敦全集 第二巻』, 五三頁.

일본인으로서 인정받고 싶다는 욕망을 드러내는 조선인에게 '우울'을 느끼고, 또한 자신의 내부에도 그러한 욕망에 이끌리고 있음을 인지하면서도, 그 문제에 직면하기를 회피하고 있는 것이다.

그렇다면 이렇게 1920년대 '문화정치'의 시대를 배경으로 하여 일본인에게 '일본인'으로 인정받고 싶은 욕망을 드러내는 조선인들을 통해 나카시마가 말하고자 했던 것은 무엇일까? 무엇보다도 이 소설은 동화주의가, 식민지의 현실에 만연한 차별을 은폐하기 위한 정치적 수사가 아니라, 본질적으로 차별의 현실 위에서 힘을 발휘하는 이데올로기라는 것을 드러내고 있다. 그런 의미에서 이 작자 나카지마의 초점은 동화주의가 피식민자에게 초래한 민족 아이덴티티를 둘러싼 동요와 혼란을 향해 있다고 할 수 있다. 결국 '여보'라는 호칭에 반발하는 조선인 청년과 일본인의 야유를 듣고 더욱 소리를 높여 자신은 영광스런 일본인이라고 주장하는 조선인 후보는, 차별이 강화될수록 일본인(제국의 주체)을 향한 욕망도 커져갈 수밖에 없는 피식민자의 굴절된 내면을 상징하는 존재로서 그려지고 있다고 할 수 있다.


### 3. 순사가 '있는' 풍경―동화주의의 역설

피식민자에 대한 차별을 부정하는 담론에 의해 등장한 조선인순사 조교영의 시선은 차별이 심할수록 '일본인'을 향한 욕망도 그 만큼 커져만 가는 피식민자의 내면 풍경을 향하고 있다. 동시에 그 굴절된 풍경은 타인의 풍경에 그치지 않고 '조선이라는 민족'(조선인)과 '일본이라는 국가'(순사) 사이에서 아이덴티티의 혼란에 괴로워하는 조교영 자신의 모습이기도 하다. 그리고 이들은 예외 없이 일본인으로부터 제국의 신민이라는 주체로서 호명받고 싶다는 욕망을 드러내고 있다는 점에서, 동화주의를 배경으로 하는 문화정치의 시대적 산물이라고 할 수 있다.

그런데 1920년대를 통해 조선인순사만이 민족적 아이덴티티를 둘러싼 혼란을 겪었다고 할 수는 없다. 조선인순사는 분명 차별을 둘러싼 식민지적 모순, 즉 차별의 현실에 기생하여 확산되는 평등의 담론 사이의 모순과 분리될 수 없지만, 그 자체가 그러한 식민지의 현실을 '총체적'으로 상징하는 존재는 될 수 없다. 그렇다면 여전히 다음과 같은 문제는 남는다. 즉 작자 나카시마는 왜 조선인순사라는 존재에 집착했던 것일까?

소설 속 조선인순사 조교영의 이야기는 그가 면직 처분을 받은 후 독립운동에 대한 결의를 나타내는 장면으로 막을 내리고 있다. 그의 면직을 가져온 직접적 계기는 조선인 학생과 일본인 학생 간의 '난투사건'에 대한 차별적인 처분을 둘러싸고 상관과 언쟁을 벌인 사건이다. 그러나 순사에서 독립운동가로 '전향'을 가져온 보다 결정적인 계기는 조교영 자신이 조선인 총독암살미수범을 체포하는 사건이다. 아래의 인용에서 보는 바와 같이, 조선인 암살미수범을 자신의 손으로 체포한 순간, 조교영은 일본인과 조선인이 '지배/피지배'의 관계로 마주하고 있는 식민지의 현실 속에서 자신이 어떤 위치에 놓여있는지를 직시하게 된다.

> 그(총독암살미수범)의 팔을 붙잡고 있는 조교영에게 그의 눈빛은 견디기 어려운 것이었다. 그 범인의 눈은 뭔가를 분명히 말하고 있다. 교영은 평소 느끼고 있었던 어떤 압박감이 이십 배의 무게로 자신을 짓누르는 느낌이 들었다.
> 붙잡힌 자는 누구인가?
> 붙잡은 자는 누구인가?[8]

조선인 암살미수범을 체포하는 순간에 조교영이 느낀 '압박감'은, 아마도

---

8) 『中島敦全集 第二巻』, 五九頁.

한편으로 동화주의의 논리를 내면화한 조선인에게 느끼는 '우울'과 다른 한 편 순사로 살아가며 자신도 이들처럼 일본인으로서 인정받고 싶다는 욕망에 이끌리고 있다는 불편한 진실 사이에서 발생하는 격렬한 심리적 동요를 의미할 것이다. 이러한 아이덴티티를 둘러싸고 일어난 내적 모순의 결말로 서, 작자 나카지마는 조선인순사가 조선인을 체포(억압)하는, 이른바 같은 민족 간의 갈등이라는 비극을 설정하고 있는 것이다.

한편 이 소설의 구성상의 특징은 순사인 조교영과 창부로 살아가는 김동 련이라는 두 명의 주인공에 관한 이야기가 전혀 교차하지 않는다는 점에 있 다. 두 사람은 차별 가득한 식민도시 경성을 살아가는 피식민자로서 그려지 고 있지만, 소설의 세계에서 결코 만나지 않고 있다. 그리고 이러한 구성은 창부인 김동련의 이야기가 어떤 이유로 '순사가 있는 풍경'의 일부로서 포함 될 수 있는가에 대한 의문으로 이어진다. 이 문제와 관련하여 눈여겨 볼 부 분은 조선인이 조선인을 체포하는 장면이 조교영의 이야기만이 아니라, 김 동련의 이야기에서도 반복되고 있다는 점이다. 예를 들어 김동련의 이야기 에서 체포의 순간은 다음과 같이 그려지고 있다.

결국 순사가 와서 그녀(김동련)를 붙잡았다.
―조용히 하지 못할까? 조용히!
그녀는 그 순사에게 거칠게 대들더니, 갑자기 끓어오르는 슬픔에 눈물을 흘리며 외쳤다.
―너도 같은 조선인인 주제에, 너도, 너도…[9]

김동련은 관동대지진 당시 일어난 조선인학살 사건을 사람들에게 알리려 고 했기 때문에 체포를 당하게 된다. 같은 조선인을 체포하는 순간에 조교영

---

9)『中島敦全集 第二巻』, 六二頁.

이 괴로운 '압박감'을 느꼈다면, 조선인순사에게 체포된 김동련은 오히려 '슬픔'을 느끼고 있다. 그리고 이러한 감정이 일본인들에 의해 은폐되어 온 조선인학살 사건을 고발하는 행위가 다름 아닌 사건의 피해자인 조선인에 의해 저지되는 역설적 상황에 의해 초래된 것임은 두말할 나위도 없다.

따라서 소설의 세계 속에서는 결코 교차하지 않는 조교영과 김동련의 이야기는 다음과 같은 점에서 구조적인 관련성을 갖는다. 첫째, 조교영과 김동련을 주인공으로 하는 두 개의 이야기는 각각 '체포하는 자의 이야기'와 '체포되는 사람의 이야기'로서 대응하고 있다. 다시 말해 두 사람의 이야기는 '체포'라는 권력의 행사를 둘러싼 상반된 입장을 대변하고 있다. 둘째, 체포가 이루어지는 순간은 식민지의 어떤 역설적 정황을 나타낸다. 예컨대 조교영의 이야기는 일본인으로서 인정받고 싶다는 욕망이 같은 조선인에 대한 억압으로 귀결되는 '역설'을 보여주고 있으며, 김동련의 이야기에서는 일본인에 의한 차별(학살)을 고발하는 조선인이 조선인순사에 의해 그 행위를 저지당하는 부조리(不條理)로서 나타나고 있다. 셋째, 두 개의 이야기는 공통적으로 체포라는 사건을 주인공이 피식민자로서의 조선인이라는 아이덴티티를 자각하는 계기로서 위치짓고 있다.

그렇다면 체포라는 식민체제의 억압적 권력행사를 둘러싸고 조선인들이 서로 대면하는 순간, 양자가 모두 피식민자로서의 조선인이라는 아이덴티티를 자각하는 설정이 의미하는 것은 무엇일까? 그것은 조선인과 일본인의 민족적·정치적 차별을 부정하는 동화주의의 논리가 현실에서는 거꾸로 양자의 차별적 관계를 적나라하게 표출시키는, 이른바 동화주의의 모순적 운동이다. 왜냐하면 조선인들이 체포라는 권력의 행사를 둘러싸고 대립하게 된 것은 다름 아닌 '차별철폐'의 명분 아래 일부의 조선인들을 식민체제에 편입시킨 동화정책의 결과이기 때문이다. 달리 말하면 이 소설이 그리고 있는 것은 동화주의가 외부의 비판에 의해서가 아니라 자신의 현실적 전개 속에

서 파탄을 맞이하는 '역설적' 풍경이라고 할 수 있다.[10]

이렇게 동화주의를 자기파멸의 계기를 내포한 모순적 운동으로 포착하는 나카지마의 인식은 국민국가란 영토·민족·국가에 관한 이른바 '동일성'의 원리에 근거하고 있기 때문에 '국민국가가 정복자로 나타나면 반드시 피정복 민족은 민족의식과 자치에 대한 요구를 자각하게 된다(국민국가의 딜레마)'고 언급한 한나 아렌트(Hannah Arendt)와 깊이 공명한다. 예컨대 아렌트는 다음과 같이 말한다.

> 정복이나 제국 건설이 비난받는 데에는 정당한 이유가 있다. 로마 제국처럼 일
> 차적으로 법에 기오하기 때문에 정복 이후에 보편적 법을 가장 이질적인 민족들
> 에게도 적용함으로써 이들을 통합할 수 있던 정부만이 이 일을 성공적으로 수행
> 해왔던 것이다. 그러나 국민국가는 정부에 대한 동질적인 주민의 능동적 동의
> ('매일의 인민투표')에 기반을 두고 있었기 때문에 통일적인 원칙이 없었다. 따라
> 서 정복할 경우에 통합보다 동화시켜야 하고 정의보다는 동의를 강요해야 했다.
> 다시 말하면 독재로 변질될 수밖에 없는 것이다. 로베스피에르가 "만약 식민지
> 들이 우리에게 명예와 자유의 비용을 치르게 한다면 식민지들은 멸망한 것이다"
> 고 외쳤을 때 그는 이 사실을 이미 인식하고 있었다.
> …(중략)…
> 경제 구조와 달리 정치 구조는 무한히 확장될 수 없다. 정치 구조는 인간의 무한
> 한 생산성에 기반을 두고 있지 않기 때문이다. 모든 형태의 정부와 조직체 가운
> 데 국민국가는 무한 성장에 가장 부적합하다. 그 토대에 대한 진정한 동의가 무
> 한히 확장될 수 없고 또 피정복 민족들에게서 진정한 동의를 얻어내기가 매우
> 힘들기 때문이다. 어떤 국민국가도 떳떳한 양심으로 이민족 정복을 시도할 수
> 없었다. 그런 양심은 정복국가가 야만족에게 우월한 법을 강요한다는 확신이 설
> 경우에만 생겨날 수 있기 때문이다. 그러나 국민은 자국의 법을, 자기 민족과 영

---

10) 덧붙여 자기모순 속에서 파탄을 맞이하는 동화주의라는 주제는 순사인 조교영이 독립운
동가로의 '전향'을 결심하고, 창부인 김동련이 은폐된 학살에 관한 진상을 고발하는 저항
을 감행하는 저항행위 속에도 내포되어 있다는 점을 덧붙일 필요가 있다.

토 밖에서는 타당성을 상실하는 유일한 국민적 실체의 부산물로 생각했다.[11]

　주지하는 바와 같이 제국일본은 '문화정치'의 실시를 천명하면서 '일시동인'에 의한 '차별의 해소'와 조선의 '문명화'를 약속(?)했다. 그러나 실제로 본국의 정치 제도가 식민지 조선에 동일하게 적용된 적은 없었으며, 그러한 제도 운용의 이중성은 조선의 '낮은 민도(民度)'라는 이유로 정당화되었다. 식민지 민족을 일본이라는 국민국가 체제 안으로 통합하기 위해 '동화'를 실시했지만, 권리의 평등은 '담론'의 수준에 머물렀을 뿐, '제도'로 정착되지 못했다. 대신 아렌트가 지적한 바와 같이 강제적 통합을 위한 '독재'가 지속적으로 이루어졌을 뿐이다.

　작자 나카시마가 조선인순사를 통해 식민지의 풍경을 보고자 했던 이유는 무엇일까? 그것은 다음과 같은 두 가지의 '역설'을 통해 설명할 수 있을 것이다. 하나는 민족 간 차별을 부정하는 동화주의의 논리에 의해 등장한 조선인순사가 결과적으로 피식민자의 민족의식을 자극해버리는 역설이다. 또 하나의 역설은 식민체제의 권력을 대행하는 조선인순사와 같은 존재를 통해 '지배하는 일본인/지배받는 조선인'이라는 식민지의 기본적 권력관계가 조선인들 사이의 대립으로 지환되어버리는 동생이나. 나카지비는 무엇보다도 제국에 의한 '압제'를 피식민자 출신의 '대리인'을 통해 피식민자 사이의 대립으로 치환해버리는 제국일본의 '기만적' 지배를 문제시했다고 할 수 있다. 그리고 그러한 기만적 지배가 식민체제의 동요와 파탄으로 귀결될 것임을 암시적으로 그려내고 있었다.

---

11) 한나 아렌트, 이진우 · 박미애 역 『전체주의의 기원1』, 한길사, 2006, pp. 271-273.

## 4. '1923년'과 제국 속의 천황

작자의 조선 체험이 바탕이 되고 있는 소설 『순사가 있는 풍경』은 '1923년'이라는 시간을 배경으로 전개되고 있다. 실제로 나카시마가 조선에서 생활했던 기간이 1920년부터 26년까지였다는 점을 생각하면, '1923년'이라는 시간 설정은 작자의 특별한 의도를 강하게 환기시킨다. '1923년'의 설정과 관련하여 지금까지의 선행연구는 그것을 1923년이라는 특정한 시간에 주목하기보다는 작자 나카지마의 조선체험에 환원시키거나, 관동대지진과 그때 일어난 조선인학살 사건에 관련시키는 방식으로 이루어져 왔다.[12]

분명 남편이 지진에 휘말려 사망한 탓에 생활을 위해 창부의 길을 선택하게 된 김동련의 과거는, '1923년'이라는 시간적 배경의 설정에 관동대지진과 조선인학살 사건이 관련되어 있음을 보여준다. 그러나 '1923년'의 의미를 생각할 때 1923년에 재일조선인에 대한 학살사건만이 아니라 동시에 조선인의 일본도항에 관한 규제가 철폐하는 이른바 '자유도항제도'가 처음으로 실시되었다는 것에 주목할 필요가 있다. 왜냐하면 김동련의 남편이 1923년 여름 돌연 일본행을 결심하는 장면은 나카지마가 '자유도항제도'를 소설세계를 구성하는 역사적 맥락으로 의식하고 있었음을 보여주기 때문이다.[13]

'자유도항제도'는 정확히 말하면 1922년 12월 15일부터 실시되었다. 이것

---

12) 예컨대 남부진은 '작품의 부제는 1923년에 한정되어 묘사되고 있는 것이 아니라 나카지마의 조선에서의 모든 인식에 기반하고 있다'고 언급하여 '1923년'의 설정을 작자의 조선체험에 환원시켜 이해할 것을 주장하고 있다. 한편 모로오카는 1929년에 접어들어 과거 관동대지진 당시 활약했던 자경단이 '대일본연합청년단'으로 개편되면서 도쿄의 치안유지에 적극적으로 관여했던 동시대의 상황을 '1923년' 도입의 역사적 맥락으로 거론하고 있다.(諸岡知徳,「中島敦『巡査の居る風景』論—「奴等」/「俺達」の物語—」,『甲南大学紀要 文学編』一九八九年)

13) 김동련 남편의 일본도항에 관한 내용은 다음과 같이 제시되어 있다. 김동련은 손님인 조선인 남성과의 대화 도중, 지진이 일어났을 때 남편이 일본에 있었느냐는 조선인 남성의 질문에 다음과 같이 대답한다. "그래, 여름에 장사하는 데 좀 볼일이 있다면서 친구랑 함께, 그것도 바로 돌아오겠다고 하고 도쿄에 갔던 거야…그런 뒤로 돌아오지 않은 거야." (『中島敦全集 第二巻』, 六〇~六一頁.)

은 3 · 1운동 직후 일본의 치안유지를 위해 조선총독부가 경무총감령 제3호로 공포했던 '조선인의 여행규제에 관한 건'(1919년 4월)을 계기로 도입된 '도항증명제도'의 폐지를 의미한다. 자유도항제도 실시의 배경에는 1920년 이후 다수의 조선인이 경제적인 목적으로 일본도항을 희망했다는 사정이 있다. 그러나 무엇보다도 자유도항제도의 실시가 '일시동인'의 이념과 '차별철폐'의 논리에 의해 뒷받침되고 있었다는 점이 중요하다.[14] 야마와키 게이조(山脇啓造)는 『근대일본과 외국인노동자(近代日本と外国人労働者)』에서 자유도항제도의 실시와 동화주의의 관계에 관해 다음과 같이 적고 있다.

> 조선이 일본의 식민지였기 때문에 조선인도 일본인과 같은 제국의 신민이라는 '일시동인'의 방침 상, 그것이 비록 표면적인 것이었다 할지라도 그 방침에 따른 '정당'한 이유가 없다면 도항을 관리하는 것은 가능해도 제한을 두기는 곤란한 측면이 있었다. 그런 측면이 현저하게 나타난 것이 1922년 12월과 1924년 6월에 실시된 도항증명제도의 폐지이다.[15]

'1923년'에 '자유도항제도'와 '조선인학살사건'이 동시에 일어났다는 점에 주목해 본다면, 그 해는 조선인을 제국의 신민으로 인정한다는 논리와 식민지의 타자를 배척하는 일본인의 배외주의적 심성이 교차하는 시간으로서 새로운 의미가 부여된다.

그렇다면 나카지마는 왜 '1929년' 시점에서 이러한 '1923년'의 모순적 역사를 문제 삼았던 것일까? 여기서 중요한 것은 천황제 이데올로기가 제국의

---

14) 주지하는 바와 같이 토지조사사업의 결과로 실업률이 급증한 가운데, 조선 내부에는 조선보다 상대적으로 임금 여건이 나은 일본으로 건너가기를 희망하는 사람이 증가하는 추세였다. 이런 사정을 반영하여 1922년에 『동아일보』는 '여행증명의 폐지를 주장한다'는 제목의 사설을 게재하기도 하였다. 이 사설은 일본인에게 허용된 여행의 자유가 조선인에게 인정되고 있지 않은 현실을 '차별'로서 지적하고 있는데, 실제로 조선총독부는 '자유도항제도'의 실시의 배경으로 '일시동인'에 입각한 '차별철폐'의 실현을 들고 있다.

15) 山脇啓造, 『近代日本と外国人労働者』, 明石書店, 一九九四年, 二七一頁.

본국과 식민지에서 이중적으로 작용했다는 점이다. 적어도 나카지마가 경험했던 조선에서의 천황제 이데올로기는 '일시동인'의 모습이었다. 그것은 표면적으로 조선인도 제국일본의 '신민'으로 간주하는 이른바 이민족 통합의 이데올로기로서 기능했다. 그러나 일본으로 돌아온 나카지마 앞에 나타난 천황은 식민지에서의 모습과는 달리 내셔널리즘(민족주의)의 문맥 안에서 존재하고 있었다. 예컨대 쇼와 천황의 즉위식이 있었던 1928년의 천황은 '단일민족론에 의거한 가족국가' 일본의 중심으로 표상되고 있었다.[16]

　　1928년 일본에서는 쇼와 천황의 즉위식에 앞서 3월 15일에 '국제파괴세력'에 대한 전국적인 검거사건(이른바 3·15사건)이 있었으며, 특히 즉위식을 앞두고는 외국인, 무엇보다 조선인들은 치안당국의 과도한 경계심의 표적이었다. 당시 일본대중당의 아사하라 겐조(浅原健三)는 제국의회 발언을 쇼와천황의 즉위식을 앞둔 시점에서 치안당국이 보여준 재일조선인에 대한 태도에 관해서 다음과 같이 증언하고 있다.

　　특히 조선인에 대한 단속은 말로 표현할 수 없을 정도이다. 시모노세키에서 도쿄로 들어오는 직통열차에 올라타서 거기에 조선인이 있다면 어떤 이유, 어떤 근거도 없으면서도, 극단적인 방법으로 제한했다는 것을 우리는 알고 있다. … 혹은 화물의 검사, 숙소와 직업에 관한 심문 등 모든 방법을 이용해 어대전 시기 조선인의 입국을 저지하려 했다. … 어대전(御大典) 중에 조선인에 대한 태도는 조선인이라면 무슨 일을 저지를지도 모른다는 것을 전제로 하여 이루어졌다고 할 수 있습니다.[17]

---

16) 쇼와 천황의 즉위식을 앞두고 전격적으로 실시된 좌익세력에 대한 대대적인 검거와 관련하여 당시 하라 법무상은 공식 성명서 속에서 '우리 대일본제국은 하나의 민족으로 조직되어, 위로는 황실을 중심으로 원만한 가족을 이루고 있다'고 말하고 있는데, 이것은 당시 일반적으로 통용되었던 단일민족론에 입각한 가족국가론의 전형적인 논법이라고 할 수 있다.(原法相,「痛心の極み」,『大阪朝日新聞』, 一九二八年 四月 十一日付)
17) 荻野富士夫,『特高警察体制史―社会運動抑圧取締の構造と実態』, せきた書房, 二〇〇一年.

그렇다면 나카지마가 '1929년'의 시점에서 '1923년'에 주목한 이유는 다음과 같이 설명할 수 있다. 1926년 일본으로 돌아온 나카시마가 1928년에 경험한 천황은, 앞서 언급한 것처럼 일본적 내셔널리즘의 상징, 달리 말하면 이민족을 배제하는 논리로 기능했던 억압적인 권력의 모습이었다. 반면 그가 약 6년간 생활했던 식민지 조선에서의 천황은 기본적으로 '일시동인'의 모습을 띤 이민족통합의 상징이었다. 그리고 일본(열도)와 조선(반도) 사이의 이동(왕복)이 그에게 식민지 속에서 천황이 가지는 정치적 의미의 차이, 좀 더 구체적으로 말하면 모순적으로 존재했던 본(열도)와 조선의 양면성에 관한 인식을 제공한 것으로 보인다. 그러한 인식 위에서 '자유도항제도'와 '조선인학살사건'이 교차하는 '1923년'의 시간이 다민족 제국 속에서 천황이 보여주었던 양면성을 하나의 거울처럼 비추고 있다는 것에 도달한 것이 아닐까. 결국 1928년의 경험에서 획득한 천황제의 모순적인 구조와 제국 역사 속에서 '1923년'이 가지는 상징적 의미의 유사성에서, 나카시마는 '1929년'의 시점에서 차별의 시선과 평동의 담론이 교차하는 식민지의 풍경을 '1923년'이라는 시간 속에 담아내야만 했던 것은 아닐까?

## 5. 동일화를 거부하는 타자표상

나카지마 아쓰시가 『순사가 있는 풍경』에 재현한 세계는 단순히 차별이 가득한 식민지의 풍경은 아니었다. 무엇보다 '조선인순사'와 '1923년'이라는 설정에 관한 분석을 통해 밝혔듯이, 그것은 차별의 구조와 함께 기능하는 동화주의의 모습이었으며, 달리 말하면 차별을 부정하면서 다른 한편으로 차별을 지속시키는 제국일본의 차별을 둘러싼 양면성이었다. 그리고 조선인이 조선인을 체포·억압하는 장면을 통해 식민지의 지배관계를 피식민자

간의 대립으로 대체시키는 기만이, 도리어 피식민자들의 민족의식을 자극시키는 동화주의의 역설을 포착하고 있다.

다만 동화주의가 피식민자의 민족의식을 자극하는 역설을 주제화하고 있는 이 텍스트의 결말에서 조교영이 보여주는 순사에서 독립운동가로의 '전향'이 '현실'이 아니라 '상상' 혹은 '결심'의 방식으로 제시되고 있는 부분은 이러한 주제의식의 후퇴처럼 보이기도 한다. 왜냐하면 조교영의 이러한 전향은 결심과 가능성의 영역을 벗어나지 못하고 있을 뿐만 아니라 이후 그의 선택은 미결정의 상태로 남아있기 때문이다. 그러나 결론적으로 말하면 이러한 설정은 주제의 후퇴라기보다는 동화주의에 내재하는 타자인식에 대한 작자의 근본적인 비판의 귀결점으로서 이해된다.

조선인의 일본인화를 의미하는 제국일본의 동화주의는 눈앞에 존재하는 조선의 타자성을 부정적인 것으로 간주하고 그 위에서 그것을 미래에 소거하는 논리에 근거하고 있다. 그러한 논리를 지탱하는 전제란, 조선 혹은 조선인을 인식대상으로서 설정하고 그것에 대한 이해, 변형, 조작의 가능성을 확신하는 심적 태도일 것이다. 즉, 여기에서 조선이 띠고 있는 타자성은 이쪽=제국의 계획에 의해 변형, 혹은 극복 가능한 대상에 지나지 않는 것이다. 이렇게 미래에 있어서 타자성의 소거가 기획되고 있다는 점에 주목한다면, 동화주의란 타자를 최종적으로 이쪽=제국이 준비한 동일성 속으로 회수, 포섭하는 운동이라고 할 수 있다.

이렇게 동화주의를 차이를 띠고 현전(現前)하는 타자를 제국=식민자가 준비한 아이덴티티로 변형시키는 행위로 간주한다면, 동화주의에 대한 비판적 담론도 그것이 조선의 미래에 관한 확정적인 발화의 형태로 나타날 경우, 동화주의가 내포하고 있는 타자성의 소거라는 문제에 공범적(共犯的)으로 관여하지 않을 수 없다.[18] 왜냐하면 거기에도 또한 피식민자의 미래를 식

---

18) 예를 들어 1920년대 일본의 사회주의자들은 '민족'보다 '계급'을 우선시 하였고, 이러한 사

민자 측이 마련한 구도 속으로 회수, 포섭하는 힘이 작동하고 있기 때문이다. 따라서 조의 '전향'을 확정적으로 기술하는 것은 그를 통해 표상되는 조선의 미래에 대한 점유 혹은 지배로 연결된다. 나카지마가 선택한 조교영의 미래에 관한 모호한 서술은, 이런 점에서 타자인 조선의 미래를 결정할 권리가 이쪽=일본인에게 과연 존재하는가라는 질문과 밀접하게 관련되어 있다.

나카지마의 동화주의에 대한 시선은 그것이 모순적인 운동 속에서 파탄에 이르는 이데올로기라는 것을 보여줌과 동시에 그것이 내포하는 타자의 미래에 대한 일방적인 점유라는 문제에까지 미치고 있다. 그렇기 때문에 그는 조교영의 미래를 단정적으로 서술하는 것에 신중한 태도를 보인 것이 아닐까? 조교영의 모호한 미래는 그런 의미에서 주제의 후퇴가 아니라, 오히려 동화주의가 안고 있는 정치성에 대한 근본적인 비판이 가져온 필연적 결말로서 봐야할 것이다. 여기에 조선이라는 타자를 조작 가능한 인식대상으로서 간주한 동시대의 담론 —그것이 식민지주의적이든 반식민지주의적이든— 과 구분되는 나카지마의 조선인식의 고유한 위상을 확인하게 된다.

---

고에 근거하여 일반적으로 민족주의에 입각한 조선의 독립운동을 부정적으로 평가하는 경향을 드러내고 있었다.(石坂浩一の,『近代日本の社会主義と朝鮮』, 社会評論社, 一九九三年)

# 색인

# 필자소개

## ▌정형(鄭灐)

단국대학교 일어일문학과 교수, 동교 일본연구소장. 2011년 한국일어일문학회 회장.
일본근세문학, 일본근세사상, 일본문화론 전공.
주요 업적은 『일본문학 안의 에도도쿄표상연구』(2009), 『日本近世文學과 神佛』(2008), 「사이카쿠
(西鶴)의 우키요조시(浮世草子)에서 본 자연—본조이십불효(本朝二十不孝)의 천(天)의 용례를 중
심으로」(2013), 「韓國における日本近世古典人文學資料の出版および研究の動向」(2013) 등 다수.

## ▌한경자(韓京子)

경희대학교 일본어학과 교수.
일본 근세 희곡, 일본전통예능 전공.
주요 업적은 『일본문학 속 에도·도쿄표상연구』(2009), 『에로티시즘으로 읽는 일본문화』(2013),
「왕위계승분쟁을 통해 본 조루리 작가의 천황관」(2011), 「국학자의 『쇄국론』 수용과정과 야마토다
마시이(大和魂)의 재정의」(2012) 등 다수.

## ▌서동주(徐東周)

서울대학교 일본연구소 HK연구교수.
일본근현대문학, 표상문화연구 전공.
주요 업적은 「나카노 시게하루와 조선—연대하는 사유의 모놀로그」(2012), 「1938년 일본어연극
〈춘향전〉의 조선'귀환'과 제국일본의 조선 붐」(2013), 『전후 일본의 지식풍경』(공저, 2013) 등 다수.

## ▌이상훈(李相薰)

한국외국어대학교 일본학부 교수.
현대일본정치, 정치과정론 전공.
주요 업적은 『일본의 정치과정—국제화시대의 행정개혁』(2003), 『日本政治—過去と現在の對話』
(공저, 2005), 「고이즈미수상의 야스쿠니신사참배에 관한 소고」(2010), 「韓日間における歷史教科書
問題を見る観点」(2012) 등 다수.

## ▌나미가타 쓰요시(波潟剛)

규슈대학(九州大学) 비교사회문화연구원 준교수.
일본근현대문학·비교문학 전공.
주요 업적은 『越境のアヴァンギャルド』(2005), 『知の加工学』(2011), 「昭和モダンと文化翻訳—エロ·
グロ·ナンセンスの領域」(2009), 「李箱がエリートだった頃—京城博覧会の光景—」(2006) 등 다수.

## ▌히오키 다카유키(日置貴之)

도쿄대학(東京大学)대학원 인문사회계연구과 박사과정.
일본근세연극 전공.
주요 업적은 「三遊亭円朝「英国孝子之伝」の歌舞伎化」(2012), 「黙阿弥「東京日新聞」考—鳥越甚内と
景清」(2013) 등 다수.

446

## ▌이시준(李市埈)

숭실대학교 일어일본학과 교수.

일본설화문학, 동아시아비교설화 전공.

주요 업적은 『세계속의 일본문학』(공저, 2009), 『일본의 이해－체험과분석』(공저, 2009), 『漢文文化圈の說話世界』(공저, 2010), 『東アジアの今昔物語集』(공저, 2012), 『說話から世界をどう解き明かすのか』(공저, 2013) 등 다수.

## ▌최광준(崔光準)

신라대학교 일어일문학과 교수. 2014년 한국일어일문학회 차기회장.

日本上代文學, 萬葉集, 일본문화 전공.

주요 업적은 『日本の萬葉集』(2005), 『萬葉集選』(2011), 『新일본문화』(2013), 「大伴家持와 女性들」(2011), 「만요집에 보여지는 자연과 재해」(2012), 「山上憶良의 문학」(2013) 등 다수.

## ▌이이범(李利範)

강릉원주대학교 일본학과 교수.

현대일본정치 전공.

주요 업적은 「일본선거 당선자의 특성 분석」(2012), 「제22회 일본 참의원선거의 결과 분석」(2010), 『한일회담 외교문서 해제집 I ~ V』(공저, 2008) 등 다수.

## ▌기무라 요시유키(木村義之)

게이오기주쿠(慶應義塾)대학 일본어 · 일본문화교육센터 교수.

언어학, 일본어학 전공.

주요 업적은 『현대일본어한어의 탐구(現代日本漢語の探究)』(공저, 2013), 『언어변화의 분석과 이론(言語変化の分析と理論)』(공저, 2011), 「표현가치의 시점에서 본 은어연구의 과제(表現価値の視点から見た隠語研究の課題)」(2010) 등 다수.

## ▌다케우치 에미코(竹内栄美子)

지바공업(千葉工業)대학 공학부 교수.

일본근현대문학 전공.

주요 업적은 「모리 오가이를 구제하다－나카노 시게하루 『오가이 그 측면』」(2013), 「이율배반의 구도－프롤레타리아문학을 재독하기 위해(二律背反の構図ープロレタリア文学を再読するために)」(2010), 『전후일본, 나카노 시게하루라는 양심(戦後日本, 中野重治という良心)』(2009) 등 다수.

## ▌김용의(金容儀)

전남대학교 일어일문학과 교수. 전남대학교 일본문화연구센터 소장.

일본문화학, 일본민속문화, 일본설화 전공.

주요 업적은 『일본설화의 민속세계』(2013), 『종교민속학』(공역, 2013), 『조선만화』(역서, 2012), 『혹부리 영감과 내선일체』(2011), 『일본사상의 감성전통』(공역, 2011), 『오키나와민족설화집 유로설전』(역서, 2010) 등 다수.

## ▎긴스이 사토시(金水敏)

오사카대학(大阪大学)대학원문학연구과 교수.

일본어문법사, 역할어 연구 전공.

주요 업적은 『シリーズ日本語史』(2008), 『役割語研究の展開』(2011), 「日本語の疑問詞疑問文と「の」の有無」(2012), 「日本語の正しさとは何か」(2012) 등 다수.


## ▎요네무라 미유키(米村みゆき)

센슈대학(専修大学)문학부 준교수.

일본에니메이션문화, 현대문학·문화, 아동문학 전공.

주요 업적은 『ジブリの森へ: 高畑勲・宮崎駿を読む』(2008), 『〈介護小説〉の風景 高齢社会と文学』(2008), 「想像力のデザイン: 宮崎駿と「原作」」(2013), 「村上春樹「七番目の男」—アニメーション制作のケース・スタディ」(2009) 등 다수.


## ▎황소연(黃昭淵)

강원대학교 일본학과 교수. 동교 일본연구센터장. 『인문과학연구』편집위원장.

일본근세문학, 동아시아문학 전공.

주요 업적은 『일본근세문학과 선서』(2004), 『오토기보코』(2008), 「일본문화변혁기에 있어서 선서(善書)적인 세계의 역할과 변용」(2013), 「이문장과 그의 시대」(2012) 등 다수.


## ▎이성환(李盛煥)

계명대학교 일본학과 교수. 국경연구소 소장, 동아시아일본학회 회장.

일본정치론 전공.

주요 업적은 「한국인의 북방 영토 인식」(2012), 「독도문제에 대한 한국인의 인식」(2012), 『한국과 이토 히로부미』(2009), 『전쟁국가 일본』(2005) 등 다수.


## ▎야마다 간토(山田寬人)

히로시마(廣島)대학 비상근강사.

사회언어학, 조선교육사 전공.

주요 업적은 「『조선문조선어강의록』 발행의 배경—조선어학습에 대한 수요의 변천(「『朝鮮文朝鮮語講義録』発行の背景—朝鮮語学習に対する需要の変遷」, 2009), 「'중일전쟁'이란 무엇인가?—조선어의 번역에 한자어의 번역으로 발생하는 문제(「中日戦争」とは何か?: 朝鮮語の翻訳に漢字語の翻訳で生じる問題)」(2008), 『식민지조선의 조선어장려정책(植民地朝鮮における朝鮮語奨励政策)』(2004) 등 다수.


## ▎야스다 도시아키(安田敏朗)

히토쓰바시(一橋)대학 언어사회연구과 준교수.

근대일본어사, 동아시아언어정책사 전공.

주요 업적은 『일본어학의 시선(日本語学のまなざし)』(2012), 『그들의 일본어—타이완 '잔류' 일본어론(かれらの日本語—台湾「残留」日本語論)』(2011), 『긴다이치 교스케와 일본어의 근대(金田一京助と日本語の近代)』(2008) 등 다수.